Prova Penal Teórica e Prática

Prova Penal Teórica e Prática

2019

Coordenação:
Paulo de Sousa Mendes
Rui Soares Pereira

Autores:
Paulo de Sousa Mendes, Sílvia Alves, Rui Soares Pereira, Sandra Oliveira e Silva, João Gouveia de Caires, Rodrigo da Silva Brandalise, José Neves da Costa

ALMEDINA

PROVA PENAL TEÓRICA E PRÁTICA

COORDENAÇÃO
Paulo de Sousa Mendes e Rui Soares Pereira

AUTORES
Paulo de Sousa Mendes, Sílvia Alves, Rui Soares Pereira, Sandra Oliveira e Silva, João Gouveia de Caires, Rodrigo da Silva Brandalise, José Neves da Costa

EDITOR
EDIÇÕES ALMEDINA, S.A.
Rua Fernandes Tomás, nºs 76, 78 e 80
3000-167 Coimbra
Tel.: 239 851 904 · Fax: 239 851 901
www.almedina.net · editora@almedina.net

DESIGN DE CAPA
FBA.

PRÉ-IMPRESSÃO
EDIÇÕES ALMEDINA, S.A.

IMPRESSÃO E ACABAMENTO
Vasp - DPS

Agosto, 2019

DEPÓSITO LEGAL
459952/19

ALMEDINA | GRUPOALMEDINA

BIBLIOTECA NACIONAL DE PORTUGAL – CATALOGAÇÃO NA PUBLICAÇÃO
PROVA PENAL TEÓRICA E PRÁTICA
coord. Paulo de Sousa Mendes, Rui Soares Pereira
ISBN 978-972-40-8060-4
I – MENDES, Paulo de Sousa
II – PEREIRA, Rui Soares
CDU 343

LISTA DE AUTORES

Paulo de Sousa Mendes

Professor Associado da Faculdade de Direito da Universidade de Lisboa (FDUL). Professor-Coordenador da Comissão Científica de Estudos Pós-Graduados (CEPG) da FDUL. Jurisconsulto. Membro da Direção do Instituto de Direito Penal e Ciências Criminais (IDPCC) e 2º Vice-Diretor do Centro de Investigação em Direito Penal e Ciências Criminais (CIDPCC) da FDUL. Membro do Centro de Investigação de Direito Privado (CIDP) da FDUL. Membro da Direção da Associação Portuguesa de Teoria do Direito, Filosofia do Direito e Filosofia Social (ATFD). Membro do Conselho Científico do Centro de Estudos de Direito Penal e Processual Penal Latino-americano (CEDPAL) da Georg-August-Universität Göttingen, Alemanha. Doutoramento em Ciências Jurídicas pela FDUL, em 2006. Mestrado em Ciências Jurídicas pela FDUL, em 1987. Licenciatura em Direito pela FDUL, em 1981.

Sílvia Alves

Professora Associada da Faculdade de Direito da Universidade de Lisboa (FDUL). Membro do Instituto de História do Direito e do Pensamento Político. Membro do Centro de Investigação Teoria e História do Direito (THD.ULisboa). Membro do Instituto de Direito Penal e Ciências Criminais (IDPCC) e do Centro de Investigação em Direito Penal e Ciências Criminais (CIDPCC) da FDUL. Membro da Rede Internacional de Investigadores em Direito e Justiça (RIIDJ) e do Centro de Investigação em Perspetivas de Historicidade do Direito no Estado (CIH Jur., Faculdade Damas da Instrução Cristã, Recife, Brasil). Doutoramento em Ciências Histórico-Jurídicas pela FDUL, em 2009. Mestrado em Ciências Histórico-Jurídicas pela FDUL, em 1996. Licenciatura em Direito pela FDUL, em 1987.

Rui Soares Pereira

Professor Auxiliar da Faculdade de Direito da Universidade de Lisboa (FDUL). Consultor e Advogado em Litigância e Arbitragem da PLMJ Advogados, SP, RL.

Membro do Centro de Investigação em Direito Penal e Ciências Criminais (CIDPCC) e do Centro de Investigação de Direito Privado (CIDP) da FDUL. Doutoramento em Ciências Jurídicas pela FDUL, em 2015. Mestrado em Ciências Jurídicas pela FDUL, em 2006. Licenciatura em Direito pela Faculdade de Direito da Universidade Católica Portuguesa de Lisboa (FDUCP Lisboa), em 2001.

Sandra Oliveira e Silva

Professora Auxiliar da Faculdade de Direito da Universidade do Porto (FDUP). Advogada. Membro-fundador do Centro de Investigação em Crime, Justiça e Segurança da Escola de Criminologia (CJS) da FDUP. Investigadora do Centro de Investigação Jurídico-Económica (CIJE) da FDUP. Doutoramento em Ciências Jurídicas pela FDUP, em 2016. Mestrado em Ciências Jurídico-Criminais pela Faculdade de Direito da Universidade de Coimbra (FDUC), em 2006. Licenciatura em Direito pela FDUP, em 2001.

João Gouveia de Caires

Assistente-Convidado da Faculdade de Direito da Universidade de Lisboa (FDUL). Assistente-Convidado da Academia Militar. Jurisconsulto. Membro do Conselho Fiscal do Instituto de Direito Penal e Ciências Criminais (IDPCC) da FDUL. Investigador Integrado do Centro de Investigação em Direito Penal e Ciências Criminais (CIDPCC) da FDUL. Doutorando em Ciências Jurídico-Criminais da FDUL. Mestrado em Ciências Jurídico-Criminais pela FDUL, em 2006. Licenciatura em Direito pela FDUL, em 1997.

Rodrigo da Silva Brandalise

Professor de Direito Processual Penal na Faculdade de Direito da Fundação Escola Superior do Ministério Público do Rio Grande do Sul, Brasil. Promotor de Justiça no Estado do Rio Grande do Sul, Brasil, desde 1998. Doutorando em Ciências Jurídico-Criminais pela Faculdade de Direito da Universidade de Lisboa (FDUL). Mestrado em Ciências Jurídico-Criminais pela FDUL, em 2015. Licenciatura em Direito pela PUC/RS, em 1997.

José Neves da Costa

Investigador não-integrado do Centro de Investigação em Direito Penal e Ciências Criminais (CIDPCC) da Faculdade de Direito da Universidade de Lisboa (FDUL), desde 2013. LL.M. em International Business Law pela Católica Global School of Law, em 2018. Mestrado em Ciências Jurídico-Criminais pela FDUL, em 2017. Licenciatura em Direito pela FDUL, em 2012.

PLANO GERAL DA OBRA

LISTA DE SIGLAS E ABREVIATURAS

Em itálico, na coluna da direita, os nomes de livros e publicações periódicas.

1ª/2ª T.	1ª Turma
AA.VV.	Autores Vários
ABA	American Bar Association
Ac.	Acórdão
Ag. Reg.	Agravo Regimental
AJ	Autoridade Judiciária
al.	alínea
Am. J. Crim. L.	*American Journal of Criminal Law*
AO	Abgabenordenung
APC	Autoridade de Polícia Criminal
Apel.	Apelação
art(s).	artigo(s)
BdP	Banco de Portugal
BFD	*Boletim da Faculdade de Direito*
BGH	Bundesgerichtshof
BGHSt	Entscheidungen des Bundesgerichtshofes in Strafsachen
BMJ	*Boletim do Ministério Público*
BtMG	Betäubungsmittelgesetz
BVerfG	Bundesverfassungsgericht
CC	Código Civil
CE	Código da Estrada
CEDH	Convenção Europeia dos Direitos Humanos
CFB	Constituição Federal Brasileira
CIDH	Convenção Interamericana de Direitos Humanos
CLJ	*Cambridge Law Journal*
CLSC	*Crime, Law & Social Change*

CMVM	Comissão do Mercado de Valores Mobiliários
CNUC	Convenção das Nações Unidas contra a Corrupção
CNUCOT	Convenção das Nações Unidas contra o Crime Organizado Transnacional
Col.LR	*Columbia Law Review*
Columbia J. Eur. L.	*Columbia Journal of European Law*
CP	Código Penal
CPA	Código do Procedimento Administrativo
CPP	Código de Processo Penal
CPPT	Código de Procedimento e Processo Tributário
CPR	*Civil Procedure Review*
CRI	Constituição da República Italiana
CRP	Constituição da República Portuguesa
Dec.	Decreto
DF	Distrito Federal
DJ	*Direito e Justiça*
DL	Decreto-Lei
DPC	*Derecho Penal y Criminología*
DR	*Diário da República*
EJCCLCJ	*European Journal of Crime, Criminal Law and Criminal Justice*
EOA	Estatuto da Ordem dos Advogados
ESMPU	Escola Superior do Ministério Público da União
EUA	Estados Unidos da América
FLR	*Fordham Law Review*
GA	*Goltdammer's Archiv für Strafrecht*
GG	Grundgesetz
GLJ	*German Law Journal*
HC	Habeas Corpus
HJLPP	*Harvard Journal of Law & Public Policy*
HLR	*Hanse Law Review*
ILR	*Israel Law Review*
inc.	inciso
JCLC	*Journal of Criminal Law and Criminology*
JIC	Juiz de Instrução Criminal
JR	*Juristische Rundschau*
LGT	Lei Geral Tributária
LIP	*L'Indice Penale*
MC	Medida Cautelar
MP	Ministério Público
MS	Mato Grosso do Sul
n.r.	nota de rodapé

NJW	*Neue Juristische Wochenschrift*
nº	número
NStZ	*Neue Zeitschrift für Strafrecht*
OA	Ordem dos Advogados
OPC	Órgãos de Polícia Criminal
Pet.	Petição
PGR	Procuradoria-Geral da República
PIDCP	Pacto Internacional sobre Direitos Civis e Políticos
PILR	*Pace International Law Review*
PR	Paraná
Proc.	Processo
RBCC	*Revista Brasileira de Ciências Criminais*
RC&R	*Revista de Concorrência e Regulação*
RCEJ	*Revista do Centro de Estudos Judiciários*
RCPITA	Regime Complementar do Procedimento de Inspeção Tributária e Aduaneira
RE	Recurso Extraordinário
Recl.	Reclamação
RECPC	*Revista Eletrónica de Ciencia Penal y Criminología*
REDF	*Revista Española de Derecho Financiero*
REsp	Recurso Especial
RGCO	Regime Geral das Contraordenações, aprovado pelo Decreto-Lei nº 433/82, de 27 de outubro
RGICSF	Regime Geral das Instituições de Crédito e Sociedades Financeiras, aprovado pelo Decreto-Lei nº 298/92, de 31 de dezembro
RGIT	Regime Geral das Infrações Tributárias
RIDPP	*Rivista Italiana di Diritto e Procedura Penale*
RIOBDPP	*Revista IOB de Direito Penal e Processual Penal*
RJ	Rio de Janeiro
RJESMPSP	*Revista Jurídica ESMP-SP*
RJUPIDH	*Revista Jurídica da Universidade Portucalense Infante Dom Henrique*
RLJ	*Revista de Legislação e de Jurisprudência*
RMDPPP	*Revista Magister de Direito Penal e Processual Penal*
RMP	*Revista do Ministério Público*
RMPRJ	*Revista do Ministério Público do Rio de Janeiro*
ROA	*Revista da Ordem dos Advogados*
RP	*Revista Penal*
RS	Rio Grande do Sul
RT	*Revista dos Tribunais*
Sent.	Sentença

SP	São Paulo
STF	Supremo Tribunal Federal (Brasil)
StGB	Strafgesetzbuch
STJ	Supremo Tribunal de Justiça
STJ/BR	Superior Tribunal de Justiça (Brasil)
StPO	Strafprozessordnung
Súm.	Súmula
SV	Súmula Vinculante
TC	Tribunal Constitucional
TEDH	Tribunal Europeu dos Direitos Humanos
TRC	Tribunal da Relação de Coimbra
TRE	Tribunal da Relação de Évora
TRF	Tribunal Regional Federal
TRG	Tribunal da Relação de Guimarães
TRL	Tribunal da Relação de Lisboa
TRP	Tribunal da Relação do Porto
U.S.	United States
UCLR	*The University of Chicago Law Review*
UPLR	*University of Pennsylvania Law Review*
v.	versus
Vand. L. Rev.	*Vanderbilt Law Review*
VCrim	Vara Criminal
wistra	*Zeitschrift für Wirtschafts- und Steuerstrafrecht*
ZIS	*Zeitschrift für Internationale Strafrechtsdogmatik*
ZStW	*Zeitschrift für die gesamte Strafrechtswissenschaft*

NOTA PRÉVIA

A presente coletânea reúne estudos preparados e debatidos num projeto de investigação sobre a prova penal que tem vindo a ser desenvolvido pelo Centro de Investigação em Direito Penal e Ciências Criminais (CIDPCC)[1] da Faculdade de Direito da Universidade de Lisboa[2].

1. O método do caso

Os estudos foram desenvolvidos a partir de casos. O método do caso afigura-se um instrumento privilegiado para investigação dos temas da prova penal. Levado a sério, o método implica uma investigação da jurisprudência, não desdenhando a consulta dos autos e o confronto entre decisões judiciais de primeira instância e respetivos recursos. Só assim conseguimos evitar as simplificações para que tendem os casos de escola, lidando, ao invés, com as incómodas angularidades do mundo real e concreto. O ponto é que os casos jurisprudenciais escolhidos sirvam para ilustrar exaustivamente os problemas jurídicos que são tratados em cada um dos textos que integram a presente coletânea.

Achamos ainda que o método do caso – parafraseando Mirjan Damaška – aproxima-nos das pequenas coisas para fazer emergir da torrente do Direito vital construções sucessivamente mais abstratas, sistemáticas e especulativas[3]. É um método mais exigente do que o método de dedução das soluções jurídicas a partir de um qualquer quadro concetual e principista. Mas é preferível, pois não há soluções corretas, nem

[1] Dirigido pela Professora Doutora Maria Fernanda Palma.

[2] No âmbito da linha temática sobre "Internacionalização do Direito Penal e do Processo Penal e Direito Penal Internacional", coordenada pelo Professor Doutor Paulo de Sousa Mendes.

[3] Cf. Máximo Langer, "Interview with Mirjan Damaška", in: AA.VV., *Crime, Procedure and Evidence in a Comparative and International Context – Essays in Honour of Professor Mirjan Damaška* (org.: John Jackson, Máximo Langer e Peter Tillers), Oxford and Portland, OR: Hart Publishing, 2008, (pp. 415-438) pp. 430-431.

únicas para os problemas jurídicos, englobando aqui os problemas probatórios. Não se trata de admitir uma qualquer espécie de relativismo moral, mas de reconhecer que a natureza litigiosa da justiça penal faz com que a decisão judicial surja como produto contingente da ponderação das alegações e provas concretamente produzidas pela acusação e defesa, mesmo que o tribunal tenha poderes para ordenar oficiosamente a produção das provas necessárias à descoberta da verdade material, como sói dizer-se. Com outras alegações e provas a decisão judicial poderia naturalmente ter sido diferente. Não interessa investigar se o julgamento dos factos foi exemplar à luz das provas produzidas ou escrutinadas em audiência, pois sabemos que as decisões judiciais são recorríveis, o que deita por terra a ilusão de haver decisões judiciais cujo valor intrínseco ponha fim, de per si, à dialética processual. Não temos ilusões quanto à descoberta da verdade material. Mas interessa-nos, isso sim, estudar a fundamentação das decisões judiciais.

2. A fundamentação da sentença

O dever de fundamentação da sentença é uma garantia de um julgamento equitativo (*fair trial*), como tem sido sucessivamente afirmado pelo Tribunal Europeu dos Direitos Humanos (TEDH), nos casos Hadjianastassiou (1992)[4] e Salov (2005)[5], entre outros.

A estrutura tradicional da sentença contém o relatório, a fundamentação e o dispositivo (art. 374º CPP)[6]. Na fundamentação da sentença penal, o julgador enumera os factos provados e não provados, expõe completamente, mas de maneira concisa, os motivos de facto e de direito que justificaram a decisão e indica, examinando-as criticamente, as provas que serviram para formar a convicção do tribunal[7]. Na moti-

[4] Caso Hadjianastassiou *v.* Greece, ac. TEDH de 16/12/1992 (Queixa nº 12945/87), § 33.

[5] Caso Salov *v.* Ucrânia, ac. TEDH de 06.09.2005 (65518/01), § 89.

[6] Cf. Paulo Pinto de Albuquerque, *Comentário do Código de Processo Penal à luz da Constituição da República e da Convenção Europeia dos Direitos do Homem*, 4ª ed., Lisboa: Universidade Católica Editora, 2011, pp. 963-970. Também cf. Rosa Vieira Neves, *A livre apreciação da prova e a obrigação de fundamentação da convicção (na decisão final penal)*, Coimbra: Coimbra Editora, 2011, pp. 132-146. Igualmente, cf. Noeli Fernandes, "A realização do Direito através da sentença judicial devidamente fundamentada", in: AA.VV., *Juízo ou decisão? O problema da realização jurisdicional do Direito* (org.: Fernando José Bronze, José Manuel Aroso Linhares, Mário Alberto Reis Marques e Ana Margarida Simões Gaudêncio), Coimbra: Institvto Ivridico, 2016, (pp. 309-331) pp. 311-314. Por fim, cf. José Mouraz Lopes, *A fundamentação da sentença no sistema penal português – Legitimar, diferenciar, simplificar*, 1ª reimp., Coimbra: Almedina, 2019 (1ª ed., 2011), Cap. III.

[7] O disposto no art. 374º CPP tem paralelo noutros ordenamentos jurídicos. Por exemplo, o art. 546 al. *e)* do Código de Processo Penal italiano (*Codice di Procedura Penale*), de 1988, sob a epígrafe de requisitos da sentença, obriga o tribunal a fazer "a exposição concisa dos motivos de facto e de direito sobre os quais se fundou a decisão, com a indicação das provas utilizadas na própria decisão e a enunciação das razões pelas quais o juiz considera não atendíveis as provas contrárias".

vação não pode aceitar-se a cisão material entre um domínio não-normativo de prova, segundo uma racionalidade científica (ainda que vulgarizada pelo senso comum), e um domínio normativo de enquadramento legal dos factos, segundo uma racionalidade jurídica[8]. A regra de julgamento da prova não pode abstrair da estreita relação que se há de estabelecer entre a questão-de-facto e a questão-de-direito. De resto, é dessa relação que nasce o concreto problema jurídico que suscita a decisão do tribunal.

A separação formal entre a questão-de-facto e a questão-de-direito corresponde apenas a uma exigência prático-processual de limitação dos poderes de cognição do tribunal de revista. Uma terminologia desde há muito consolidada no domínio processual chama questões-de-direito às conclusões suscetíveis de reexame por um tribunal de revista com poderes de cassação ou de substituição da sentença recorrida e questões-de-facto àquelas que não são reexamináveis. A revista fica assim limitada aos vícios de legalidade, seja por verificação de alguma nulidade, seja por desaplicação ou por incorreta aplicação de normas jurídicas. Mas a distinção entre a questão-de--facto e a questão-de-direito não implica que haja uma separação entre conceitos fácticos pré-jurídicos e conceitos jurídicos. Por exemplo, o conceito de dolo eventual é seguramente um conceito jurídico, ainda que tenha de ser preenchido com factos. A decisão sobre o dolo eventual revelado pelo agente, ora arguido, durante a prática do facto punível é da competência exclusiva das instâncias não porque a questão não seja jurídica, mas porque se entende que o tribunal de revista não deve revisitar a prova dos factos[9]. Mas a exigência de motivação da convicção probatória do juiz

Em língua original: "*la concisa esposizione dei motivi di fatto e di diritto su cui la decisione è fondata, con l'indicazione delle prove poste a base della decisione stessa e l'enunciazione delle ragioni per le qualli il giudice rittiene non attendibili le prove contrarie*". Para desenvolvimentos, cf. Paolo Comanducci, "La motivazione in fatto", in: AA.VV., *La conoscenza del fatto nel processo penale* (org.: Giulio Ubertis), Milano: Giuffrè, 1992, pp. 215-244.

[8] Neste sentido, cf. José Manuel Aroso Linhares, "Evidence (or proof?) as law's gaping wound: A persistent false aporia?", *BFDUC* 88 (2012), (pp. 65-89) pp. 73-77.

[9] Sobre a origem da distinção entre a questão-de-facto (Al. *Tatfrage*) e a questão-de-direito (Al. *Rechtsfrage*), cf. Horst-Eberhard Henke, *Die Tatfrage – Der unbestimmte Begriff im Zivilrecht und seine Revisibilität*, Berlin: Duncker & Humblot, 1966, pp. 11-14. Sobre a atual crise desta distinção, cf. Henning Rosenau, "Die Revision: Qualitätskontrolle und Qualitätssicherung im Strafverfahren", in: AA.VV., *Strafverteidigung, Revision und die gesamten Strafrechtswissenschaften – Festschrift für Gunter Widmaier zum 70. Geburtstag* (org.: Heinz Schöch, Helmut Satzger, Gerhard Schäfer, Alexander Igor e Christiph Knauer), München: Carl Heymann, 2008, (pp. 521-543) pp. 529-531. Entre nós, cf. António Castanheira Neves, *Questão-de-facto – Questão-de-direito ou o problema metodológico da juridicidade (Ensaio de uma reposição crítica*, vol. I (A crise), Coimbra: Almedina, 1967, pp. 466-467. Também o texto extraído da monografia anterior: "Matéria de Facto – Matéria de Direito", in: do mesmo A., *Digesta – Escritos acerca do Direito, do pensamento jurídico, da sua metodologia e outros*, vol. 1, Coimbra: Coimbra Editora, 1995, (pp. 483-530) p. 522. Também cf. Jorge de Figueiredo Dias, "Sobre o sistema do facto punível", in: AA.VV., *Estudos em Homenagem a Antó-*

de facto, enquanto princípio da objetividade, não deixará de ser controlável mesmo pelos tribunais de recurso com competência apenas 'de direito' sempre que, como diz Castanheira Neves, a violação desse princípio for evidente sem outras investigações probatórias – assim, por exemplo, quando a motivação for contraditória (ilógica), quando estiver em flagrante e insanável contradição com os elementos adquiridos nos autos, quando for impossível ou evidentemente errada a sua conclusão, de acordo com as regras válidas da experiência, etc.[10].

Tal não significa, porém, que não remanesça uma dimensão puramente epistémica na análise do concreto problema jurídico que suscita a decisão do tribunal, mas ela expressa-se sobremaneira no regime dos meios de prova, em especial na prova pericial[11]. Na prova dos factos (*e.g.*, nexo causal), os peritos operam com os métodos do seu específico saber científico-forense e analisam os dados empíricos segundo a sua própria perspetiva idiomática. Mas um relatório pericial reporta-se apenas a proposições factuais fragmentárias que só ganham sentido numa cadeia de argumentos que caberá ao tribunal analisar na perspetiva do problema jurídico concreto.

O estudo da prova penal na práxis judicial não pode, pois, deixar de considerar tanto as decisões das instâncias como a decisão do recurso de revista, se for o caso.

Os casos jurisprudenciais escolhidos tanto podem ser alemães, brasileiros, norte-americanos ou portugueses, entre outros. Desta forma promove-se um estudo comparado da prova penal no contexto do Direito em ação[12].

Os casos jurisprudenciais escolhidos são atuais, mas também é analisado autonomamente um caso jurisprudencial português de 1704, de forma que possamos confrontar o moderno sistema da prova livre com o antigo sistema das provas legais. Não há diferenças metodológicas na abordagem aos casos jurisprudenciais atuais e histórico. A análise do caso histórico tem o condão de nos proporcionar uma viagem no tempo que nos permite descobrir as analogias profundas, mas também as verdadeiras diferenças entre os sistemas probatórios e os porquês das mesmas. A História

nio Barbosa de Melo (org.: Fernando Alves Correia *et al.*), Coimbra: Almedina, 2013, (pp. 405-421) p. 407. Finalmente, cf. Fernando José Bronze, "Um exercício metodonomológico polarizado no juízo-julgamento (Algumas questões pressuponentes)", in: AA.VV., *Juízo ou decisão? O problema da realização jurisdicional do Direito* (org.: Fernando José Bronze, José Manuel Aroso Linhares, Mário Alberto Reis Marques e Ana Margarida Simões Gaudêncio), Coimbra: Institvto Ivridico, 2016, (pp. 9-27) pp. 17-18.

[10] Cf. António Castanheira Neves, *Sumários de processo criminal*, Coimbra: s./ed. (dactilografado por João Abrantes), 1968, pp. 50-51.

[11] Cabe aqui lembrar que a primeira monografia de língua portuguesa sobre a prova pericial foi a dissertação de licenciatura de Affonso Costa, *Os peritos no processo criminal: Legislação portugueza – Critica – Reformas*, Coimbra: Manuel de Almeida Cabral Editor/Imprensa da Universidade, 1895.

[12] Sobre a importância do método comparatista, cf. Kai Ambos, "Estado e futuro do Direito Penal Comparado" (trad. por António Brito Neves), *Anatomia do Crime* 6 (2017), pp. 9-42.

do Direito exibe aqui generosamente o seu valor como instrumento de trabalho para a dogmática jurídica, a par do Direito Comparado.

3. Os sentidos da prova penal

O nosso foco na prova penal não diz respeito à ciência forense de esclarecimento factual dos vestígios do crime. A confusão da prova com a ciência forense explica, de resto, a desatenção pela prova no ensino do Direito Penal e Processual Penal, como se fosse matéria cometida à competência de não juristas, desde os médicos legistas até aos peritos informáticos, e, portanto, ensinável fora das Faculdades de Direito. A ciência forense tem os seus próprios pergaminhos, mas não é disso que falamos quando falamos da prova penal[13].

Só nos interessam os sentidos da prova penal que pertencem à província do jurista. De entre os vários sentidos técnico-jurídicos que são frequentemente associados à prova penal, interessam-nos dois em particular: i) a prova como atividade probatória, que é o esforço metódico através do qual são demonstrados os factos relevantes para a existência do crime, a punibilidade do acusado e a determinação da pena ou medida de segurança aplicáveis; ii) a prova como resultado da atividade probatória, que é a motivação da convicção da entidade julgadora acerca da ocorrência dos factos relevantes, contanto que essa motivação se conforme com os elementos adquiridos representativamente no processo e respeite a relação dos conceitos e princípios jurídicos com as regras da experiência, as leis científicas e a lógica subjacente.

Outros sentidos da prova penal aparecem incidentalmente nos presentes estudos, desde a referência às provas materiais, que são os objetos relacionados com a preparação e a prática do facto qualificado como crime, aliás um conceito que a tradição anglo-americana costuma identificar com as evidências (*pieces of evidence*), até à menção aos meios de prova, que são os elementos com base nos quais os factos relevantes podem ser demonstrados, tais como a prova testemunhal, a acareação, o reconhecimento de pessoas ou objetos, a reconstituição do facto, o relatório pericial ou a prova documental, entre outros. Escusado será dizer que não podemos evitar as

[13] Em Portugal, a primeira perícia, designadamente de química forense, ocorreu no célebre caso Urbino de Freitas (1849-1913), dando lugar a uma intensa polémica com a defesa e a inúmeros artigos científicos (química analítica e toxicologia) publicados em revistas da especialidade. O réu Urbino de Freitas foi condenado pelo homicídio do seu sobrinho Mário, por acórdão de 1 de dezembro de 1893 do Tribunal Criminal do Porto, na pena de oito anos de prisão efetiva, cumpridos na Penitenciária de Lisboa e seguidos do degredo para o Brasil. Os peritos forenses publicaram em livro *O Caso Médico-Legal Urbino de Freitas – Observações e críticas, Relatórios documentos*, Porto: Imprensa Portugueza, 1893 (foi editada uma versão francesa na mesma data). Recentemente sobre o assunto, cf. José Manuel Martins Ferreira, *Urbino de Freitas – Um médico ou um monstro?*, Vila Nova de Famalicão: Húmus, 2018.

ambiguidades da palavra prova. Como sempre, o uso nos diferentes contextos há de esclarecer finalmente o sentido em que se toma a prova.

Os presentes estudos versam sobre os fundamentos da prova penal. É, pois, natural que os sentidos da prova penal mais utilizados sejam a atividade probatória e o resultado da atividade probatória.

4. O conteúdo dos estudos sobre a prova penal

Os presentes estudos sobre a prova penal integram os seguintes (sete) textos: I – Medida da prova (Paulo de Sousa Mendes); II – Modelos de prova (Rui Soares Pereira); III – *Nemo tenetur se ipsum accusare* e deveres de colaboração em matéria tributária (Sandra Oliveira Silva); IV – Direito à imagem e prova (João Gouveia de Caires); V – Provas ilicitamente obtidas por particulares (José Neves da Costa); VI – Colaboração processual (Rodrigo da Silva Brandalise); VII – *Luce meridiana clarior*: a teoria da prova no antigo regime (Sílvia Alves).

Estes estudos são apenas uma amostra de um projeto coletivo que envolve investigadores do CIDPCC, mas também aberto a juristas experientes com gosto nos temas da prova penal, sem dúvida um domínio do saber jurídico que tem vindo a ganhar uma importância crescente nos sistemas de *civil law*, a exemplo do que sucede, desde há muito, nos sistemas de *common law*.

Lisboa, 1 de maio de 2019
PAULO DE SOUSA MENDES

Medida da Prova

Paulo de Sousa Mendes

Sumário: I – A prova preponderante; II – A prova para além da dúvida razoável; III – As diferentes medidas da prova e a distribuição do custo esperado de erro judicial; IV – A medida da prova no sistema europeu continental e latino-americano; V – A verdade como certeza e a prova; VI – A verdade material e o princípio inquisitório; VII – A verdade como juízo de probabilidade sobre alegações de facto; VIII – Uma só medida da prova nos processos civil e penal? IX – A receção da fórmula da prova para além da dúvida razoável; X – Um teste à solução do caso Summers v. Tice; XI – Um caso comparável da jurisprudência alemã: o caso das lanternas do céu chinesas; XII – Uma comparação de soluções; XIII – A convicção do juiz de facto como juízo de probabilidade informal; XIV – A quantificação dos graus de probabilidade; XV – Conclusões gerais.

Síntese: O tema da medida da prova (*standard of proof*)[1] em processo penal não tem uma abordagem uniforme nas duas grandes culturas jurídicas, os sistemas anglo-americano (*common law*) e romano-germânico, também chamado europeu continental (*civil law*)[2]. No presente texto procuraremos esclarecer se a ausência de uma abordagem uniforme resulta

[1] A medida da prova corresponde ao grau de convicção que o julgador tem de atingir para dar como provadas as alegações de facto sujeitas à sua apreciação (Stein, 1997: 573-589).
[2] Este último também abrange os países da América Latina.

do antagonismo entre sistemas de matriz adversarial e inquisitorial[3] ou se, pelo contrário, resulta apenas de uma falta de diálogo entre os cultores do direito material, processual e probatório formados nas duas tradições. Os problemas a resolver podem ser formulados através das duas perguntas seguintes: *a*) precisamos da noção de probabilidade para definir a medida da prova no processo criminal? *b*) em caso afirmativo, precisamos de quantificar as probabilidades para aplicar as fórmulas de medida da prova? Antecipamos desde já que daremos respostas afirmativas a ambas as perguntas. Também aproveitamos para adiantar que a nossa posição é contrária à opinião dominante na literatura europeia continental e latino-americana. Temos, pois, o ónus de fundamentar de forma exaustiva e detalhada a nossa divergência.

O caso:

1. Factos:

Segundo a decisão[4]:

- Em 20.11.1945, o demandante, Charles A. Summers, acompanhou os demandados, Harold W. Tice e Ernest Simonson, numa caçada às codornizes em terreno aberto.
- Cada um dos três caçadores estava armado com uma caçadeira municiada de 12 cartuchos, contendo bagos de chumbo 7,5 (diâmetro de 2,38 mm).
- Antes de iniciarem a caçada, o demandante discutiu o procedimento cinegético com os réus, advertindo-os que deveriam ser cautelosos nos disparos e manter-se em linha à medida que avançassem no terreno.
- No início da caçada, o demandante abandonou a sua posição e colocou-se no cimo de uma colina, de tal maneira que a sua posição correspondia ao vértice de um triângulo imaginário cujos outros vértices eram ocupados pelos réus.
- Os réus tinham uma vista desimpedida para a posição de Summers, além de que estavam perfeitamente cientes da sua localização, a menos de setenta metros de ambos.
- Uma codorniz levantou voo e passou por entre Summers e os outros dois caçadores, que se mantinham em linha.

[3] Os europeus continentais e os latino-americanos, que seguem a mesma cultura jurídica, preferem caracterizar o seu próprio sistema, em vez de inquisitorial, como sendo de estrutura acusatória, mas integrado por um princípio inquisitório ou de investigação a cargo do tribunal (Damaška, 1973: 554-589).

[4] Ac. Summers v. Tice 33 Cal.2d 80, 199 P.2d 1 (1948).

- Tice e Simonson dispararam simultaneamente contra a codorniz.
- Summers foi atingido na vista direita e no lábio superior.
- Summers foi atingido por dois bagos de chumbo distintos.

À distância de 69 metros, os ferimentos provocados foram ligeiros, mas o ferimento na vista foi o principal motivo do pedido de indemnização.

Os dois bagos de chumbo poderiam ter sido disparados pela mesma arma, mas não se provou se ambos os réus contribuíram, de facto, para a ocorrência do resultado, ou não[5].

2. Decisão:

Apreciando o pedido formulado por Summers de indemnização por danos corporais (*damages for personal injuries*), o tribunal de primeira instância condenou os dois réus, sublinhando o caráter negligente das suas condutas e referindo que o demandante não atuara com culpa concorrente (*contributory negligence*). Os réus recorreram da sentença.

Em recurso, os réus argumentaram que não tinham agido concertadamente e que não se provara se só um deles ou ambos tinha(m) disparado os chumbos que atingiram o lesado. Em conformidade, nenhum deles – diziam – poderia ser responsabilizado singularmente, nem tão-pouco poderiam ser responsabilizados solidariamente (*i.e.*, cada um responsabilizado pela totalidade dos danos, gozando de direito de regresso contra o codevedor).

O tribunal *ad quem*, tal como o tribunal *a quo*, considerou que os dois réus tinham atuado culposamente e que o lesado, ora demandante, não tinha contribuído para a causação dos ferimentos, ainda que não se tenha mantido em linha com os companheiros durante a caçada, como era recomendável. O lesado, ora demandante, não devia ficar privado do direito a ser indemnizado só pelo facto de não conseguir determinar a porção do dano imputável a cada um dos réus. Na verdade, o tribunal *ad quem* salientou que o ónus de provar se só um ou ambos tinha(m) provocado os ferimentos recaía sobre cada um dos réus, de modo que pertencia a cada um fazer a demonstração de que fora o outro o causador do dano, o que seria a única forma de cada um se eximir à responsabilidade civil. Ao demandante bastava provar que sofrera os ferimentos por causa dos disparos. O resto, que não podia ser esclarecido, era valorado contra os réus, segundo as

[5] Estes casos em que não se consegue provar com certeza qual de dois ou mais factos causou um evento lesivo são subsumidos pela doutrina no conceito de causalidade alternativa (Pereira Coelho, 1998: 9 e Sousa Mendes, 2018: 239-260).

regras da distribuição do ónus da prova. Por consequência, o tribunal de recurso confirmou a decisão do tribunal recorrido[6].

Palavras-chave:
Convicção; grau de probabilidade; probabilidade Bayesiana; princípio inquisitório; prova clara e convincente; prova para além da dúvida razoável; prova preponderante ou comparação de probabilidades; Teorema de Bayes; verdade como correspondência; verdade formal; verdade material.

Normas relacionadas:
Art. 341º CC; Arts. 50º/2, 53º/1, 61º/3/*b)*, 67º-A/5, 86º/9/*a)*, 86º/13, 91º/1, 120º, 124º a 127º, 132º/1/*d)*, 135º/3, 141º/4/*e)*/6, 145º/2, 146º/1/4, 158º/1, 171º/2, 179º/1/*c)*, 181º/1, 187º/1, 188º/1/10, 194º/6/*b)*, 283º/7, 289º/2, 291º/1, 299º/1, 304º/1, 318º/1/*b)*, 320º/1, 323º/*a)*/*b)*, 333º/1, 340º/1/4/*a)*, 352º/1/*a)*, 353º/2, 382º/4/5, 387º/2/*c)*/4, 390º/1/*b)*, 412º/6, 453º/1 CPP; Arts. 176º/5, 411º, 417º/1, 436º/1, 459º/1/2, 476º/2, 487º/2, 516º/4, 542º/2, 601º/1, 604º/8, 607º/4 CPC.

Doutrina:
AA.VV., *Bürgerliches Gesetzbuch: BGB* (org.: Palandt *et al.*), 78ª ed., München: Beck, 2018 (1ª ed., 1938); AA.VV. (2001), *The Nature of Truth – Classic and Contemporary Perspectives* (org.: Michael P. Lynch), Cambridge, USA/London, UK: The MIT Press; Adriano Vaz Serra (1961), "Provas (Direito probatório material)", *BMJ* 110, 61-256; Alex Stein (1997), "Against 'free proof'", *Israel Law Review* 31, 573-589; Alex Stein (2008), "On the epistemic authority of courts", *Episteme* 3, 402-410; António Castanheira Neves (1968), *Sumários de Processo Criminal*, Coimbra: s./ed. (dactilog. por João Abrantes); Ariel Porat/Alex Stein (2001), *Tort Liability under Uncertainty*, Oxford/New York: Oxford University Press; Aristóteles (2002), *Nicomachean Ethics* (trad. e introd. histórica por Sarah Broadie e introd. filosófica e comentário por Christopher Rowe), Oxford: Oxford University Press; D. H. Kaye (1988), "Introduction: What is Bayesianism?", in: AA.VV., *Probability and Inference in the Law of Evidence – The Uses and Limits of Bayesianism* (org.: Peter Tillers e Eric D. Green), Dordrecht/Boston/London: Kluwer, 1988, 1-19; D. K. Kagehiro/W. C. Stanton (1985), "Legal vs. quantified definitions of standards of proof", *Law and Human Behavior* 9, 159-178; David Hamer (2014), "Presumptions, standards and burdens: Managing the cost of error", *LPR* 3-4, 221-242; Emmanouil Billis (2015), *Die Rolle des Richters im adversatorischen und im inquisitorischen Beweisverfahren – Modelltheoretische Ansätze, englisches und deutsches Beweisführungssystem, internationalrechtliche Dimensionen*, Berlin: Duncker & Humblot; Erik

[6] Outros casos deste género são citados por Hart/Honoré, 2002: 228-229.

Kraatz (2011), *Der Einfluss der Erfahrung auf die tatrichterliche Sachverhaltsfeststellung – Zum "strafprozessualen" Anscheinsbeweiss*, Berlin/Boston: de Gruyter; Eugenio C. Sarrabayrouse (2007), *Responsabilidad penal por el produto*, Buenos Aires: Ad-Hoc; Ezequiel Malarino (2017), "Sobre el descuido de la prevención en la distribución del error en el juicio penal", in: AA.VV., *Prevención e imputación – Acerca de la influencia de las teorias de la pena en el Derecho Penal y Procesal Penal* (org.: Kai Ambos, Ezequiel Malarino e Daniel R. Pastor), Buenos Aires: Hammurabi, 247-258; Federico Stella (2003), *Giustizia e modernità – La protezione dell'innocente e la tutela delle vittime*, 3ª ed., Milano: Giuffrè (1ª ed., 2001); Francisco Manuel Pereira Coelho (1998), *O problema da causa virtual na responsabilidade civil*, Coimbra: Almedina (1ª ed., 1955); H. L. A. Hart/Tony Honoré (2002), *Causation in the Law*, 2ª ed., Oxford/New York: Oxford University Press (1ª ed., 1959); Hans Kudlich (2016), "Vorbemerkungen zu den §§ 13 ff.", in: AA.VV., *StGB – Strafgesetzbuch Kommentar* (org.: Helmut Satzger, Wilhelm Schluckebier e Gunter Widmaier), 3ª ed., Köln: Wolters Kluwer/Carl Heymann (1ª ed., 2009); Hendrik Kaptein (2010), "Rigid anarchic principles of evidence and proof: Anomist panaceas against legal pathologies of proceduralism", in: AA.VV., *Legal Evidence and Proof – Statistics, Stories, Logic* (org.: Hendrik Kaptein, Henry Prakken e Bart Verheij), Farnham: Ashgate, 195-221; Ingo Müller (1980), *Rechtsstaat und Strafverfahren*, Frankfurt a.M.: Europäische Verlagsanstalt; Jack B. Weinstein/Ian Dewsbury (2006), "Comment on the meaning of 'proof beyond a reasonable doubt'", *LPR* 5, 167-173; James Franklin (2006), "Case Comment–United States v. Copeland, 369 F. Supp. 2d 365 (E.D.N.Y. 2005): Quantification of the 'proof beyond reasonable doubt' standard", *LPR* 5, 159-165; Jon O. Newman (2006), "Quantifying the standard of proof beyond a reasonable doubt: A comment on three comments", *LPR* 5, 267-269; Jorge de Figueiredo Dias (2004), *Direito Processual Penal*, 1ª reimp., Coimbra: Coimbra Editora (1ª ed., 1974); Kai Ambos (2018), "Estado e futuro do direito penal comparado", *Anatomia do Crime* 6, 9-42; Klaus Volk (1980), *Wahrheit und materielles Recht im Strafprozess*, Konstanz: Universitätsverlag; Knud Waaben (1965), *Criminal Responsibility and the Quantum of Proof*, Uppsala: The Faculty of Law/Stockholm University; Kristian Kühl (2017), *Strafrecht – Allgemeiner Teil*, 8ª ed., München: Vahlen (1ª ed., 1994); Larry Laudan (2008), *Truth, Error, and Criminal Law – An Essay in Legal Epistemology*, New York: Cambridge University Press (1ª ed., 2006); Lorena Bachmaier Winter (2018), "Sistemas procesales penales e imparcialidad del juez: Imparcialidad y prueba en el proceso penal – Reflexiones sobre la iniciativa probatoria", *RBDPP* 4/2, 501-532; Luís Greco (2015), *Strafprozesstheorie und materielle Rechtskraft – Grundlagen und Dogmatik des Tatbegriffs, des Strafklageverbrauchs und der Wiederaufnahme im Strafverfahrensrecht*, Berlin: Duncker & Humblot; Mafalda Miranda Barbosa (2017), "Causalidade alternativa incerta: A solução da responsabilização solidária dos agentes", in: AA.VV., *Estudos*

Comemorativos dos 20 anos da FDUP (org.: Helena Mota *et al.*), vol. II, Coimbra: Almedina, 145-173; Manfred Heinrich (2011), "Vorbemerkungen zu § 13 StGB", in: AA.VV., *Nomos Kommentar – Gesamtes Strafrecht: StGB/StPO/Nebengesetze* (org.: Dieter Dölling, Gunnar Duttge e Dieter Rössner), 2ª ed., Baden-Baden: Nomos (1ª ed., 2008); Margarida Lima Rego (2013), "Decisões em ambiente de incerteza: Probabilidade e convicção na formação das decisões judiciais", *Julgar* 21, 119-147; Mark Schweizer (2015), *Beweiswürdigung und Beweismaß – Rationalität und Intuition*, Tübingen: Mohr Siebeck; Michael Ayers (1991), *Locke – Epistemology & Ontology*, London/New York: Routledge; Michele Taruffo (2014), *A prova* (trad. por João Gabriel Couto do orig. *La prueba*, 2008), Madrid/Barcelona/Buenos Aires/São Paulo: Marcial Pons; Michele Taruffo *et al.* (2009), "Fatto, prova e verità (alla luce del principio dell'oltre ragionevole dubbio)", *Criminalia*, 305-329; Mirjan R. Damaska (1973), "Evidentiary barriers to conviction and two models of criminal procedure: A comparative study", *U. Pa. L. Rev.* 121, 506-589; Paulo de Sousa Mendes (2018), *Causalidade complexa e prova penal*, Coimbra: Almedina; Peter Achinstein (2001), *The Book of Evidence*, Oxford: Oxford University Press; Peter Tillers (2011), "Trial by mathematics – Reconsidered", *LPR* 10, 167-173; Peter Tillers/Jonathan Gottfried (2001), "Case Comment–United States v. Copeland, 369 F. Supp. 2d 365 (E.D.N.Y. 2005): A collateral attack on the legal maxim that proof beyond a reasonable doubt is unquantifiable?", *LPR* 5, 135-157; Richard L. Kirkham (1995), *Theories of Truth – A Critical Introduction*, 1ª Pbk ed., Cambridge, Massachusetts/London, England: The MIT Pres, (1ª ed., 1992), 119-140; Richard L. Lippke (2016), *Taming the Presumption of Innocence*, Oxford: Oxford University Press; Robert Häcker/Volker Schwarz/Wolf-Dieter Treuer (2014), *Tatsachenfeststellung vor Gericht – Glaubhaftigkeits- und Beweislehre, Vernehmungslehre*, 4ª ed., München: Beck (1ª ed., 1981); Rui Soares Pereira (2017), *O nexo de causalidade na responsabilidade delitual – Fundamento e limites do juízo de condicionalidade*, Coimbra: Almedina; Vern Walker (2002), "Uncertainties in tort liability for uncertainty", *LPR* 1, 175-184; Walter Grasnick (1990), "Wozu Rechtsrhetorik? Versuch einer Aufklärung", *GA* 137, 483-494; Ward Edwards (1988), "Summing up: The Society of Bayesian Trial Lawyers", in: AA.VV., *Probability and Inference in the Law of Evidence – The Uses and Limits of Bayesianism* (org.: Peter Tillers e Eric D. Green), Dordrecht/Boston/London: Kluwer, 337-342; William Blackstone (1966), *Commentaries on the Laws of England*, vol. IV, Oxford: Printed at the Clarendon Press, 1765-1769 (ed. anastática da ed. original de Buntingford por The Layston Press para New York: Oceana Publications e London: Wildy & Sons).

Jurisprudência estrangeira:

Alemanha: OLG Koblenz, Urt. v. 15.10.2015 - 6 U 923/14, BeckRS 2015, 18391.

Estados Unidos da América: Saisa v. Lilja, 76 F.2d 380 (1st Cir. 1935); State v. Newberg, 129 Ore. 564, 278 P. 568, 63 A.L.R. 1225 (1929); Summers v. Tice 33 Cal.2d 80, 199 P.2d 1 (1948); In re Winship, 397 U.S. 358 (1970).

Análise do caso:

I. A prova preponderante

A decisão do caso descrito é frequentemente apontada como solução virtuosa para o problema da incerteza factual no domínio da responsabilidade civil delitual. Resta saber se essa solução confirma a regra da prova preponderante (*preponderance of the evidence*)[7] que é usada no processo civil norte-americano para a formação da convicção do juiz de facto (*trier of fact* ou *fact-finder*) nas ações de responsabilidade civil[8] ou se, pelo contrário, é afinal uma exceção à medida da prova preponderante que é aqui ditada por razões de utilidade (*utility*) e equidade (*fairness*[9])[10].

Seria uma confirmação se as provas recolhidas fossem suficientes para o juiz de facto assumir que os dois autores dos disparos provocaram os ferimentos e que deveriam ser, por isso mesmo, condenados solidariamente a pagar uma indemnização ao lesado.

Seria, pelo contrário, uma exceção se, apesar do peso significativo das provas recolhidas[11], nunca se conseguisse provar qual dos dois caçadores provocara os ferimentos e, ainda assim, por razões de utilidade e equidade, fosse necessário condenar ambos solidariamente no pagamento de uma indemnização ao lesado.

Para esclarecer este ponto torna-se necessário alocar um valor numérico à medida da prova preponderante, o qual permita depois concluir se o caso do queixoso é mais provável do que o contrário (*the plaintiff's case is more probable than*

[7] Em Inglaterra, a prova preponderante é designada por comparação de probabilidades (*balance of probabilities*).

[8] Em certas matérias de direito privado (*e.g.*, a ação de investigação de paternidade), a medida da prova é mais exigente do que a prova preponderante. Aqui a prova tem de ser clara e convincente (*clear and convincing evidence*).

[9] No presente contexto, optámos pela tradução de *fairness* como equidade, estabelecendo assim uma ligação com a *epieikéia* (*ἐπιείκεια*) de Aristóteles (*Ethica Nicomachea*, Liv. V.10, 1137b11-24).

[10] Por exemplo, Porat e Stein consideram que a solução do caso dos caçadores (*Hunter's Case*) constitui uma exceção à medida da prova preponderante, embora usem uma variante hipotética desse caso em que a vítima foi atingida apenas por um chumbo na vista (Porat/Stein, 2001: 162).

[11] No sistema anglo-americano, o peso da prova (*evidentiary weight*), segundo uma orientação que radica em Bentham, traduz a maior ou menor relevância *prima facie* dos meios de prova já coligidos para incrementar a probabilidade de uma dada hipótese submetida à decisão do juiz de facto. O peso da prova não se confunde com a medida da prova (Stein, 1997: 573-589).

not)[12]. Assim, a regra geral (*default rule*) de decisão dos casos de responsabilidade civil conjuga a medida da prova preponderante com o critério do tudo ou nada (*winner-takes-all*), segundo a fórmula 'P > 0,5', numa escala de 0-1 (ou seja, um grau de probabilidade superior a 50%)[13-14].

Aplicando a referida fórmula, a conclusão necessária é que cada um dos réus causara os ferimentos com uma probabilidade acima de 0,5 (ou seja, um grau de probabilidade superior a 50%), na medida em que a distribuição das probabilidades resultava em cerca de 33% para Tice, 33% para Simonson e 33% para ambos (*i.e.*, cerca de 66% para cada um dos réus). Aparentemente, a decisão do caso Summers v. Tice confirma, pois, a regra da prova preponderante. As provas produzidas não autorizavam uma distribuição de probabilidades com maior propensão para qualquer um dos réus, já que o tribunal recorrido não relevou a alegação de Tice de que o disparo que atingira Summers viera da arma de Simonson. As provas não permitiram determinar se os bagos de chumbo que atingiram o lesado eram de uma ou duas caçadeiras.

II. A prova para além da dúvida razoável

Em processo penal, o caso descrito teria – dizemos nós[15] – outro desfecho, devido ao princípio da prova para além de qualquer dúvida razoável (*beyond a reasonable doubt*). Este princípio representa uma medida da prova muito mais exigente do que a prova preponderante, impondo um grau de probabilidade superior a 90% para se dar como provado o facto sujeito à apreciação do tribunal. No caso vertente, a distribuição de probabilidades, como vimos, ficou muito aquém dos 90% para cada um dos autores dos disparos. Supondo, é claro, que Simonson e Tice não agiram em coautoria, mas em autorias paralelas, sendo, por isso mesmo, responsáveis apenas pelas suas ações singulares, o juiz de facto teria então de absolver ambos os arguidos[16].

[12] Porat/Stein, 2001: 18 e Walker, 2002: 176.

[13] Porat/Stein, 2001: 18 e Walker, 2002: 175.

[14] Já a prova clara e convincente corresponde a um grau de probabilidade superior a 75%.

[15] No caso Summers v. Tice, o Supremo Tribunal da Califórnia cita, porém, casos penais em que foi aplicado o mesmo critério de partilha de responsabilidades entre dois agentes envolvidos em atividades perigosas (State v. Newberg, 129 Ore. 564, 278 P. 568, 63 A.L.R. 1225 [1929]) e um caso de dois automobilistas que se envolveram num despique estradal e foram ambos responsabilizados, a título de negligência, pelas ofensas corporais que resultaram do atropelamento de um terceiro que só um deles causara (Saisa v. Lilja, 76 F.2d 380 [1st Cir. 1935]). Salvo melhor opinião, o critério de decisão neste caso não é, porém, comparável ao usado no caso dos caçadores, pois aqui não havia qualquer incerteza acerca de quem causara materialmente as lesões corporais no terceiro.

[16] A tentativa negligente não é punível.

III. As diferentes medidas da prova e a distribuição do custo esperado de erro judicial

As diferentes medidas da prova são critérios jurídicos que servem para minimizar o custo esperado de erro judicial. A análise tradicional da relação custo-benefício neste domínio é feita segundo os critérios da teoria da utilidade esperada, que são também critérios de equidade aplicados à decisão judicial.

Nos casos cíveis, ambas as partes enfrentam normalmente a possibilidade de uma perda financeira e o erro contra qualquer uma delas pode ser considerado como igualmente lesivo. Ora, o risco de erro judicial não pode ser eliminado, uma vez que a absoluta certeza é inatingível pelo tribunal, pelo que tudo se resume afinal a saber qual é o grau de probabilidade que o tribunal deve adotar para proferir uma decisão de facto que possa ser considerada como correta. O ponto crítico do menor custo esperado para cada uma das partes corresponde à probabilidade de 50% de o tribunal vir a proferir uma decisão errada. É por isso que a medida da prova no processo civil obedece geralmente à fórmula da prova preponderante[17].

A análise tradicional protesta ainda que a ponderação no processo penal entre a liberdade e a realização da justiça é assimétrica. Assim se compreende a máxima de que mais vale um culpado solto do que um inocente preso. Neste contexto, a famosa fórmula de Blackstone considera uma condenação iníqua como nove a dez vezes pior do que uma absolvição imerecida[18]. A relação dessas quantidades entre si pode ser interpretada como um limiar de 90% para a condenação de qualquer acusado. É por isso que a medida da prova no processo penal corresponde geralmente à fórmula da prova para além da dúvida razoável[19].

Seja como for, as decisões judiciais anglo-americanas não mencionam explicitamente os limiares de + 50% ou + 90%. Mas alguns comentadores sustentam que as diferentes medidas da prova ganham maior clareza se forem interpretadas através desses indicadores quantitativos[20].

IV. A medida da prova no sistema europeu continental e latino-americano

Na Europa continental, as fórmulas legais da prova em processo civil impõem ao juiz de facto que decida quais os factos provados e os não provados, devendo necessariamente convencer-se da veracidade das alegações de facto que dá como provadas e que são relevantes para a causa. Na Alemanha, o Código de Processo

[17] Hamer, 2014: 221-222.

[18] No original: "*for the law holds, that it is better that ten guilty persons escape, than that one innocent suffer*" (Blackstone, 1966: 352).

[19] Laudan, 2008: 63-88, Hamer, 2014: 221-222, Lippke, 2016: 105-128 e Malarino, 2017: 248.

[20] Tillers/Gottfried, 2006: 135-157, Franklin, 2006: 159-165, Weinstein, 2006: 167-173 e Newman, 2006: 267-269.

Civil (*Zivilprozessordnung* – ZPO), no § 286 Abs. 1 S. 1, dispõe que o juiz deve decidir "[...] se uma alegação de facto é considerada verdadeira ou falsa"[21]. Em Portugal, o CC determina, no art. 341º, que "[a]s provas têm por função a demonstração da realidade dos factos"[22]. Por sua vez, o Código de Processo Civil (CPC), no art. 607º, nº 4, acrescenta que "[...] o juiz declara quais os factos que julga provados e quais os que julga não provados [...]"[23]. Em muitas disposições o CPC esclarece, ademais, que as diligências probatórias se destinam à descoberta da verdade (arts. 176º, nº 5, 417º, nº 1, 436º, nº 1, 459º, nºs 1 e 2, 476º, nº 2, 487º, nº 2, 516º, nº 4, 542º, nº 2, 601º, nº 1, 604º, nº 8, CPC), incumbindo ao próprio tribunal realizar ou ordenar, mesmo oficiosamente, todas as diligências necessárias ao apuramento da verdade, quanto aos factos de que lhe é lícito conhecer (art. 411º CPC).

As fórmulas legais utilizadas em processo penal dispõem igualmente que o juiz de facto tem de decidir qual é o resultado da atividade probatória, formando a sua convicção acerca da verdade dos factos alegados na acusação. Na Alemanha, o § 244 Abs. 2 do Código de Processo Penal (*Strafprozessordnung* – StPO) impõe ao tribunal que amplie a sua atividade probatória tanto quanto for necessário para a indagação da verdade (*Erforschung der Wahrheit*). Em Portugal, o art. 340º, nº 1, do CPP dispõe que o tribunal tem poderes para ordenar, oficiosamente ou a requerimento, a produção de todos os meios de prova necessários à descoberta da verdade. De resto, a descoberta da verdade é uma finalidade recorrente nas normas do CPP, aparecendo mencionada na lei por trinta e sete vezes, o que não é coisa pouca.

V. A verdade como certeza e a prova

Note-se que nenhuma das fórmulas legais citadas faz qualquer referência ao grau de convicção que o juiz de facto tem de alcançar na sua decisão[24]. Mas a relação que a lei estabelece entre a verdade e a prova parece autorizar a interpretação de que só a máxima certeza possível do juiz de facto sustenta a desejável correspondência das alegações de facto dadas como provadas com o estado de coisas que realmente aconteceu[25]. É por isso mesmo que se generalizou a afirmação de que a medida da prova em processo civil, tanto como em processo penal, é a

[21] Em língua original: "[...] *ob eine tatsächliche Behauptung für wahr oder nicht wahr zu erachten sei*".

[22] O CC foi aprovado pelo DL nº 47344/1966, de 25/11. A versão vigente do CC foi introduzida pela Lei nº 64/2018, de 29/10.

[23] Texto extraído do novo CPC, aprovado pela Lei nº 41/2013, de 26/06. A versão vigente do CPC foi introduzida pelo DL nº 114/2017, de 29/12.

[24] Kraatz, 2011: 80.

[25] Trata-se da teoria da verdade como correspondência, enquanto correlação entre uma proposição e um estado de coisas. Sobre a teoria da verdade como correspondência, leia-se Kirkham, 1995: 119-140 e Lynch, 2001: 9-15.

máxima certeza possível. Entre os juristas de formação romano-germânica, não é vulgar traçar distinções entre os graus de convicção exigíveis para se dar certo facto como provado[26].

No processo civil, cuja principal finalidade é simplesmente a tutela de situações subjetivas no quadro da ordem jurídica, a busca da verdade não é tão dramática como no processo penal, cuja principal finalidade é a defesa da própria ordem jurídica através da realização da justiça. Ainda assim, a generalidade da doutrina costuma exigir a convicção de certeza do juiz de facto para eliminar a dúvida sobre a verdade de quaisquer afirmações de facto produzidas pelas partes[27].

VI. A verdade material e o princípio inquisitório

Esta conceção de que a atividade do tribunal aponta para o apuramento da verdade, que não é, aliás, uma verdade qualquer, mas sim uma verdade material (*materielle Wahrheit*), explica, de resto, o surgimento do princípio inquisitório (*Aufklärungsgrundsatz*)[28], segundo o qual cabe ao juiz de facto a iniciativa de ordenar oficiosamente as diligências necessárias à descoberta da verdade material[29]. Não é preciso demonizar a verdade material, nem evocar o trágico passado das confissões extraídas através de tortura, nem sequer recordar o renascimento da verdade material no período do nacional-socialismo (§ 244 Abs. 2 StPO)[30] para se criticar o princípio da verdade material num Estado de Direito liberal e democrático pelo risco que comporta de transformar o acusado num mero objeto de prova[31].

Mas o conceito de verdade material até parece ser mais vantajoso para o acusado do que o conceito antagónico de verdade formal (*formelle Wahrheit*) que é

[26] Lima Rego, 2013: 134.

[27] Taruffo, 2014: 20-23.

[28] Outras designações correntes para o princípio inquisitório são princípio da instrução (*Instruktionsmaxime*) ou princípio da investigação (*Untersuchungsgrundsatz*). Segundo Figueiredo Dias, é um princípio integrante da estrutura basicamente acusatória do processo penal, que "em nada se opõe ao princípio da acusação, nem sequer a uma estrutura basicamente acusatória do processo penal" (Figueiredo Dias, 2004: 192 e 196). É uma leitura possível, mas a verdade é que o princípio da investigação não é aceite em sistemas de modelo adversarial, como o inglês e o norte-americano, o que não pode deixar de ser significativo no presente contexto. Preferimos, pois, reconhecer, tal como afirma Castanheira Neves, que o princípio da acusação prescreve limites ao princípio inquisitório, sobretudo na medida em que circunscreve o objeto possível de investigação (Castanheira Neves, 1968: 44-45).

[29] Mas a verdade material, enquanto fim das investigações, deve ser diferenciada da pergunta quanto ao sujeito processual responsável pela sua descoberta. Tal significa que a verdade material não é o mesmo que o princípio inquisitório (Greco, 2015: 169).

[30] Revisto através da reforma do processo penal (*Prozessrechtsnovelle*) de 1935.

[31] Neste sentido, Müller, 1980: 188-196 e Volk, 1980: 16.

adotado no sistema adversarial e que se caracteriza por confiar na disponibilidade das partes para se alcançar a verdade possível, a qual pode, porém, ficar muito aquém da realidade dos factos acontecidos. Além de que institui o promotor público na função de auxiliar do tribunal na descoberta da verdade, o que parece ser uma vantagem adicional para o acusado no sentido de que não será perseguido sem tréguas. Tudo isto é, porém, ilusório. Num Estado de Direito liberal e democrático, a garantia de autonomia, independência e vinculação à legalidade da promotoria pública nunca é suficiente para os seus agentes servirem simultaneamente os interesses da sociedade, da vítima e do acusado. São interesses conflituantes: o interesse do acusado não coincide com a punição, nem mesmo se for justamente condenado. Ora, a promotoria pública nunca poderá ser parte no processo e, ao mesmo tempo, ser imparcial. Muito mal andaria o acusado se confiasse a sua defesa à promotoria pública. O acusado tem de confiar a sua defesa a um mandatário judicial e é isso que o sistema penal lhe deve garantir em quaisquer circunstâncias.

VII. A verdade como juízo de probabilidade sobre alegações de facto

Todos sabemos que a absoluta certeza sobre a veracidade de quaisquer alegações de facto seria uma pura ilusão, dada a falibilidade do nosso entendimento e a eventual complexidade da matéria de facto. Ainda assim, a absoluta certeza corresponderia a um grau de probabilidade de 100% (ou 1, num intervalo de 0-1, segundo o conceito de probabilidade de Pascal). Aquém desse limiar, a máxima certeza possível para as necessidades da vida tem de ser qualificada como elevado grau de probabilidade. Voltamos, por conseguinte, ao uso do conceito de probabilidade na prova, o que nos permite aproximar, se quisermos, os sistemas jurídicos europeus continentais e latino-americanos dos sistemas anglo-americanos na parte relativa aos conceitos fundamentais do direito probatório[32].

Se assentarmos que a melhor verdade possível há de corresponder ao máximo grau de probabilidade (*the highest degree of probability*), lembrando aqui a consagrada expressão de Locke[33], a discussão passa agora para o domínio da autoridade epistémica do tribunal. Ora, a autoridade epistémica não depende apenas da competência cognitiva do juiz de facto, mas sobretudo da sua imparcialidade na apreciação da matéria de facto. Aquilo que define os tribunais como autoridades epistémicas é o carácter desinteressado (*disinterestedness*) das razões que sustentam as suas decisões sobre a matéria de facto[34]. Resta saber se o princípio

[32] Lima Rego, 2013: 120.

[33] Ayers, 1991: 113-124.

[34] Stein, 2008: 404.

inquisitório, ao envolver o juiz de facto na atividade de produção de provas, ainda que subsidiariamente à atividade probatória das partes, não estará a prejudicar a imparcialidade e, com isso, a autoridade epistémica do tribunal[35].

Talvez o sistema adversarial seja preferível ao sistema inquisitório do ponto de vista da metodologia da descoberta da verdade, ainda que alguma variante do conceito filosófico de verdade como correspondência entre o objeto e o intelecto (*veritas est adaequatio rei et intellectus*) possa ser partilhada por ambos os sistemas, se for o caso. No sistema adversarial, a verdade no processo não é encontrada, mas é construída através de um autêntico procedimento retórico de produção dos factos (*Herstellung des Sachverhalts*)[36]. Ademais, a verdade do julgamento é conscientemente assumida como um produto contingente do confronto entre as provas concorrentes apresentadas pelas partes, as quais têm de ser, por fim, escrutinadas pelo juiz de facto segundo critérios probabilísticos[37]. A epistemologia subjacente ao sistema adversarial quadra bem com o estabelecimento de graus de probabilidade, afastando assim o conceito de prova do velho conceito de verdade material e, ao invés, aproximando-o da ideia moderna de verdade probabilística[38], que os juristas reconhecem como verdade aparente, formal, possível ou relativa.

Mas podemos não estar disponíveis para mudar a filosofia do sistema processual penal europeu continental e latino-americano[39]. Podemos até relativizar a importância dos poderes de investigação oficiosa da verdade, bem sabendo que os tribunais raras vezes chegam a exercer esses poderes na prática. O desafio torna-se então apenas saber se continua a fazer sentido discutir a necessidade de diferentes medidas da prova nos processos civil e penal do sistema europeu continental e latino-americano.

VIII. Uma só medida da prova nos processos civil e penal?

Resta saber se as considerações sobre a distribuição do risco de erro judicial não deveriam valer também nos sistemas jurídicos dos países europeus continentais e latino-americanos, justificando-se assim distintos graus de probabilidade quanto

[35] Bachmaier Winter, 2018: 501-532.

[36] Grasnick, 1990: 485.

[37] Repudiamos o anomismo (*anomism*) empiricista seguido por Bentham ao defender que a fixação e prova dos factos penalmente relevantes pela entidade competente deve ser promovida por quaisquer meios e com o mínimo de interferências procedimentais possível, relegando assim a dialética processual e as garantias de defesa para o domínio dos obstáculos à descoberta da verdade material. Para desenvolvimentos, veja-se Kaptein, 2010: 198-201.

[38] Sobre a relação entre a prova potencial (*potential evidence*), enquanto elemento objetivo de prova ou meio de prova, e a probabilidade (*probability*), leia-se Achinstein, 2001: 7, 44-68 e 95-144.

[39] Billis, 2015: 1-140.

à veracidade das proposições factuais nos processos civil e penal, a exemplo dos sistemas anglo-americanos.

O moderno consenso em torno da ideia de que mais vale um culpado solto do que um inocente preso revela uma distribuição assimétrica do risco de erro judicial no processo penal que não tem paralelo no processo civil. Essa distribuição assimétrica pode ser interpretada no sentido de que o juiz de facto no processo penal tem de atingir um patamar de convicção probatória acerca das proposições factuais de que depende uma decisão condenatória porventura muito mais elevado do que aquele que tem de alcançar para decidir um caso de responsabilidade civil, contratual ou delitual. Entre nós, é, pois, urgente começar um debate sobre a conveniência e a legitimidade da incorporação das diferentes medidas da prova nos processos civil e penal.

IX. A receção da fórmula da prova para além da dúvida razoável

Na Europa continental, as exceções à falta de referência ao grau de probabilidade são os ordenamentos jurídicos escandinavos[40] e italiano. Este último clarificou a regra da prova em processo penal mediante a interpolação "para além da dúvida razoável" ("*al di là di ogni ragionevole dubbio*") no texto do articolo 533, comma 1, do Código de Processo Penal (*Codice di Procedura Penale* – CPPi), operada através do articolo 5 da L. 20 febbraio 2006, n. 46[41]. Ao instituir esta regra no processo penal, mas não no processo civil, o legislador abriu a porta à distinção entre a medida da prova nos processos civil e penal italianos. É uma solução legislativa que merecia ser ponderada também noutras paragens.

X. Um teste à solução do caso Summers v. Tice

A comparação dos modelos de medida da prova nos sistemas de *common law* e *civil law* não é um exercício de pura erudição jurídica. A comparação pode contribuir para uma reflexão crítica sobre cada sistema jurídico e suscitar novas perspetivas de solução para os problemas jurídicos recalcitrantes[42].

Aqui importa confrontar o modelo anglo-americano com testes de consistência lógica e de razoabilidade axiológica. Para o efeito interessa partir do caso Summers v. Tice, cuja solução é usada como um paradigma de justiça na responsabilidade civil.

Imaginemos uma variante do caso Summers v. Tice com quatro caçadores, três dos quais dispararam simultaneamente contra a codorniz que levantou voo

[40] Waaben, 1965: 246.

[41] A influência de Federico Stella terá sido decisiva para a alteração legislativa, sobretudo graças à obra *Giustizia e modernità* (Stella, 2003: 189 ss.), tal como é geralmente reconhecido (Taruffo, 2009: 306).

[42] Ambos, 2018: 20.

e passou por entre eles e Summers. No resto, o caso imaginado confunde-se com o caso decidido pelo Supremo Tribunal da Califórnia, em 1948.

No caso imaginado, a distribuição de probabilidades resultava agora em cerca de 16,6% para Tice, 16,6% para Simonson e 16,6% para o caçador inominado (*i.e.*, 49,8% para cada um dos réus, considerando as possibilidades de cada caçador ter acertado na vítima juntamente com um ou o outro dos demais caçadores). Ora, o lesado ficaria agora privado do direito a ser indemnizado só pelo facto de não se conseguir provar através da prova preponderante que cada um dos réus o teria atingido[43]. Supondo que esta solução passaria o teste da consistência lógica, o ponto é que dificilmente diríamos que passa também o teste da razoabilidade axiológica. Não há argumentos valorativos que permitam considerar diferentemente a expetativa do lesado consoante fossem dois ou três os atiradores que dispararam negligentemente em simultâneo.

Se conjeturarmos que o Supremo Tribunal da Califórnia, por razões de utilidade e equidade, decidiria os dois casos da mesma forma, responsabilizando solidariamente os réus, então teríamos de reconhecer que a razão de decidir se afasta afinal da regra da prova preponderante. Haverá alguma anomalia relevante nos casos apresentados que justifique o sacrifício da regra da prova preponderante? Alguns AA. entendem que a peculiaridade a destacar nestes casos seria a própria causalidade alternativa incerta[44]. Quando não for possível demonstrar qual de dois ou mais factos causou o resultado lesivo seria injusto que o lesado tivesse de suportar o dano, apesar de ele conseguir delimitar exaustivamente os factos possivelmente causadores do dano. Ao lesado, ora demandante, bastaria apresentar provas de que sofrera os ferimentos por causa dos disparos, considerados no seu conjunto. O resto, que não podia ser esclarecido, era valorado contra os réus, através de uma autêntica inversão do ónus da prova (*onus of proof*, também chamado *burden of proof*)[45].

[43] Soares Pereira, 2017: 662-663.

[44] A expressão causalidade alternativa incerta foi retirada de Miranda Barbosa, 2017: 145.

[45] Neste sentido depõe o facto de, na sequência do caso Summers v. Tice, ter sido introduzido o § 433B (3) no *Restatement (Second) of Torts* (1965), com o seguinte teor: "Se a conduta de dois ou mais agentes for ilícita e provar-se que um único agente causou danos ao demandante, mantendo-se, porém, a incerteza relativamente a quem o causou, então recai sobre cada um desses agentes o ónus de provar que não causou o dano". Em língua original: "*Where the conduct of two or more actors is tortious, and it is proved that harm has been caused to the plaintiff by only one of them, but there is uncertainty as to which one has caused it, the burden is upon each such actor to prove that he has not caused the harm*". Posteriormente foi mantido pelo *Restatement (Third) of Torts: Liability for Physical & Emotional Harm* § 28(b) (2010), com o seguinte teor: "Se o demandante processar todos os agentes múltiplos e provar que cada um deles realizou uma conduta ilícita que expôs o demandante a um risco e que tal conduta de um ou mais agentes lhe causou dano, mas não conseguir razoavelmente provar qual agente ou agentes causaram o dano, então o ónus de prova relativo à causalidade factual, incluindo

XI. Um caso comparável da jurisprudência alemã: o caso das lanternas do céu chinesas

Aqui chegados interessa confrontar a solução do caso Summers v. Tice com a solução de um caso semelhante na jurisprudência alemã. Desta feita analisaremos o caso das lanternas do céu chinesas (*chinesische Himmelslaternen*)[46].

Os demandantes eram proprietários de um cais de embarcações de recreio que foi danificado na sequência de um incêndio na noite de 03 para 04.04.2009. À distância de 300 metros em linha reta situava-se o clube de tiro onde naquela noite se realizara a festa de casamento da filha da ré. A ré comprara em dezembro de 2008 à terceira interessada cinco lanternas do céu chinesas, feitas de arame, papel e combustível sólido fixado na abertura da parte inferior. São lanternas que funcionam como autênticos balões de ar quente, elevando-se nos ares e tornando-se visíveis a longas distâncias, principalmente à noite. Uma das lanternas adquiridas pela ré estava estragada, uma vez que lhe faltava o acendedor. As quatro lanternas restantes, que a ré disponibilizara, foram largadas pelo grupo de convivas que frequentava a festa de casamento. Às 23 horas foi reportado um incêndio nas instalações do cais, que foi apagado pelos bombeiros chamados para o efeito. A possibilidade de qualquer defeito nas instalações ter dado origem ao incêndio foi totalmente afastada logo nessa altura.

Os demandantes deduziram pedido de indemnização cível junto do Tribunal Regional de Koblenz (*Landgericht Koblenz* – LG Koblenz) por causa dos danos sofridos no incêndio. Em traços gerais, os demandantes alegaram que o incêndio era atribuível às lanternas fornecidas pela ré. A ré seria responsável pelo facto de ter provocado o lançamento das lanternas, violando os deveres de cuidado, pois soprava um vento forte, além de que não observara como devia a trajetória das lanternas, uma vez lançadas. Mas a ré contestou o pedido, sendo acompanhada pela terceira interessada. A ré alegou que não havia vento no momento em que foram largadas as lanternas, de forma que não se podia antever qualquer perigo. Além de que já havia outras lanternas no ar que poderiam ter sido a causa do incêndio. Também contestou a dimensão dos danos provocados.

produção e persuasão, é transferido para o demandado". Em língua original: "*When the plaintiff sues all of multiple actors and proves that each engaged in tortious conduct that exposed the plaintiff to a risk of harm and that the tortious conduct of one or more of them caused the plaintiff's harm but the plaintiff cannot reasonably be expected to prove which actor or actors caused the harm, the burden of proof, including both production and persuasion, on factual causation is shifted to the defendant*". É comum dizer-se que aqui está consagrada a doutrina da responsabilidade por causação alternativa (*alternative causation liability doctrine*). A propósito, veja-se Soares Pereira, 2017: 666-667.

[46] OLG Koblenz, Urt. v. 15.10.2015 – 6 U 923/14, BeckRS 2015, 18391. O acórdão foi gentilmente sugerido e facultado por Manuel Ladiges (Georg-August-Universität Göttingen).

Em 22.06.2011, o LG Koblenz ouviu várias testemunhas e ordenou a realização de peritagem às instalações ardidas. Após substituição do juiz, a audição de testemunhas repetiu-se passados três anos. Por fim, o LG Koblenz, por sentença de 09.07.2014, julgou improcedente o pedido formulado. O tribunal concluiu que os demandantes não conseguiram provar que as lanternas compradas pela ré tinham causado os danos verificados. Ou melhor, o tribunal concluiu que não se podia excluir a hipótese de uma lanterna diferente das que foram lançadas pelo grupo que participava na festa de casamento pudesse ter sido a causa do incêndio. Na verdade, as provas produzidas em audiência revelaram que no momento anterior à eclosão do incêndio pairavam no ar mais do que quatro lanternas. As testemunhas D e E disseram ter visto lanternas lançadas da margem esquerda do Reno, ou seja, do lado da festa de casamento. Mas outras testemunhas disseram que tais lanternas teriam sido largadas da outra margem do rio. A testemunha F declarou que foram largadas apenas três lanternas do clube de tiro, uma das quais teria causado o incêndio, mas não foi atendida pelo tribunal. O tribunal rejeitou o requerimento dos demandantes no sentido de se confirmar junto dos serviços de meteorologia que as condições climatéricas no momento da eclosão do incêndio excluíam a possibilidade de ter sido causado por uma lanterna largada da margem direita do rio.

O Tribunal Superior Regional de Koblenz (*Oberlandesgericht Koblenz* – OLG Koblenz) admitiu o recurso interposto pelos demandantes, ademais julgando-o procedente, em grande parte, e condenando a ré no pagamento de uma indemnização, acrescida de juros. A ré foi ainda obrigada a indemnizar os demandantes por outros danos decorrentes do incêndio e ainda por lucros cessantes.

O OLG Koblenz criticou a rejeição pelo LG Koblenz do pedido que os demandantes basearam no § 823 Abs. 1 do Código Civil (*Bürgerliches Gesetzbuch* – BGB), onde se dispõe que: "Quem, por dolo ou negligência, ilicitamente lesar a vida, a integridade física, a saúde, a liberdade, a propriedade ou um direito especial de outra pessoa é obrigado a indemnizar os prejuízos causados"[47]. Em especial, o OLG Koblenz discordou do LG Koblenz de que a dúvida inultrapassável quanto à possibilidade de quaisquer lanternas lançadas por pessoas diferentes das que integravam a festa de casamento serem a causa do incêndio bastasse para excluir a responsabilidade civil da ré à luz do § 823 Abs. 1 BGB. De resto, a ré não alegara qualquer outra possível causa do incêndio, com exceção das lanternas lançadas por terceiros. Segundo o OLG Koblenz, a ré não cumprira o seu dever de cuidado. Além de que todas as outras pessoas que lançaram lanternas ou instigaram

[47] Em língua original: "*Wer vorsätzlich oder fahrlässig das Leben, den Körper, die Gesundheit, die Freiheit, das Eigentum oder ein sonstiges Recht eines anderen widerrechtlich verletzt, ist dem anderen zum Ersatz des daraus entstehenden Schadens verpflichtet*".

o seu lançamento naquelas circunstâncias também não cumpriram os respetivos deveres de cuidado. Não foi só a ré. Saber se as ações perigosas de vários agentes fazem, ou não, parte integrante de um único processo uniforme é algo que, segundo o OLG Koblenz, só poderia determinar-se através das regras da experiência comum. Neste contexto, o OLG Koblenz entendeu que era patente a semelhança das ameaças. O lançamento das lanternas constituiria assim uma ameaça factual unitária. Segundo o OLG Koblenz, o facto de os potenciais lesantes terem, ou não, consciência das ações uns dos outros ou prosseguirem, ou não, um objetivo comum era irrelevante. Tais dificuldades de prova seriam, segundo o OLG Koblenz, ultrapassadas pelo disposto no § 830 Abs. 1 BGB, onde se estabelece que: "Se mais de uma pessoa causar danos por um delito cometido em conjunto, cada uma é responsável pelo dano. O mesmo se aplica se não puder ser estabelecido qual das várias pessoas envolvidas causou o dano através da sua ação"[48].

XII. Uma comparação de soluções

Uma comparação dos modelos de medida da prova nos sistemas anglo-americano e europeu continental baseada nos exemplos jurisprudenciais acima apresentados, ainda que o último não reflita necessariamente uma jurisprudência alemã uniforme[49], serve, desde logo, para destacar que o § 830 Abs. 1 BGB introduz uma exceção legal ao princípio da prova dos elementos constitutivos do dever de indemnizar na responsabilidade civil delitual. Assim, a segunda parte do preceito em questão estabelece uma dispensa de prova do nexo de causalidade entre uma ação singular e o dano em casos de causalidade alternativa[50], desde que o delito tenha sido cometido em conjunto[51].

A nossa primeira constatação é que aquela dispensa de prova da causação individual em casos de causalidade alternativa não é fácil de transpor para o direito penal, quer no sistema europeu continental e latino-americano, quer no anglo-americano[52]. Desde logo porque a coautoria dolosa, mas também a coautoria culposa (para quem admita a possibilidade do encontro de vontades para a efetivação de uma conduta imprudente) têm requisitos muito mais exigentes

[48] Em língua original: "*Haben mehrere durch eine gemeinschaftlich begangene unerlaubte Handlung einen Schaden verursacht, so ist jeder für den Schaden verantwortlich. Das Gleiche gilt, wenn sich nicht ermitteln lässt, wer von mehreren Beteiligten den Schaden durch seine Handlung verursacht hat*".

[49] Seja como for, a decisão do OLG Koblenz não parece afastar-se da jurisprudência alemã dominante. Sobre o entendimento dominante, Palandt/Sprau, 2018: § 830, nº m. 7.

[50] Também se pode interpretar a dispensa de prova como uma presunção legal de causação do dano por cada um dos agentes, mas é a mesma ideia, embora com um nome diferente.

[51] Na lei portuguesa falta uma norma como o § 830 Abs. 1 BGB (Soares Pereira, 2017: 662).

[52] Sobre a causalidade alternativa no direito penal alemão: Kühl, 2017: § 4, nº m. 20b, Kudlich, 2016, Antes dos §§ 13 ss., nº m. 42 e Heinrich, 2011: Antes do § 13, nºs ms. 34-35 e 49.

do que a simples comissão de um delito em conjunto por várias pessoas, o que restringe, só por si, as possibilidades de imputação do resultado típico à ação conjunta dos coautores em direito penal.

Na responsabilidade civil delitual falta um conceito claro de atuação conjunta, inclusive negligente, para explicar a atribuição causal do dano a todos os agentes. Repare-se que o OLG Koblenz pouco ou nada disse para justificar a sua decisão através da figura do delito cometido em conjunto por várias pessoas. É surpreendente que o OLG Koblenz tenha reconhecido a existência do delito cometido em conjunto por várias pessoas quando nem sequer conseguiu determinar quem e quantas foram essas pessoas. Neste ponto, o caso das lanternas do céu chinesas distingue-se do caso Summers v. Tice, já que neste o universo dos agentes está completamente determinado, assim se compreendendo que o direito de regresso entre todos não se torne afinal numa pretensão impossível de concretizar na prática.

Mas nenhuma dessas constatações diz diretamente respeito ao ponto que aqui nos trouxe. Recordemos que a nossa atenção se centra na questão de saber se faz sentido distinguir medidas da prova nos processos civil e penal, independentemente de o sistema jurídico em causa ser mais adversarial ou mais inquisitorial. Dir-se-ia então que os casos jurisprudenciais escolhidos para ilustrar a presente discussão são desadequados ao fim em vista, pois são casos cuja solução passou precisamente pela dispensa de prova da causação individual, o que significa, por definição, dispensar também qualquer medida da prova. Só que este apontamento não faz justiça à nossa argumentação a favor das distintas medidas da prova nos processos civil e penal. Pelo contrário, a dispensa de prova da causação individual na determinação da responsabilidade civil, quando o delito tenha sido cometido em conjunto, revela, por maioria de razão, que os requisitos da responsabilidade civil são menos exigentes do que os da responsabilidade criminal. Se as ameaças postas em marcha por vários agentes, independentemente uns dos outros, forem semelhantes e simultâneas, a concretização do dever de indemnizar o lesado por parte de qualquer um dos agentes só depende da expetativa razoável de este agente poder concretizar o respetivo direito de regresso contra os demais. Assim, a possibilidade de o juiz de facto decretar a dispensa de prova do nexo de causalidade entre uma ação singular e o dano deve ser inversamente proporcional ao número de intervenientes nos acontecimentos. Supondo que um ou mais requisitos da responsabilidade civil podem, assim, tornar-se dispensáveis na solução do caso concreto, então resta-nos concluir que também a medida da prova dos requisitos da responsabilidade civil há de ser menos exigente do que a medida da prova dos elementos que caracterizam a infração na responsabilidade criminal. É que nenhum dos elementos que preenchem um tipo de crime pode ser dispensado de prova no caso concreto.

XIII. A convicção do juiz de facto como juízo de probabilidade informal[53]

Já vimos que a fórmula da prova para além da dúvida razoável pode ser interpretada no sentido de o juízo de convicção do juiz de facto sobre a veracidade de uma determinada alegação de facto corresponder a um grau de probabilidade de 90% a 100%[54]. Mas o juiz de facto não tem forma de comparar o conjunto dos factos sujeitos a julgamento com um conjunto paralelo de factos de referência empiricamente preestabelecidos para poder chegar a um valor numérico no caso concreto que lhe revele que certos factos ocorrem em X% dos casos conhecidos. Por isso mesmo, a decisão de facto não se baseia num cálculo de probabilidades condicional, em função da comparação de séries de factos logicamente independentes, mas antes numa estimativa de probabilidade incondicional. Não se nega, porém, que o tradicional cálculo de probabilidades baseado em frequências (método estatístico) possa influenciar a decisão de facto, como quando, por hipótese, um perito forense indique o grau de probabilidade associado a uma determinada alegação de facto (*e.g.*, a vítima ter contraído asbestose e morrido por causa de ter trabalhado durante vinte anos em ambiente exposto ao amianto)[55]. Acontece que o juiz de facto, confrontado com o relatório pericial, decidirá, ele mesmo, com base na sua própria interpretação de probabilidade informal, qual o grau de probabilidade que atribui à alegação de facto sujeita a prova. Trata-se, assim, de uma utilização intuitiva do Teorema de Bayes[56], que pressupõe a estimativa, por um indivíduo sozinho, da probabilidade inicial ou *a priori* associada a uma determinada alegação de facto e permite a sua reavaliação, consoante a informação adicional sobre a medida da incerteza de verificação desse facto entretanto recolhida. A intensidade da convicção que o juiz de facto deposita numa dada alegação de facto não depende de uma relação matematicamente demonstrada entre conhecimento e credibilidade. A probabilidade informal é propensa ao erro (*error-prone*), pois cada indivíduo fará o seu próprio juízo de probabilidade, mas pode ser considerada como uma aproximação grosseira à probabilidade pessoal,

[53] Sobre a probabilidade informal, veja-se Kaye, 1988: 3.

[54] Mas aqui poderia contrapor-se o dito famoso de Wigmore, segundo o qual "ainda ninguém conseguiu inventar ou descobrir um modo de medição para a intensidade da crença humana" (em língua original: "*no one has yet invented or discovered a mode of measurement for the intensity of human belief*"), citado pelo Justice Harlan, na sua opinião concordante com o relator Justice Brennan, em *In re Winship*, 397 U.S. 358 (1970). Só que não se trata de medir a intensidade da crença do juiz de facto, mas antes de lhe exigir que tenha de sentir-se convencido acima de um determinado grau para dar um facto como provado (Newman, 2006: 267-269).

[55] Sarrabayrouse, 2007: 373-395.

[56] A origem da abordagem Bayesiana a problemas de inferência remonta à publicação póstuma da obra do Reverendo Thomas Bayes (c. 1701-1761), intitulada *An Essay Towards Solving a Problem in the Doctrine of Chances.*

subjetiva ou Bayesiana, que, esta sim, é controlável matematicamente[57]. Portanto, a utilização da probabilidade informal é moderadamente racional e adequada às necessidades da vida, que é o que se pretende numa decisão judicial[58].

XIV. A quantificação dos graus de probabilidade

Está muito difundida a ideia de que o juiz de facto não tem de fazer cálculos na formação da sua convicção. Essa ideia é alicerçada, aliás, na constatação de que o juiz de facto – juiz togado ou leigo – não é versado nos arcanos da matemática, nem nos métodos formais de raciocínio. Mesmo que assim o quisesse, o juiz de facto não conseguiria fundar matematicamente ou formalmente a formação da sua convicção.

Mas há uma aporia escondida na recusa de quantificações na formação da convicção do juiz de facto. Na verdade, o cálculo matemático não é indispensável à obtenção de números cardinais dentro de um intervalo de quantificação. Os valores estimados pelo juiz de facto não deixam, por isso, de ser valores aproximados dos resultados de operações matemáticas. Acresce que um matemático ou um lógico poderão ser capazes de reproduzir analiticamente o procedimento de formação da convicção do juiz de facto.

Não se pense que a hostilidade à análise matemática e aos modelos formais de inferência factual é exclusiva da mentalidade romano-germânica, já que também há muitas vozes notáveis de língua inglesa que contestam o chamado julgamento pela matemática (*trial by mathematics*)[59].

As críticas ao julgamento pela matemática são muito variadas, mas importa sobremaneira destacar a ideia de que a análise matemática ou formal seria necessariamente mecânica (*mechanical*), no sentido de estar subtraída ao juízo das pessoas comuns e de correr por si mesma (*on its own*), como se correspondesse simplesmente à utilização de um algoritmo[60]. Nenhuma dessas intuições é correta, pois mesmo a mais complexa inferência matemática ou formal que se queira erigir a partir de alegações de facto não poderá deixar de basear-se em inúmeras assunções pessoais ou subjetivas. Cabe assim aos matemáticos e lógicos a responsabilidade de explicar de que maneira certos argumentos formais são, afinal, adequados aos juízos e sentimentos das pessoas comuns (*i.e.*, não-matemáticos e não-lógicos). Entre outras utilidades, a análise matemática e lógica poderá servir

[57] Kaye, 1988: 4.

[58] Häcker/Schwarz/Treuer, 2014: 169-182 e Schweizer, 2015: 131-132 e 168-171.

[59] Analisando e criticando os argumentos frequentemente invocados contra a matemática e o raciocínio formalizado no julgamento, Tillers, 2011: 170.

[60] Tillers, 2011: 170-171.

para capturar alguns, mas não todos, os componentes de argumentação (*ingredients of argument*) que integram os juízos jurídicos sobre as alegações de facto[61].

Por outro lado, as pessoas comuns, especialmente os jurados populares, quando são instruídos para decidir a matéria de facto, apreendem melhor o alcance e o significado dos números na quantificação dos graus de probabilidade do que a mera indicação de critérios qualitativos, como foi demonstrado através de estudos empíricos[62].

XV. Conclusões gerais

É necessário regressar à discussão da medida da prova no sistema europeu continental e latino-americano.

O juízo de probabilidade do juiz de facto não pode ser holístico, mas tem de versar sobre cada alegação de facto. Os factos relativos aos elementos constitutivos do tipo de crime têm de ficar provados para além de qualquer dúvida razoável. A fórmula da prova para além da dúvida razoável pode ser interpretada no sentido de o juízo de convicção do juiz de facto sobre a veracidade de uma determinada alegação de facto corresponder a um grau de probabilidade de 90% a 100%.

Só tratámos da prova dos factos relativos aos elementos constitutivos do tipo de crime. Não tratámos no presente texto da prova dos factos relativos às eximentes da responsabilidade criminal ou a quaisquer pressupostos de que a lei faça depender a punibilidade do agente ou a aplicação a este de uma medida de segurança.

A medida da prova adequada às eximentes da responsabilidade criminal, enquanto condições de revogabilidade da acusação, é a probabilidade preponderante. A fórmula da probabilidade preponderante pode ser interpretada no sentido de o juízo de convicção do juiz de facto sobre a veracidade de uma determinada alegação de facto corresponder a um grau de probabilidade da verificação de um determinado evento superior a 50%. Mas esta é já uma outra discussão.

61 Tillers, 2011: 171-172.

62 Kagehiro/Stanton, 1985: 173-176 e Edwards, 1988: 340.

Modelos de Prova

Rui Soares Pereira

Sumário: I – O caso do crime de Montes Claros; 1. Os contornos factuais e jurídicos do caso; 2. A razão da escolha do caso para a discussão dos modelos de prova; II – Os modelos de prova: as diferentes racionalidades e as tendências de maior integração e formalização; 1. As críticas aos modelos formais tradicionais e aos modelos narrativos de prova; 2. Os modelos híbridos e integrados de prova; 3. A teoria híbrida da prova criminal e os desenvolvimentos subsequentes no sentido de uma maior integração; 3.1. Apresentação geral; 3.2. Os pontos de partida da teoria; 3.3. O funcionamento do modelo híbrido ou integrado de prova; 3.4. As vantagens de um modelo híbrido ou integrado de prova; 3.5. Avaliação crítica; III – As perspetivas de aplicação de modelos híbridos ou integrados de prova ao caso do crime de Montes Claros; 1. Justificação; 2. A possível utilidade de um modelo híbrido ou integrado de prova para o caso; 3. A teoria híbrida ou integrada da prova em ação: algumas aplicações possíveis no caso; IV – As questões ainda em aberto no modelo híbrido ou integrado de prova: em especial a integração das probabilidades.

Síntese: Os modelos de prova obedecem a diferentes racionalidades, assistindo-se a uma tendência no sentido de uma maior integração e formalização dos modelos apresentados. Uma teoria híbrida ou integrada da prova, como a de Bex e outros, pretende constituir um avanço relativamente aos modelos lógicos tradicionais e aos modelos narrativos de prova e, ao mesmo tempo, proporcionar, o que não sucede com todos os modelos híbridos de prova, uma integração real entre as diferentes abordagens principais (a abordagem baseada nos argumentos e a abordagem baseada nas narrativas) e agora também com a inclusão das probabilidades. Um caso como o do crime de Montes Claros (em Coimbra) torna evidente a premência de modelos de prova mais sofisticados do que os habitualmente utilizados, nele podendo ser recolhidos igualmente pontos de apoio para o recurso a uma teoria híbrida ou integrada da prova. As teorias, como a de Bex e outros, parecem ter também aí algumas possibilidades de aplicação, tanto mais que, se comparadas com outras teorias, procuram fornecer a sofisticação exigida por casos como o de Montes Claros. Porém, para além de ser necessário testar a sua verdadeira utilidade no caso através de uma representação esquemática da aplicação do modelo híbrido ou integrado, continuam ainda em aberto algumas questões no próprio modelo, em especial a integração das probabilidades, que carecem de ser resolvidas.

O caso:

1. Factos:

Em 21.11.2012, foi encontrada sem vida na sua casa, sita em Coimbra, na zona de Montes Claros, uma mulher, com 80 anos, sobre a qual foram desferidos, enquanto se encontrava sozinha, 14 tiros que a atingiram no corpo, causando-lhe lesões traumáticas crânio-meningo-encefálicas, torácicas e abdominais, que foram causa necessária e direta da sua morte. Na sequência das investigações realizadas pela Polícia Judiciária, que incluíram, entre outras diligências, a realização de perícias no Laboratório de Polícia Científica e no Instituto Nacional de Medicina Legal e a inquirição de diversas testemunhas, foi constituída arguida uma inspetora da Polícia Judiciária, colocada na Diretoria do Norte, sita no Porto, casada com outro inspetor da Polícia Judiciária, neto da vítima e que exerce funções na mesma Diretoria, tendo ambos residência na Maia, no Porto. No final do inquérito, o MP deduziu acusação, em processo comum e requerendo a intervenção do júri, contra a arguida, a quem imputou a prática, como autora material, de um crime de homicídio qualificado, previsto e punido nos arts. 131º e 132º, nºs 1 e 2, als. c), e), h) e j), ambos do CP, e de um crime de peculato, previsto e punido no art. 375º, nº 1 do CP, tendo ainda requerido a aplicação da pena acessória de proibição do exercício de função, nos termos do art. 66º do CP, e deduzido pedido de indemnização cível contra a arguida no valor de € 319,12, acrescido de juros de mora.

2. Decisões:

Realizado o julgamento, o Tribunal do Júri veio a absolver a arguida dos crimes que lhe haviam sido imputados na acusação e do pedido de indemnização cível deduzido pelo MP, invocando essencialmente ser impossível, por falta de prova, afirmar a convicção da culpabilidade da arguida exigível para uma condenação, conclusão aliás imposta por recurso ao princípio *in dubio pro reo* por ser mínima a probabilidade de a arguida ter cometido os crimes imputados nos termos que constam da acusação. O MP interpôs recurso do acórdão do Tribunal do Júri, impugnando todos os pontos da matéria de facto dados como não provados, por considerar que o tribunal *a quo* fez um errado julgamento da matéria de facto, nomeadamente no que se refere à prova pericial realizada ao blusão da arguida e aos vestígios detetados, à lesão verificada na mão direita da arguida, ao furto pela arguida da arma e das munições da colega inspetora da Polícia Judiciária e à motivação da arguida para a prática dos crimes, e não atentou em elementos de prova que impunham decisão diversa. Na resposta ao recurso, a arguida contraditou os fundamentos apresentados no recurso, chamando a atenção para o facto de a arguida não se ter deslocado a Coimbra no dia do homicídio e de não ser sequer possível fazer a deslocação tendo em conta o tempo necessário para o efeito e o estado de saúde da arguida. O TRC revogou o acórdão recorrido, alterando a decisão da matéria de facto e condenando a arguida na pena única de 17 anos de prisão, pela prática de um crime de homicídio qualificado e de um crime de peculato, previstos e punidos nos arts. 131º, 132º, nºs 1 e 2, al. h), e 375º, nº 1, todos do CP, e a pagar a quantia peticionada no pedido cível. Inconformada, a arguida interpôs recurso para o STJ do acórdão do TRC, o qual decidiu reenviar o processo para novo julgamento, tendo em consideração a existência de vícios que assinalou à decisão recorrida decorrentes, por um lado, de conflitos entre factos provados (tal como já havia sido assinalado pela magistrada do MP junto do STJ), e, por outro lado, da insuficiência da matéria de facto enumerada no aresto recorrido. Realizado o novo julgamento pelo Tribunal do Júri, a arguida veio a ser pela segunda vez absolvida dos crimes imputados e do pedido de indemnização cível.

Palavras-chave:
Prova; modelos de prova; modelos tradicionais formais e narrativos de prova; modelos híbridos ou integrados de prova; narrativas; argumentos probatórios; probabilidades; teoria híbrida ou integrada da prova.

Doutrina:
A. P. Dawid/William Twining/M. Vavsiliki (2011), *Evidence, Inference and Enquiry*, Oxford: Oxford University Press; Andreas Glöckner/Cristoph Engel (2008), "Can We Trust Intuitive Jurors? Standards of Proof and the Probative Value of Evidence in Coherence Based Reasoning" (October 1, 2008), in *MPI Collective Goods Preprint*, No. 2008/36, disponível in SSRN: http://ssrn.com/abstract=1307580; Andreas Glöckner/Tilmann Betsch (2008), "Modeling option and strategy choices with connectionist networks: Towards an integrative model

of automatic and deliberate decision making", in *Judgment and Decision Making*, Vol. 3, pp. 215–228; António Braz Teixeira (2012), *Breve Tratado da Razão Jurídica*, Sintra: Zéfiro; António Castanheira Neves (1993), *Metodologia Jurídica. Problemas Fundamentais*, Coimbra: Coimbra Editora; António Menezes Cordeiro (1987) "Tendências actuais da interpretação da lei: do juiz-autómato aos modelos de decisão jurídica", in *Revista jurídica*, Nºs 9-10 (Jan.-Jun.1987), pp. 7-15, e (2002) introdução à edição portuguesa da obra de Claus-Wilhelm Canaris, *Pensamento Sistemático e Conceito de Sistema na Ciência do Direito*, 3ª ed., Lisboa: Fundação Calouste Gulbenkian, pp. CVII-CXII; Arthur Kaufmann (2002), "Prolegómenos a uma lógica jurídica e a uma ontologia das relações: fundamento de uma teoria do direito baseada na pessoa", in *BFD*, Vol. 78, pp. 183-208; Bart Verheij et al. (2016), "Arguments, scenarios and probabilities: connections between three normative frameworks for evidential reasoning", in *Law, Probability and Risk*, Vol. 15, pp. 35-70; Chaïm Perelman/L. Olbrechts-Tyteca (1958), *Traité de l'argumentation. La nouvelle rethorique*, Paris: PUF; Dan Simon (2004), "A Third View of the Black Box: Cognitive Coherence in Legal Decision Making", in *University of Chicago Law Review*, Vol. 71, pp. 511-586, disponível in SSRN: http://ssrn.com/abstract=541263; David A. Schum (2001), "Species of Abductive Reasoning in Fact Investigation in Law", in *Cardozo Law Review*, Vol. 22, Nos. 5-6, pp. 1645--1681; David Poole (1989), "Explanation and prediction: an architecture for default and abductive reasoning", in *Computational Intelligence*, Vol. 5, Issue 2, e (1994), "Representing diagnosis knowledge", in *Annals of Mathematics and Artificial Intelligence*, Vol. 11, Issue 1-4, pp. 33-50; Fernando José Bronze (1993), *A Metodonomologia entre a Semelhança e a Diferença (Reflexão Problematizante dos Pólos da Radical Matriz Analógica do Discurso Jurídico)*, Coimbra: Coimbra Editora; Floris J. Bex (2009), *Evidence for a Good Story: A Hybrid Theory of Arguments, Stories and Criminal Evidence*, Doctoral dissertation, Faculty of Law, University of Groningen, (2011), *Arguments, Stories and Criminal Evidence*, Dordrecht, Heidelberg, London, New York: Springer, (2014), "Towards an integrated theory of causal scenarios and evidential arguments", in *Proceedings of COMMA 2014, Frontiers in Artificial Intelligence and Applications*, Vol. 266, pp. 11-18, e (2015) "An integrated theory of causal stories and evidential Arguments", in *Proceedings of the 15th International Conference on Artificial Intelligence and Law (ICAIL 2015)*, New York: ACM Press, pp. 13-22; Floris J. Bex et al. (2010), "A Hybrid Formal Theory of Arguments, Stories and Criminal Evidence", in *Artificial Intelligence and Law*, Vol. 18, No. 2, pp. 123-152; Floris J. Bex/Bart Verheij (2011a), "Legal shifts in the process of proof", in *Proceedings of the 13th ICAIL, Pittsburgh, USA*, New York: ACM Press, pp. 11–20, (2011b), "Arguments, Stories and Evidence: Critical Questions for Fact-Finding", in *Proceedings of the 7th Conference of the International Society for the Study of Argumentation (ISSA 2010)*, edited by F.H. Van Eemeren et al., Amsterdam: Rozenberg/Sic Sat, pp. 71-84, (2012), "Solving a Murder Case by Asking Critical Questions: An Approach to Fact-Finding in Terms of Argumentation and Story Schemes", in *Argumentation*, Vol. 26, No. 3, pp. 325-353, e (2013) "Legal stories and the process of proof", in *Artificial Intelligence and Law*, Vol. 21, No. 3, pp. 253-278; Floris J. Bex/Douglas Walton (2010), "Burdens and Standards of Proof for Inference to the Best Explanation", in *Proceeding of the 2010 conference on Legal Knowledge and Information Systems: JURIX 2010: The Twenty-Third Annual Conference*, edited by Radboud G. F. Winkels, The Netherlands: IOS Press Amsterdam, pp. 37-46; Floris J. Bex/Silja Renooij (2016), "From Arguments to Constraints on a Bayesian Network", in *Proceedings of the Sixth International Conference on Computational Models of Argument*, Vol. 287, pp. 95-106; Floris J. Bex/T. Bench--Capon (2017), "Arguing with Stories", in *Narration as Argument*, edited by P. Olmos, Springer, pp. 31-45; Floris J. Bex/V.M Bex-Reimert (2016), "Evidence Assessment in Refugee Law with Stories and Arguments", in *Informal Logic*, Vol. 36, Nº 3, pp. 349-370; H. Kaptein/Henry Praken/Bart Verheij (2009), *Legal Evidence and Proof: Statistics, Stories, Logic*, Farnham: Ashgate; Hannu Tapani Klami/Johanna Sorvettula/Minna Hatakka (1991), "Evidence and Legal Reasoning: on the intertwinement of the probable and the reasonable", in *Law and Philosophy*, Vol. 10, pp. 73-107; Helena Whalen-Bridge (2010), "The Lost Narrative: The Connection Between Legal Narrative and Legal Ethics", in *Journal of the Association of the Legal Writing Directors*, Vol. 7, pp. 229-246; Igor Douven (2011), "Abduction", in *The Stanford Encyclopedia of Philosophy* (Spring 2011 Edition), Edward N. Zalta (ed.), URL = http://plato.stanford.edu/archives/spr2011/entries/abduction/; José Aroso Linhares (2001), *Entre a Reescrita Pós-Moderna da Modernidade e o Tratamento Narrativo da Diferença ou a Prova como um Exercício de "Passagem" nos Limites da Juridicidade (Imagens e reflexos pré-metodológicos deste percurso)*, Coimbra: Coimbra Editora, e (2012), "Evidence (or proof?) as law's gaping wound: a false persistent aporia?", in *BFD*, Vol. 88, Tomo I, pp. 65-89; José de Oliveira Ascensão (2013), *O Direito: Introdução e Teoria Geral*, 13ª ed., Coimbra: Almedina; K. J. Holyoak/Dan Simon (1999), "Bidirectional reasoning in decision making by constraint satisfaction", in *Journal of Experimental Psychology: General*, Vol. 128, pp. 3-31; Karl Engisch (1988), *Introdução ao Pensamento Jurídico*, 6ª ed., Lisboa: Fundação Calouste Gulbenkian; Manuel Atienza (2005), *Las Razones del Derecho. Teorías de la argumentación jurídica*, Mexico: Universidad Nacional Autónoma de México; Maria Fernanda Palma (2014a), "Introdução ao direito da investigação criminal e da prova", in *Direito da Investigação Criminal e da Prova*, coord. Maria Fernanda Palma et al., Coimbra: Almedina, pp. 7-18, e (2014b), "A teoria do crime como teoria da decisão penal e o Direito da Investigação Criminal", in *Direito da Investigação Criminal e da Prova*, coord. Maria Fernanda Palma et al., Coimbra: Almedina, pp. 19-25; Mario Bunge (1974), *Teoria e Realidade*, São Paulo:

Perspectiva; Mark Spottswood (2014), "Bridging the Gap Between Bayesian and Story-Comparison Models of Juridical Inference", in *Law, Probability and Risk*, Vol. 13, No. 1, pp. 47-64; Michael S. Pardo/Ronald J. Allen (2008), "Juridical Proof and the Best Explanation", in *Law and Philosophy*, Vol. 27, pp. 223-268; Nancy Pennington/Reid Hastie (1991-1992), "A Cognitive Theory of Juror Decision Making: The Story Model", in *Cardozo Law Review*, Vol. 13, pp. 519-557, e (1993), "The story model for juror decision making", in *Inside the juror: the psychology of juror decision making*, edited by Reid Hastie, Cambridge, Massachusetts: Cambridge University Press, pp. 192-221; Neil MacCormick (1978), *Legal Reasoning and Legal Theory*, Oxford: Oxford University Press; Paul Thagard (2004), "Causal Inference In Legal Decision Making: Explanatory Coherence Vs. Bayesian Networks", in *Applied Artificial Intelligence*, Vol. 18, Nos. 3-4, pp. 231-249; Paulo de Sousa Mendes (2016), "A incerteza factual e a prova no processo penal", in *Liber Amicorum: Manuel Simas Santos*, coord. André Paulino Piton e Ana Teresa Carneiro, Lisboa: Rei dos Livros, pp. 1057-1079, e (2018), *Causalidade Complexa e Prova Penal*, Coimbra: Almedina; Paulo Ferreira da Cunha (2012), "Horizontes interdisciplinares da filosofia jurídica", in *Estudos em Homenagem a Miguel Galvão Teles*, Vol. 1, Coimbra: Almedina, pp. 95-116; Paulo Pinto de Albuquerque (2009), *Comentário do Código de Processo Penal*, 3ª ed., Lisboa: Universidade Católica Editora; Reid Hastie/Steven Penrod/Nancy Pennington (1983), *Inside the jury*, Cambridge, Massachusetts: Cambridge University Press; Richard Lempert (1986), "The New Evidence Scholarship: Analyzing the Process of Proof", in *Boston University Law Review*, Vol. 66, pp. 439-477; Robert Alexy (1978), *Theorie der juristischen Argumentation. Die Theorie des rationalen Diskurses als Theorie der juristischen Begründung*, Frankfurt am Main: Surkamp; Roger C. Park/Michael J. Saks (2006), "Evidence scholarship reconsidered: results of the interdisciplinary turn", in *Boston College Law Review*, Vol. 47, pp. 949-1031; Rui Soares Pereira (2013), "Evidence models and proof of causation", in *Law, Probability and Risk*, Vol. 12, Nos. 3-4, pp. 229-257, (2017), *O Nexo de Causalidade na Responsabilidade Delitual: Fundamento e Limites do Juízo de Condicionalidade*, Coimbra: Almedina, e (2018), "A probática na ciência do direito e a relevância do recurso ao método do caso para a teoria da prova", in *Revista de Direito Civil*, 2º, II, pp. 351-366; Stephen Toulmin (1984) *An Introduction to Reasoning*, 2nd ed., New York: Macmillan Publishing Company, e (2003), *The Uses of Argument*, updated ed., New York: Cambridge University Press; Tercio Sampaio Ferraz Júnior (2014), *A Ciência do Direito*, 3ª ed., São Paulo: Atlas, e (2015) *Função Social da Dogmática Jurídica*, 2ª ed., São Paulo: Atlas; Terence Anderson/David Schum/William Twining (2005), *Analysis of Evidence*, 2nd ed., Cambridge: Cambridge University Press; Terezie Smejkalová (2011), "Story-telling in judicial discourse" (June 21, 2011), in *Comparative Legilinguistics*, Vol. 5, disponível in SSRN: http://ssrn.com/abstract=1891910.

Jurisprudência nacional:
Autos de processo comum com o nº 849/12.1JACBR.C1 da Comarca de Coimbra – Ac. do Tribunal do Júri de 08.09.2014, inédito; Ac. TRC de 27.05.2015, 4ª Secção, Proc. nº 849/12.1JACBR.C1 (Olga Maurício), inédito; Ac. STJ de 17.03.2016, 3ª Secção Criminal, Proc. 849/12.1JACBR.C1 (Pires da Graça), disponível em www.dgsi.pt; Ac. do Tribunal do Júri de 29.09.2017, inédito.

Análise do caso:

I. O caso do crime de Montes Claros

1. Os contornos factuais e jurídicos do caso

I. Para discutir o tema dos modelos de prova julgámos pertinente partir de um caso, mas optámos por um caso real.

Para além de facilitar a elaboração de esquemas sobre a forma de ocorrência do processo de prova[1] (no caso penal), o recurso a um caso torna mais justificada e premente a necessidade de construção de esboços hipotéticos ou de teorias sobre como esse processo de prova se pode e deve desenrolar.

Obedecendo tão quanto possível a uma seleção criteriosa de um caso tipo (e não meramente académico) escolheu-se um caso relativamente recente e particularmente mediático em Portugal[2]: o caso do crime que ocorreu em Montes Claros, Coimbra (doravante, referido abreviadamente como "caso de Montes Claros")[3].

Trata-se de um caso iniciado há vários anos e no qual terão sido proferidas, pelo menos[4], quatro decisões: uma pelo Tribunal de Júri, que absolveu a arguida; outra pelo TRC, que condenou a arguida; outra ainda pelo STJ, que reenviou o

[1] Sobre as vantagens do método do caso, em especial a sua relevância para a teoria da prova, cfr. Soares Pereira, 2018: 357-365.

[2] Diversas referências ao caso podem ser encontradas na imprensa escrita e digital portuguesa. *Colorandi causa*, cfr. http://www.asbeiras.pt/tag/ana-saltao/; http://www.cmjornal.pt/pesquisa?q=Ana%20Salt%C3%A3o.

[3] Autos de processo comum com o nº 849/12.1JACBR.C1 da Comarca de Coimbra; Ac. TRC de 27.05.2015, 4ª Secção, Proc. nº 849/12.1JACBR.C1 (Olga Maurício); Ac. STJ de 17.03.2016, 3ª Secção Criminal, Proc. 849/12.1JACBR.C1 (Pires da Graça), disponível em www.dgsi.pt.

[4] Naturalmente que outras decisões terão sido tomadas ao longo do processo, assumindo-se aqui como relevantes apenas aquelas decisões a que tivémos acesso e os elementos que nos foram gentilmente disponibilizados pela defesa da arguida a nosso pedido. Apesar de termos tido também acesso ao segundo acórdão do Tribunal de Júri, o mesmo não foi tomado em consideração na análise realizada.

processo para novo julgamento, tendo em consideração a existência de vícios; e finalmente uma pelo Tribunal de Júri, que absolveu novamente a arguida.

II. No essencial, o caso em questão pode descrever-se da seguinte maneira: o MP deduziu acusação, em processo comum e com intervenção do júri, contra uma inspetora da Polícia Judiciária, colocada na Diretoria do Norte, sita no Porto, a quem imputou a prática, como autora material, de um crime de homicídio qualificado[5] cometido contra a avó do marido e de um crime de peculato[6]; realizado o julgamento em primeira instância, o Tribunal do Júri absolveu a arguida dos crimes que lhe haviam sido imputados na acusação pelo MP, invocando essencialmente ser impossível, por falta de prova, afirmar a convicção da culpabilidade da arguida exigível para uma condenação e que essa conclusão seria imposta por recurso ao princípio *in dubio pro reo* por ser mínima, em seu entender, a probabilidade de a arguida ter cometido os crimes imputados nos termos que constavam da acusação; o MP interpôs recurso do acórdão do Tribunal do Júri, impugnando todos os pontos da matéria de facto dados como não provados, por considerar que o Tribunal do Júri teria feito um errado julgamento da matéria de facto; o TRC julgou procedente o recurso e decidiu revogar o acórdão do Tribunal do Júri, alterando a decisão da matéria de facto e condenando a arguida na pena única de 17 anos de prisão, pela prática de um crime de homicídio qualificado e de um crime de peculato; inconformada com a condenação, a arguida interpôs recurso do acórdão do TRC para o STJ, o qual decidiu, em 17.03.2016, reenviar o processo para novo julgamento, tendo em consideração a existência de vícios que assinalou à decisão recorrida decorrentes, por um lado, de conflitos entre factos provados (tal como já havia sido assinalado pela magistrada do MP junto do STJ), e, por outro lado, da insuficiência da matéria de facto enumerada no aresto recorrido; realizado o novo julgamento pelo Tribunal do Júri a arguida veio a ser absolvida dos crimes imputados.

III. Embora recolhido na jurisprudência portuguesa e sem que com a escolha realizada pretendamos menorizar outros casos (discutidos noutros ordenamentos jurídicos ou em Portugal[7]), a verdade é que o caso suscita várias interrogações relevantes em matéria de prova.

[5] Previsto e punido nos arts. 131º e 132º, nºs 1 e 2, alíneas c), e), h) e j), ambos do CP.

[6] Previsto e punido no art. 375º, nº 1, do CP.

[7] Por exemplo, os casos portugueses Joana e Rui Pedro, o caso italiano e internacionalmente conhecido Amanda Knox, ou o já clássico caso norte-americano O.J. Simpson. Talvez pudessem também ter sido convocados estes casos. Mas cada caso terá as suas particularidades e também as suas especificidades (Engisch, 1988: 364), sendo certo que para tornar útil a sua convocação obri-

Para além do facto de ter sido proferida uma decisão absolutória penal, por um Tribunal de Júri, os acórdãos do TRC e do STJ contêm, a nosso ver, novidades e aspetos relevantes vários para o tema dos modelos de prova, em particular no que se refere à argumentação e à técnica de recurso que foram utilizados pela defesa na interposição de recurso para o STJ e à decisão que foi tomada pelo STJ criticando a decisão da segunda instância quanto à insuficiência da matéria de facto e a desconsideração de várias questões relevantes não clarificadas, que convidam à reflexão.

2. A razão da escolha do caso para a discussão dos modelos de prova

I. A expressão "modelos" – que aqui intencionalmente se mobiliza para o domínio da prova em processo penal – costuma significar basicamente a referência a padrões, sejam estes entendidos enquanto esquemas da forma de ocorrência de um facto natural ou social (também designados por "objetos-modelo" e que traduzem relevâncias observáveis e verificáveis) ou como teorias relativas à esquematização adotada (os chamados "modelos teóricos" que correspondem a esboços hipotéticos de coisas e factos supostamente reais). Ambos não são a realidade e realizam uma seleção, na medida em que dão relevância a alguns aspetos em detrimento de outros[8].

Ora, se bem que alguns autores sustentem a possibilidade de transpor para o campo da ciência jurídica os dois modelos ou sentidos de modelo com que trabalha a ciência em geral[9], para a reflexão a realizar em seguida sobre os modelos de prova iremos apenas adotar o sentido de modelos que corresponde ao dos modelos teóricos: ou seja, dos modelos que implicam a construção de uma teoria ou de um esboço hipotético relativamente a uma determinada esquematização.

II. O sentido adotado de modelos como modelos teóricos parece conformar-se melhor com os chamados "modelos jurídicos de decisão" no processo de realização do direito[10] e da reflexão jusmetodológica que sobre eles deve incidir[11], pois no direito os modelos teóricos podem ser agrupados em modelos abrangentes que (para além de outros aspetos) podem exprimir um certo modo de encarar

garia à demonstração de coincidências entre os casos naqueles aspetos que devem ser considerados essenciais, o que poderá não ser fácil estando em causa modelos de prova.

[8] Bunge, 1974: 30.

[9] Ferraz Júnior, 2014: 132-133.

[10] Sobre os modelos de decisão jurídica, cfr. Menezes Cordeiro, 2002: CVII-CXII, e 1987.

[11] Acerca da necessária reflexão justmetodológica (também em relação à decisão judicial) a realizar pela ciência do direito, cfr. Castanheira Neves, 1993: 17-34, e Bronze, 1993.

a questão da decidibilidade (que tem vindo a ser erigida a problema central da ciência do direito[12]), em especial a relativa à busca das condições de possibilidade de uma decisão hipotética para um conflito hipotético[13]. Ao mesmo tempo aquele sentido comporta uma vantagem não desprezível: permite atribuir à construção teórica sobre a prova que *infra* se procurará melhor caracterizar e testar apenas o sentido de esboço hipotético de algo supostamente real e não como traduzindo um esquema ou uma representação (gráfica, simbólica ou outra) da forma como a chamada "controvérsia probatória" se desenrola ou pode desenrolar num processo judicial.

Adota-se, portanto, uma perspetiva que procura ver os modelos de prova (também e sobretudo) como correspondendo a modelos de decisão que são indispensáveis no domínio específico da realização do direito onde se desenrola a controvérsia probatória e que ficam também sujeitos à referida reflexão jusmetodológica.

III. O caso do crime de Montes Claros pode ser considerado um caso paradigmático a vários níveis: no essencial e para o que nos interessa, permite interrogar vários aspetos essenciais em matéria de prova e, em especial, problematizar a seleção e utilização de modelos de prova no contexto judicial.

Para esse efeito, não importará propriamente fazer uma análise crítica (positiva ou negativa) das quatro decisões que foram tomadas no caso à luz do direito probatório aplicável, muito menos em benefício ou em desfavor da arguida, da entidade encarregue da investigação (a Polícia Judiciária) ou da entidade acusadora (o MP), dos tribunais ou sequer do sistema jurídico-processual positivo português.

Ao invés, julgamos que o ângulo de análise deve, no contexto de uma reflexão mais profunda característica da ciência ou teoria da prova e não do direito probatório[14], ser outro. Tendo por base o caso de Montes Claros, será possível, por um lado, aferir da viabilidade de sustentação de teorias (em especial híbridas ou integradas) da prova e, por outro lado, trazer à discussão eventuais melhorias a introduzir nas teorias de prova escolhidas para dar resposta às exigências dos sistemas jurídico-processuais positivos em matéria de prova jurídica.

[12] Ferraz Júnior, 2014: 48-55. No entanto, como alerta, Oliveira Ascensão, 2013: 235, *"a ordem jurídica é muito mais rica e ultrapassa a solução do caso"* e *"o direito não está só na aplicação"*.

[13] Ferraz Júnior, 2015: 117-118, e 2014: 55-56.

[14] Sobre a diferença entre a ciência ou teoria da prova (probática) e o direito probatório, cfr. Soares Pereira, 2018: 353-355.

II. Os modelos de prova: as diferentes racionalidades e as tendências de maior integração e formalização

1. As críticas aos modelos formais tradicionais e aos modelos narrativos de prova[15]

I. A prova é tradicionalmente considerada produto de uma racionalidade lógica.

Todavia, os modelos de prova dotados de racionalidade lógica não são os únicos modelos de prova admissíveis. Por exemplo, uma perspetiva sobre a prova possível é a construção relativa às narrativas jurídicas.

Além disso, os modelos de prova dotados de racionalidade lógica não são necessariamente apropriados, ainda que baseados na lógica informal (indutiva, retórica ou argumentativa[16]).

Em primeiro lugar, os modelos de prova dotados de racionalidade lógica não fornecem uma perspetiva holística da prova, que poderá ser bastante útil, por exemplo em questões de causalidade[17].

Em segundo lugar, a utilização frequente de juízos de probabilidade em certos modelos lógicos como forma de compensar o facto de a prova ser bastantes vezes inconclusiva, incompleta, inconsistente, não fidedigna e obscura não é isenta de dificuldades.

Em terceiro lugar, se assumirmos uma perspetiva narrativa da racionalidade, poderemos considerar como sendo mais adequado um modelo narrativo de prova, baseado, por exemplo, no *"storytelling"*.

Por um lado, os seres humanos fazem uso de narrativas para construir e compreender a realidade.

Por outro lado, a narrativa tem uma natureza essencial e inevitável para a persuasão e compreensão, fornecendo uma ferramenta poderosa para a compreensão do direito e do processo de decisão jurídica.

Finalmente, existem dados empíricos suficientes que demonstram que, perante a incerteza factual, os jurados e os juízes tentam atribuir sentido à prova disponível compondo a explicação mais convincente e plausível[18].

[15] Para uma apreciação crítica mais detalhada destes modelos, cfr. Soares Pereira, 2013.

[16] Na linha das obras de: Perelman/Olbrechts-Tyteca, 1958; Toulmin, 2003, e 1984; MacCormick, 1978; e Alexy, 1978. Para uma perspetiva geral destas teorias, cfr. Atienza, 2005: 45-202, e Braz Teixeira, 2012: 176-211.

[17] Sobre o tema do nexo de causalidade e sua prova, cfr. Soares Pereira, 2017: 1091 e segs.

[18] Por exemplo, de acordo com o *"modelo narrativo"* – cfr. Hastie/Penrod/Pennington, 1983, Pennington/Hastie, 1993, e Pennington/Hastie, 1991-1992. Mais recentemente, os chamados *"modelos de satisfação de restrições paralelas"* (*"parallel constraint satisfaction models"*), desenvolvidos sobretudo pelas duplas Glöckner/Betsch (2008) e Holyoak/Simon (1999) e Simon (2004),

II. Os modelos narrativos de prova, por si sós, podem também não ser adequados ou suficientes.

Em primeiro lugar, os modelos narrativos baseiam-se na inferência abdutiva[19] ou na chamada *"inferência para a melhor explicação"* (IBE)[20], que é uma modalidade de inferência lógica que permite ir *"de dados que descrevem algo para uma hipótese que melhor explica os dados"* e para a qual existem dois modelos computacionais bem diferentes e complexos considerados aptos para lidar com ela: as redes bayesianas (*"Bayesian networks"*) e a coerência explanatória (*"explanatory coherence"*)[21].

Em segundo lugar, os modelos narrativos baseiam-se no *"storytelling"* que traz para o discurso jurídico um elemento manipulativo[22].

Em terceiro lugar, tanto o *"modelo narrativo"* como os *"modelos de satisfação de restrições paralelas"* em que se baseiam as abordagens narrativas são considerados problemáticos do ponto de vista da prova e das decisões jurídicas[23].

que constituem modelos similares ao *"modelo narrativo"* desenvolvido por Pennington e Hastie, permitem sustentar a ideia segundo a qual os decisores constroem activamente representações mentais coerentes da situação, modificando conscientemente a sua própria perspetiva acerca da prova. Os decisores não se limitam a inferir a prova, raciocinando por vezes ao contrário, isto é, das opções para a prova. A informação que suporta a interpretação preferida é destacada, ao passo que a importância e a fidedignidade da informação contrária a essa interpretação são ofuscadas.

[19] A inferência abdutiva é considerada um dos três principais tipos de inferência (inferência dedutiva, inferência indutiva ou retrodução e inferência abdutiva). Tal como a inferência indutiva, a inferência abdutiva é uma inferência não necessária (ou seja, aquilo que é inferido não é necessariamente verdadeiro *"if the premises from which it is inferred are true"*). E, tal como a inferência indutiva, a inferência abdutiva é ampliativa (ou probabilística ou hipotética), *"meaning that the conclusion goes beyond what is (logically) contained in the premises (which is why they are non-necessary inferences)"*. Contudo, *"in abduction there is an implicit or explicit appeal to explanatory considerations, whereas in induction there is not; in induction, there is only an appeal to observed frequencies or statistics"* – Douven, 2011. Cfr. Kaufmann, 2002: 187-191, sobre a relação entre a abdução e a analogia.

[20] Pardo/Allen, 2008.

[21] Thagard, 2004: 232.

[22] Cfr. Whalen-Bridge, 2010: 234-235, Bex et al., 2010: 134, e Smejkalová, 2011: 2-3.

[23] Por exemplo, Glöckner/Engel, 2008, referem-se a riscos de distorções na informação que induzem as pessoas a serem excessivamente confiantes nos seus julgamentos e referem que existem dificuldades inerentes ao tipo específico de informação processada. Outros autores sugerem que os modelos narrativos aumentam a probabilidade de preconceitos e de parcialidade, tornando o processo de prova menos objectivo (Anderson/Schum/Twining, 2005: 262-288), que os referidos modelos não apresentam critérios firmes que permitam decidir qual a explicação ou narrativa mais coerente, correndo o risco de serem então tautológicos (Schum, 2001), e que os modelos em questão não se compatibilizam com a possibilidade verificada em certos sistemas jurídicos de o sucesso ou insucesso de um processo não se encontrar dependente de qualquer comparação, mas sim do não convencimento do julgador de acordo com o respectivo *standard* de prova (Lempert, 1986).

Registe-se que os problemas inerentes ao uso do *"modelo narrativo"* ou dos *"modelos de satisfação de restrições paralelas"* também se verificam nos sistemas jurídicos em que o apuramento dos factos e a valoração da prova são habitualmente feitos por juízes e só excecionalmente por jurados[24]. Com efeito, a utilização preferencial de juízes na administração da justiça não é garantia que: a) os juízes não construam narrativas e que as probabilidades de persuasão destas narrativas não sejam ainda mais baixas, pelo facto de não serem avaliadas por outras pessoas antes da tomada da decisão (no caso dos tribunais singulares) ou por serem partilhadas por um grupo de pessoas mais restrito do que aquele que normalmente é exigido para a composição do júri (no caso dos tribunais coletivos); b) os juízes sejam suficientemente sensíveis às mudanças no valor probatório da prova; c) os juízes não compensem estas mudanças com graves *"coherence shifts"* quando a prova aponta na direção contrária do veredicto que preferem; d) os juízes estejam mais atentos a medidas que aumentem a possibilidade de avaliação probabilística da prova.

2. Os modelos híbridos e integrados de prova

I. Perante a inadequação e insuficiência dos modelos lógicos tradicionais e dos modelos narrativos de prova, vários autores têm procurado encontrar modelos de prova mais satisfatórios.

Sabendo-se que diferentes racionalidades correspondem a diferentes formas de pensamento jurídico e metodológico[25], é natural que essas diferentes racionalidades possam também possibilitar (até pelo entrelaçamento evidente entre a prova e o raciocínio jurídico)[26], modelos de prova diversos.

A esse propósito, tem vindo a falar-se, embora se trate certamente (como em muitas outras) de uma divisão feita apenas por comodidade e para arruma-

[24] Estes sistemas jurídicos, entre os quais encontramos o caso português, também conhecem a figura do júri, composto parcialmente – mas não apenas – por juízes e cuja existência a CRP reconhece como forma de participação do povo na administração da justiça. A exclusão da intervenção destes tribunais apenas pode ocorrer por razões que, em princípio, nada têm que ver com a incapacidade das pessoas de integrar matematicamente a prova e com a opção de encontrar um sentido e de construir histórias coerentes a partir da prova. Segundo o art. 207º da CRP, a intervenção do júri é excluída nos casos de terrorismo e de criminalidade altamente organizada, incluindo tráfico de droga – Pinto de Albuquerque, 2009: 77. Outra excepção surge no art. 40º da Lei nº 34/87, de 16 de Julho (Crimes da responsabilidade de titulares de cargos políticos), em que a intervenção do júri é expressamente excluída para o julgamento de crimes que fazem parte do âmbito da lei. Mas a doutrina e a jurisprudência discutem a conformidade desta solução com o preceito constitucional acima referido.

[25] Castanheira Neves, 1993: em especial 34-81.

[26] Klami/Sorvettula/Hatakka, 1991.

ção provisória e falível das coisas[27], em duas abordagens principais ao raciocinar com a prova jurídica: a abordagem baseada nos chamados "argumentos probatórios" (*"evidential arguments"*) e a abordagem baseada nas chamadas "narrativas" (*"stories"*) ou cenários. A abordagem baseada nos *"argumentos probatórios"* seria considerada probatória, atomística, raciocinando com e sobre os dados probatórios, dotada de uma perspetiva bem desenvolvida do pronto de vista lógico e conceptual do processo racional e dialético da prova e como tendo sido poucas vezes testada empiricamente no processo de prova. Por seu turno, a abordagem baseada nas *"narrativas"* seria considerada causal, holística, raciocinando sobre as ações e os eventos, relativamente não desenvolvida, em especial os aspetos dialéticos da comparação de histórias alternativas e bastante testada do ponto de vista empírico no processo de prova[28]. No essencial, a abordagem argumentativa, que teria uma clara presença nos diagramas de Wigmore e de outros autores mais recentes, enfatizaria os argumentos suportados na prova para suportar ou atacar certas conclusões, ao passo que a abordagem narrativa, que encontra apoio nos estudos empíricos levados a cabo por Pennington e Hastie e Bennet e Feldman, permitiria a interpretação da prova em termos de cenários (narrativas) que fornecem uma perspetiva coerente do que sucedeu, antes e depois de ter sucedido[29].

Outras abordagens (algumas delas, meramente complementares) sobre a prova podem também ser referidas, tais como: a da ciência forense, a das teorias da probabilidade e da prova, a das abordagens feministas à prova e a da perspetiva da análise económica do direito[30]. Fiquemos para já, contudo, pelas principais abordagens, deixando para outra ocasião as abordagens complementares.

II. As abordagens principais baseadas nos *"argumentos probatórios"* e nas *"narrativas"* são habitualmente apresentadas como separadas e independentes.

[27] Ferreira da Cunha, 2012: 106.

[28] Para uma visão geral da *evidential arguments based approach* e da *stories based approach*, cfr. Bex et al., 2010: 128-135, e Bex, 2011: 33-82.

[29] Verheij et al., 2016: 36.

[30] Analisando as diversas abordagens sobre a prova, incluindo algumas delas claramente interdisciplinares, e concluindo pela utilidade *"of different types of evidence scholarship (...) to the extent that it helps to explain or advance the truth-seeking functions of trials, rather than to posit or seek extrinsic effects from rules that traditionally have been understood as protecting the accuracy of verdicts"*, cfr. Park/Saks, 2006. Considerando três tipos de abordagens e dividindo-as consoante as abordagens enfatizem os argumentos, os cenários (narrativas) ou as probabilidades, cfr., por exemplo, Anderson/Schum/Twining, 2005, Kaptein/Praken/Verheij, 2009, e Dawid/Twining/Vavsiliki, 2011.

Não obstante, alguns autores têm vindo a sugerir a utilização simultânea destas abordagens e a apontar a importância de serem desenvolvidas teorias híbridas ou integradas, designadamente por considerarem artificial a distinção entre as abordagens.

Em especial, investigações levadas a cabo no domínio da inteligência artificial e da sua relação com o direito apontam para a ideia de ser possível criar uma ponte integrada entre estas abordagens e formalizar e computar essa integração, com grande vantagem para os investigadores e julgadores.

3. A teoria híbrida da prova criminal e os desenvolvimentos subsequentes no sentido de uma maior integração

3.1. Apresentação geral

Em 2009, foi sugerida e apresentada uma teoria híbrida para a prova criminal por Floris J. Bex[31], a qual tem sido desenvolvida por Bex e outros em diversas ocasiões.

Essa teoria, embora possa ser vista de alguma forma como uma continuação de propostas anteriores no sentido de serem combinadas diferentes formas de raciocínio da prova para os factos, caracteriza-se essencialmente por procurar capturar e fazer uma integração das diversas abordagens probatórias mais representativas (primeiro, das abordagens probatórias narrativas com as abordagens probatórias argumentativas e, mais recentemente, equacionando nessa integração também as abordagens probatórias assentes nas probabilidades), recorrer a um modelo híbrido ou integrado de funcionamento racional e dialético e por procurar combinar as vantagens das várias abordagens probatórias e, ao mesmo tempo, tudo fazer para evitar os inconvenientes de cada uma destas abordagens individualmente consideradas.

3.2. Os pontos de partida da teoria

Bex e outros, assumindo que o processo de prova judicial corresponde a uma inferência à procura da melhor explicação (IBE[32]), partiram da referida divisão entre as duas abordagens consideradas como principais quando se reflete sobre a possibilidade de raciocinar com a prova jurídica (a abordagem probatória argumentativa, baseada no que designam por *"argumentos probatórios"*, e a abordagem probatória narrativa, baseada no que apelidam de *"narrativas"*), assinalando que estas abordagens, embora comuns na literatura jurídica da prova, seriam habi-

[31] Bex, 2009.

[32] Porém, para uma discussão do processo de raciocínio abdutivo da chamada "inference to the best explanation" e as objecções levantadas contra o chamado "IBE reasoning", cfr. Pardo/Allen, 2008.

tualmente apresentadas pelos diferentes autores como separadas e independentes, sendo tal resultado de uma distinção artificial que muitos fazem entre estas duas abordagens.

Opondo-se a essa forma de analisar o problema, Bex e outros vieram então sustentar a possibilidade de ser criada uma ponte integrada entre estas abordagens e ser formalizada e computada essa integração. Os seus pontos de partida foram então os seguintes: 1) a artificialidade da distinção entre as abordagens principais baseadas nos *"argumentos probatórios"* e as baseadas nas *"narrativas"*; 2) a possibilidade de integração entre as abordagens principais baseadas nos *"argumentos probatórios"* e nas *"narrativas"*.

Mais tarde, para além de equacionarem a possibilidade de ser estendido o modelo por si proposto aos domínios dos ónus, dos *standards* de prova (inicialmente excluídos por terem concluído que suscitavam questões jurídicas substantivas não compreendidas em qualquer modelo formal de raciocínio) e dos *legal shifts*[33] e às próprias consequências jurídicas[34], aqueles autores vieram sugerir algumas modificações na teoria no sentido de uma maior integração daqueles elementos[35] e ponderar aliás a inclusão como elemento de integração das probabilidades sobretudo para ser possível lidar com situações de incerteza, reduzir erros de raciocínio e facilitar a comunicação entre investigadores, julgadores e peritos[36].

3.3. O funcionamento do modelo híbrido ou integrado de prova

I. O modelo híbrido ou integrado que tem sido proposto por Bex e outros, com mais ou menos elementos ou apetrechos, obedece a um funcionamento que pode ser considerado racional e dialético e, por isso mesmo, bastante vantajoso quando comparado com outras abordagens que procuram combinar elementos ou com as próprias abordagens bayesianas.

Simplificadamente, sustentam aqueles autores que os factos a explicar de um determinado caso, os *"explananda"*, devem ser aceites se forem aceitáveis as narrativas à luz dos argumentos probatórios do caso. Partindo então de diferentes narrativas, entendidas estas enquanto possibilidades alternativas de explicação

[33] Bex/Walton, 2010, e Bex/Verheij, 2011a.

[34] Bex/Verheij, 2013.

[35] Bex, 2015: 13 (*"allows for causal and evidential arguments as well as mixed causal-evidential arguments, while still adhering to the constraints imposed by Pearl's C-E system"* e também *"allows for a natural rendering of the diferent modes of reasoning employed in the process of proof"*), e 2014 (*"both causal-abductive and evidential argumentation were captured in a structured argumentation framework"*).

[36] Primeiro fez-se referência a essa possibilidade em Bex, 2015, e mais tarde veio a ser expressamente discutida e formalmente proposta em Verheij et al., 2016.

dos factos do caso[37], os argumentos devem ser utilizados para verificar a coerência de cada narrativa. As narrativas devem ser comparadas e será escolhida a que melhor explica o facto[38].

Porém, na opinião daqueles autores a escolha entre as narrativas possíveis não depende apenas da sua conformidade com a prova ou da capacidade da narrativa para explicar todas as observações no caso, como poderia sugerir um tipo de raciocínio IBE. Deve ser também o resultado da coerência das próprias narrativas. Ora, uma narrativa pode ser considerada coerente se for consistente (ou seja, não contém contradições internas), completa (isto é, não existem partes relevantes em falta) e plausível (ou seja, as relações explanatórias individuais são prováveis, credíveis e verosimilhantes, pois conforma-se com o nosso conhecimento sobre o mundo e podem ser expressas em termos de uma generalização)[39]. E os argumentos podem e devem ser usados para testar a coerência da narrativa[40].

Além disso, no que respeita ao processo de apuramento dos factos, o modelo híbrido ou integrado proposto pressupõe que *"o conhecimento sobre o mundo é usado de duas maneiras fundamentais"*, nomeadamente *"conhecimento de regras de inferência pragmáticas (não necessariamente formais), generalizações que garantem inferências de premissas para conclusões"*, e *"conhecimento de cenários relevantes ou clusters de eventos"*[41]. Por outras palavras, sugerem aqueles autores fazer uso dos chamados "esquemas de argumentação" (*"argumentation schemes"*) e dos chamados "esquemas narrativos" (*"story schemes"*) no processo de apuramento dos factos, uma vez que na sua opinião precisamos para esse efeito de generalizações e de cenários, respetivamente. Os esquemas de argumentação seriam responsáveis por apresentar argumentos baseados no conhecimento geral e analisados através da formulação de questões críticas e da apresentação de contra-exemplos, em caso de resposta insatisfatória a essas questões, e apontariam os casos em que se mostra necessário completar partes dos argumentos apresentados. E os esquemas narrativos teriam o condão de apresentar padrões gerais e sistemáticos de eventos tipo e servirem de modelo a possíveis hipóteses sobre o que teria sucedido num determinado caso, podendo também servir para chamar a atenção para as partes da narrativa consideradas incompletas ou para formular questões críticas.

[37] Porém, para uma noção mais refinada de narrativas apresentada mais tarde, cfr. Bex/Bench-Capon, 2017, e Bex/Verheij, 2013.

[38] Bex/Verheij, 2012: 327-329.

[39] A dependência da coerência da narrativa dos três subcritérios acima mencionados pode ser também encontrada nas investigações de Pennington e Hastie e Wagenaar, Koppen e Van Crombag – Bex et al., 2010: 132.

[40] Bex/Verheij, 2012: 332.

[41] Bex/Verheij, 2012: 336.

II. Por regra, o processo de prova parte da existência de indícios, dos quais emergem um ou mais factos que necessitam de ser explicados, e que conduzem à construção de várias hipóteses explicativas.

Perante estas hipóteses torna-se de facto necessário analisá-las criticamente à luz do suporte probatório existente (*"evidential support"*), por forma a determinar se as mesmas são ou não suportadas pelos elementos de prova. Com isto obtém-se logo muito: evita-se o convencimento alcançado através de uma forma não racional e a construção de generalizações falsas. Para o efeito de suportar uma determinada narrativa, são construídos argumentos, com base nos indícios de prova recolhidos e raciocinando no sentido de uma conclusão. Associados aos argumentos estão as generalizações que justificam as inferências realizadas. Mas como também deve ser considerada a prova contrária à narrativa construída e desafiadas as fontes de dúvida através de contra-argumentos, podemos chegar à conclusão que a prova disponível não suporta a narrativa ou inclusive a contradiz. Os argumentos permitem analisar a credibilidade de elementos individuais da prova e a sua relevância para a narrativa.

Porém, como referem aqueles autores, a escolha entre as narrativas possíveis não deve depender apenas da sua conformidade com a prova. Deve resultar também da coerência das próprias narrativas, no sentido de as mesmas se conformarem com o nosso conhecimento sobre o mundo. E uma narrativa será coerente se for consistente, completa e plausível, podendo ser usados argumentos para testar a coerência da narrativa.

III. Segundo Bex e outros, os *"esquemas de argumentação podem surgir de várias fontes, como, por exemplo, a lógica ou a epistemologia"* e *"representam formas estereotipadas de raciocínio sobre as quais existe um consenso, pelo menos na comunidade (filosófica) relevante"*. Esses esquemas denotam *"uma relação inferencial entre proposições"*. Desses *"padrões estereotipados"* poderão resultar *"típicas fontes de dúvida"*, as quais *"são expressas como questões críticas"*[42].

Por sua vez, os esquemas narrativos (*"story schemes"*) são, para Bex e outros, *"padrões gerais de (tipos de) eventos que podem servir como pano de fundo para histórias particulares"*. Estes esquemas denotam *"relações de coerência entre eventos ou tipos de eventos"*. Através desses esquemas podem ser criados *"modelos possíveis"* de hipóteses explicativas: a) olhando *"para casos semelhantes específicos"*; b) procurando *"uma explicação para um evento na forma de um esquema narrativo existente"*; c) construindo (nos casos mais difíceis) *"um novo cenário do zero"*, embora não seja incomum encontrar *"algum tipo de esquema narrativo que pode ser recuperado da memória"*. Para além disso, *"auxiliando na inferência abdutiva, os esquemas narrativos podem (...)*

[42] Bex/Verheij, 2012: 336-337.

ser usados para analisar criticamente as narrativas existentes e, em particular, a coerência das narrativas", bem como para colocar *"questões críticas associadas com o esquema narrativo"*[43].

A necessidade de dirigir questões críticas ao caso resulta, desde logo, do facto de as narrativas trazerem, como se viu, tendencialmente um elemento manipulativo para o discurso jurídico: a boa história transforma-se em história verdadeira.

Ora, para evitar este problema, a teoria híbrida da prova sugere que devem ser criadas fontes de dúvida em relação às narrativas, através da formulação de questões críticas, capazes de abalar qualquer hipótese explicativa do caso que tenha sido avançada, por mais coerente que a mesma aparente ser. Mas estas questões críticas não devem ser dirigidas apenas às narrativas. Segundo a teoria híbrida também devem ser criadas fontes de dúvida em relação aos esquemas de argumentação. Em geral, poderá, pois, dizer-se que, para a teoria híbrida, as fontes de dúvida são importantes e podem ser colocadas em qualquer fase do processo.

Assim, partindo de uma concreta narrativa sobre o caso, que seja suficientemente concreta e coerente sobre o que se passou, devemos, em primeiro lugar, formular a seguinte questão: a narrativa torna suficientemente explícitos os factos do caso?

Mas a crença na narrativa deve fundar-se na prova existente, pelo que, em segundo lugar, surge a seguinte questão: a narrativa encontra-se suficientemente suportada pela prova? Por regra, nem todos os elementos da narrativa que se constrói estão suportados na prova, mas podem ser indirectamente justificados. É aliás comum a crítica feita em processo penal à utilização na acusação e na decisão de fórmulas conclusivas relativamente à intenção de praticar o crime ou à consciência da ilicitude por parte do arguido. No entanto, essa conclusão poderá ser totalmente legítima num cenário em que as mesmas encaixam numa determinada narrativa sobre o caso, suportada por prova adicional. As chamadas "lacunas de prova" (*"evidencial gaps"*) podem, pois, ser superadas através da conjugação de outros factos, salvo tratando-se de factos cuja prova é essencial, como por exemplo a descoberta do cadáver num crime de homicídio.

Em terceiro lugar, é necessário avaliar a força da prova e a sua relevância para os factos do caso, pelo que importa perguntar: os raciocínios da prova para os factos na narrativa estribam-se em esquemas e generalizações válidos e fundados? Existem excepções à utilização desses esquemas e generalizações, que desconectam a prova dos factos?

Em quarto lugar, é necessário verificar a coerência da narrativa, o que significa perguntar: a narrativa é coerente, consistente, completa e plausível? Existem

[43] Bex/Verheij, 2012: 337-339.

elementos de prova que a contrariem? A narrativa foi testada através das suas consequências?

Em quinto lugar, haverá que ter em consideração possíveis cenários alternativos, o que significa perguntar: foram procuradas explicações alternativas e, em caso afirmativo, foram as mesmas suficientemente analisadas? O que justifica a escolha desta narrativa sobre as outras alternativas?

Em sexto e último lugar, devem ser avaliadas quaisquer razões conflituantes (depoimentos ou histórias contraditórias), o que significa perguntar pelo seguinte: foram avaliadas todas as razões opostas? Em caso afirmativo, as considerações feitas foram tornadas explícitas?

IV. Mais recentemente vieram aqueles autores procurar incrementar a integração dos argumentos e das narrativas e sobretudo ponderar se o modelo deveria ser completado com a inclusão, entre outros aperfeiçoamentos verificados, das probabilidades, nomeadamente para lidar com situações de incerteza e desta forma contribuir também para reduzir erros de raciocínio e falhas de comunicação entre julgadores e peritos.

Em relação a este último aspeto, que integra uma novidade da construção de Bex e outros, mas corresponde ainda a um *work in progress* (que não dispensará, como os próprios admitem, a resolução de questões difíceis sobre o uso na investigação criminal e nas decisões penais de prova assente em probabilidades e prova não assente em probabilidades), pode dizer-se que aqueles autores procuraram sobretudo estudar e sublinhar as diferentes conexões entre os argumentos, as narrativas ou cenários e as probabilidades), a fim de equacionarem um modelo de prova enquadrável no contexto da teoria da probabilidade, concluindo que uma boa combinação entre os argumentos e as probabilidades e entre estas e os cenários ou narrativas poderia alcançar-se através do recurso às redes bayesianas[44].

Com efeito, as redes bayesianas ou as representações gráficas de distribuição de probabilidades apresentam a vantagem de conseguir captar as independências entre variáveis no domínio do discurso, mas fazem-no – convém dizê-lo – com vários inconvenientes: o principal inconveniente parece ser o do necessário conhecimento do formalismo das redes bayesianas, o que obriga muitas vezes a recorrer a alguém capaz de construir um modelo que tenha o conhecimento matemático relevante para esse efeito. Ao invés, as abordagens argumentativas apresentam-se como menos inclinadas para a matemática. Não obstante, Bex e outros têm vindo a propor heurísticas para a construção de redes bayesianas a partir de argumentos estruturados. Segundo os mesmos autores, na maior parte das vezes os argumentos representam inferências sucessivas baseadas na prova,

[44] Verheij et al., 2016: 66-67.

podendo obedecer a regras causais ou probatórias. Ora, essas inferências podem, na sua opinião, ser transformadas em redes bayesianas e depois explicadas e desenvolvidas por especialistas nestas redes em conjugação com os demais, após a realização de uma interpretação probabilística dos elementos da argumentação[45]. Simplesmente, as limitações destas redes, a complexidade inerente à sua utilização e computação e, em especial, a dificuldade em explicar estas redes aos investigadores e julgadores obrigarão a esforços subsequentes que os próprios se propõem realizar em investigações posteriores[46].

3.4. As vantagens de um modelo híbrido ou integrado de prova

Em termos de vantagens, a teoria híbrida ou integrada desenvolvida por Bex e outros parece estar em melhores condições do que os outros modelos de prova, desde logo (mas não só, tendo em consideração as recentes investigações no sentido da inclusão das próprias probabilidades) pelo facto de procurar fornecer uma integração real entre as *"narrativas"* e os *"argumentos"*.

Assim, na teoria híbrida, tal como proposta por aqueles autores, as *"narrativas"* e os *"argumentos"* devem ser entendidos como *"vasos comunicantes"*[47]. Se estamos preocupados apenas com uma situação individual ou um evento, o mais natural será fazer uso dos *"argumentos probatórios"*. Mas noutros pontos da investigação poderá ser necessária uma *"narrativa"* para preencher as lacunas da prova (os *"evidential gaps"*).

Por isso, defendem aqueles autores que a teoria híbrida combina as vantagens da abordagem baseada na *"narrativa"* e da abordagem baseada no *"argumento"* e permitiria resolver a maioria dos problemas destas duas abordagens, pois: a) *"possibilita discussões argumentativas sobre elementos individuais do caso (i.e. elementos de prova, generalizações, elementos de narrativas)"*; b) *"as narrativas organizam os dados probatórios* e fornecem uma visão geral sobre o caso", *"podem ser usadas para abduzir cenários hipotéticos relativamente complexos"* e *"a natureza causal das narrativas permite a previsão de consequências da narrativa"*; c) podemos usar argumentos *"para raciocinar sobre as narrativas (...) e assim garantir a coerência das narrativas de forma dialéctica"*; d) "[os] *eventos e as relações assumidos numa narrativa podem ser debatidos usando argumentos e, portanto, pode ser alcançado um consenso cognitivo não apenas sobre generalizações probatórias, mas também sobre o conhecimento geral subjacente a uma narrativa"*; e) a utilização de *"argumentos probatórios (...) permite definições precisas dos vários critérios que podem ser usados para comparar histórias"*; f) *"o suporte probatório e a contradição probatória fornecem uma noção clara de como uma narrativa se pode ajustar à prova e a*

[45] Bex/Renooij, 2016.

[46] Verheij et al., 2016: 67.

[47] Bex/Verheij, 2011b: 82.

plausibilidade e completude de uma narrativa garantem que a narrativa esteja de acordo com o conhecimento geral do senso comum sobre o mundo"[48].

Por outro lado, o modelo tem vindo a ser estendido aos ónus e *standards* de prova e aos *"legal shifts"* no processo de prova e às consequências jurídicas[49] e, mais recentemente, surgiram também propostas de inclusão nesse modelo das probabilidades[50].

3.5. Avaliação crítica

I. Em geral, os pontos de partida, o funcionamento e as vantagens da teoria híbrida ou integrada de Bex e outros justificam considerá-la muito apelativa: nela encontram assento os argumentos, as narrativas e as probabilidades, ou seja, o que são hoje considerados os três *"enquadramentos normativos para o raciocínio probatório"*[51].

Porém, isto não significa que a teoria de Bex e outros esteja livre de qualquer crítica profunda, como já noutras ocasiões deram nota alguns autores[52], e sobretudo que não se procure dar sentido às críticas justificadamente apresentadas, nem que seja com o intuito de encontrar vias de superação dessas críticas para que a teoria possa (se possível) manter a sua utilidade[53].

Umas dessas críticas tem a ver com o facto de aqueles autores não tomarem em consideração que existe um necessário entrelaçamento entre a prova e o raciocínio jurídico, pese embora de facto apresentem a sua teoria como uma das formas de raciocinar com a prova, fazendo aliás parte do conspecto de teorias que tem como propósito *"fornecer um método racional e sistemático para raciocinar com a prova num contexto jurídico"*, e a caracterizarem como retirando *"ideias da psicologia de como as pessoas raciocinam com a*

[48] Bex, 2011: 100.

[49] Importa referir que, por exemplo, em (2010) Bex et al. identificaram previamente algumas insuficiências do *"hybrid model"* no que respeita ao *standard* de prova. Segundo Bex et al., o modelo não refere quando é que o *standard* de prova relevante é atingido, já que: a) não garante que a melhor história seja suficientemente boa para ser considerada como sendo verdadeira; b) não fornece um critério para escolher entre argumentos rebatíveis. Porém, os autores não deixaram então de salientar que se trata de questões jurídicas substantivas e não propriamente matéria de inferência, *"so it lies outside any formal model of reasoning"* – Bex et al., 2010: 150. Por outro lado, em artigos mais recentes, Bex et al. têm desenvolvido o seu modelo no que respeita aos ónus e *standards* de prova e também aos chamados *"legal shifts"* no processo de prova – Bex/Walton, 2010, e Bex/Verheij, 2011a. Por último, têm procurado estender o modelo híbrido às próprias consequências jurídicas – Bex/Verheij, 2013.

[50] Primeiro em Bex, 2015: 21-22, e depois em Verheij et al., 2016.

[51] Verheij et al., 2016.

[52] Aroso Linhares, 2012.

[53] Soares Pereira, 2013.

prova e as colocam num enquadramento normativo de argumentação estruturada e dialética"[54].

Diferentes racionalidades exprimem formas de pensamento e métodos diferentes, pelo que também os modelos de prova, enquanto esboços hipotéticos ou de teorias sobre como o processo de prova se poderia ou deveria desenrolar, terão de se conformar com a específica racionalidade (prática) que o direito convoca e não devem representar meras traduções de pensamentos de outras disciplinas (como a psicologia ou outras) e realizadas em desrespeito da autonomia do direito.

II. O modelo híbrido, atenta a integração proposta entre os argumentos e as narrativas, não pode deixar de configurar um claro modelo argumentativo-narrativo[55].

Desde logo, a criação de uma ponte entre *"narrativas"* e *"argumentos"* realizada pelo modelo híbrido parte do pressuposto que a combinação de *"narrativas causais"* com *"argumentos"* e a sua abertura à crítica constitui uma forma racional de pensar. Mas mais do que isso: aquele modelo assume a necessidade dos *"argumentos"* e das *"narrativas"* e, ao mesmo tempo, reconhece a interação entre a prova, os *"argumentos"* e as *"narrativas"*. As *"narrativas"* são consideradas como fornecendo uma perspetiva holística ou geral dos possíveis cenários do caso e ajudando a dar sentido a uma massa probatória complexa. Por seu turno, os *"argumentos"* são considerados como fornecendo uma perspetiva atomística e ajudando a conectar de forma natural os dados probatórios com os factos do caso[56].

A circunstância de se tratar de um modelo que assume uma perspetiva argumentativa-narrativa não será, por si só, problemático, pois, como já noutra ocasião se procurou demonstrar, podem ser superadas as limitações e as insuficiências de abordagens assentes em outras racionalidades que não a exclusivamente jurídica desde que, como sugerem algumas correntes jurisprudencialistas, seja fornecida uma justificação ou um fundamento normativo e seja tida em conta a índole de uma particular verdade prática da determinação factual[57].

Recentemente equacionaram aqueles autores a possibilidade de atribuição de um lugar às probabilidades no modelo híbrido ou integrado, admitindo que a interação entre os elementos poderia fazer-se afinal entre a prova, os *"argumen-*

[54] Bex/Bex-Reimert, 2016: 349.

[55] Bex/Verheij, 2011b: 72, 77, 81, 82, e Bex/Verheij, 2012: 326-329, 340, 350.

[56] Bex et al., 2010: 148-150.

[57] Soares Pereira, 2013.

tos" e as *"narrativas"* e também as probabilidades[58]. Mais uma vez não nos parece existir aqui uma dificuldade insuperável ou incontornável.

III. As perspetivas de aplicação de modelos híbridos ou integrados de prova ao caso do crime de Montes Claros

1. Justificação

Uma teoria híbrida ou integrada da prova pretende constituir um avanço relativamente aos modelos lógicos tradicionais e aos modelos narrativos de prova e, ao mesmo tempo, proporcionar, o que não sucede com todos os modelos híbridos de prova, mas é sugerido por Bex e outros, uma integração real entre as diferentes abordagens principais (a abordagem baseada nos argumentos e a abordagem baseada nas narrativas) e agora também com a inclusão das probabilidades.

Ora, o caso de Montes Claros, enquanto caso paradigmático (e representativo) das complexas discussões travadas em processos judiciais no sentido de afirmar ou contradizer a responsabilidade (aqui criminal) de alguém, poderá, em nossa opinião, ajudar a identificar e a iluminar aquilo que, se bem vemos, constitui uma das maiores dificuldades em matéria de prova: a escolha e a aplicação (no caso em processo criminal) de modelos de prova, na fase de investigação (incluindo aqui o inquérito e a instrução) e/ou na fase de julgamento.

Além disso, as críticas e observações apresentadas pelas instâncias e pelo STJ parecem sugerir a necessidade de recurso a um modelo de prova mais sofisticado do que aquele que porventura terá sido usado nas investigações e por alguns julgadores. Existem sérias divergências nos pontos de partida assumidos sobre o processo de prova: pelos investigadores e a acusação do MP e pelo tribunal de primeira instância; por este tribunal e pelo TRC; e por este tribunal e o STJ.

2. A possível utilidade de um modelo híbrido ou integrado de prova para o caso

I. Um modelo híbrido ou integrado da prova poderá representar um avanço relativamente aos habituais (ou tradicionais) modelos de prova, mas não permite reduzir a complexidade factual subjacente e facultar ao tribunal elementos adicionais que lhe permitissem ter um conhecimento mais preciso do sucedido.

Assim, num caso como o do crime de Montes Claros, a utilização de um modelo híbrido ou integrado não teria permitido à Polícia Judiciária e ao MP facilitar a vida do tribunal em relação a saber, por exemplo, se a arguida esteve ou não envolvida no homicídio da avó do marido, e, em caso afirmativo, a que título se teria verificado esse envolvimento.

[58] Verheij et al., 2016.

Mas esse também não é o objetivo nem a pedra de toque do modelo: não pretende propriamente fornecer ferramentas ao investigador ou ao julgador para melhorar o conhecimento dos factos, mas sobretudo ajudá-lo a lidar com a prova de uma forma metódica (ou sistemática[59]), racionalmente justificada e passível de formalização e computação.

Além disso, o recurso a qualquer modelo híbrido ou integrado de prova não tornaria por si só dispensável a tarefa difícil de refletir sobre o (real e o expectável) processo de formação de convicção do investigador, da entidade acusadora ou do julgador, mesmo admitindo que o modelo pudesse vir a formular exigências (acrescidas) destinadas a assegurar que a eleição e a escolha de uma determinada narrativa ou a ponderação do valor da prova não se tornem fruto de processos arbitrários ou que racionalmente não podem ser explicados. No caso do modelo híbrido ou integrado sugerido por Bex e outros parece existir algum esforço mais recente no sentido de incluir e até considerar como fazendo parte do raciocínio implicado no seu modelo os ónus e *standards* de prova e também os chamados *"legal shifts"* no processo de prova. Ou seja, procura absorver alguns dos pontos mais difíceis da teoria da prova e do direito probatório material. E não opera uma separação completa de águas entre o processo de prova e a determinação de consequências jurídicas, desta feita demonstrando também que poderá perfeitamente acolher a ideia de inserção da controvérsia probatória na controvérsia global, na qual aquela terá de se considerar inserida[60], e uma perspetiva unitária da normatividade jurídica.

Também não é seguro que a adoção de um modelo híbrido ou integrado garanta a inexistência de críticas provenientes dos tribunais quanto aos procedimentos adotados no processo de prova (durante a investigação ou no julgamento) ou de virem a ser apontadas, como foram no caso do crime de Montes Claros (com ou sem razão), insuficiências na enumeração da matéria provada e não provada realizada.

II. A virtualidade que a adoção de um modelo híbrido ou integrado poderia eventualmente ter, por exemplo, no caso do crime de Montes Claros, seria permitir aos investigadores e ao MP fazer apelo, na tentativa de explicação do homicídio e do suposto envolvimento da arguida, a um modelo que é considerado mais completo e racional do que os modelos tradicionais e ao qual é apontada a vantagem, não desprezível face a outros modelos híbridos mas que não poderá

[59] Propondo-se analisar se a teoria híbrida poderia ser usada como método sistemático de raciocínio sobre a prova em processos judiciais, nomeadamente no domínio do direito europeu de asilo, cfr. Bex/Bex-Reimert, 2016.

[60] Aroso Linhares, 2001, e, mais recentemente, 2012.

também ser excessivamente empolada para efeitos práticos, de reconhecer a existência de uma necessária interação entre a prova, os argumentos e as narrativas (e agora também as probabilidades).

Na verdade, o modelo conforma-se, não só com as práticas normalmente utilizadas pelos investigadores ou julgadores de facto de combinação de narrativas com argumentos e probabilidades, como também com a necessidade de fornecer uma real integração entre as narrativas, os argumentos e as probabilidades que permita conduzir a uma abordagem racional em relação à prova jurídica e sem os inconvenientes da adoção em separado de cada uma das abordagens.

Talvez um modelo híbrido ou integrado pudesse ter também evitado algumas das críticas que vieram a ser dirigidas pelo tribunal de primeira instância à Polícia Judiciária e ao MP, obrigando-os a adotar um procedimento epistemologicamente mais reforçado e suscetível de conduzir a conclusões mais suportadas e racionais.

Por último, admite-se que a invocação do modelo sugerido pela teoria híbrida ou integrada da prova teria permitido às instâncias explicar, eventualmente de forma mais metódica e racional, mas sem dispensar naturalmente as considerações feitas a respeito da prova indiciária, as razões que, em seu entender, não poderiam deixar de conduzir a uma decisão que absolvesse ou condenasse a arguida dos crimes que lhe foram imputados e do pedido cível formulado pelo MP.

Vejamos com maior detalhe algumas dessas virtualidades.

3. A teoria híbrida ou integrada da prova em ação: algumas aplicações possíveis no caso

I. Em primeiro lugar, o recurso ao modelo da teoria híbrida ou integrada da prova obrigaria sempre os investigadores, a entidade acusadora e os julgadores a apresentar ou a equacionar diversas narrativas possíveis para o sucedido, o que poderia ter evitado ou tornado patentemente injusta a crítica do tribunal de primeira instância à Polícia Judiciária segundo a qual esta teria sido formulada, na investigação, uma única hipótese para a explicação do sucedido.

Atendendo à inexistência de indícios de arrombamento ou de furto e de conflitos entre a vítima e outras pessoas, seria difícil equacionar uma narrativa alternativa para o sucedido. A própria arguida não terá sido capaz de construir uma narrativa alternativa, tendo-se limitado, como a mesma referiu, perante a certeza de que não matou, a analisar as provas/indícios que poderiam apontar no sentido contrário, a perceber a respectiva lógica, a desmontá-las e a demonstrar e comprovar os resultados. Mas ainda assim outras poderiam e deveriam ter surgido no contexto, pelo menos, da investigação criminal.

II. Em segundo lugar, no modelo da teoria híbrida ou integrada da prova a escolha da narrativa teria de ser o produto de um processo dialético.

Por um lado, entre as narrativas possíveis apresentadas como hipóteses explicativas (no caso foi apenas uma) deveriam ser escolhidas as que revelassem capacidade de explicar todas as observações do caso.

No caso em apreço, tendo sido apresentada apenas uma hipótese explicativa, haveria que determinar quais as observações do caso que careceriam de ser explicadas por essa hipótese. Ora, tal teria obrigado a desenvolver um esforço suplementar para a explicação de alguns aspetos do caso, insuficientemente explicados na perspetiva do tribunal de primeira instância, da magistrada do MP junto do STJ (a arguida iria apoderar-se da arma de uma colega para "matar" a avó do marido, sem ficar apurado o motivo de tal homicídio) e do próprio STJ, nomeadamente a adequação da motivação constante da narrativa da acusação aos contornos do crime (mas não considerada provada sequer pelo TRC) e a virtualidade da narrativa apresentada permitir valorar adequadamente os factos ocorridos no dia do homicídio e nos dias seguintes.

Por outro lado, entre as narrativas possíveis apresentadas como hipóteses explicativas teria de ser escolhida a que melhor se compatibilizasse com a prova disponível, ou seja, a que encontrasse maior suporte nos elementos de prova, a fim de evitar convencimentos obtidos através de formas não racionais ou a construção de generalizações falsas. Seriam então construídos argumentos, baseados em indícios de prova recolhidos e que permitissem raciocinar no sentido de uma conclusão. A estes argumentos estariam associadas generalizações (ou regras da experiência), capazes de justificar as inferências realizadas. Mas para podermos chegar à conclusão que a prova suportava efetivamente a narrativa ou não a contradizia, deveria também ser considerada a prova contrária à narrativa (os contra-indícios) e deveriam ser apresentados contra-argumentos (assentes em regras da experiência) para desafiar as fontes de dúvida. Com os argumentos tornar-se-ia assim possível analisar a credibilidade de elementos individuais da prova e a sua relevância para a narrativa selecionada.

Ora, no caso em apreço, para o tribunal de primeira instância as premissas em que se basearam os investigadores para considerar que a arguida teria subtraído a arma da colega inspetora e utilizado essa arma no homicídio cometido contra a vítima não eram, à data, indiscutíveis, pois: por um lado, não existia perícia que tivesse confirmado que a arma e munições utilizadas no homicídio pertenciam à referida inspetora, pese embora o tribunal também tenha considerado que terá sido uma arma Glock a utilizada para a prática do homicídio; por outro lado, a arma e munições da mesma inspetora foram consideradas, até uma determinada data (o dia seguinte ao homicídio), perdidas pela própria Diretoria do Norte da Polícia Judiciária, nunca tendo sido equacionado o seu desaparecimento como furto, aliás menos provável; por outro lado ainda, não existia qualquer elemento que ligasse a arguida ao alegado furto da arma e munições da inspetora em questão, tendo tal ligação sido construída por um salto lógico de transformação de duas probabilidades em duas certezas, que permitiu utilizá-las como premissas essenciais para a conclusão adotada, mas recorrendo a um método incompatível com o processo lógico-dedutivo; finalmente, não seria crível que a arguida, sem um álibi incontestável e que a pudesse afastar de qualquer suspeita, tivesse corrido o risco de furtar a arma e munições da colega inspetora.

Estes aspetos foram igualmente sublinhados pela arguida no seu recurso, nomeadamente quando se pronunciou sobre a questão da arma e das munições do crime, referindo a esse respeito que a atribuição de nível 4 ao crime ocorreu no dia seguinte, que só nesse dia é que foi ordenado o processo ao MP para abertura de inquérito por crime de furto e que até então nada apontava nem havia qualquer certeza de ter sido utilizada uma Glock ou a arma da colega inspetora.

Além disso, mesmo admitindo que a narrativa escolhida pelos investigadores e pelo MP estaria suportada na prova disponível, o que o tribunal de primeira instância não considerou (e parece ser de facto duvidoso), a verdade é que, como também referiu o mesmo tribunal, a investigação optou, erradamente, por partir de uma conclusão para a recolha de provas, antecipando assim uma conclusão, ao invés de ter adotado o procedimento inverso, como se impunha, nomeadamente no contexto da adoção do modelo híbrido ou integrado.

Essa chamada de atenção também surge feita no acórdão do STJ quando conclui que para o estabelecimento de uma relação entre a conduta da arguida e a morte da vítima (a causalidade factual) a decisão do TRC não se bastaria a si própria, sendo necessário introduzir outros factos, igualmente relevantes, para o poder afirmar.

Por outro lado ainda, entre as narrativas possíveis apresentadas como hipóteses explicativas deveria ser escolhida a que pudesse, à luz dos argumentos probatórios existentes, ser considerada coerente (consistente, completa e plausível), tendo em conta o conhecimento disponível sobre o mundo. Para além de não conter contradições internas, a narrativa escolhida não poderia conter partes relevantes em falta ou que certas relações explanatórias individuais viessem a ser consideradas improváveis, não credíveis ou inverosímeis à luz do nosso conhecimento sobre o mundo e da possibilidade de as mesmas relações serem expressas em termos de generalização.

No caso em apreço, a narrativa escolhida continha uma motivação para o crime inconsistente com os contornos desse crime (já que pressupunha, por um lado, a existência de um conflito antigo e grave entre a vítima e arguida ou uma personalidade compatível com um transtorno associado à sociopatia, que não foram demonstrados, e, por outro lado, a existência de uma situação económica deficitária do agregado familiar, que também não se demonstrou existir, e, por fim, a ocorrência da subtração da arma da colega inspetora por parte da arguida, que não ficou igualmente demonstrada). Aliás, segundo o tribunal não seria crível, neste particular, que a arguida tivesse corrido o risco de furtar a arma e munições da colega inspetora sem possuir um álibi incontestável e que a pudesse afastar de qualquer suspeita.

Além disso, a narrativa escolhida não permitiria valorar adequadamente os factos ocorridos no dia do homicídio e nos dias seguintes, nomeadamente o espaço temporal em que ocorreram os disparos que causaram a morte da vítima, a extrema dificuldade da arguida conseguir deslocar-se ao local do crime, praticá-lo e regressar à sua residência, e a entrega voluntária da roupa pela arguida aos investigadores.

Por esse motivo, o STJ listou 88 (oitenta e oito) questões a que o tribunal de primeira instância teria de dar resposta após realizar novo julgamento para testar a narrativa escolhida e o MP conseguir imputar à ação da arguida o homicídio.

III. Em terceiro lugar, de acordo com o modelo da teoria híbrida ou integrada da prova à narrativa escolhida e aos argumentos deveriam ter sido dirigidas, para criar fontes de dúvida, questões críticas suscetíveis de abalar a hipótese explicativa do caso que tivesse sido inicialmente avançada.

Por um lado, importaria saber se a narrativa escolhida tornava suficientemente explícitos os factos do caso.

O tribunal de primeira instância entendeu que tal não sucedeu, invocando, por exemplo, que a narrativa escolhida não permitiria valorar adequadamente os factos ocorridos no dia do homicídio e nos dias seguintes: o espaço temporal em que ocorreram os disparos que causaram a morte da vítima que tornaria, segundo o tribunal, menos provável a ocorrência de uma lesão na mão da arguida; a extrema dificuldade da arguida conseguir deslocar-se ao local do crime, praticá-lo e regressar à sua residência, uma vez que: o homicídio ocorreu em Coimbra entre as 15h53 e as 16h19 e a arguida foi vista a ler a sua correspondência calmamente no hall do seu prédio da Maia às 14h30; o estado de saúde da arguida tornaria menos crível, devido à menor disponibilidade física (decorrente de uma intervenção cirúrgica e à circunstância de se encontrar medicada com sedativos) e às consequências que poderiam advir dessa deslocação, que tivesse escolhido aquele dia para praticar o crime e que se tivesse deslocado a Coimbra; a inexistência de contactos diretos entre a arguida e a vítima e o desconhecimento por parte daquela das rotinas desta levariam a admitir que a arguida se teria deslocado a casa da vítima para cometer o crime baseada num mero palpite.

O mesmo entendeu o STJ, que, estribado na insuficiência da matéria de facto, sustentou que não seria possível concluir com base na factualidade disponível que a arguida se deslocou a Coimbra, que se fez deslocar com a arma e o carregador da colega inspetora, com 14 munições, que entrou na habitação da vítima, que empunhou a arma e disparou sobre a vítima 14 tiros.

Por outro lado, interessaria saber se a narrativa escolhida encontrava suporte suficiente na prova (direta) ou, pelo menos, se as partes não suportadas poderiam ser indiretamente justificadas (v.g. pela conjugação de outros factos).

O tribunal de primeira instância identificou partes da narrativa escolhida pelos investigadores e pelo MP que não estavam suportadas suficientemente na prova, nomeadamente a motivação do crime e a alegada subtração pela arguida da arma da colega inspetora, mas veio a concluir que as mesmas também não poderiam ser indiretamente justificadas por recurso a outros factos.

Assim, por exemplo, o tribunal considerou que, atenta a violência do crime, o seu cometimento só poderia ter sido o resultado de um conflito antigo e grave entre o homicida e a vítima ou de o homicida ter uma personalidade compatível com um quadro clínico associado à sociopatia, que não ficaram demonstrados.

Além disso, o tribunal concluiu que não teria ficado minimamente provado que o crime se deveu a uma situação económica deficitária do agregado familiar da arguida, sendo certo que, apesar de a vítima ter feito empréstimos à arguida e ao marido, tais factos não seriam demonstrativos de uma situação económica deficitária, pois os empréstimos em questão estariam a ser pagos à vítima, não colhendo também o argumento segundo o qual a arguida pretenderia eventualmente ter uma vida mais desafogada.

O TRC julgou provada a subtração, mas entendeu não estar provada a motivação avançada pelo MP, admitindo apenas que a arguida se terá deslocado com um objetivo relacionado com a obtenção de dinheiro.

O mesmo entendeu o STJ, que considerou não explicados vários aspetos e indicou várias questões sobre outras possíveis explicações para o desaparecimento da arma e sobre a possível motivação da arguida.

Por outro lado ainda, importaria saber se a prova existente poderia ser considerada forte o suficiente e também relevante para os factos do caso.

Em vários pontos do acórdão, o tribunal de primeira instância questiona a força probatória e a relevância para o caso de certos elementos invocados na acusação.

Desde logo, segundo o tribunal não houve perícia que tivesse confirmado que a arma e munições utilizadas no homicídio e que a arguida teria alegadamente subtraído pertenciam à colega inspetora.

O TRC não concordou, mas a arguida no recurso suscitou fontes de dúvida quanto ao número de disparos, à possibilidade de serem estimadas probabilidades de cápsulas serem de uma arma Glock, à certeza de as 36 munições distribuídas à inspetora serem do mesmo calibre das outras 14 munições, e ao facto de ter existido qualquer furto (a colega não verificava se arma estava no estojo, o método de abertura para furto não seria conhecido nem de fácil execução e seria incompatível com o facto de a inspetora ter aberto a gaveta com a chave).

O mesmo parece ter entendido o STJ ao elencar um conjunto de questões relativas à arma e munições.

Além disso, considerou o tribunal que não deveria ser atribuído um valor probatório acrescido ao facto de a arguida ter estado incontactável na tarde do dia do homicídio, por ser tal facto compatível com a alegação feita pela arguida de que se encontraria a descansar e de que o seu telemóvel tinha problemas técnicos e por não ser crível que uma inspetora da Polícia Judiciária, pretendendo cometer um crime que implica uma deslocação de automóvel, tivesse desligado o telemóvel e ainda assim se fizesse transportar com o mesmo.

O TRC e o MP na sua resposta sustentaram que tal assume relevância, invocando até o MP que ficar a descansar e só ir buscar a filha ao final do dia se trataria de uma conduta que fugia à rotina habitual da arguida, mas talvez o facto de o telemóvel ter estado desligado seja um indício pouco consistente ou, pelo menos, insuficiente para, por si só, daí se poder inferir que tenha ido a Coimbra matar a avó do marido.

De igual modo, entendeu o tribunal de primeira instância existirem fundadas dúvidas sobre uma alegada troca de roupa efetuada pela arguida, contrariando assim a tese da acusação segundo a qual a arguida teria procedido à entrega à equipa da Polícia Judiciária do blusão utilizado no homicídio da avó do marido devido ao facto de este não apresentar qualquer vestígio visível que a pudesse relacionar com o homicídio e ainda de um par de calças e um par de sapatilhas, ambos escuros, mas já não o par de calças e o par de sapatilhas, ambos claros, que foram por si utilizados no homicídio.

Considerou ainda o tribunal que não deveria ser atribuído especial relevo ao facto de a arguida se ter atrasado a ir buscar a filha ao infantário, por ser aliás compaginável com o estado de saúde da arguida e a necessidade de descanso.

O MP, na sua resposta ao recurso, defendeu que essa versão colidia com o que era habitual a arguida fazer (estaria fora do respetivo padrão de normalidade) e não se justificaria que, tendo acordado, não fosse logo buscar a filha ao infantário.

Para o STJ, para se poder imputar causalmente o homicídio à arguida seriam necessários vários factos relevantes que não constavam da enumeração dos factos provados e não provados do TRC, os quais deveriam ser objeto de julgamento.

Por último, sustentou o tribunal que não se encontrava minimamente provada a relação entre a lesão verificada na mão direita da arguida e o homicídio, apesar de ter também considerado inverosímeis, neste particular, as declarações da arguida e a versão por si apresentada.

O TRC procurou manter essa relação, mas a arguida suscitou vários aspetos críticos relacionados com a possibilidade de o tipo de lesão verificado poder ser compatível com uma deficiente empunhadura de uma arma de fogo.

Acresce que relevaria saber se a narrativa seria coerente, tendo em consideração eventuais elementos que a pudessem contrariar e as consequências da narrativa.

De acordo com o tribunal de primeira instância, existiam alguns elementos que parecem contrariar a narrativa escolhida pelos investigadores e pelo MP, tornando-a por isso incoerente, como é o caso de a arma e munições da colega inspetora alegadamente subtraídas pela arguida terem sido consideradas, até uma determinada data (o dia seguinte ao homicídio), perdidas pela própria Diretoria do Norte da Polícia Judiciária, nunca tendo sido equacionado o seu desaparecimento como furto, aliás menos provável no entender do tribunal.

O TRC considerou perfeitamente coerente e demonstrado o furto, mas a arguida e a magistrada do MP junto do STJ suscitaram sérias dúvidas quanto a ter ocorrido furto.

De igual modo, seria de equacionar a existência de possíveis cenários alternativos, se os mesmos foram suficientemente analisados e qual a razão da escolha daquela narrativa em detrimento de outras alternativas.

No caso em apreço, não foram aparentemente equacionados cenários alternativos pelos investigadores e pelo MP, tendo aliás a investigação, segundo o tribunal de primeira instância, partido de uma única hipótese explicativa do sucedido, a qual assentou em diversos vícios de raciocínio.

E, em relação às declarações e explicações da arguida, considerou-as o tribunal em várias situações inverosímeis, como a respeitante à lesão verificada na sua mão direita.

A própria arguida, em sede de recurso, afirmou que não teria nenhuma hipótese explicativa alternativa: ou seja, não teria uma tese para contrapor, mas apenas a certeza de que não cometeu o crime de que foi acusada e, não conseguindo provar um facto negativo, procurou exibir as provas que possuía e contrariar as provas existentes contra si.

Por fim, interessaria avaliar eventuais razões conflituantes ou opostas, nomeadamente a existência de depoimentos ou histórias contraditórias.

Neste particular, poderá dizer-se, desde logo, que o tribunal de primeira instância aponta à acusação uma contradição: a assunção de que, na ida da Maia para Coimbra, a arguida conseguiria demorar menos de 1h30, mas teria demorado mais de 3h para fazer a viagem de regresso.

Apesar de o TRC ter desvalorizado esse aspeto e de na resposta ao recurso para o STJ o MP ter afirmado que não ficou demonstrada essa impossibilidade nem que a arguida não pudesse ter realizado o percurso pela autoestrada sem deixar rasto, a verdade é que, a demonstrar-se ter ocorrido o encontro às 14h30 entre a arguida e a vizinha (como sustentava a arguida estar provado), essa possibilidade, na falta de mais elementos, seria menos provável.

Daí também algumas das questões formuladas pelo STJ.

Além disso, no que respeita à alegada troca de roupa efetuada pela arguida (não entregou as calças e sapatilhas de cor clara que utilizou no dia do homicídio mas sim um par de calças e um par de sapatilhas de cor escura), considerou o tribunal de primeira instância que, embora o depoimento de uma testemunha, que visualizou a roupa da arguida à porta do infantário da filha da arguida e afirmou que a mesma usava roupa clara, tivesse merecido na sua globalidade toda a credibilidade, existiriam fundadas dúvidas sobre a ocorrência dessa troca (por não ser crível que a arguida tivesse procedido à entrega aos investigadores do blusão mas já não das calças e das sapatilhas, pelo facto de o marido da arguida ter referido desconhecer que a mesma tivesse sequer sapatilhas de cor clara e pela circunstância de o estado de saúde da arguida aconselhar à utilização de roupa mais escura), dúvidas que, segundo o tribunal, não poderiam deixar de ser resolvidas a favor da arguida.

IV. As questões ainda em aberto no modelo híbrido ou integrado de prova: em especial a integração das probabilidades

I. Um caso como o de Montes Claros torna evidente a premência de modelos de prova mais sofisticados, o que poderá saldar-se numa vantagem para as teorias, como a de Bex e outros, que procuram fornecer essa sofisticação.

Porém, para além de ser testada uma representação esquemática da aplicação do modelo híbrido ou integrado ao caso, entendemos que alguns aspetos sobre o tema deverão ser ainda desenvolvidos.

Em primeiro lugar, saber se o contraponto entre, por um lado, modelos de prova narrativos, argumentativos e assentes em probabilidades e, por outro lado, modelos híbridos ou integrados é real ou apenas caricatural e, em caso afirmativo, em que medida se pode dizer que a teoria híbrida ou integrada da prova de Bex e outros estará verdadeiramente melhor posicionada do que outros modelos de prova para constituir o tal esboço hipotético ou a teoria sobre como o processo de prova se deve desenrolar.

Perfunctoriamente, o contraponto entre modelos parece ser vantajoso do ponto de vista argumentativo e de explicação da utilidade dos modelos de prova e dos problemas que importa resolver, sendo certo que nada impede que seja adotado outro tipo de contraponto ou contrapontos análogos[61].

Além disso, a teoria híbrida da prova está bem cotada junto dos investigadores dedicados às relações entre a inteligência artificial e o direito (com eventual vantagem de poder vir a ser formalizada e computada) e é também analisada e considerada por alguns estudiosos da prova nos ordenamentos jurídicos anglo-saxónicos.

Segundo Bex, apresenta ainda, quando comparada com as abordagens bayesianas tradicionais à prova, mais algumas vantagens não despiciendas: por um lado, o facto de não serem necessárias probabilidades prévias (frequentemente não disponíveis) e a dificuldade de compreensão das abordagens bayesianas por quem não tenha formação matemática, como os investigadores e os juízes; por outro lado, a circunstância de ser capaz a teoria híbrida ou integrada de fazer mais facilmente a ponte, por se traduzir numa teoria formal e lógica, entre conceções informais de narrativa e argumento e os modelos matemáticos quantitativos como as redes bayesianas, desta feita reforçando relações de recíproca influência entre as abordagens probabilísticas e as abordagens lógicas[62].

II. Em segundo lugar, saber se o recurso a esta teoria não poderá dar azo a algumas observações críticas provenientes do domínio da teoria do direito e da filosofia do direito que poderiam ser evitadas caso não assentasse em certas premissas discutíveis (v.g. uma certa noção estrita de narrativa, a perspetiva racionalista da prova de que parte, a aceitação que faz da dicotomia entre facto e direito e a cisão que realiza entre juízo probatório e juízo decisório)[63].

Parecem ser, contudo, críticas superáveis mesmo nesse domínio[64] e mais ainda se o modelo híbrido ou integrado de prova for apenas visto como um modelo teórico útil para o investigador e julgador e passível de formalização e computação e, ao mesmo tempo, representativo do modo como se poderá desenrolar o processo de prova.

[61] Por exemplo, as propostas mais antigas de combinação de raciocínio causal e raciocínio probatório (Poole, 1989, e 1994), e ainda a abordagem dual que foi proposta por Spottswood, 2014, de incorporação de características, quer da abordagem bayesiana (o *"bayesian model"*), quer da abordagem narrativa (o *"story model"*), mas tendo em consideração os desenvolvimentos na ciência cognitiva que apontam para a interacção de dois sistemas de cognição, o que permitiria, segundo o autor, ultrapassar no domínio da prova dos factos a tradicional discussão entre bayesianos e abducionistas e forneceria racionais convincentes para algumas características do direito da prova.

[62] Bex, 2015: 21-22.

[63] Nesse sentido, por exemplo, Aroso Linhares, 2012.

[64] Soares Pereira, 2013.

Aliás, não será outro o sentido a adotar em relação à própria investigação criminal, na medida em que apesar de todas as tentativas *"de impor procedimentos e regras ao raciocínio investigatório, a sua imensa criatividade apenas permite uma conclusão de* poder ser"[65].

III. Em terceiro lugar, saber se as exigências em matéria de prova são diferentes quando se está a pensar na tarefa de investigar, na de deduzir acusação ou na de julgar, o que poderá ter de justificar a introdução de alterações adicionais no modelo e aumentar a complexidade do seu funcionamento.

À partida, as exigências formuladas ao investigador serão idênticas às impostas ao julgador do ponto de vista da orientação da sua atividade pelos critérios jurídicos que definem o que é crime[66].

Mas ainda que existam diferenças entre a investigação criminal e as demais atividades referidas, não parece existir motivo que impeça ver a teoria híbrida ou integrada como um esboço hipotético que, procedendo a uma descrição sobre como o processo de prova se poderia desenrolar de forma racional e lógica, poderá vir a constituir um guião útil para trabalhar de forma metódica com a prova, seja qual for a fase processual que esteja em causa[67].

IV. Em quarto lugar, saber se à luz das recentes alterações e ponderações realizadas pelos autores em questão – no sentido de maior reforço da integração dos elementos do modelo e da possível inclusão das próprias probabilidades no contexto até de uma teoria da probabilidade – existirão outros pontos concretos em que o recurso à teoria híbrida ou integrada da prova poderia ser útil para um caso como o de Montes Claros.

Algumas pistas de investigação ainda por explorar prendem-se, segundo antevemos, com temas que constituem hoje alguns dos pontos mais debatidos e não

[65] FERNANDA PALMA, 2014a: 11-13, que distingue 3 (três) momentos para que o raciocínio da investigação criminal se possa tornar consistente: o momento inicial da formulação das hipóteses de solução, em que deverá vigorar uma amplitude de conhecimento das circunstâncias do caso e o conhecimento de anteriores casos idênticos e as convicções dos investigadores e dos tribunais sobre a sua solução e ainda as convicções comuns; o momento intermédio do avanço decisivo da investigação criminal, no qual se seleccionam as hipóteses com menor plausibilidade e surgem então narrativas consistentes ou modelos plausíveis de explicação dos factos; um momento final de exposição do resultado da investigação, em que será formulado o silogismo da abdução, com vista a demonstrar a validade da conclusão apesar de assente apenas no conhecimento possível limitado ao caso.

[66] FERNANDA PALMA, 2014b: 22-23.

[67] Aparentemente assim o considera também BEX, 2015: 21, ao referir: *"one of the goals of the integrated theory is to capture and facilitate the way in which investigators and decision makers reason in real cases. Much of our reasoning is qualitative, and it therefore makes sense to capture it in a qualitative framework"*.

dilucidados no campo da prova penal (tais como, a incerteza factual e a prova[68] e também o da causalidade civil e penal – complexa ou não – e a sua prova[69]), mas sobre esses temas, na falta de investigações subsequentes sobre as redes bayesianas e as formas de superar alguns dos inconvenientes já assinalados, preferimos neste momento nada adiantar.

[68] Sousa Mendes, 2016.

[69] Soares Pereira, 2013, e 2017: 1091 e segs., e Sousa Mendes, 2018.

Nemo Tenetur se Ipsum Accusare e Deveres de Colaboração em Matéria Tributária

Sandra Oliveira e Silva

Síntese: O princípio *nemo tenetur se ipsum accusare* continua a despertar as mais vivas controvérsias doutrinais e jurisprudenciais. As discussões atuais polarizam-se em torno da sua aplicabilidade às pessoas coletivas e da extensão aos distintos segmentos do chamado "direito administrativo da economia", em que se inclui o direito tributário. Com efeito, a imposição de deveres de informação e colaboração no domínio tributário coloca numa situação dilemática o contribuinte que tenha cometido crimes: se incumprir tais deveres para ocultar os seus delitos, expõe-se a sanções contraordenacionais; se os cumprir, poderá facultar dados autoincriminatórios ao Estado. Colocam-se então as seguintes questões: poderá o contribuinte transgressor invocar o direito à não autoinculpação para se recusar a prestar informações ou a entregar documentos potencialmente comprometedores no âmbito do procedimento administrativo tributário? Os elementos que o contribuinte foi obrigado a facultar no cumprimento dos seus deveres colaboração poderão ser transferidos para eventuais processos sancionatórios e neles valorados como prova da infração imputada? O caso que serve de mote a este estudo ilustra nitidamente a tensão entre a garantia contra a autoincriminação e os deveres de colaboração do contribuinte, permitindo ao mesmo tempo enunciar e discutir outros tópicos que se entretecem neste domínio, como a inclusão da entrega de documentos preexistentes na área de tutela da prerrogativa e a sua aplicabilidade às pessoas coletivas. O *thema decidendum* principal respeita à (i)legitimidade da transferência para o processo penal e da valoração como prova de um crime de abuso de confiança fiscal dos elementos que a administração tributária obteve no âmbito de procedimentos de inspeção de que foi alvo um contribuinte pessoa coletiva. São tidas em consideração na análise do caso as respostas dadas no ordenamento jurídico norte-americano, no direito alemão e na jurisprudência do TEDH. São igualmente passadas em revista as soluções ensaiadas pela doutrina e pela jurisprudência portuguesas. A fechar, apresentamos uma proposta de harmonização que assenta numa dupla distinção: entre os elementos facultados antes e os recolhidos depois do surgimento da suspeita, por um lado; entre os delitos imanentes ao concreto sistema regulador (as infrações "intrassistemáticas") e os alheios àquele núcleo de interesses (as infrações "extrassistemáticas"), por outro. Havendo suspeita de infração, a administração tributária deverá promover de imediato o competente processo sancionatório, estando impedida de o municiar ou "alimentar" com os elementos que porventura continue a obter do contribuinte-arguido ao abrigo dos seus deveres de colaboração: sobre esses elementos impende uma estrita proibição de valoração probatória. Quanto aos elementos recolhidos antes do nascimento da suspeita, importa distinguir consoante esteja em causa um delito comum ("extrassistemático") ou uma infração tributária ("intrassistemática"): nesta última hipótese, a proibição de valoração que incide em geral sobre os elementos obtidos de forma coativa não deverá atingir os chamados "documentos legalmente obrigatórios". Logra-se assim dissolver a aparente "quadratura do círculo" representada pela necessidade de preservar a vigência absoluta do *nemo tenetur se ipsum accusare* sem comprometer patamares mínimos de realização dos fins específicos do sistema fiscal (a concretizar também pela via sancionatória, se tal se mostrar indispensável).

O caso:

1. Factos:

No decurso do inquérito penal nº 46/12.6IDBRG, em que se investigava a prática de crimes fiscais pelo Clube de Futebol X, foram realizadas três inspeções tributárias expressamente dirigidas a "obter elementos de prova de crime de abuso de confiança fiscal" e "instruir o processo de inquérito" pendente. Essas inspeções permitiram à administração tributária obter informações, ficheiros informáticos, extratos bancários, faturas e outros elementos documentais, que foram incluídos no processo penal e valorados pelo tribunal na sua decisão. Foram igualmente considerados na motivação de facto as declarações prestadas pelo inspetor tributário que conduziu as investigações e os documentos fiscalmente relevantes apresentados pelo Clube de Futebol antes do nascimento da suspeita de infração tributária.

2. Decisão:

Conhecendo do recurso interposto pelo Clube de Futebol X, o TRG respigou um conjunto diverso (mas nem sempre articulado) de argumentos em favor de compreensão restritiva do direito à não autoincriminação, concluindo, na linha da jurisprudência do TEDH, que não cabem no âmbito de proteção daquele direito os meios de prova obtidos "independentemente da vontade (...) do arguido e /ou da sua elaboração moral", mesmo que resultantes de "diligências de prova ou de prestações pessoais exigidas sob ameaça de sanção". Seria esse o caso dos documentos recolhidos durante as inspeções tributárias realizadas em paralelo com o inquérito penal com o objetivo de coligir provas dos crimes fiscais investigados.

O acórdão do TRG foi objeto de ulterior recurso para o TC, que se pronunciou pela inconstitucionalidade da utilização probatória em processo penal de documentos obtidos em procedimento de inspeção movido no decurso do inquérito.

Palavras-chave:

Nemo tenetur se ipsum accusare; direito tributário; deveres de informação e colaboração; "documentos legalmente obrigatórios".

Normas relacionadas:

Arts. 60º, 61º/1-*d*)/3-*d*), 125º, 126º/2-*a*) CPP; Arts. 10º, 31º/2, 59º/4, 63º/1/5-*d*)/6 LGT; Arts. 69º/2, 72º/1, 103º/1, 104º/1/*d*), 113º, 116º, 117º e 119º RGIT; Art. 117º/2/*c*) CPA; Arts. 2º/1/2-*i*)/3, 9º/1, 28º/1/2, 29º, 30º, 59º/1 e 62º/3-*j*) RCPITA; art. 12º DL 29/2008, 25/2.

Doutrina:

Augusto Silva Dias (2012), "Têm os deveres de cooperação do art. 7º e ss. do DL nº 29/2008, de 25 de Fevereiro, implicações processuais penais ou contra-ordenacionais?", in: AA.VV., *Direito Penal Económico e Financeiro: Conferências do Curso Pós-Graduado de Aperfeiçoamento* (org. Fernanda Palma, Augusto Silva Dias, Paulo de Sousa Mendes), Coimbra: Coimbra Editora, pp. 433-451; Augusto Silva Dias e Vânia Costa Ramos (2009), *O direito à não auto-inculpação* (nemo tenetur se ipsum accusare) *no processo penal e contra-ordenacional português*, Coimbra: Coimbra Editora; Aurora Ribes Ribes (2000), "El derecho a no declarar contra sí mismo en el ámbito tributario: reflexiones a la luz de la jurisprudencia norte-maricana", *REDF* 105, pp. 105-119; Carlos Palao Taboada (2008), *El derecho a no autoinculparse en el ámbito tributario*, Madrid: Thomson-Civitas; Catarina Couto Ferreira (2013), "Confluência na CMVM de poderes de supervisão e de poderes sancionatórios: factor de tensão entre o dever de colaboração e o direito ao silêncio", *Investigação Criminal* 5, pp. 207-224; Christian Harald Maximilian Reiter (2007), *"Nemo tenetur se ipsum prodere" und Steuererklärungspflicht: zur Strafbarkeit der wiederholenden Hinterziehung periodischer Veranlagungs- und Fälligkeitssteuern im anhängigen Steuerstrafverfahren*, München: Herbert Utz Verlag; Eric N. Feldman (1996), "Tax and non-tax crimes in Fifth Amendment protection cases: *United States v. Troescher*", *The Tax Lawyer* 49, 4, pp. 961-970; Frederico de Lacerda da Costa Pinto (2009), «Supervisão de mercado, legalidade da prova e direito de defesa em processo de contra-ordenação (parecer), in: *Supervisão, direito ao silêncio e legalidade da prova*, Coimbra: Livraria Almedina, pp. 57-125; Heinrich Amadeus Wolff (1997), *Selbstbelastung und Verfahrenstrennung: das Verbot des Zwangs zur aktiven Mitwirkung am eigenen Strafverfahren und seine Austrahlungswirkung auf die geseztlichen Mitwirkungspflichten des Verwaltungsrechts*, Berlin: Duncker & Humblot; Helena Bolina (2010), "O direito ao silêncio e o estatuto dos supervisionados à luz da aplicação subsidiária do processo penal aos processos de contra-ordenação no mercado dos valores mobiliários", *RCEJ* 14, pp. 383-430; Joana Costa (2011), "O princípio *nemo tenetur* na Jurisprudência do Tribunal Europeu dos Direitos do Homem", *RMP* 128, pp. 117-183; Jorge de Figueiredo Dias e Manuel da Costa Andrade (2009), «Poderes de supervisão, direito ao silêncio e provas proibidas (parecer), in: *Supervisão, direito ao silêncio e legalidade da prova*, Coimbra: Livraria Almedina, pp. 11-56; Jorge Sarró Riu (2009), *El derecho a no autoinculparse del contribuyente: vigencia de las garantias a la autoincriminatión en los procedimientos ante la inspección de Hacienda*, Barcelona: Bosch Editor; Kenneth S. Broun (ed.) (2006), *McCormick On Evidence*, I (chapters 1-20), 6th Edition, St. Paul, Minn.: Thomson/West; Klaus Rogall (2003), "Das Verwendungsverbot des § 393 II AO", in: AA.VV., *Festschrift für Günter Kohlmann zum 70. Geburtstag* (org.: Hans Joachim Hirsch, Jürgen Wolter e Uwe Brauns), Köln: Otto Schmidt, pp. 465-498; do mesmo A. (2006), "Verbot des Selbstbelastungszwangs im Steuerstrafverfahren", *NStZ*, pp. 41-44; Lance Cole (2002), "The Fifth Amendment and compelled production of personal documents after *United States v. Hubbell* – New protection for private papers? ", *Am. J. Crim. L.* 29, 2, pp. 123-192; Lutz Eidam (2007), *Die strafprozessuale Selbstbelastungsfreiheit am Beginn des 21. Jahrhunderts*, Frankfurt am Main: Peter Lang; Liliana da Silva Sá (2006), "O dever de cooperação do contribuinte *versus* o direito à não auto-incriminação", *RMP* 107, pp. 121-163; Manuel da Costa Andrade (1992), *Sobre as proibições de prova em processo penal*, Coimbra: Coimbra Editora; do mesmo A. (2014), "T.C., Acórdão nº 340/2013 (*Nemo tenetur se ipsum accusare* e direito tributário. Ou a insustentável indolência de um acórdão (nº 340/2013) do Tribunal Constitucional)", *RLJ* 144, pp. 121-158; Mark Berger (2005-2006), "Europeanizing self-incrimination: the right to remain silent in the European Court of Human Rights", *Columbia J. Eur. L.* 12, pp. 339-381; Martin Böse (2003), "Die Strafbarkeit wegen Steuerhinterziehung und der Nemo-tenetur-Grundsatz", *wistra*, pp. 47-51; Michael Bärlein, Panos Pananis e Jörg Rehmsmeier (2002), "Spannungsverhältnis zwichen der Aussagefreiheit im Strafverfahren und den Mitwirkungspflichten im Verwaltungsverfahren", *NJW*, pp. 1826-1830; Nuno Brandão (2016), "O direito à não autoincriminação no processo contraordenacional e o dever de cooperação no procedimento de inspeção", in: *Contraordenações Tributárias* (e-book), Lisboa: Centro de Estudos Judiciários [ficheiro em vídeo disponível em <https://educast.fccn.pt/vod/clips/1awfyrr3ic/flash.html>, consultado em 19.12.2017]; Oliver Sahan (2006), *Keine Steuererklärungspflicht bei Gefahr strafrechtlicher Selbstbelastung: Renaissance des "nemo tenetur" vor dem Hintergrund des Steuerverkürzungsbekämpfungsgesetz und der neuen BGH-Rechtsprechung*, Köln: Carl Heymanns Verlag; Paulo de Sousa Mendes (2010), "As garantias de defesa no processo sancionatório especial por práticas restritivas da concorrência confrontadas com a jurisprudência do Tribunal Europeu dos Direitos do Homem", 121-144, *RC&R* 1, pp. 121-144; do mesmo A. (2017), "A utilização em processo penal das informações obtidas pelos reguladores nos mercados financeiros", in: AA.VV., *Estudos em Homenagem ao Prof. Doutor Manuel da Costa Andrade* (org. José de Faria Costa *et al.*), II, Coimbra: Universidade de Coimbra – Institvto Ivridico, pp. 587.611; Robert Esser (2012), *Löwe--Rosenberg Großkommentar – Die Strafprozeßordnung und das Gerichtsverfassungsgesetz* (hrsg. v. Volker Erb *et al.*), Band XI (EMRK, IPBPR), 26., Auflage, Berlin: de Gruyter (citado *LR-StPO*[26]/Esser); Sabine Gless (2015), "Nemo tenetur se ipsum accusare und verwaltungsrechtliche Aukunftspflichten – Konflikt und Lösungsansätze am Beispiel der Schweizer Finanzmarktaufsicht", in: *Festschrift für Werner Beulke zum 70. Geburtstag* (org. Christian Fahl *et al.*), Heilderberg: C.F. Müller, pp. 723-736; Sandra Oliveira e Silva (2018), *O arguido como meio de prova contra si mesmo: considerações em torno do princípio* nemo tenetur se ipsum accusare, Coimbra: Livraria Almedina; Simon Roth (2011), "Das Verhältnis zwichen verwaltungsrechtlichen Mitwirkungspflichten und dem Grundsatz *nemo tenetur se ipsum accusare*", *ZStrR* 129, pp. 296-321; Stefan Reinel (2015), *Der "nemo tenetur"-Grundsatz als Grenze steuerlicher Informationshilfe in der Europäischen Union*, Tübingen: Mohr Siebeck; Stephen A. Saltzburg (1986), "The required records doctrine: its lessons for the privilege against self-incrimination", *U. Chicago L. Rev.* 53, pp. 6-44; Susana Aires de Sousa (2006), *Os crimes Fiscais: análise dogmática e reflexão sobre a legitimidade do discurso criminalizador*, Coimbra: Coimbra Editora; Thomas Kiefer Wedeles (2003), "Fishing for clarity in a Post-*Hubbell* world: The need for a bright-line rule in the self-incrimination Clause's act of production doctrine", *Vand. L. Rev.* 56, pp. 613-652; Torsten Schaefer (2007), *Der Nemo-Tenetur-Grundsatz im Steuerstrafverfahren*, Osnabrück: Tectum Verlag; Uwe Hellmann (2008), "Das Steuerstrafrecht als Testfall des Nemo-tenetur-Prinzips", in: AA.VV., *Festschrift für Manfred Seebode zum 70. Geburtstag am 15. September 2008* (org. Hendrik Schneider et al.), Berlin: de Gruyter, pp. 143-157; Wayne Israel LaFave [*et al.*] – *Criminal Procedure*, I (sections 1.1-2.12), 3th Edition, St. Paul, Minn.: Thomson/ West, 2007; Wolfgang Joecks (2003), "Der nemo-tenetur-Grundsatz und das Steuerstrafrecht", in: AA.VV., *Festschrift für Günter Kohlmann zum 70. Geburtstag* (org.: Hans Joachim Hirsch, Jürgen Wolter e Uwe Brauns, Köln: Otto Schmidt), pp. 451-464.

Jurisprudência nacional:
Ac. 461/2011, proc. 366/11, 2ª secção TC; Ac. 340/2013, proc. 817/12, 2ª secção TC; Ac. 360/2016, proc. 563/2015, 2ª secção TC; Ac. 298/2019, proc. 1043/2017, 2ª secção TC.

Jurisprudência do TEDH:
Ac. 25.2.1993, proc. 10828/84, *Funke v. France*; Ac. 17.12.1996, proc. 19187/91, *Saunders v. United Kingdom*; Ac. 3.5.2001, proc. 31827/96, *J.B. v. Switzerland.*

Jurisprudência estrangeira:
Alemanha: Ac. 26.4.2001, proc. 5 StR 587/00, BGH; Ac. 12.1.2005, proc. 5 StR 191/04, BGH; EUA: Ac. 12.3.1906, Hale v. Henkel, 201 U.S. 43 (1906), U.S. Supreme Court; Ac. 21.6.1948, Shapiro v. United States, 335 U.S. 1 (1948), U.S. Supreme Court; Ac. 20.6.1966, Schmerber v. California 384 U.S. 757 (1966), U.S. Supreme Court; Ac. 17.5.1971, California v. Byers, 402 U.S. 424 (1971), U.S. Supreme Court; Ac. 28.5.1974, Bellis v. United States, 417 U.S. 85 (1974), U.S. Supreme Court; Ac. 21.4.1976, Fisher v. United States, 425 U.S. 391 (1976) U.S. Supreme Court; Ac. 28.2.1984, United States v. Doe (1984) [= Doe I], 465 U.S. 605 (1984), U.S. Supreme Court; Ac. 15.4.1986, Fuller v. United States, 786 F.2d 1437 (1986), U.S. Court of Appeals 9th Circuit; Ac. 12.3.1992, Brooks v. Hilton Casinos Inc., 959 F.2d 757, U.S. Court of Appeals 9th Circuit; Ac. 5.6.2000, United States v. Hubbell, 167 F.3d 552 (1999), aff'd., 530 U.S. 27 (2000), U.S. Court of Appeals District of Columbia Circuit.

Análise do caso:

I. O caso do abuso de confiança por Clube de Futebol

O caso que tomamos como ponto de partida deste estudo[1] ilustra com especial clareza a tensão entre os deveres de colaboração do contribuinte e o *nemo tenetur se ipsum accusare*, permitindo enunciar e discutir os múltiplos tópicos que se entretecem neste domínio, desde a inclusão da entrega de documentos preexistentes na área de tutela da prerrogativa contra a autoincriminação até à sua aplicabilidade às pessoas coletivas, passando pela irradiação da sua eficácia ao direito contraordenacional e aos demais segmentos do direito punitivo.

Em causa estava a investigação de crimes fiscais relacionados com a não entrega ao Estado dos montantes de IVA e IRS recebidos ou retidos pela pessoa coletiva Clube de Futebol X. Conhecida a *notitia criminis*, a administração tributária instaurou inquérito penal no exercício da competência que a lei lhe presume delegada e, feitas as necessárias comunicações, conduziu as diligências de investigação sob direção do MP (art. 40º RGIT). Os mesmos agentes da administração tributária que realizavam a investigação no inquérito penal conduziram em simultâneo três procedimentos administrativos de inspeção contra o Clube de Futebol X. A essas inspeções não presidia qualquer intenção de apuramento da situação contributiva da sociedade ou prevenção de outras infrações tributárias, mas antes o propósito confessado de "obter provas d[o] crime de abuso de confiança fiscal imputado" e assim "instruir o processo de inquérito" em curso[2]. A atuação dos inspetores, que circularam livremente pelas instalações da sociedade arguida e obtiveram ampla colaboração por parte dos seus funcionários e representantes orgânicos, foi facilitada pela previsão legal de um "dever de cooperação" com a administração tributária (art. 59º/4 LGT) e pela cominação de responsabilidade contraordenacional e penal em caso do seu incumprimento (art. 32º/1 RCPITA).

As inspeções tributárias levadas a cabo nestes termos permitiram coligir um amplo acervo de documentos (extratos de contas, mapas de salários, faturas,

[1] Referimo-nos ao caso decidido em recurso pelo Ac. 22.5.2017, proc. nº 46/12.6DBRG.G1, TRG, online: http://www.dgsi.pt/jtrg.nsf/86c25a698e4e7cb7802579ec004d3832/1d7a2ba9f20bfde5802 5813100340184?OpenDocument (consultado, por último, a 31.10.2017). À data da conclusão deste trabalho, estava ainda pendente o recurso interposto para o TC, que culminou no Ac. 298/2019, proc. 1043/2017, proferido em 15.05.2019, online: https://www.tribunalconstitucional.pt/tc/acordaos/20190298.html. Não pudemos, por isso, ter em conta na nossa exposição o texto daquele acórdão do TC – sem prejuízo das alusões pontuais que lhe são feitas e que introduzimos em sede de revisão de provas tipográficas. A nossa argumentação desenvolve-se exclusivamente em torno do aresto do TRG, embora antecipe, em parte, a fundamentação a que chegou mais tarde o TC.

[2] A referência à finalidade das ações inspetivas desenvolvidas pela administração tributária consta da conclusão 29ª da motivação de recurso apresentada pelo Clube de Futebol X, que transcreve o teor de um documento de fls. 85 dos autos (cf. Ac. 22.5.2017, proc. nº 46/12.6DBRG.G1, TRG, p. 9).

recibos, etc.), que foram remetidos ao processo-crime e valorados pelo tribunal na decisão condenatória. Foram igualmente valoradas as declarações de um dos agentes tributários sobre os factos de que teve conhecimento por causa das inspeções, tendo-lhe sido permitido que consultasse, com o fim de avivar a memória, os elementos documentais então obtidos. Estas provas mostraram-se decisivas para a condenação da pessoa coletiva Clube de Futebol X e de dois dos seus dirigentes pela prática de um crime continuado de abuso de confiança fiscal, p. e p. pelas disposições conjugadas dos arts. 6º, 7º e 105º/1/2/5 RGIT.

Inconformado, o Clube de Futebol X interpôs recurso ordinário de apelação para o TRG, invocando (entre outros fundamentos de facto e de direito) a violação do direito à não autoinculpação, que não deveria "ser postergado ou comprimido por qualquer outro dever do contribuinte, designadamente o de cooperação com a administração tributária". Concretamente, pugnou pela inconstitucionalidade das normas sobre o estatuto do arguido na interpretação assumida pela decisão recorrida de que são admissíveis como prova em processo penal, e nela podem ser valorados, "os documentos obtidos por uma inspeção tributária a que se procedeu durante o inquérito, ao abrigo do dever de cooperação [e] sem o prévio conhecimento ou decisão da autoridade judiciária competente", incluindo os elementos "cedidos por funcionários [...] ou pelos agentes do crime" e os recolhidos nas instalações da sociedade arguida sem observância do ritualismo das buscas e apreensões. Pelas mesmas razões, seria também nulo ou, em todo o caso, não valorável o depoimento do agente tributário ouvido em audiência sobre os factos e elementos probatórios a que teve acesso durante as inspeções[3].

O TRG julgou totalmente improcedente o recurso, aderindo aos argumentos da decisão recorrida para dar como não verificada a invocada violação da prerrogativa contra a autoincriminação. Não obstante, o acórdão reconheceu a "natureza constitucional implícita" do *nemo tenetur se ipsum accusare*, dizendo que tal princípio encontra expressa positivação normativa no direito ao silêncio mas nele não se esgota, porquanto abrange ainda, se considerado o seu "conteúdo potencial máximo", o "direito de não facultar meios de prova, nomeadamente documentos, *v.g.*, correspondência pessoal, diários íntimos". Feito este enquadramento genérico, o TRG procurou justificar a legitimidade da utilização e valoração em processo penal dos elementos documentais facultados pela sociedade arguida no procedimento de inspeção tributária, estribando a sua argumentação em três ordens separadas (e não inteiramente compagináveis) de razões[4].

[3] Para as conclusões do recurso interposto pelo Clube de Futebol X (identificado nos autos como "arguida V"), veja-se o Ac. 22.5.2017, proc. nº 46/12.6DBRG.G1, TRG, pp. 6-14.

[4] Cf. Ac. 22.5.2017, proc. nº 46/12.6DBRG.G1, TRG, pp. 34-42 ("A violação da prerrogativa contra a autoincriminação").

A primeira faz avultar o teor literal da norma que consagra o direito do arguido a "não responder a perguntas feitas, por qualquer entidade, sobre os factos que lhe forem imputados" (art. 61º/1/*d*) CPP), para dela retirar a conclusão segundo a qual "a nossa lei não acolhe uma conceção ampla do princípio", reduzindo-o antes "ao plano da 'oralidade processual' ou, pelo menos, ao das declarações – assumindo-se que estas podem ser prestadas por via não apenas oral –, não abrangendo, por ex., o direito a recusar a entrega de elementos que estejam em poder do arguido"[5].

O segundo caminho argumentativo repousa na jurisprudência firmada pelo STJ a propósito de um problema assaz diverso: o de saber se podem ser valorados na formação da convicção do tribunal, fora dos limites estabelecidos para a leitura de declarações anteriores no art. 357º CPP, os contributos probatórios voluntários que o arguido tenha facultado no decurso de diligências de prova distintas do interrogatório formal, *v.g.*, durante a reconstituição do facto. A questão prendia-se com as dificuldades que o regime muito restritivo constante da versão originária do Código colocava à investigação criminal, ao proibir de forma implícita a leitura de declarações anteriores do arguido nas hipóteses em que ele, em audiência, se remetesse ao silêncio (ou não comparecesse). Sustentava-se a esse propósito na jurisprudência que o direito à não autoincriminação não levanta objeções inultrapassáveis ao aproveitamento de contributos probatórios anteriores do arguido desde que tais contributos autónomos, "com formato e dimensão própria na enumeração dos atos processuais", tivessem sido – no momento em que foram prestados – expressão livre e esclarecida da sua vontade, vale dizer, manifestação da sua autorresponsabilidade. "O arguido não pode ser obrigado nem (...) condicionado a contribuir para a sua própria incriminação, isto é, tem o direito a não ceder ou fornecer informações ou elementos (*v.g.*, documentais) que o desfavoreçam", mas da prerrogativa contra a autoincriminação não resulta qualquer obstáculo à sua colaboração voluntária na própria perseguição penal, nem tão-pouco podem extrair-se do direito ao silêncio argumentos a favor da eliminação ou apagamento dos contributos probatórios anteriores do arguido, "salvo se, como se referiu, a vontade e a determinação tiver[em] sido perturbada[s], constrangida[s] ou condicionada[s]" no momento da produção da prova[6]. Em suma, diz o STJ que as contribuições probatórias livres estão situadas fora do círculo de proteção do princípio *nemo tenetur se ipsum accusare*. Mas se esta ideia nos merece inteiro aplauso, não vemos como é que podem retirar-se dela subsídios para a resolução do problema colocado ao TRG: o de saber se podem

[5] Cf. Ac. 22.5.2017, proc. nº 46/12.6DBRG.G1, TRG, pp. 35-36.

[6] Ac. 5.1.2005, proc. nº 04P3276, STJ, citado no Ac. 22.5.2017, proc. nº 46/12.6DBRG.G1, TRG, pp. 36-38.

valorar-se como prova de um delito contributos probatórios *não livres* do contribuinte, quer dizer, aqueles que ele tenha sido obrigado a prestar no cumprimento dos seus deveres tributários.

Contradizendo o argumento com que iniciara a sua análise, o TRG parece aceitar por fim uma compreensão ampla ao *nemo tenetur se ipsum accusare* que não reduz o seu conteúdo ao "direito ao silêncio propriamente dito", antes o desdobra em "diversos corolários", em que se incluem "a prestação de informações ou a entrega de documentos autoincriminatórios". Na linha da jurisprudência constitucional, o TRG esclarece que o princípio não está revestido de "caráter absoluto, podendo ser legalmente restringido em determinadas circunstâncias (*v.g.* a obrigatoriedade de realização de determinados exames ou diligências que exijam a colaboração do arguido, mesmo contra a sua vontade)"[7]. E, procurando afinar os requisitos de tais restrições, socorre-se do critério de delimitação negativa enunciado em *Saunders v. Reino Unido* para excluir do âmbito de proteção do *nemo tenetur* os meios de prova "obtido[s] independentemente da vontade (...) do arguido e/ou da sua elaboração moral", mesmo que advindos de "diligência[s] de prova ou de prestações pessoais exigidas sob ameaça de sanção". Conclui dizendo que os elementos probatórios recolhidos durante o procedimento de inspeção tributária "foram obtidos independentemente da vontade dos (...) arguidos, não tendo sido por eles elaborados para o efeito", razão pela qual a sua utilização como prova do crime de abuso de confiança fiscal não contenderia com o direito à não autoincriminação[8].

Outro foi o entendimento perfilhado pelo TC no Ac. 298/2019, que julgou inconstitucional por violar o princípio *nemo tenetur se ipsum accusare* a utilização probatória dos elementos documentais colhidos pela administração fiscal em procedimentos de inspeção tributária movidos depois de iniciado o inquérito penal[9].

Pela amplitude e relevância dos problemas suscitados, o caso em análise constitui o mote adequado para a enunciação e a dissolução das antinomias entre o

[7] As frases entre aspas correspondem a transcrições que no Ac. 22.5.2017, proc. nº 46/12.6DBRG.G1, TRG, pp. 38-39, se faz do Ac. 340/2013, proc. 817/12, 2ª secção TC (publicado no *DR II Série*, de 11.11.2013, e disponível na página da internet do TC: http://www.tribunalconstitucional.pt).

[8] Cf. Ac. 22.5.2017, proc. 46/12.6DBRG.G1, TRG, pp. 38-39.

[9] É o seguinte o sumário do Ac. 298/2019, proc. 1043/2017, 2ª secção TC, a que fazemos sumária alusão: "Nestes termos, decide-se (...) julgar inconstitucional, por violação do princípio *nemo tenetur se ipsum accusare*, ínsito no artigo 32º, nº 1, da Constituição da República portuguesa, a interpretação normativa dos artigos 61º, nº 1, alínea *d*), 125º e 126º, nº 2, alínea *a*), todos do Código de Processo Penal, segundo a qual os documentos fiscalmente relevantes obtidos ao abrigo do dever de cooperação previsto no artigo 9º, nº 1, do Regime Complementar do Procedimento de Inspeção Tributária e Aduaneira e no artigo 59º, nº 4, da Lei Geral Tributária por uma inspeção tributária realizada a um contribuinte, durante a fase de inquérito de um processo criminal pela prática de crime fiscal movido contra o contribuinte inspecionado e sem o prévio conhecimento ou decisão da autoridade judiciária competente, podem ser utilizados como prova no mesmo processo".

direito tributário e o processo penal, permitindo simultaneamente ensaiar respostas para os múltiplos problemas que continuam a suscitar-se a propósito da demarcação do âmbito de tutela do direito à não autoincriminação.

II. Considerações gerais – os argumentos do TRG

A argumentação expendida pelo TRG, cingida embora ao problema específico da utilizabilidade probatória em processo penal dos documentos recolhidos nos procedimentos de inspeção tributária, permite-nos tecer algumas considerações mais amplas sobre o sentido e o alcance do princípio *nemo tenetur se ipsum accusare*[10].

Como se assinalou, a análise feita no acórdão estruturou-se em torno de três tópicos essenciais: (1) a exclusão do âmbito de tutela do *nemo tenetur se ipsum accusare* dos contributos autoincriminatórios voluntários feitos em momento anterior ao julgamento penal; (2) a ideia, retirada do teor literal da norma que consagra o direito ao silêncio, de que a prerrogativa contra a autoincriminação se circunscreve, no direito português, à prova por declarações, não abrangendo o direito a recusar a entrega de documentos; (3) o argumento segundo o qual, mesmo que não se reduza ao direito ao silêncio, o princípio *nemo tenetur* pode ser sujeito a restrições legais e juízos de ponderação, designadamente se estiverem em causa meios de prova com existência independente da vontade do arguido.

Não podemos deixar de manifestar a nossa concordância a respeito da primeira das razões invocadas. A prerrogativa contra a autoincriminação traduz, de facto, o direito a não ser obrigado a colaborar para a própria perseguição penal e a concomitante garantia de que todos os contributos autoincriminatórios da pessoa investigada resultam da "afirmação esclarecida e livre da sua autorresponsabilidade"[11]. O princípio não proíbe todos os atos de autoincriminação, mas apenas os que se produzam de coerciva ou enganosa: ninguém está impedido de confessar ou apresentar provas comprometedoras contra si antes ou durante o julgamento penal, desde que o faça livremente; proibida é apenas a intromissão do Estado na liberdade de vontade do arguido ou suspeito com o propósito de o forçar ou induzir a colaborar na sua própria perseguição. E tam-

[10] Por comodidade de linguagem, usaremos indistintamente o brocardo latino *nemo tenetur se ipsum accusare* (nesta ou noutra formulação) ou qualquer das expressões "direito", "privilégio", "prerrogativa", "faculdade", "liberdade" [– contra a autoincriminação], embora reconheçamos que em causa está um direito subjetivo com alcance constitucional. Por razões idênticas, e embora admitamos sem reservas a extensão desta garantia ao direito contraordenacional, servir-nos-emos como se de sinónimos se tratasse das fórmulas "autoincriminação" e "autoinculpação" (em sentido diverso, SILVA DIAS e COSTA RAMOS, 2009: 19, n. 37, manifestam preferência pela fórmula "direito à não autoinculpação" precisamente para evidenciarem a aplicabilidade do princípio *nemo tenetur se ipsum accusare* em todos os segmentos do direito sancionatório público).

[11] COSTA ANDRADE, 1992: 121.

bém aqui irreleva se essa intromissão estatal ocorre no processo sancionatório ou em momento prévio a ele, não podendo dizer-se livres os contributos probatórios prestados em cumprimento de deveres legais de colaboração no decurso de um procedimento de inspeção tributária. Era esse, como se sabe, o caso dos autos.

Os outros dois fundamentos invocados pelo TRG prendem-se com o recorte das modalidades de colaboração abrangidas pela proibição contra a autoincriminação: esgotar-se-á a garantia na previsão legal do direito ao silêncio sobre a matéria da imputação ou abrangerá também os contributos probatórios de natureza não declarativa? Nos EUA, a tarefa do intérprete mostra-se mais simples porque a letra do preceito constitucional em que se precipita o *privilege against self-incrimination* serve como primeiro referente hermenêutico: ao proclamar que "*no person [...] shall be compelled to be a witness against himself*", o texto do Quinto Aditamento sugere que a tutela oferecida está limitada à extração coativa de "comunicações" – interpretação que tem sido seguida de forma consistente desde o caso *Holt v. United States* (1910) e se condensou na distinção entre "*testimonial evidence*" e "*real or physical evidence*" traçada em *Schmerber v. California* (1966)[12]. A redução do *privilege against self-incrimination* às provas de tipo declarativo encontra-se fortemente condicionada pelo teor literal do preceito, circunstância que a torna não transplantável para ordenamentos jurídicos, como o nosso, onde o direito à não autoincriminação não encontra expressa positivação constitucional. É que não pode atribuir-se sentido decisivo à norma de direito ordinário que reconhece ao arguido o direito a "não responder a perguntas feitas, por qualquer entidade, sobre os factos que lhe forem imputados" (art. 61º/1/*d*) CPP); trata-se de preceito que define o núcleo essencial e irrestritível da garantia contra a autoincriminação mas não esgota o âmbito máximo de tutela deste "princípio constitucional não escrito"[13]. Falece, por isso, o argumento de pendor literal esgrimido pelo TRG.

É certo que, como também adverte o acórdão em apreciação, não pode ler-se no *nemo tenetur se ipsum accusare* uma proibição absoluta de utilização sem consentimento do arguido de quaisquer informações provindas da sua esfera pessoal. A não ser assim, o interesse comunitário na correta administração da justiça ficaria na dependência da vontade da pessoa imputada, a quem caberia em última instância a possibilidade fáctica de decidir da própria condenação. A aceitação de uma compreensão tão ampla da garantia contra a autoincriminação é, de resto, contrariada pelas normas processuais que admitem com alguma latitude a sujei-

[12] A teorização, definida a propósito da recolha de sangue para determinação da taxa de alcoolemia, foi rapidamente estendida à obrigação de participar numa *lineup* para fins de reconhecimento (*United States v. Wade* (1967)) e ao dever de colaborar na comparação da caligrafia (*Gilbert v. California* (1967)) ou do timbre vocal (*United States v. Dionisio* (1973)).

[13] Por todos, com esta qualificação, cf. Silva Dias e Costa Ramos, 2009: 14-17.

ção do arguido a diligências probatórias especificadas por lei (arts. 60º, 61º/3/*d*) CPP) – incluindo a realização (coativa) de exames sobre caraterísticas físicas ou psíquicas (arts. 154º/3 e 172º/1/2 CPP), de testes de "ar expirado" para deteção de álcool no sangue (art. 153º CE) ou a recolha de amostras para análises de ADN (art. 8º L 5/2008, 12/2). Nesta linha, a doutrina maioritária em Portugal, embora inclua no âmbito de tutela do direito à não autoincriminação todo e "qualquer contributo involuntário [...] do suspeito para alimentar uma pretensão punitiva pública contra si próprio", não deixa de apelar à concordância prática para assegurar o necessário equilíbrio entre as garantias de defesa do arguido e os interesses da investigação. São, assim, tidas como legítimas as restrições ao *nemo tenetur se ipsum accusare* impostas pela necessidade de salvaguarda de um interesse ou direito em concreto prevalecente[14]. A questão de saber se na densificação dos critérios de ponderação podem retirar-se subsídios relevantes da jurisprudência firmada em *Saunders v. Reino Unido* será aflorada adiante na nossa exposição.

III. O direito à não autoinculpação em matéria tributária – antinomias e propostas de solução

1. Aproximação ao problema

Às descritas dificuldades gerais de delimitação do *nemo tenetur se ipsum accusare*, acrescem outras ainda mais delicadas. Prendem-se elas com a questão de saber se as formas de coação exteriores ao processo penal, designadamente as que resultam da previsão de deveres de colaboração com as autoridades administrativas, podem nele projetar-se em provas autoincriminatórias livremente valoráveis. Referimo-nos aos plúrimos deveres de informação e entrega de documentos com que os particulares são onerados nos chamados "regimes regulatórios", orientados sobretudo por finalidades de regulação ou organização (não repressivas ou sancionatórias) de obtenção de receitas fiscais, defesa da concorrência, prote-

[14] Por todos na doutrina, cf., Silva Dias e Costa Ramos, 2009: 29 ss. (a frase transcrita foi retirada da p. 34). Contra, Costa Andrade, 2014: 143-148, atribui natureza absoluta ao princípio, aceitando provisoriamente a "teoria da conduta" dominante na Alemanha, apesar de reconhecer insuficiências práticas à distinção entre "obrigações de colaboração ativa" (proibidas) e "deveres de tolerância passiva" (permitidos). Em escrito anterior (Oliveira e Silva: 2018, 687 ss.), tivemos oportunidade de nos afastarmos de cada uma destas vias, propondo uma interpretação autónoma que concebe o direito à não autoincriminação como instrumento de salvaguarda da autonomia do arguido na revelação do seu conhecimento sobre os factos e inclui no respetivo âmbito de tutela todas as formas de exteriorização do conteúdo da mente – não apenas as declarações orais ou escritas, como todas as demais modalidades de revelação do pensamento controladas pela vontade (o desenho, a pintura, a escultura, a música, a dança, etc.) e, bem assim, eventuais procedimentos técnicos de acesso aos conhecimentos probatórios do arguido sem o concurso da sua vontade (o polígrafo, a ressonância magnética funcional, o exame neurológico P300).

ção de garantias sociais mínimas no domínio laboral ou disciplina dos agentes económicos em áreas de interesse público (a atividade bancária ou dos seguros, o mercado de valores mobiliários, a saúde, o fornecimento de energia elétrica, etc.)[15].

Nestes setores de atividade, que envolvem em regra operações financeiras sofisticadas e complexas ou "condutas de massas" (*Massenhanlungen*), o cumprimento das funções de vigilância e controlo atribuídas às autoridades não se compadece com a mobilização dos recursos típicos do processo penal (as revistas, as buscas), tornando imprescindível a colaboração das próprias pessoas ou entidades fiscalizadas, a quem são impostos, sob cominação de pesadas sanções, deveres de informação, registo, conservação, exibição e entrega de documentos (p. ex., livros de atas, extratos de contas, faturas, recibos).

É o que sucede tipicamente no âmbito do direito tributário, que desloca para os contribuintes uma série de atividades ligadas ao apuramento da matéria tributável, à liquidação e à própria cobrança de impostos, impondo-lhes deveres acessórios ou instrumentais de emitir recibos e faturas, conservar registos ou documentos de suporte, possuir contabilidade organizada, apresentar declarações e exibir outros "documentos fiscalmente relevantes" (art. 31º/2 LGT) e prestar "esclarecimentos" sobre a própria situação tributária e as relações económicas com terceiros (art. 59º/4 LGT). Deveres estes cuja efetividade o legislador assegura mediante a cominação de contraordenações puníveis com coimas avultadas, chegando mesmo a tipificar algumas condutas renitentes dos sujeitos passivos como infrações criminais autónomas ou como circunstâncias agravantes da fraude fiscal[16].

Pode suceder, no entanto, que as declarações e documentos que os contribuintes estão obrigados a facultar às autoridades revelem indícios de delitos fiscais anteriormente cometidos (p. ex., os crimes de fraude fiscal, burla tributária e abuso de confiança fiscal ou a contraordenação designada como "falta de

[15] Sobre o problema da utilização em processo penal das informações obtidas pelos reguladores dos mercados financeiros, cf. FIGUEIREDO DIAS e COSTA ANDRADE, 2009: 11 ss., COSTA PINTO, 2009: 57 ss., SOUSA MENDES, 2017: 587 ss., e, na Alemanha, GLESS, 2015: 723 ss.

[16] A título de exemplo, constituem contraordenação a falta, o atraso ou a recusa de entrega, exibição ou apresentação de declarações, escrita e outros documentos fiscalmente relevantes (cf. arts. 113º, 116º e 117º RGIT), bem como a omissão ou inexatidão dessas declarações e documentos (cf. art. 119º RGIT). Configuram já crime de fraude fiscal determinadas condutas de não colaboração ou colaboração deficiente dos sujeitos passivos "que visem a não liquidação, entrega ou pagamento do imposto ou a obtenção indevida de benefícios fiscais, reembolsos ou outras vantagens patrimoniais suscetíveis de causarem diminuição das receitas tributárias" (art. 103º/1 RGIT), sendo punida nos quadros da fraude qualificada a conduta do contribuinte que se recuse a "entregar, exibir ou apresentar livros, programas ou ficheiros informáticos e quaisquer outros documentos ou elementos probatórios exigidos pela lei tributária" (art. 104º/1/*d*) RGIT).

entrega da prestação tributária") ou permitam obter fortuitamente informações sobre os crimes comuns que estiveram na origem dos rendimentos (corrupção, peculato, tráfico de armas ou drogas, lenocínio, tráfico de pessoas, homicídio, etc.)[17].

O perigo real de autoincriminação resulta exacerbado pela circunstância de as autoridades tributárias competentes para o exercício dos poderes de inspeção ou fiscalização terem também competências sancionatórias e de instrução de processos por crimes tributários, não tendo o legislador estabelecido qualquer obstáculo à comunicação ou circulação probatória dos elementos recolhidos à custa da colaboração coativa dos visados. É que, entre nós, estão cometidas aos mesmos órgãos da administração tributária – na prática, por vezes às mesmas pessoas – não apenas a realização das ações inspetivas (cf. arts. 44º/2 CPPT, 54º/6 LGT, e 2º ss. RCPITA) como também a condução de processos contraordenacionais (cf. 52º RGIT) ou mesmo a abertura de inquérito penal e a realização da correspondente investigação criminal sob direção do MP (cf. art. 40º RGIT). A atribuição aos órgãos da administração tributária de competências de instrução contraordenacional e do estatuto e funções de órgão de polícia criminal no inquérito por crimes tributários favorece, na prática, a transferência de informações e elementos entre processos de diferente natureza[18]. Uma situação que o legislador, de resto, nada faz para evitar. Quer ao prever que, se do procedimento tributário resultarem indícios de infração, os elementos recolhidos são incluídos no processo contraordenacional da competência do Fisco, sem estabelecer qualquer exceção para as informações, declarações e documentos que o contribuinte foi obrigado a entregar no cumprimento dos seus deveres de colaboração (cf. arts. 67º e 80º/1 RGIT). Quer ainda ao estabelecer, nas hipóteses em que os indícios são de crime tributário, que a *notitia criminis* é transmitida ao órgão da administração tributária competente e ao MP para que seja instaurado inquérito, sem prever, também aí, qualquer limite à utilização e valoração no inquérito penal das informações e elementos documentais coativamente apresentados pelo contribuinte (cf. arts. 35º, 40º e 50º RGIT).

[17] Por força do princípio da neutralidade axiológica dos impostos (art. 10º LGT), torna-se irrelevante saber se o facto tributário (o facto gerador de rendimento) corresponde à prática de um ato moral ou imoral, de um facto lícito ou ilícito (mesmo criminalmente ilícito): "também os rendimentos provenientes de condutas consideradas imorais (*v.g.*, prostituição, lenocínio), de *tráficos ilícitos* (nomeadamente de droga), de atos de *corrupção*, etc., estão sujeitos à incidência dos impostos aplicáveis, devendo, por isso, constar das *declarações* que o contribuinte é obrigado a apresentar à Autoridade Tributária" (Costa Andrade, 2014: 142).

[18] Com críticas a esta "promiscuidade" entre competência de fiscalização tributária e competência sancionatória, cf. Silva Dias, 2012: 435, e Costa Andrade, 2014: 141.

Em virtude destes vasos comunicantes entre o procedimento tributário e o sancionamento penal ou contraordenacional, a imposição de deveres de informação e colaboração deixa numa situação dilemática o contribuinte que tenha anteriormente cometido infrações: se incumprir tais deveres para ocultar os seus delitos, expõe-se a sanções contraordenacionais; se os cumprir, estará a facultar dados autoincriminatórios ao Estado e a convocar sobre si o perigo de responsabilização criminal ou contraordenacional. Ocorre então perguntar se o contribuinte transgressor pode legitimamente invocar o direito à não autoinculpação para se recusar a prestar informações ou entregar documentos reveladores de infrações por si cometidas em momento anterior. Sendo a resposta negativa, importa saber se os documentos que o contribuinte foi obrigado a entregar no cumprimento dos seus deveres de colaboração com a administração tributária podem ser transferidos para ulteriores processos sancionatórios e neles valorados como prova da imputação (por delitos tributários ou de natureza comum).

2. Soluções preliminares para o conflito

2.1. No direito norte-americano

No direito norte-americano, a leitura comummente aceite do Quinto Aditamento circunscreve o *privilege against self-incrimination* à proibição de coação para obter declarações autoincriminatórias ou, na expressão vernacular, "*to engage in testimonial self-incriminating activity*"[19]. Um dos mais delicados problemas suscitados pela aplicação desta cláusula respeita à imposição de deveres de entrega de documentos autoincriminatórios preexistentes. Foram diversos os caminhos seguidos ao longo do tempo para lhe dar resposta.

Na sua primeira decisão sobre esta matéria, em *Boyd v. United States* (1886), o Supremo Tribunal Federal sustentou a sua posição contra a entrega compulsiva de documentos numa ideia não claramente explicitada de combinação entre a proteção da privacidade (V Aditamento) e o direito de não autoincriminação (IV Aditamento)[20]. As décadas seguintes foram dominadas por um processo gradual de reescrita da teorização defendida em *Boyd*, a ponto de hoje pouco mais restar da "proibição contra a entrega compulsiva de documentos privados do que uma regra à procura de fundamento"[21].

[19] Confira-se o uso da expressão em Broun (ed.), 2006: 535.

[20] *Boyd*, 116 U.S. 616 (1886). Sobre o acórdão e as suas implicações, veja-se Broun (ed.), 2006: 573-574, Cole, 2002: 131-133.

[21] *Fisher v. United States*, 425 U.S. 391, 409 (1976).

O primeiro passo nesse caminho de reconstrução conceitual foi dado em *Hale v. Henkel* (1906) com a exclusão dos registos empresariais de sociedades (*corporate records*) do âmbito material da prerrogativa contra a autoincriminação – a "*corporate records exception*"[22]. Esta espécie de papéis não se inscreveria, pela natureza das coisas, no "santuário privado do pensamento e sentimento individuais" (supostamente) protegido pelo Quinto Aditamento – esclareceu o tribunal em *Bellis v. United States* (1974)[23].

Entretanto, o *Supreme Court* excluiu também do âmbito do *privilege against self-incrimination* os livros e documentos que as pessoas (físicas ou jurídicas) autorizadas a exercer uma atividade regulada pelo Estado são obrigadas a conservar e exibir às autoridades públicas – dando corpo à designada "*required records doctrine*". A descrita "exceção" ao âmbito da prerrogativa foi enunciada pela primeira vez em *Shapiro v. United States* (1948), onde se discutia a entrega dos registos de vendas de mercadorias que os grossistas eram obrigados a conservar para inspeção pelos agentes públicos no âmbito do *Emergency Price Control Act*, tendo sido reafirmada em *California v. Byers* (1971), a propósito da norma que, para facilitar uma eventual pretensão indemnizatória do lesado, obrigava os automobilistas envolvidos num acidente a fornecerem o seu nome e morada[24]. Não basta, todavia, a existência de uma prescrição formal a tornar obrigatória a entrega de documentos. Sob pena de esvaziamento do conteúdo de tutela da garantia, é ainda necessário que as obrigações de registo e conservação de documentos tenham uma finalidade "essencialmente reguladora e não sancionatória"; se trate de registos e documentos que é habitual conservar no setor de atividade regulada em questão; e os papéis em causa tenham em si mesmos aspetos que os assemelhem a "documentos públicos"[25].

Outro é o sentido da "*act-of-production doctrine*", que considera admissível a imposição ao arguido do dever de entregar documentos preexistentes com con-

[22] 201 U.S. 43 (1906).

[23] 417 U.S. 85 (1974). A decisão não aplica o mesmo entendimento aos documentos financeiros de empresários em nome individual, que passaram a gozar de mais ampla proteção do que os funcionários de uma pessoa coletiva.

[24] Os tribunais inferiores também já qualificaram como "*required records*", entre outros, os registos que os serviços alfandegários de corretagem são obrigados a manter à luz das regulações do setor, os contratos e papéis relativos à atividade de um advogado em representação de um dado cliente, os documentos relativos a compras de gado que os negociantes titulares de licença são obrigados a possuir no âmbito de programas de controlo sanitário e as fichas clínicas que as instituições de saúde são obrigadas a conservar para fiscalização da competência profissional dos médicos e enfermeiros (cf. LaFave *et al.*, 1999: 311, e Broun (ed.), 2006: 577-578).

[25] A esta teorização se referem LaFave *et al.*, 1999: 309 ss., e Broun (ed.), 2006: 577-578, e Saltzburg, 1986: 6-44.

teúdo incriminador elaborados de forma voluntária (*Fisher v. United Sates* (1976))[26]. A entrega dos documentos preexistentes traduz uma simples operação material que não coenvolve em regra "*testimonial self-incriminating activity*", a menos que também o "ato-de-entrega" (*act-of-production*) tenha "aspetos comunicativos próprios, alheios ao conteúdo dos documentos" (como a admissão tácita de que "os papéis pretendidos existem", "estão na posse ou sob o controlo" do visado e "são os descritos na notificação")[27]. Essa dimensão comunicativa do ato-de-entrega pode efetivamente justificar a invocação da prerrogativa contra a autoincriminação, se por via dela se acrescentar alguma coisa aos dados que estão na posse das autoridades ou, vistas agora as coisas pelo prisma oposto, se a existência e concreta localização dos documentos não constituírem um "dado adquirido" ou uma "conclusão antecipada" (*foregone conclusion*). Em *Doe I* (1984), o Supremo Tribunal Federal esclareceu que o arguido poderia recusar-se a cumprir a intimação se as autoridades soubessem pouco sobre os documentos pretendidos[28]. A densificação do que deva entender-se por *foregone conclusion* deve-se ao Tribunal de Apelação da jurisdição de Columbia, que no célebre caso *United Sates v. Hubbell* (1999) sublinhou não serem suficientes "meras conjeturas" sobre o "tipo" ou "categoria" de documentos que é usual conservar em determinado ramo de negócio, tornando-se necessário que as autoridades saibam identificar os documentos pretendidos com "razoável especificidade" (*reasonable particularity*)[29].

Finalmente, o Tribunal de Apelação do Nono Circuito segue um caminho metódico distinto – e "original" no conspecto jurídico norte-americano –, distinguindo de forma consistente entre "*tax crimes*" (delitos fiscais) e "*non-tax crimes*" (delitos comuns) e circunscrevendo o direito de recusar a entrega de documentos incriminadores aos casos em que o contribuinte invoque o perigo de

[26] Sobre a "*act-of-production doctrine*" e as decisões que se lhe seguiram, cf. LaFave *et al.*, 1999: 317 ss., Cole, 2002: 123-192, e Wedeles, 2003: 613-652.

[27] *Fisher*, 425 U.S. 391, 410 (1976).

[28] *United States v. Doe* (1984) [= *Doe I*], 465 U.S. 605 (1984). O arguido tinha sido notificado para entregar toda a sua faturação, os livros de contas, cheques cancelados, registos telefónicos, contratos e recibos de pagamento, mas nada no processo indiciava que as autoridades tivessem efetivo conhecimento sobre a existência e paradeiro de "cada um dos documentos entre a miríade dos que foram exigidos ao arguido" e, por isso, a "conclusão mais plausível" era a de que o Estado "procurava compensar a sua falta de conhecimento impondo ao recorrente que se convertesse, de facto, na fonte primária de informação contra si mesmo" (citado em LaFave *et al.*, 1999: 329).

[29] *United States v. Hubbell*, 167 F.3d 552, 579 (1999), *aff'd.*, 530 U.S. 27 (2000). À semelhança do que sucedera em *Doe I*, também aqui "o Governo não demonstrou ter conhecimento prévio da existência ou da localização das 13.120 páginas de documentos entregues a final pelo recorrente" e "não poderia colmatar esta falha com o argumento de que um homem de negócios como o arguido sempre teria em seu poder registos empresariais e fiscais comuns suscetíveis de integrar as categorias amplas descritas na intimação" (*Hubbell*, 530 U.S. 27, 44-5 (2000)).

autoincriminação por crimes de natureza não tributária (*Fuller v. United States* (1986))[30]. A autonomização destas duas categorias de delitos, cada uma com uma disciplina diferenciada do ponto de vista da tutela contra a autoincriminação, foi entretanto reforçada em *Brooks v. Hilton Casinos Inc.* (1992) e *United States v. Turri* (1994)[31].

2.2. No direito alemão

Na Alemanha, a disciplina a que obedece a comunicação de dados entre o procedimento tributário e os processos sancionatórios é fixada pelo próprio legislador, que prevê no § 393 *AO* duas vias de solução distintas, moldadas em função da natureza da infração revelada ou indiciada no cumprimento de deveres de colaboração, *rectius*, da sua conexão com o círculo de interesses e valores prosseguidos pelo sistema tributário. Por um lado, estabelece-se uma "proibição de meios coativos" (*Zwangsmittelverbot*) se do cumprimento dos deveres de colaboração resultar para o contribuinte a revelação de informações sobre *infrações fiscais*. Por outro, sanciona-se com uma "proibição de valoração ou utilização" (*Verwertungs- oder Verwendungsverbot*) as provas sobre *crimes não fiscais* que o contribuinte fez chegar às mãos das autoridades tributárias antes da instauração do processo penal ou do conhecimento da sua instauração e no cumprimento daqueles deveres[32].

Esta norma, que deve ser lida em integração sistemática com o preceito relativo ao segredo fiscal, introduz uma "barreira informativa" (*Informationssperre*) entre a tributação e o sancionamento penal, impedindo "que os conhecimentos e meios de prova obtidos pelas autoridades tributárias no procedimento inspetivo

[30] *Fuller v. United* States, 786 F.2d 1437, 1439 (9th Cir. 1986).

[31] Sobre o tema, cf. Feldman, 1996: 961-970, e Ribes Ribes, 2000: 115-119.

[32] No segmento que nos interessa, dispõe o § 393 *AO* ("relação do processo penal com o procedimento tributário"): "I Nos procedimentos tributários *não é permitida a utilização de meios coativos* (§ 328 *AO*) contra o contribuinte de que resulte a obrigação de se autoinculpar por um *crime ou contraordenação tributários* por si cometidos. A solução vale sempre que contra ele seja iniciado um procedimento criminal por um crime desta natureza. Sempre que para isso haja fundamento, o contribuinte deve ser informado. II Se no processo penal forem levados ao conhecimento do Ministério Público ou do tribunal factos ou meios de prova dos autos de inspeção que o contribuinte revelou às autoridades tributárias antes da instauração do processo penal ou do conhecimento da sua instauração, *tais conhecimentos não podem ser utilizados contra ele* para a perseguição de um *crime não fiscal*. A solução não vale para crimes cuja perseguição revista um interesse público cogente (§ 30 *AO*)" [itálicos nossos]. Para uma análise detida destas normas, veja-se Sahan, 2006: 62 ss., Reiter, 2007: 170 ss., e Reinel, 2015: 39 ss.; cf., também, a síntese de Rogall, 2003: 471-498, e Hellmann, 2008: 143-157.

sejam usados por outros órgãos do Estado *para fins não fiscais*"[33]. A revelação ou migração de informações já não encontra objeções se destinada a servir a perseguição de *delitos fiscais*, isto é, se dirigida à tutela pela via sancionatória do núcleo de valores e interesses que preside à tributação, devendo a proteção contra a autoinculpação ser aqui assegurada por outra via – a da "suspensão material dos deveres de colaboração" (*materielle Suspendierung der Auskunftspflichten*)[34].

Pese embora os cuidados de que se rodeou o legislador, o preceito revelou-se insuficiente em ordem a uma tutela contra a autoincriminação sem lacunas, tendo dado azo a ampla produção jurisprudencial centrada na questão de saber se incorre em crime de fraude fiscal por omissão o contribuinte que, temendo o perigo de autoincriminação por delitos fiscais, não cumpra os seus deveres de declaração contributiva[35].

Colocado perante o problema, o BGH começou por defender uma redução teleológica da incriminação por fraude fiscal, sustentando que o contribuinte estaria dispensado de apresentar as declarações contributivas até ao encerramento do processo por infração fiscal sem com isso incorrer em crime (§ 370 *AO*)[36]. A tese, assente numa ideia de *inexigibilidade* do comportamento conforme à norma nos delitos de omissão, mostrava-se em rota de colisão com a ideia, curiosamente afirmada na mesma decisão, de que o *nemo tenetur* não justifica a prática de novos ilícitos[37]. Pior do que isso, colocava o contribuinte *transgressor* "numa situação de claro privilégio face ao contribuinte *cumpridor*", que "continuava obrigado ao cumprimento irrestrito e atempado dos deveres para com a administração tributária", ao passo que o relapso "beneficiava da suspensão e adiamento [desse] cumprimento", "porventura para um momento em que a alteração das

[33] Rogall, 2003: 475-477 [a frase entre comas, transcrita pelo autor, foi retirada do texto da proposta de alteração legislativa].

[34] Rogall, 2003: 474-475.

[35] No conspecto doutrinal, apenas Böse, 2003: 49-51, entende não ser digno de proteção o arguido que enfrenta o risco de autoincriminação por ter cometido um crime tributário anterior, dizendo estar-se perante um caso de "*omissio libera in causa*": a situação dilemática em que agora se encontra o contribuinte-arguido teria sido provocada pelo próprio no momento em que apresentou a primeira declaração inexata (contra este entendimento, cf. Joecks, 2003: 461, n. 40, e Hellmann, 2008: 149). Para uma consideração detida das principais construções doutrinais e jurisprudenciais, cf., na literatura mais recente, Sahan, 2006: 33 ss., Reiter, 2007: 195 ss., Schaefer, 2007: 221 ss., Eidam, 2007: 216 ss.

[36] Decisão de 26.4.2001, in: *BGHSt* 47, 8 (15), e *NJW* 2001: 3638.

[37] A incriminação por fraude fiscal não se inclui expressamente entre os meios coativos cuja suspensão a lei prescreve no § 393 I *AO*, mas o BGH retirou do preceito argumentos em favor da redução teleológica da mencionada incriminação, suportando o seu entendimento, como se diz em texto, numa ideia de inexigibilidade do comportamento conforme à norma nos delitos de omissão; em sentido idêntico, na doutrina, cf. Joecks, 2003: 452, 462-464.

circunstâncias fácticas poderia ter já comprometido irreversivelmente a cobrança dos tributos em dívida"[38].

O BGH parece ter mudado de linha em ulteriores decisões, acolhendo-se nas críticas doutrinais entretanto formuladas para sustentar, agora, que, "na pendência de um processo por crime fiscal, a proibição de meios coativos (*nemo tenetur se ipsum accusare*) não justifica a omissão da apresentação da declaração de rendimentos para o período seguinte, mas as informações prestadas pelo contribuinte, sempre que traduzam uma forma indireta de autoincriminação para o período em discussão, estão cobertas por uma proibição de valoração para fins penais"[39].

Esta última solução tem sido aplaudida pela doutrina maioritária, que lhe reconhece a vantagem de defender os interesses do *Estado* (dispensando-o da longa espera até à decisão definitiva do processo por fraude fiscal para liquidar as receitas tributárias dos anos seguintes), ao mesmo tempo que acautela a posição do contribuinte-*arguido* (obstando ao agravamento da sua situação probatória por causa do cumprimento dos deveres de colaboração e tornando possível a valoração favorável na medida pena da sua conduta posterior fiel ao Direito), sem lhe atribuir uma posição de injusto favor em relação ao contribuinte "sério" (este não pode invocar o perigo de responsabilização criminal para se furtar ao cumprimento dos seus deveres de colaboração)[40].

Não se trata, porém, de uma solução isenta de escolhos normativos. Desde logo, a sugestão interpretativa parece ultrapassar o limite textual da norma, que claramente circunscreve a proibição de utilização aos crimes não tributários ("*Tat, die keine Steuerstraftat ist*")[41]. Trata-se, ademais, de um caminho que conduz à erosão do regime diferenciado estabelecido pela lei para os delitos comuns e as infrações fiscais no pressuposto de que estas ainda mantêm estreitos momentos de contacto com as finalidades inerentes ao sistema tributário. A "barreira infor-

[38] COSTA ANDRADE, 2014: 150, n. 44 [itálico nosso].

[39] *NStZ* 2005: 519, e *NJW* 2005: 763 (com anotação de ROGALL, 2006: 41-44). A bem do rigor argumentativo, esclareça-se que referida "mudança de rumo" também se explica pela incoincidência das constelações fácticas tratadas: no primeiro caso, decidido em 26.4.2001, estava em causa a apresentação de uma declaração fiscal de substituição (corrigida) para *o mesmo período de tributação*, circunstância que tornava mais aceitável a suspensão do dever de colaborar; naquele a que agora aludimos, julgado em 12.1.2005, estavam em causa *períodos contributivos e ou tributos distintos*, justificando-se que o contribuinte não ficasse desonerado das suas obrigações declarativas (como qualquer contribuinte), mas não visse a sua situação processual agravada por esse facto (por comparação com a dos demais arguidos).

[40] Por todos, cf. JOECKS, 2003: 452, e HELLMANN, 2008: 151.

[41] Cf. SAHAN, 2006: 107. A proibição de valoração pode, todavia, extrair-se *diretamente* das normas constitucionais em que se precipita o direito à não autoincriminação, sem a mediação (e contra a vontade expressa) do legislador (assim, HELLMANN, 2008: 151, e ROGALL, 2006: 43).

mativa", que o legislador quis colocar entre o universo fiscal como um todo e o universo da criminalidade comum, tem sido assim deslocada pela doutrina e pela jurisprudência para a fronteira entre o procedimento tributário (de liquidação de impostos e ou correção da situação tributária) e os processos sancionatórios (tendentes à repressão de condutas delituosas, sejam elas infrações tributárias, sejam crimes comuns)[42].

2.3. Na jurisprudência do TEDH

A primeira referência do TEDH ao direito à não autoincriminação recaiu precisamente sobre o problema dos deveres de colaboração no domínio tributário[43]. Neste aresto inaugural, que decidiu o caso *Funke v. França* (1993), discutiu-se a admissibilidade da imposição de coimas e sanções pecuniárias compulsórias a um contribuinte que se recusara a entregar documentos com potencial incriminador numa investigação preliminar por suspeita de delitos fiscais[44]. Embora nenhum processo criminal tenha sido instaurado, o tribunal entendeu ser violadora do *privilege against self-incrimination* a imposição de uma sanção ao contribuinte transgressor "com o único fim de obter documentos que [as autoridades] supunham existir, mas de cuja existência não estavam certas" e "não estavam na disposição ou não tinham condições de obter de outro modo" (§ 44)[45].

As antinomias provocadas pela imposição de deveres de colaboração nos diversos domínios regulados da vida social deram azo a um aresto a vários títulos paradigmático: o proferido pela *Grand Chamber* no caso *Saunders v. Reino Unido*

[42] ROGALL, 2003: 477, socorre-se dos conceitos de "vinculação ao fim" (*Zweckbindung*) e "mudança de fim" (*Zweckentfremdung*) para sustentar no plano teórico a proibição de utilização para fins repressivos dos elementos recolhidos. Em contrapartida, WOLFF, 1997: 244 ss., mostra-se crítico sobre a possibilidade de ancorar no direito à autodeterminação informacional e no correspondente princípio da vinculação ao fim a "separação" (*Abschottung*) entre o procedimento tributário e o processo penal.

[43] Com uma síntese crítica da jurisprudência relevante neste campo, veja-se ROTH, 2011: 297 ss., e, com um mais amplo enquadramento temático, ASHWORTH, 2008: 751-774, BERGER, 2005-2006: 339 ss., e *LR-StPO*[26]/Esser, Art. 6 EMRK (Art. 14 IPBPR), nm. 879-958; entre nós, cf. COSTA, 2011: 117 ss., e SOUSA MENDES, 2010: 121 ss.

[44] Seguindo uma pista anterior, agentes dos serviços aduaneiros franceses efetuaram uma busca na residência de *Funke* e encontraram extratos bancários e livros de cheques respeitantes a contas no estrangeiro (Alemanha, Suíça e Polónia). *Funke* foi notificado para entregar os extratos dessas contas, mas recusou-se a colaborar. Foi então condenado no pagamento de uma coima (*amende*), acrescida de uma sanção pecuniária por cada dia de atraso na entrega dos documentos (*astreinte*).

[45] Todos os acórdãos citados podem ser encontrados no sítio da *internet* do TEDH: http://www.echr.coe.int.

(1996)[46]. Nele, o TEDH discutiu a possibilidade de valorar em processo criminal as declarações que o arguido fora obrigado a prestar aos inspetores do organismo responsável pela supervisão do mercado e da concorrência (o *Department of Trade and Industry*)· sem se deter sobre a legitimidade da imposição de deveres de colaboração para a sua *obtenção* – questão esta que, aliás, não fora suscitada pelo queixoso nas suas alegações[47]. O Tribunal concluiu que tais declarações não poderiam ter sido usadas como prova contra *Saunders* (§§ 71-2), não sendo admissível a invocação do interesse público na perseguição penal para justificar aceções em razão da natureza da infração cometida ou da complexidade da investigação (§ 74). Este acórdão é importante sobretudo pela delimitação negativa do direito à não autoincriminação que opera em *obiter dictum*, ao excluir do seu âmbito de tutela os elementos de prova "obtidos do arguido com recurso a poderes compulsórios mas com uma existência independente da sua vontade, como sejam, *inter alia*, os documentos obtidos em virtude de um mandado, as amostras de ar expirado, sangue e urina e ainda tecido corporal com vista à análise do ADN" (§ 69).

A decisão proferida em *J.B. v. Suíça* (2001) reporta-se à mesma esfera problemática de confluência entre deveres de colaboração e processo penal. Tratava-se aqui de decidir se a imposição de sanções a um contribuinte que se recusasse a entregar documentos relativos à sua situação fiscal ofendia ou não o *privilege against self-incrimination*[48]. Esses documentos destinavam-se a instruir um processo de regularização fiscal e a apurar os impostos devidos, mas – em virtude da

[46] Estava em causa a responsabilidade de *Ernest Saunders* pela prática de crimes económicos vários (*conspiracy, false accounting* e *theft*), todos relacionados com manobras fraudulentas que permitiram à *Guinness PLC* vencer a Oferta Pública de Aquisição (OPA) lançada sobre a *Distillers Company PLC*, operação na qual competia com a *Argyll Group PLC*. As respostas que *Saunders* foi obrigado a dar aos inspetores do *Department of Trade and Industry* sob cominação de multa ou prisão foram remetidas ao *Crown Prossecution Service* e, depois, lidas em audiência para descredibilizar a versão exculpatória do arguido.

[47] O TEDH não deixou de assinalar – remetendo para o acórdão proferido no caso *Fayed v. Reino Unido* (1994) – que os procedimentos de investigação preparatória não poderão ficar sujeitos às garantias de um processo judicial, sob pena de ficar na prática inviabilizada a regulação efetiva, no interesse público, de atividades comerciais e financeiras complexas (§ 67).

[48] A administração fiscal suíça instaurou um processo de regularização fiscal contra *J.B.*, com o propósito de calcular os impostos em falta e, se fosse caso disso, aplicar uma sanção por evasão fiscal (cujo valor dependeria do montante dos tributos não pagos). No âmbito deste procedimento administrativo, o contribuinte estava obrigado a prestar informações e a apresentar documentos sob ameaça de sanção (*Ordnungsbusse*). *J.B.* foi notificado para apresentar todos os documentos em seu poder relativos às operações financeiras não declaradas, mas recusou-se a colaborar (embora tenha admitido os investimentos e a sua não declaração para efeitos fiscais). Foram-lhe então aplicadas quatro multas disciplinares, uma das quais voluntariamente paga.

acumulação de poderes de inspeção e processamento de infrações pelos mesmos órgãos da administração tributária – não estava excluído que pudessem ser usados como prova em processo penal ou contraordenacional caso deles fluísse a existência de proventos adicionais não declarados ao fisco (§ 66). Entendeu-se aqui que não estavam em causa elementos "com uma existência independente da vontade da pessoa visada" – ao contrário da "obrigação de instalar um tacógrafo nos veículos pesados ou de se submeter a uma análise de sangue ou urina" –, razão pela qual as autoridades estariam impedidas de aplicar sanções ao contribuinte para o obrigar a entregar documentos relativos à sua situação fiscal (§ 68).

a. No direito português (entre lei, doutrina e jurisprudência)

Nos últimos anos, também a doutrina e a jurisprudência portuguesas têm ensaiado soluções tendentes a assegurar a compatibilização entre os múltiplos deveres de colaboração em matéria tributária e o princípio *nemo tenetur se ipsum accusare*, suprindo, assim, a avareza do legislador no tratamento da questão. Com efeito, a lei limita-se a atribuir ao contribuinte a faculdade de recusar o cumprimento dos seus deveres de colaboração sempre que deles possa resultar "a violação de direitos de personalidade e outros direitos, liberdades e garantias dos cidadãos nos termos e limites previstos na Constituição e na lei" (art. 63º/5/*d*) LGT), designadamente se a prestação de informações ou a entrega de documentos "importar a revelação de factos puníveis, praticados pelo próprio interessado, pelo seu cônjuge ou por seu ascendente ou descendente, irmão ou afim nos mesmos graus" (art. 117º/2/*c*) CPA, aplicável *ex vi* art. 2º/*c*) LGT, e art. 4º/*e*) RCPITA). Se esta prerrogativa de recusa for invocada, os elementos pretendidos (só) poderão ser obtidos mediante autorização do juiz, que – subentende-se – decidirá de acordo com juízos de proporcionalidade e concordância prática (art. 63º/6 LGT, e art. 59º/1 RCPITA)[49]. A lei não dispensa, pois, o contribuinte da entrega de elementos autoincriminatórios à administração tributária, limitando-se a sujeitar a decisão do conflito entre interesses individuais e pretensão pública ao princípio da reserva judicial e à ponderação de interesses conflituantes. As antinomias com o *nemo tenetur se ipsum accusare* emergem quando os dados autoincriminatórios se desvinculam da sua finalidade originária e são utilizados ou valorados no processo sancionatório[50]. Coloca-se então a questão de saber se podem ser aproveitados para fins repressivos os elementos facultados pelo contribuinte no cumprimento dos deveres de colaboração a que está vinculado no procedimento tributário.

[49] Assim, Silva Dias e Costa Ramos, 2009: 56.

[50] Sá, 2006: 148, Silva Dias, 2012: 249-250, e Costa Andrade, 2014: 131-138.

a) A principal via de resposta ao problema posto assenta na compreensão do *nemo tenetur se ipsum accusare* como princípio permeável a juízos de ponderação e concordância prática e procura justificar a valoração dos elementos obtidos no cumprimento de deveres de colaboração com recurso à dogmática das restrições aos direitos fundamentais, dando como cumpridas no setor da normatividade em apreço as exigências de legalidade da intervenção lesiva e da sua proporcionalidade em ordem à salvaguarda de outros direitos ou interesses constitucionalmente protegidos (art. 18º/2 CRP).

É expressão deste entendimento o acórdão do TC nº 340/2013, que extrai das prescrições que estatuem deveres de cooperação no apuramento da situação tributária (cf. arts. 31º/2, 59º/4 e 63º/1 LGT, e arts. 9º/1, 28º/1/2, 29º e 30º RCPITA) a habilitação legal bastante ao ulterior aproveitamento em processo sancionatório dos elementos facultados pelo contribuinte, afirmando que as restrições ao *nemo tenetur* implicadas nesse aproveitamento "resultam de previsão legal prévia e expressa, com caráter geral e abstrato" e que dessa forma se mostram "respeitadas as exigências decorrentes do princípio da legalidade"[51]. Considera, pois, serem desnecessárias quaisquer outras normas que, de forma autónoma e expressa, imponham idênticos deveres no próprio processo sancionatório ou, em alternativa, disciplinem os termos em que os elementos autoincriminatórios coativamente entregues pelo contribuinte no procedimento de inspeção tributária podem ser valorados contra si num processo penal e contraordenacional[52].

Em contrapartida, a a doutrina e a jurisprudência constitucional mais recente ultrapassam o apriorismo formalista da equiparação entre previsão legal de deveres de colaboração no procedimento de inspeção e autorização para o aproveitamento dos dados obtidos em processo sancionatório, avançando dados normativos autónomos e ou razões materiais para justificar a legitimidade da transferência de dados de um dos setores normativos para o outro. Entre as razões da primeira ordem (as normativas), conta-se a circunstância de o legislador admitir de forma expressa que o dirigente do serviço tributário "possa solicitar", no contexto do próprio processo contraordenacional, elementos adicionais para "esclarecimento da situação tributária ou contributiva do arguido", a acrescer aos "elementos oficiais de que dispo-

[51] Cf. Ac. 340/2013, TC, publicado no *DR II Série*, de 11.11.2013.

[52] Em anotação veementemente crítica *(to say the least)* ao Ac. 340/2013, TC, Costa Andrade, 2014: 129-139, 153-158, diz que com este entendimento o TC incorreu em "petição de princípio", ao substituir o problema central que lhe cabia afrontar e superar – o da "*solvabilidade constitucional da utilização em processo penal dos dados de conteúdo autoincriminatório que o arguido foi, como contribuinte, obrigado a levar ao conhecimento da inspeção tributária*" – por um problema conexo mas dele distinto – o da "*admissibilidade constitucional das normas tributárias que prescrevem os deveres de colaboração do contribuinte com a administração tributária*" (as frases entre aspas e em itálico no original foram retiradas da p. 131).

nha" (art. 72º/1 RGIT)[53]. Quanto aos fundamentos axiológico-substantivos, tem-se insistido na ideia de que a tutela punitiva seria inviável sem o aproveitamento probatório dos documentos que os contribuintes são obrigados a entregar ou exibir às autoridades, deixando em última instância expostos à agressão os bens jurídicos polarizados pelo sistema fiscal. A imbricação entre as finalidades do procedimento inspetivo e as que presidem ao processo sancionatório seria, de resto, sublinhada pelas normas que expressamente atribuem ao procedimento de inspeção objetivos de "prevenção das infrações tributárias" (art. 1º/1 RCPITA), fazendo-o incidir sobre os sujeitos passivos de imposto e "quaisquer outras pessoas que tenham colaborado nas infrações a investigar" (art. 1º/3 RCPITA). Compreende-se, neste contexto, que o procedimento de inspeção termine com um relatório final onde são obrigatoriamente indicadas "as infrações verificadas" e os "autos de notícia levantados" (art. 62º/3/*j*) RCPITA), dispensando a lei, em face do auto de notícia assim elaborado, a "investigação e instrução do processo de contraordenação" prévias à decisão na fase administrativa (art. 69º/2 RGIT)[54].

b) Para evitar que, por meio do discurso da concordância prática, o contribuinte seja não apenas onerado com pesados deveres de colaboração no apuramento da

[53] Sob a epígrafe "meios de prova", o art. 72º/1 RGIT dispõe: "O dirigente do serviço tributário juntará sempre ao processo os elementos oficiais de que disponha ou possa solicitar para esclarecimento dos factos, designadamente os respeitantes à situação tributária ou contributiva do arguido". Caso se entenda que a norma atribui à administração tributária o poder de continuar a solcitar ao contribuinte-arguido a prestação de informações e a entrega de documentos autoincriminatórios no âmbito do processo sancionatório – e este o dever de colaborar, facultando-os –, então poderá concluir-se, sem incorrer no vício lógico de dar por demonstrado *quod erat demonstrandum*, pela existência de base normativa suficiente para a valoração ou utilização com fins repressivos dos elementos autoincriminatórios obtidos de forma coerciva, vale dizer, para uma restrição ao *nemo tenetur se ipsum accusare*. É, todavia, duvidoso que seja este o sentido da formulação legal: dela parece simplesmente resultar para o dirigente do serviço tributário o dever de juntar ao processo determinados elementos (aqueles de que disponha e os que possa solicitar), sem que daí decorra a atribuição do poder legal de exigir esses elementos. Sem prejuízo do que antecede, temos por irrelevante a contraposição entre as fórmulas "pode solicitar" e "pode exigir", assinalada a respeito da regulação dos mercados mobiliários por Ferreira, 2013: 216-223.

[54] Com esta argumentação, cf. Brandão, 2016 [ficheiro em vídeo disponível em <https://educast.fccn.pt/vod/clips/1awfyrr3ic/flash.html>, consultado em 19.12.2017]. A propósito da regulação financeira, defende entendimento semelhante Bolina, 2010: 415-417, 426. Em sentido idêntico, na jurisprudência, veja-se o recentíssimo Ac. 298/2019, proc. 1043/2017, 2ª secção TC, que invoca os aludidos objetivos de "prevenção das infrações tributárias" do procedimento de inspeção e os elementos que deve obrigatoriamente conter o relatório final para insistir na "interligação entre o processo inspetivo e o processo criminal" e concluir no sentido de que, *se recolhida antes do nascimento da suspeita*, a documentação fiscal "é relevante, não apenas para efeitos do processo de inspeção, podendo dar lugar à correção da situação tributária do contribuinte, mas também para efeitos do processo penal, enquanto prova da sua responsabilidade criminal".

sua situação fiscal como ainda "transformado em instrutor do próprio processo [sancionatório] e em figura central da própria condenação", alguns autores propõem, como válvula de escape, a imediata constituição do contribuinte como arguido em face da suspeita do cometimento de um crime ou de uma contraordenação. Donde, surgindo no decurso do procedimento tributário *suspeita fundada* de cometimento de uma infração penal ou contraordenacional, as autoridades ficariam de imediato investidas no dever de comunicar essa suspeita ao contribuinte, constituindo-o arguido (arts. 58º/1 e 59º/1 CPP), sem prejuízo da faculdade que lhe assiste de requerer ele próprio essa constituição, *seja qual for a densidade da suspeita*, "sempre que estejam a ser efetuadas diligências, destinadas a comprovar a imputação, que pessoalmente a [o] afetem" (art. 59º/2 CPP). O retardamento deliberado pelas autoridades do reconhecimento do estatuto de arguido, destinada a facilitar a recolha de elementos autoincriminatórios contra o contribuinte-suspeito ao abrigo dos seus (supostos) deveres de colaboração, equivaleria para esta tese a uma forma "desleal e enganosa" de obter as informações probatórias, arrastando a proibição da sua valoração num ulterior processo penal ou contraordenacional[55].

c) A imediata constituição como arguido do contribuinte suspeito não dissolve todos os focos de tensão com o *nemo tenetur se ipsum accusare*, deixando sem solução o problema de saber se os contributos coativos obtidos pela administração tributária *antes* do nascimento da suspeita podem (ou não) ser utilizados contra o contribuinte num ulterior processo sancionatório.

É em resposta a esta concreta questão problemática que Costa Andrade inscreve a sua preferência pela "*solução da proibição de valoração*", destinada a assegurar uma separação absoluta entre o procedimento de inspeção e o processo sancionatório por meio da proibição de "*mudança de fim* dos dados autoincriminatórios da área do direito tributário, onde eles foram (...) produzidos, para o campo do processo penal" (ou contraordenacional)[56]. A solução teria créditos superiores aos das demais alternativas com curso na doutrina e nos tribunais porque (do lado do processo penal) impediria que um arguido seja "prejudicado face aos demais arguidos *pelo simples facto de ele ser também contribuinte*" e estar onerado com os pesados deveres de colaboração inerentes a essa qualidade, sem (agora sob o prisma do direito tributário) outorgar ao contribuinte "um tratamento (fiscalmente) privilegiado *pelo simples facto de ele ser também arguido em processo penal*",

[55] Neste sentido, cf. Sá, 2006: 162-163, Silva Dias, 2012: 437-8, e Silva Dias e Costa Ramos, 2009: 55-59, estes rebatendo com argumentos que nos parecem procedentes as objeções que podem suscitar-se, *de iure constituto*, à aplicação da disciplina processual penal da constituição como arguido ao domínio das contraordenações. A solução da "antecipação" da constituição como arguido não parece repudiar também a Costa Andrade, 2014: 140-142.

[56] Costa Andrade, 2014: 151, 154 e 142 (respetivamente).

como sucederia se esses deveres tivessem de ceder perante uma ponderação de interesses conflituantes feita em concreto[57].

Para esta compreensão, o estabelecimento de uma fronteira rígida entre o procedimento tributário e o processo penal não dependeria de qualquer modificação no esquema de distribuição de competências (separação orgânica) ou divisão de procedimentos (separação funcional): bastaria a mera proibição de valoração para fins sancionatórios (por delitos comuns ou fiscais, tanto monta) de todos os "dados autoincriminatórios coativamente (...) segregados pelo procedimento tributário"[58]. E essa proibição não careceria sequer de base normativa específica por decorrer diretamente das ideias de "vinculação ao fim" e de proscrição da "mudança de fim" a que estariam sujeitas as informações e documentos facultados pelo contribuinte no cumprimento dos seus deveres de colaboração, não podendo ver-se no aproveitamento como prova em processo sancionatório (mesmo que por uma infração tributária) uma utilização ainda polarizada pela "prossecução ou salvaguarda dos valores ou interesses encabeçados pelo sistema tributário"[59].

3. Contributo para a harmonização possível

a) Posta entre parênteses a possibilidade de uma separação orgânica e funcional entre os processos de inspeção preventiva e de averiguação de infrações – que nos parece desnecessária para lograr uma proteção efetiva do *nemo tenetur* e inconveniente do ponto de vista da otimização das finalidades de cada um dos procedimentos[60] –, julgamos que a solução deve ser encontrada na articulação entre as duas propostas doutrinais ora enunciadas e que de forma nenhuma devem ser perspetivadas como vias contraditórias ou mutuamente excludentes.

[57] Costa Andrade, 2014: 149-152 (a frase transcrita encontra-se nas pp. 149-150).

[58] Costa Andrade, 2014: 154.

[59] Costa Andrade, 2014: 158. Embora considerem que o ordenamento jurídico positivo não oferece suporte para uma solução deste tipo, também Sá, 2006: 161, Silva Dias e Costa Ramos, 2009: 52-54, e Silva Dias, 2012: 436-437, defendem (no plano *de iure condendo*) a conveniência de uma separação absoluta entre o procedimento de inspeção tributária e o processo sancionatório, lograda por meio da atribuição da competência sancionatória a órgãos (ou funcionários) distintos daqueles a quem cabem as tarefas de inspeção e regularização tributária ou, simplesmente, mediante a proibição de migração para o processo penal (ou contraordenacional) das informações prestadas de forma coativa nos procedimentos de fiscalização. Parece-nos, todavia, insuficiente para cumprir este desiderato a *separação orgânica*, adotada por exemplo pela lei fiscal espanhola, pois, embora corrija a "confluência" nos mesmos órgãos de competências de inspeção e poderes sancionatórios, não impede a circulação de informações e elementos entre autoridades fiscalizadoras e órgãos competentes para a instrução de processos e aplicação de sanções (cf. Palao Taboada, 2008: 60 ss., e Sarró Riu, 2009: 89-99).

[60] A especificidade dos crimes fiscais implicaria sempre, como hoje sucede, uma estreita colaboração entre o MP e os órgãos da administração fiscal, que forçosamente redundaria na atribuição das tarefas concretas de investigação aos técnicos especializados da inspeção tributária. Em sentido próximo, cf. Sá, 2006: 161-162, n. 100, 101.

Consideramos, assim, desejável a introdução de um fator de transparência e lealdade nas relações entre a administração fiscal e o contribuinte, materializado no dever de abertura do inquérito criminal ou do processo contraordenacional logo que haja notícia do cometimento de uma infração e na imediata constituição da pessoa investigada como arguido (com o concomitante esclarecimento sobre a faculdade de recusa de colaboração).

Para o efeito, bastaria uma ligeira modificação dos critérios legais para a aquisição da qualidade de arguido, antecipando-se em relação ao regime geral dos arts. 58º e 59º CPP o momento a partir do qual o contribuinte suspeito de uma infração penal ou contraordenacional passaria a beneficiar da proteção associada a tal estatuto (incluindo os direitos ao silêncio, à recusa de colaboração, à assistência por defensor)[61]. Concretizando, deverá reconhecer-se ao contribuinte o *direito* de requerer a sua própria constituição como arguido sempre que a colaboração solicitada pelas autoridades importe "a revelação de factos puníveis", ou seja, nos mesmos termos em que lhe é assegurada a "oposição" ao dever de colaborar pelas disposições conjugadas do art. 117º/2/*c*) CPA, e do art. 63º/6 LGT. A situação é materialmente análoga à da pessoa suspeita em processo penal, a quem o legislador reconhece o direito de "ser constituída, a seu pedido, como arguido sempre que estiverem a ser efetuadas diligências, destinadas a provar a imputação, que pessoalmente a afetem" (art. 59º/2 CPP)[62].

Na mesma linha, entendemos que impenderá sobre os órgãos da administração fiscal o dever de proceder a essa constituição desde o surgimento da suspeita inicial que fornece substrato (e dá o mote) à abertura do inquérito penal (ou do processo contraordenacional), mesmo que – eis aqui o desvio mínimo em relação ao teor literal do preceito – tal suspeita não mereça o epíteto de "fundada" nem seja acompanhada de medidas compressivas dos direitos do contribuinte ou de atos claramente indiciadores de ter sido movida contra ele perseguição criminal (a detenção, a tomada de declarações perante autoridade judiciária ou órgão de polícia criminal, a aplicação de medidas de coação, etc.). A atuação contrária das autoridades administrativas, que adiam a abertura de inquérito criminal para se prevalecerem da situação de "ambivalência e inconsistência" do estatuto do contribuinte-suspeito, expõe as provas facultadas no cumprimento de deveres de colaboração ao tratamento reservado às declarações prestadas pela pessoa tardiamente constituída como arguida, ou seja, à proibição da sua valora-

[61] A proposta de um critério modificado/antecipado de definição de aquisição da qualidade de arguido foi igualmemente defendida no direito alemão por Bärlein, Pananis e Rehmsmeier, 2002: 1829-1830.

[62] A referida "analogia substancial" de situações é enfatizada por Silva Dias e Costa Ramos, 2009: 55-56.

ção no processo penal (ou contraordenacional) para quaisquer fins (cf. art. 58º/ /5 CPP)[63].

Cumpridas estas salvaguardas, o procedimento administrativo tendente ao apuramento da situação tributária e à liquidação dos impostos em falta pode (e deve) continuar a correr em paralelo com o processo penal ou contraordenacional[64]. O surgimento da suspeita de uma infração não implica, pois, uma espécie de "transição automática" do procedimento de correção tributária para o processo sancionatório, como se em causa estivessem fases sucessivas de uma só tramitação (unitária) que não pudessem "conviver" de forma harmoniosa no mesmo lapso temporal. Simplesmente, as informações e documentos que, *depois do nascimento da suspeita*, o contribuinte continue a facultar no procedimento de inspeção ao abrigo dos deveres de cooperação não podem repercutir-se no apuramento da responsabilidade sancionatória a que haja lugar[65]. A esta conclusão chegou entretanto o TC, no Ac. 298/2019, ao sustentar, a propósito do caso dos autos, que "os documentos obtidos na sequência das inspeções realizadas já depois de instaurado o inquérito criminal podem – e devem – continuar a ser utilizados (...) para efeito de apuramento da situação tributária do contribuinte e de liquidação dos impostos (...) em falta", mas já não podem ser valorados no processo penal para prova de crimes fiscais eventualmente cometidos, sob pena de, a não ser assim, se "transformar a colaboração do contribuinte num meio de obtenção de prova contra si próprio".

[63] Costa Andrade, 2014: 141-142, chega a resultado idêntico pela via da proibição de meios enganosos de prova (cf. art. 126º/2/*a*) CPP), louvando neste particular o Ac. 340/2013, TC.

[64] Em abono desta interpretação depõe claramente o artigo 42º/2 RGIT: "No caso de ser intentado procedimento ou processo tributário em que se discuta situação tributária de cuja definição dependa a qualificação criminal dos factos, não é encerrado o inquérito enquanto não for praticado ato definitivo ou proferida decisão final sobre a referida situação tributária (...)".

[65] A inutilizabilidade probatória dos elementos que o contribuinte continue a facultar depois da sua constituição como arguido supõe, claro está, que os deveres de colaboração persistam intocados se necessários à cabal realização das finalidades da inspeção, convertendo os elementos facultados pelo contribuinte em contributos coativos. A via de sentido contrário (i. é, a suspensão dos deveres de colaboração), seguida pelo legislador germânico em caso de suspeita de delito tributário, parece-nos tão desnecessária à tutela do *nemo tenetur*, como contraproducente na ótica do interesse na obtenção de receitas fiscais. *Desnecessária*, porque a tutela contra a autoincriminação se basta com a proibição da migração para o (e utilização no) processo sancionatório dos elementos recolhidos no procedimento tributário. E *contraproducente* se olhada à luz da realização das tarefas de apuramento da situação contributiva e liquidação dos impostos em falta, que passarão a ter de ser feitas *ou* com base nos elementos que o contribuinte decida facultar de livre e espontânea vontade *ou* à custa de "movimentações transfronteiriças" agora no sentido inverso (do processo sancionatório para o procedimento tributário), excluída que está no âmbito deste último a realização de buscas ou a utilização de outros meios coativos de obtenção de prova.

b) E quanto às informações e aos documentos que o contribuinte foi obrigado a colocar nas mãos da administração fiscal ainda *antes do nascimento da suspeita*? Poderão esses elementos coativamente recolhidos ser aproveitados como prova para fins sancionatórios?

Contrariamente ao que entende Costa Andrade, não nos parece linear e apodítico que a valoração como prova de uma infração fiscal dos elementos obtidos no procedimento inspetivo configure – para quem considere o conceito aplicável neste domínio – uma "violação dos fins" inerentes à sua recolha e delimitados "pela realização dos valores e pela prossecução dos interesses de que o sistema tributário é legitimamente portador"[66]. Se, por um lado, o procedimento tributário e o processo sancionatório se apresentam como segmentos normativos autónomos, insuflados de racionalidade normativa e intencionalidade teleológica distintas, não pode ignorar-se, por outro, que a tipificação como infração e a efetiva punição das condutas violadoras do dever de pagar impostos (e de alguns deveres acessórios que em torno dele gravitam) mantêm sólidos pontos de contacto com a realização ou salvaguarda dos valores ou interesses encabeçados pelo sistema tributário. A começar por um "programa de proteção" comum, em que assume prevalência a tutela dos interesses patrimoniais do Fisco, materializados nas concretas "pretensões de recebimento integral e tempestivo dos diferentes tributos"[67]. E a existência de um "programa de proteção" comum arrasta, por sua vez, importantes consequências: não só a legitimidade da *incriminação* ou da *tipificação* de certas condutas do contribuinte como contraordenação fiscal reclama uma intervenção legislativa pautada pela tutela de bens jurídicos coincidentes com (ou próximos do) núcleo de fins que presidem à tributação, como a efetiva *aplicação da sanção* apenas deverá ocorrer quando se mostre necessária à reafirmação contrafáctica da eficácia das "normas de determinação" ou de "conduta", contribuindo, de forma mediata ou indireta, para a realização (no futuro) dos mesmos bens jurídicos[68].

Não se suscitando dúvidas sobre a legitimação constitucional dos crimes e contraordenações fiscais (e das correspondentes sanções) como instrumentos

[66] Costa Andrade, 2014: 138.

[67] "É seguramente para proteger esses interesses (...) que todo o direito *penal* tributário, em última instância, existe" (Costa Andrade, 2009: 270).

[68] Esta coincidência de fins últimos é reforçada pela recondução do bem jurídico protegido nos crimes tributários ao "património fiscal do Estado", entendido como "conjunto das receitas fiscais de que o Estado é titular" (cf., por todos, Silva Dias, 1999: 445-448, e Aires de Sousa, 2006: 299-301). O património fiscal do Estado, objeto de proteção comum do direito administrativo tributário e do direito penal tributário, é assegurado a dois níveis: no procedimento de *inspeção*, por meio da correção da situação tributária do contribuinte faltoso, ou seja, mediante a tardia perceção ou a recuperação da singular prestação de imposto em falta; no processo *penal*, pela punição das condutas que atentem gravemente contra o património fiscal.

indispensáveis à tutela subsidiária dos valores ou interesses (bens jurídicos) subjetivados pelo sistema tributário, tudo está, portanto, em saber se a demonstração probatória das infrações tributárias pode (ou não) fazer-se sem o aproveitamento das informações recolhidas no procedimento tributário. Se a resposta for negativa, então esse aproveitamento ainda corresponderá a uma utilização pautada pela satisfação, pela via do direito e do processo penais, dos interesses e valores inerentes ao sistema fiscal, não podendo falar-se de uma efetiva "mudança de fim" dos dados autoincriminatórios coativamente obtidos.

É certo que a correção da situação tributária e a liquidação dos impostos em falta satisfaz já, em certa medida, o fim imediato da previsão de deveres de colaboração, mas se pudesse prescindir-se da aplicação de sanções sem prejudicar a cabal realização desses fins (em que se inclui a prevenção de futuras violações das normas), então seria a própria legitimidade dos crimes e contraordenações fiscais que estaria em causa – e não apenas a conformidade constitucional da utilização dos elementos facultados de forma coativa como prova das infrações cometidas.

Ora, as declarações fiscais, a contabilidade ou escrita, as faturas e recibos de transações e outros documentos que os contribuintes estão obrigados a conservar e a exibir às autoridades inspetivas constituem importantes meios de prova do cometimento de eventuais infrações fiscais, repousando sobre eles, na esmagadora maioria dos casos, o cerne da informação probatória e, portanto, o próprio ato judicativo (no sentido que a decisão seria forçosamente de absolvição caso tais elementos não pudessem ser valorados no processo penal, mesmo se fornecidos *antes* do nascimento da suspeita). A sua utilização probatória afigura-se, portanto, imprescindível à realização da justiça punitiva e, de forma indireta ou imediata, à satisfação dos fins ou interesses do próprio sistema tributário. Circunstância que, a nosso ver, poderá legitimar um *regime especial para os crimes tributários* (que mantêm estreito contacto com os fins do sistema fiscal), diferente do que em geral vale para as demais manifestações da criminalidade (os crimes comuns)[69].

c) Feito o levantamento dos escolhos que importa enfrentar neste domínio, e sem perder de vista os contributos de direito internacional e comparado *supra* recenseados, importa avançar com uma proposta de compatibilização entre deveres de colaboração em matéria tributária e *nemo tenetur se ipsum accusare*.

Como se disse, os deveres de cooperação do contribuinte no procedimento de inspeção podem materializar-se numa panóplia alargada de comportamentos ativos ou omissivos, desde a mais anódina sujeição a visitas às instalações ou locais onde a atividade é exercida (art. 63º/1/*a*) LGT) até à especialmente compressiva obrigação de prestar informações ou esclarecimentos sobre a própria situação

[69] Contra Costa Andrade, 2014: 157.

tributária ou as relações económicas com terceiros (art. 59º/4 LGT), passando pelos plúrimos deveres de exibição ou entrega de documentos da contabilidade ou escrita (art. 31º/2 LGT). A prestação oral ou por escrito de informações ou esclarecimentos aos inspetores tributários integra de forma inequívoca a área de tutela da garantia contra a autoincriminação, mas outro tanto não pode dizer-se da entrega coativa de documentos. Embora as autoridades competentes para a perseguição penal ou contraordenacional estejam proibidas de coagir o arguido a produzir declarações de qualquer tipo (portanto, também escritas) sobre a matéria da sua imputação, a proibição contra a autoincriminação não abrange já, em nossa opinião, a simples exibição ou entrega de documentos previamente redigidos de forma voluntária ou conservados pelo contribuinte no cumprimento das suas obrigações legais (p. ex., os documentos contabilísticos ou "escrita" do contribuinte), se (e apenas se) as autoridades tiverem conhecimento seguro sobre a sua efetiva existência e atual localização – imagine-se que os inspetores tributários, no decurso de uma ação inspetiva, solicitam ao contribuinte a entrega de uma pasta com documentos que encontraram nas instalações da empresa: a entrega constituirá aqui a um ato puramente físico, sem qualquer dimensão comunicativa própria.

A interpretação que propomos aproxima-se na sua formulação externa da "*act-of-production doctrine*" norte-americana, dela diferindo por assentar num critério mais exigente de certeza: para que ao ato-de-entrega seja alheio todo o conteúdo comunicativo não basta que as autoridades saibam identificar os documentos pretendidos com "suficiente individualização" (compatível com palpites fundados em generalizações indutivas do género "todo o homem de negócios tem uma agenda"); é necessária ainda a demonstração segura da sua efetiva existência e a localização atual (obtida com recurso a meios independentes de prova, como operações de vigilância, escutas telefónicas, agentes infiltrados)[70].

[70] É possível indicar de forma especificada ou particularizada documentos de cuja existência não se está certo mas que se supõe existir – porque em geral todos os cidadãos possuem (p. ex., agendas pessoais) ou são habituais em determinada área de atividade (extratos bancários, faturas, recibos, duplicados de cheques, etc.) –, bem como documentos que, existindo ainda ou tendo existido em determinado momento, têm localização incerta (p. ex., as notas falsas, o cheque furtado, a procuração falsificada usada numa burla). Ora, a entrega coativa de documentos preexistentes só não estará abrangida pela tutela contra a autoincriminação se as autoridades tiverem conhecimento seguro, obtido por meios independentes de prova, sobre a sua existência efetiva e localização atual. Concedemos que uma interpretação tão exigente do grau de certeza necessário para legitimar uma ordem de entrega torna inútil, na prática, a utilização deste expediente no âmbito da perseguição penal: se as autoridades souberem exatamente onde encontrar os documentos que procuram, não deixarão de escolher o caminho mais seguro da busca e apreensão (evitando que o arguido tenha, entretanto, oportunidade de os destruir ou adulterar).

Esta interpretação tem ainda o condão de tornar compreensível a jurisprudência (aparentemente) contraditória do TEDH – que exclui do âmbito de proteção do direito contra a autoincriminação os materiais probatórios com "existência independente" da vontade do arguido (*Saunders v. Reino Unido*), mas não se coíbe de qualificar como violadoras desse direito certas situações de entrega coativa de "documentos preexistentes" (*Funke v. França, J.B. v. Suíça*). Embora nunca tenha sido claramente assumida, a destrinça entre documentos que se *sabe* existir e aqueles cuja existência apenas se *presume* perpassa todas as pronúncias do tribunal de Estrasburgo sobre a matéria. Pensemos, por exemplo, na decisão *Funke* que censura o recurso às injunções de entrega como expediente para obter documentos que as autoridades alfandegárias "*supunham existir, mas de cuja existência não estavam certas*" e "não estavam na disposição ou não tinham condições de obter por outro meio" (§ 44). Ou no caso *J.B. v. Suíça*, que contrapõe a entrega coativa de documentos relativos a outras operações financeiras não declaradas (eles podem nem sequer existir) à obrigação de apresentação de um tacógrafo no controlo de infrações rodoviárias (cuja instalação nos veículos pesados é legalmente obrigatória), esclarecendo que, ao contrário da segunda, a primeira hipótese não envolve "elementos com uma existência independente da vontade da pessoa visada" (§§ 65-68).

Ora, a formulação usada neste último aresto espelha um conceito normativo de certeza sobre a existência, assente na ficção de que existem todos os documentos imprescindíveis à realização dos fins específicos da disciplina ordenadora em apreço (e cuja conservação seja, por isso, legalmente obrigatória). A aplicação deste critério ao direito tributário permite dissolver a aparente "quadratura do círculo" representada pela necessidade de preservar a vigência absoluta e irrestrita do *nemo tenetur se ipsum accusare,* sem comprometer patamares mínimos de realização dos fins imanentes ao concreto sistema regulador (também pela via sancionatória, se tal se mostrar indispensável).

Com efeito, já ninguém põe em dúvida a legitimidade da imposição de deveres de registo e conservação de determinados documentos, nem das coimas ou penas criminais previstas para a recusa da sua exibição ou entrega às autoridades de fiscalização – numa sociedade massificada e complexa, esses deveres de registo, conservação, exibição e entrega de documentos são indispensáveis ao controlo e fiscalização do cumprimento dos deveres tributários principais e, nessa medida, à própria realização dos valores e interesses inerentes ao sistema fiscal (a obtenção de receitas fiscais, a justiça na repartição da riqueza).

Pela nossa parte, acrescentamos apenas que, estando em causa documentos legalmente obrigatórios, a natureza coativa da colaboração com as autoridades não deverá arrastar a proibição da sua valoração em processo sancionatório caso se conserve a "conexão de sentido" com o núcleo valores ou interesses públicos que presidem à sua obrigatoriedade – tudo se passando, do ponto de vista da prerrogativa contra a autoincriminação, como se as autoridades estivessem efetivamente certas de que o contribuinte tem em seu poder os elementos que, por lei, é obrigado a conservar. Assim, os documentos cuja conservação seja obrigatória para fins de vigilância e controlo poderão ser valorados para fins sancionatórios se a sua utilização estiver circunscrita à prova de crimes ou contraordenações imanentes a esse concreto regime regulador – pense-se no aproveitamento dos documentos contabilísticos ou escrita de um contribuinte para prova do crime de fraude fiscal ou da contraordenação tipificada no art. 109º/5 RGIT[71]. Mas esses mesmos documentos já não poderão ser valorados para a prova de delitos alheios àquele núcleo de interesses – como sucederia caso se pretendesse usar as informações constantes da declaração de IRS que determinado contribuinte foi obrigado a apresentar como elemento de prova um homicídio a soldo que lhe seja imputado ou de um ato de corrupção que houvesse praticado.

Chega-se, desta forma, a resultados similares aos da "*required records doctrine*" norte-americana, com a precisão de que o conceito e as fronteiras da utilização de um "documento legalmente obrigatório" devem ser definidos por referência às funções de eminente interesse que justificam a sua obrigatoriedade[72]. E isto significa distinguir, como o *Court of Appeals for the Ninth Cirtcuit*, entre "*tax crimes*" (os delitos fiscais, imanentes ao concreto sistema regulador, que podemos apelidar de "intrassistemáticos") e os "*non-tax crimes*" (as infrações comuns ou "extrassistemáticas", alheias àquele núcleo de interesses).

IV. Conclusões

O caso que elegemos como mote ofereceu-nos a oportunidade de uma reflexão demorada sobre a compatibilização entre a previsão de deveres de colaboração no domínio tributário e o princípio *nemo tenetur se ipsum accusare*. É tempo de concluir com uma resposta articulada e coerente para o problema colocado no horizonte de decisão do TRG: são valoráveis como prova de um crime fiscal imputado a uma pessoa coletiva os documentos contabilísticos que seus os funcionários e representantes foram obrigados a entregar no decurso de inspeções tributárias realizadas após o nascimento da suspeita? São estas, em forma de súmula, as notas em que se decompõe a nossa resposta:

[71] A utilização destes elementos fora do contexto estritamente fiscalizador, mas ainda com vista à preservação do núcleo de interesses e valores que lhe subjaz, não corresponde a uma efetiva "mudança de fim" dos dados coativamente obtidos.

[72] A tese de acordo com a qual a proteção do *nemo tenetur* não abrange a entrega de documentos de conservação obrigatória encontra adeptos também em Espanha, onde o TC tem negado a natureza de "declarações autoincriminatórias coercivas" aos documentos contabilísticos que o contribuinte é obrigado a manter e entregar à administração tributária (cf. SARRÓ RIU, 2009: 111-112).

1. A emergência e proliferação de deveres de informação e colaboração em certos segmentos da vida social (em que se inclui o direito tributário) levanta a questão de saber se os elementos assim obtidos podem ser aproveitados como prova de quaisquer infrações contra a pessoa que foi obrigada a facultá-los, abrindo linhas de conflito e antinomia com o princípio *nemo tenetur se ipsum accusare.*

2. O conflito só se atualiza a partir do momento em que, no processo sancionatório penal ou contraordenacional, se questione a valoração dos dados autoincriminatórios. E, nessa medida, a sua superação deve passar menos pela eliminação (*a montante*) dos deveres de cooperação, do que pelo recuo (*a jusante*) dos interesses da perseguição penal e de eficácia da justiça criminal, a cuja satisfação se destinaria o aproveitamento (não a obtenção) das informações coativas autoincriminatórias. Outra solução inviabilizaria a realização das finalidades (não repressivas) inerentes à instituição dos aludidos deveres, finalidades essas que se ligam, no domínio tributário, à garantia da igualdade na liquidação de impostos e à justiça na repartição dos rendimentos.

3. A proibição de valorar em processo sancionatórios os elementos previamente recolhidos ao abrigo de deveres de colaboração abrange de forma inequívoca as informações e esclarecimentos orais ou escritos prestados aos inspetores tributários, antes ou depois do nascimento da suspeita.

4. Outro tanto não pode dizer-se da entrega de documentos preexistentes caso as autoridades tenham conhecimento seguro sobre a sua efetiva existência e atual localização: a entrega constituirá aqui um ato puramente físico, sem nenhuma dimensão comunicativa própria. A par das hipóteses residuais de conhecimento efetivo obtido por meios independentes de prova, releva um conceito normativo de certeza sobre a existência assente na ficção de que existem necessariamente todos os documentos cuja conservação seja obrigatória em ordem à realização das finalidades (não repressivas) do procedimento de inspeção tributária.

5. Sendo assim, os documentos de conservação legalmente obrigatória, em que se incluem os registos contabilísticos e outros elementos da "escrita" dos contribuintes, podem ser utilizados não apenas nos procedimentos administrativos dirigidos à fiscalização e regularização da situação contributiva, como também nos processos sancionatórios que mantenham alguma "conexão de sentido" com o núcleo de valores ou interesses públicos que presidem à sua obrigatoriedade – como é o caso dos processos por crimes ou contraordenações tributárias (as infrações "intrassistemáticas").

6. A legitimidade da referida utilização probatória restrita aos processos por crimes ou contraordenações fiscais supõe que se trate de documentos obtidos antes do nascimento da suspeita de um facto ilícito-típico (penal ou contraordenacional). Surgindo essa suspeita, a administração fiscal não está impedida de prosseguir nas inspeções tributárias que leve a cabo (ou de as iniciar, se antes não o fez), mas as informações e documentos que o contribuinte continue a facultar ao abrigo dos seus deveres de colaboração servirão apenas os fins de regularização contributiva, não podendo repercutir-se no apuramento da responsabilidade sancionatória a que haja lugar. Concluiu assim mesmo o TC, no Ac. 298/2019, proferido a propósito do presente caso problemático.

7. Por conseguinte, não poderia a administração fiscal ter acionado quaisquer procedimentos de inspeção tributária com o objetivo de "obter elementos de prova do crime de abuso de confiança fiscal" de que suspeitava e o propósito de "instruir o processo de inquérito" já pendente, instrumentalizando tais inspeções tributárias à realização de fins sancionatórios e pervertendo a sua natureza primacial de instrumento de fiscalização e controlo (não repressivo), concretamente dirigido à "observação das realidades tributárias, à verificação do cumprimento das obrigações tributárias e à prevenção das infrações tributárias" (art. 2º/1 RCPITA).

8. Tendo-o feito, não poderá agora o tribunal, sem grosseira violação da prerrogativa contra a autoincriminação constitucionalmente ancorada, valorar como prova do crime de abuso de confiança fiscal em investigação os documentos recolhidos no decurso dessas inspeções tributárias. A proibição de valoração abrange igualmente o depoimento do inspetor tributário que conduziu as diligências sobre os factos e documentos recolhidos durante as inspeções.

9. É irrelevante para o caso a circunstância de estar em causa a responsabilidade criminal de uma pessoa coletiva e de os elementos terem sido entregues pelos seus funcionários ou representantes: com a extensão e alcance que lhe atribuímos, a prerrogativa contra a autoincriminação é invocável pelos entes jurídicos nos exatos termos em que o é pelas pessoas físicas, sem necessidade de ulteriores compressões ou restrições.

O Direito à Imagem e a Prova

João Gouveia de Caires

Sumário: I – O caso do tráfico de estupefacientes no *Snack-bar*; II – O regime do registo de imagem na investigação penal; 1. Do enquadramento geral e constitucional; 1.1. A autonomização do direito à imagem; 1.2. Especificidades da solução portuguesa: a autonomização plena; 2. Proteção legal: incriminação e proteção processual; 2.1. A proteção substantiva; 2.2. A proteção processual; 2.2.1. O caso especial da extensão do regime da interceção de comunicações telefónicas: escuta ambiental no CPP com registo de imagem?; 2.2.2. Medidas cautelares e de polícia e a prova eletrónica/digital: a Lei do Cibercrime e a imagem; 2.2.3. Obtenção de imagem em locais públicos (e sua valoração) sem (prévia) autorização judicial?; 2.2.4. Imagens não permitidas – proibição de valoração; III – O registo de imagem ao abrigo do regime da Lei nº 5/2002, de 11 de janeiro; 1. Finalidade: combate ao crime organizado – exigência de crime do "catálogo"; 2. O regime de registo de imagem previsto no art. 6º; 2.1. Complementaridade face ao CPP: o requisito da "necessidade"; 2.2. O requisito da prévia decisão judicial (e o acompanhamento próximo e controlo do conteúdo); 3. Problemas especiais: registo de imagem no domicílio? Utilização de quaisquer meios técnicos? Infiltração *online*?

Síntese: O CPP como regime geral não permite o registo de imagem dos visados como método de obtenção de prova, dada a falta de expressa permissão legal. A extensão do regime das interceções de comunicações telefónicas (arts. 187º e 188º *ex vi* art. 189º do CPP) não é suficiente, tendo em conta que também naquele regime não se inclui o registo de imagem. Apenas no regime especial de combate à criminalidade organizada e económico-financeira (art. 6º da Lei nº 5/2002, de 11 de janeiro), e só quanto aos crimes de catálogo, é admissível tal método para efeitos de investigação. Contudo, a permissão legal (ponderação abstrata), por esta via, não dispensa a demonstração da ponderação concreta entre a necessidade de utilização deste método oculto de investigação e o direito à imagem dos visados, de acordo com estritos critérios de proporcionalidade e subsidiariedade. Paralelamente, e apenas para efeitos de prevenção criminal, prevê-se diversos regimes avulsos de captação e registo de imagem de pessoas. No presente capítulo procurar-se-á proceder a uma análise dos diversos regimes legais sobre a captação de imagem de pessoas, bem como do aproveitamento das provas obtidas para processos-crime concretos.

O caso:

1. Factos:

Em setembro de 2010 foi aberto inquérito para a investigação da prática de crimes de tráfico de estupefacientes por um suspeito com base num "auto de notícia" lavrado na sequência de uma "informação de serviço", a qual, por sua vez, tinha sido elaborada por um OPC que recebera uma denúncia, alegadamente anónima. A denúncia continha alguns indícios concretos da prática dos referidos crimes pelo suspeito. Na sequência daquela "informação de serviço", o OPC apenas efetuara uma curta vigilância policial ("diligência externa") ao suspeito, de resto inconclusiva. O MP requereu ao JIC a autorização para o registo de imagens do suspeito, ao abrigo do art. 6º da Lei nº 5/2002, de 11 de janeiro. O JIC indeferiu a promoção. Desta decisão o MP interpôs recurso para o TRL.

2. Decisão:

O TRL entendeu que na investigação de um crime grave e com acrescidas dificuldades investigativas (como seja o crime de tráfico de estupefacientes p. e p. no art. 21º, nº 1, do DL nº 15/93, de 22 de janeiro), que integra o catálogo do regime jurídico do combate à criminalidade organizada e económico-financeira (Lei nº 5/2002, de 11 de janeiro), o registo de imagem do suspeito não constitui o meio normal de investigação, tendo indeferido a promoção do MP (tal como o JIC já o havia feito em primeira instância). No caso em apreço, considerou o tribunal que, tendo havido poucas diligências de investigação, não seria admissível o recurso a um método (o registo de imagem) especialmente invasivo de direitos, liberdades e garantias fundamentais. O facto de se tratar de um crime de catálogo (daquele regime especial) não constitui, *ipso facto*, uma permissão de utilização dos métodos mais invasivos, convocando ainda especiais exigências de proporcionalidade e subsidiariedade, a ponderar em concreto.

Palavras-chave:
Métodos de obtenção de prova; métodos ocultos; imagem; obtenção de imagem por OPC; produção e valoração da prova.

Normas relacionadas:
Arts. 1º, 2º, 18º/1, 26º/1, 27º/1, 32º/1 e 8, CRP; arts. 125º, 126º/3, 167º, 187º, 188º, 189º, 190º CPP; art. 199º CP; art. 6º Lei 5/2002, de 11/01.

Doutrina:
Adalberto Costa (2012), "O direito à imagem", *ROA*, 74, (4) pp. 1323-1377; Ana Margarida Santos (2009), "Gravação não consentida de conversa: junção a inquérito: competência do juiz de instrução criminal", *RMP* 117, pp. 159-177; António Castanheira Neves (1968), *Sumários de Processo Criminal*, Coimbra: s./ ed. (dactilog. por João Abrantes); Augusto Silva Dias (2010), "Criminalidade organizada e combate ao lucro ilícito", *in:2º Congresso de investigação criminal/ organização da Associação Sindical dos Funcionários de Investigação Criminal da Polícia Judiciária (ASFIC/PJ), e do Instituto de Direito Penal e Ciências Criminais da Faculdade de Direito da Universidade de Lisboa (IDPCC/FDUL)*, (orgs.:. Maria Fernanda Palma, Augusto Silva Dias e Paulo de Sousa Mendes), Coimbra: Almedina, pp. 23-47; Bernsmann/Kirsten (1998), "Heimliche Ermittlungsmethoden und ihre Kontrolle – Ein systematischer Überblick", *StV* 1998, pp. 217-231; Carlos Rodrigues de Almeida (2004), "O registo de voz e imagem, notas ao art. 6º da Lei nº 5/2002, de 11 de janeiro", in: AA.VV., *Medidas de combate à criminalidade organizada e económico-financeira*, Coimbra: Coimbra Editora, pp. 107-117; Cristina Máximo dos Santos (2004), "As novas tecnologias da informação e o sigilo das telecomunicações", *RMP* 99, pp. 89-116; Costa Andrade (2006), *Sobre as proibições de prova em processo penal*, 1ª edição (reimpressão), Coimbra: Coimbra Editora, 2006; Costa Andrade (2009b), "Métodos ocultos de investigação (Plädoyer para uma Teoria Geral", in: AA.VV., *Que futuro para o direito processual penal? Simpósio em Homenagem a Jorge de Figueiredo Dias, por ocasião dos 20 anos do Código de Processo Penal Português*, (org.: Mário Ferreira Monte *et al.*), Coimbra: Coimbra Editora, pp. 525-551; Costa Andrade (2012d), "A tutela penal da imagem na Alemanha e em Portugal", *RBCC*, ano 20, nº 94 (jan.-fev. 2012), pp. 133-174; Damião da Cunha (2004), "A jurisprudência do Tribunal Constitucional em matéria de escutas telefónicas", *in: Jurisprudência Constitucional*, nº 1 (jan.-mar.), pp. 50-56; Damião da Cunha (2017) *Medidas de combate à criminalidade organizada e económica-*

-financeira : a Lei nº 5/2002, de 11 de janeiro de 2002, Porto: Universidade Católica Editora; David Festas (2009), *Do conteúdo patrimonial do direito à imagem: contributo para um estudo do seu aproveitamento consentido "inter vivos"*, Coimbra; David Silva Ramalho (2013), "O uso de malware como meio de obtenção de prova em processo penal", *RC&R* 16, pp. 195-243; Florian Hengst (2012), *Der strafrechtliche Schutz des Rechts am eigenen Bild (§ 201a StGB)*, Frankfurt am Main: Peter Lang; Hugo Keyßner (1896), *Das Recht am eigenen Bild.* Berlin: J. Guttentag; João Gouveia de Caires (2012), "O regime processual especial aplicável ao crime organizado (económico-financeiro): âmbito de aplicação da Lei nº 5-2002, de 11 de janeiro, o regime do sigilo e do registo de voz e imagem", in: AA.VV., *Direito penal económico e financeiro – Conferências do curso pós-graduado de aperfeiçoamento* (orgs.: Maria Fernanda Palma, Augusto Silva Dias e Paulo de Sousa Mendes), Coimbra: Coimbra Editora, pp. 453-547; Jorge Figueiredo Dias (2008b), "A criminalidade organizada: do fenómeno ao conceito jurídico-penal", *RBCC* 71, pp. 11-30; Jörg Eisele (2005) "Strafrechtlicher Schutz vor unbefugten Bildaufnahmen" *Juristische Rundschau, JR*, pp. 6-11; Leonardo Zanini (2017), "O direito à imagem", in: *Civilistica.com*, a. 6, nº 2, pp. 1-35; Marc Bächli (2002), *Das Recht am eigenen Bild.* Basel: Helbing & Lichtenhahn; Marcel Bartnik (2004), *Der Bildnisschutz im deutschen und französischen Zivilrecht*, Tübingen: Mohr Siebeck; Mário Ferreira Monte (2004), "O registo de voz e imagem no âmbito do combate à criminalidade organizada e económico-financeira – Lei nº 5/2002, de 11 de janeiro", in: AA.VV., *Medidas de combate à criminalidade organizada e económico-financeira*, Coimbra: Coimbra Editora, pp. 79-106; Ricarda Leffler (2012), *Der strafrechtliche Schutz des Rechts am eigenen Bild vor dem neuen Phänomen des Cyber-Bullying*, Frankfurt am Main: Peter Lang; Vanessa Lévy (2002), *Le droit à l'image: définition, protection, exploitation*, Zurique: Schulthess.

Jurisprudência nacional:

Ac. 13.10.2004, proc. 5150/2005-3, TRL; Ac. 27.2.2008, proc. 10898/2007-3, TRL; Ac. 30.10.2008, proc. 8324/08-9, TRL; Ac. 24.3.2009, proc. 25/08.8PJLRS-A-5, TRL; Ac. 11.1.2011, proc. 97/10.5PJAMD-A.L1-5, TRL; Ac. 22.01.2002, proc. 2436/02, TRC; Ac. 23.04.2003, proc. 943/2003, TRC; Ac. 27.04.2005, proc. 0414638, TRP; Ac.16.11.2005, proc. 5267/05, TRP; Ac. 22.3.2006, proc. 2406/04, TRP; Ac. de 23.4.2008, proc. 6077/07, TRP; Ac.18.11.2008, proc. 2527/08, TRE; Ac. 2.2.1988, proc. 039130, STJ; Ac. 12.7.2007, proc. 07P1771, STJ; Ac. 14.1.1999, proc. 96P176, STJ; Ac. nº 263/97, proc. 179/95, 1ª Secção TC; Ac. nº 255/2002, proc. 646/96, Plenário, TC; Ac. nº 4/2006, proc. 665/05, 2ª Secção TC; Ac. nº 207/2003, proc. 52/2003, 3ª Secção TC.

Jurisprudência do TEDH:
Ac. 12.5.2000, proc. 35394/97, *Khan vs. The United Kingdom*; Ac. 24.6.2004, proc. 59320/00, *Von Hannover v. Germany*; Ac. 31.5.2005, proc. 59842/00, *Vetter vs. France*; Ac. 7.2.2012, proc. 40660/08/60641/08, *Von Hannover (2) v. Germany*.

Jurisprudência estrangeira:
Alemanha: Ac. 31.1.1973, proc. 2BvR 454/71, BVerfG; Ac. 5.6.1973, proc. 1BvR 536/72, BVerfG; Ac. 15.12.1999, proc. 1BvR 653/96, BVerfG; Ac. 26.2.2008, proc.1BvR1602/07, BVerfG; Ac. 27.2.2008, proc. 1BvR 370, 595/07, BverfG; Ac. 14.6.1960, proc.1 StR 683/59, BGH; **Espanha:** Ac. 9.2.2012, proc. 20716/2009, ST.

Análise do caso:

I. O caso do tráfico de estupefacientes no *Snack-bar*

O caso escolhido pretende ilustrar a temática da obtenção, produção e valoração da imagem de pessoas como prova no âmbito do processo-crime. Trata-se do Acórdão do TRL de 11 de janeiro de 2011[1], o qual analisa diversos assuntos, aqui relevando apenas a problemática relativa à recolha de imagem de um suspeito por parte do OPC na investigação de um crime de tráfico de estupefacientes[2].

O processo inicia-se com um "auto de notícia"[3] lavrado por um membro de um OPC em 24 de setembro de 2010, na sequência de uma "informação de serviço" elaborada a 10 de setembro do mesmo ano. Nesta "informação de serviço" constava que um cidadão teria transmitido ao agente policial elementos concretos que indiciavam a prática de crimes de tráfico de estupefacientes por parte

[1] Ac. do TRL de 11 de janeiro de 2011, relativo ao processo nº 97/10.5PJAMD-A.L1-5, disponível em http://www.dgsi.pt/jtrl.nsf/33182fc732316039802565fa00497eec/7a0d0fc1cc3d2aec8025781b0042628c?OpenDocument&Highlight=0,97%2F10.5PJAMD-A.L1-5 (consultado, por último, a 22 de outubro de 2018).

[2] Pretende referir-se ao crime de tráfico de produtos estupefacientes (plantas, substâncias ou preparações compreendidas nas tabelas anexas ao DL nº 15/93, de 22 de janeiro) p. e p. no art. 21º, nº 1, do referido diploma legal, e que por facilidade de compreensão passará a designar-se abreviamente por crime de tráfico de estupefacientes.

[3] O termo "auto de notícia" parece indicar que tal foi o *nomen iuris* nos próprios autos. Porém, nos termos do art. 243º, nº 1, do CPP, e face ao descrito no Ac., nenhum OPC ou AJ terão presenciado qualquer ilícito, pelo que, em rigor, tratar-se-ia de um auto de denúncia, nos termos do art. 246º do mesmo Código. Pouco releva, contudo, a designação formal. O conteúdo material do auto é que importa para a sua qualificação, como de resto foi bem notado no aresto.

de determinada pessoa ("C"[4]). O denunciante que terá prestado as informações manteve-se no "anonimato", dado o receio de possíveis retaliações por parte de "C", até porque, segundo a "informação de serviço", seriam pessoas "próximas". Segundo o Acórdão do TRL, a denúncia seria anónima, dado que a identidade do denunciante teria sido preservada por razões de segurança daquele. Não obstante, nos termos do art. 246º, nº 5, do CPP, sabendo-se a identidade do denunciante, em rigor a denúncia não seria anónima, no sentido em que o CPP utiliza essa expressão.

A "informação de serviço" elaborada a partir da alegada denúncia "anónima" continha elementos concretos que indiciavam a prática de crimes por parte de "C". Nomeadamente, que: i) o suspeito era detentor de determinado estabelecimento comercial ("snack-bar"/café); ii) usava o mesmo como "fachada" para a prática regular de crimes de tráfico de estupefacientes; iii) faria deslocar para dentro de certo bairro uma determinada "cidadã", que faria a revenda do produto estupefaciente propriedade de "C"; iv) o suspeito era detentor de quatro números telefónicos (identificando-se os números de telefone em causa) e v): utilizaria um veículo automóvel para a prática dos crimes (referindo-se a matrícula e descrição do veículo). Com base nesta denúncia "anónima" foi elaborada a "informação de serviço" pelo OPC a 10 de setembro de 2010.

Posteriormente, a 24 de setembro de 2010, foi realizada uma "diligência externa" pelo OPC, que descreveu ter seguido "C", tendo constatado que este "transportou no veículo automóvel referido na informação de serviço duas pessoas até [...], em [...], local onde deixou uma delas, uma senhora que se presume ser funcionária do snack-bar, e que posteriormente se deslocou, acompanhada do outro indivíduo, até um estabelecimento comercial situado no Bairro de [...]"[5]. Na sequência desta diligência externa, foi lavrado "auto de notícia", na mesma data, que, segundo o Acórdão do TRL, "[...] foi elaborado com base na informação de serviço de fls. 10, e dando-se conta da atividade investigatória subsequente".

[4] O Ac. *sub judice* refere expressamente o suspeito como sendo "C", mantendo-se aqui a mesma forma de referência. Naturalmente que, tratando-se de recurso de processo em curso e discutindo-se o segredo de justiça, o próprio teor do Ac. disponibilizado omite toda e qualquer referência concreta a nomes de pessoas, estabelecimentos comerciais ou mesmo locais.

[5] Mais pormenorizadamente pode ler-se no Ac. que o "'relatório de diligência externa' datado de 2010.09.24, indicando como hora da diligência ao 00h10m onde se refere que o suspeito encerrou o seu estabelecimento a essa hora e saiu com duas pessoas deslocando-se de carro; deixou uma delas (do sexo feminino) num prédio e foi com a outra a um café 'conhecido por ser frequentado por diversos indivíduos que se dedicam ao tráfico' localizado na M[...]. Depois de 10 minutos voltaram ao carro vindo o suspeito a deixar o seu acompanhante numa determinada artéria da mesma localidade seguindo depois para uma outra morada onde estacionou o carro e entrou, cessando a diligência".

Resulta claramente que a única "atividade investigatória" posterior àquela "informação de serviço", de 10 de setembro de 2010, foi a referida "diligência externa" (vigilância pontual do suspeito), de 24 de setembro do mesmo ano.

No âmbito do inquérito aberto para a investigação dos crimes de tráfico de estupefacientes, o MP requereu ao JIC a autorização para o registo de imagens de "C", ao abrigo do art. 6º da Lei nº 5/2002, de 11 de janeiro. O MP fundou a sua promoção no facto de se tratar da investigação de um crime grave (tráfico de estupefacientes) presumivelmente cometido por "C", o que implicava a realização de diligências que necessariamente deveriam ocorrer sem conhecimento do suspeito (nomeadamente a obtenção de fotogramas e "outras diligências importantes"), e que o referido crime integra o catálogo daquele diploma avulso (nomeadamente a alínea *a)* do nº 1 do art. 1º), pelo que estaria justificado o recurso ao regime de recolha de imagem do suspeito.

O JIC indeferiu o requerimento do MP. Considerou que havia manifestamente escassa evidência do ilícito de tráfico de estupefacientes, o que seria suficiente para obstar à medida requerida. Entendeu ainda que o regime especial do registo de imagem previsto na Lei nº 5/2002, de 11 de janeiro, exige que se trate de um crime de catálogo daquele diploma (art. 1º). Sucede que só os crimes de tráfico de estupefacientes previstos nos arts. 21º a 23º e 28º do DL nº 15/93, de 22 de janeiro, integram o catálogo da alínea *a)* do nº 1 daquele diploma legal. No caso em apreço, entendeu o JIC que não estava excluída sequer a possibilidade de o eventual crime de tráfico de estupefacientes integrar a forma privilegiada prevista no art. 25º do DL nº 15/93, de 22 de janeiro, o que excluiria de todo a possibilidade de recurso ao regime do registo de imagem ao abrigo da Lei nº 5/2002, de 11 de janeiro. Ainda assim, o JIC abriu a porta para uma eventual alteração da sua decisão, caso existissem indícios sustentados em atividade investigatória, "nomeadamente na sequência de novas vigilâncias ao visado e do apuramento do seu modo de vida e património".

O MP interpôs recurso da decisão do JIC. Para além do sustentado já em primeira instância, acrescentou que as diligências "sugeridas" pelo JIC deveriam ser acompanhadas deste método de obtenção de prova uma vez que, na investigação deste tipo de crimes, os fotogramas obtidos com a recolha de imagens "revestem-se de especial importância" (tendo em conta as particulares dificuldades de recolha de prova neste tipo de crimes) e que por isso deveria ser revogado o despacho do JIC.

O TRL não deu provimento ao recurso do MP, aderindo igualmente ao sustentado pelo JIC (escassa indiciação de ilícito criminal). Acrescentou ainda que o regime de registo de imagem, previsto no art. 6º da Lei nº 5/2002, de 11 de janeiro, não é tão exigente como o regime do CPP quanto à interceção de comunicações telefónicas. Contudo, e ainda assim, o TRL alerta para o facto de que há um juízo de ponderação de interesses que deverá (sempre) ser realizado: por um lado, o direito à imagem dos visados (art. 26º da CRP) e, por outro, a necessidade do recurso a este método para a investigação de um crime de catálogo constante daquele regime avulso. Ponderação essa que não estava realizada, nem poderia estar face ao estado embrionário em que a investigação ainda se encontrava.

Por fim, e reproduzindo o Acórdão do TRL, "ao cabo e ao resto o que se procura salientar, crê-se, é que o órgão de polícia criminal como que começou pelo fim – passe a expressão em benefício da clarificação da ideia – pois apenas com base na denúncia e sem que tivesse levado a cabo qualquer diligência investigatória digna desse nome – tal como já se procurou evidenciar – avançou para a conclusão de que era necessário proceder ao registo de imagem, conclusão essa sem objetivo fundamento que o magistrado recorrente se limitou a sufragar".

II. O regime do registo de imagem na investigação penal

Do caso descrito pode desde já antever-se que o recurso à recolha de imagem de suspeitos (visados em geral) constitui um importante método de obtenção de prova, em especial na investigação de crimes com dificuldades acrescidas na sua investigação. Trata-se de um método oculto de obtenção de prova, na medida em que a sua utilidade depende de o mesmo ser realizado sem o conhecimento dos visados, com elevado potencial de danosidade para as garantias de defesa. Nomeadamente, é patente a erosão (se não a eliminação) que tal método provoca no princípio *nemo tenetur se ipsum accusare*, tendo em conta que o visado por um método oculto poderá ser assim levado a prestar involuntariamente uma espécie de "declarações para memória futura". Ou seja: "[u]ma autoincriminação de que naturalmente não tem consciência" (Costa Andrade, 2009b: 532).

O resultado do registo de imagem (os fotogramas ou o vídeo) integrará o processo-crime, constituindo um meio de prova (documental) autónomo. Há, por isso, necessidade de analisar a possibilidade de os OPC procederem ao registo de imagem e qual a sua repercussão na investigação penal.

1. Do enquadramento geral e constitucional

Como notado no Acórdão do TRL de 11 de janeiro de 2011, o registo de imagem conflitua com o direito constitucional à imagem (art. 26º, nº 1, da CRP), pelo que a utilização deste método está sujeita a critérios de proporcionalidade e subsidiariedade, devendo o recurso ao mesmo depender de um juízo de ponderação de interesses: por um lado, o direito à imagem e, por outro, o interesse para a investigação. Contudo, além do direito à imagem, o registo de imagem pode conflituar também com o direito à reserva da intimidade da vida privada com igual proteção constitucional (art. 26º, nº 1, da CRP). Note-se que o conceito de imagem integra todas as "formas de exteriorização e os direitos de personalidade"[6].

1.1. A autonomização do direito à imagem

O reconhecimento do direito à imagem tem já uma longa história. Quer como reflexo da privacidade, quer como direito autónomo.

Na alemanha, a primeira referência à proteção da imagem data de 1857 e surgiu com um projeto de lei na área dos direitos de autor, que visava a proibição da reprodução não autorizada pelo proprietário do retrato[7]. Porém, só a 28 de julho de 1865, na Baviera, é aprovado o primeiro diploma legal que protege o direito à imagem ainda que, novamente, em sede dos direitos de autor: a lei de proteção dos direitos de autor em obras literárias e de arte. No §35 deste diploma inovador atribuía-se o direito de autor à pessoa que havia encomendado a obra. Note-se que a pessoa retratada/fotografada não era tutelada de forma direta, presumindo-se que a pessoa que teria dado ordem para a encomenda seria a mesma que teria sido retratada[8]. Logo depois, e na sequência deste diploma da Baviera, foram aprovadas duas leis do Império: a primeira, de 9 de janeiro de 1876, que protegia o direito de autor em obras de artes plásticas ("Gesetz betreffend das Urheberrecht an Werken der bildenden Künste") e a segunda, de 10 de janeiro de 1876, que por sua vez regulava a proteção de fotografias contra cópias não autorizadas ("Gesetz betreffend den Schutz der Photographien gegen unbefugte Nachbildungen"). Apenas se protegia a pessoa que teria feito a encomenda e não a pessoa representada/fotografada – presumindo-se a sua coincidência[9]. Quando a pessoa fotografada não coincidisse com a pessoa que teria encomendado a obra não haveria qualquer proteção daquela primeira[10]. O que gerou dificuldades a que a doutrina germânica não ficou alheia procurando soluções mais justas. Na sequência do debate doutrinário iniciado por Jhering (que havia propugnado a tutela da pessoa fotografada quando o negativo tivesse sido utilizado para fim diverso daquele para o qual tinha sido obtido), foi Hugo Keyßner quem mais influenciou a conceção vigente na Alemanha do direito à imagem através da sua obra de 1896[11], afirmando a titularidade do direito à imagem no âmbito dos direi-

[6] Adalberto Costa, 2012: 1367.

[7] Cfr., Bächli, 2002: p. 11.

[8] Hengst, 2012: p. 4.

[9] Leffler, 2012: pp. 44-45.

[10] O que podendo parecer estranho à luz do atual desenvolvimento tecnológico, não pode deixar de se salientar que, à epóca daqueles diplomas, a pessoa fotografada, em regra, teria de colaborar para que a fotografia pudesser ser concretizada de acordo com a ciência de então.

[11] Keyßner, *Das Recht am eigenen Bild*, Berlin: J. Guttentag, 1896.

tos de personalidade[12], concluindo pela ilegitimidade da utilização de fotografias de pessoas sem o acordo das mesmas – ainda que tal proteção se bastasse pela via jurisprudencial não sendo imperativo a criação de uma norma legal expressa. Uma conceção que admitia exceções, nomeadamente as fotografias de paisagens, as captadas em manifestações públicas e as recolhidas no interesse da perseguição penal[13].

E foi precisamente por via jurisprudencial e na área penal que sucedeu o maior impulso para a necessidade de proteção da imagem de pessoas. Nos tribunais germânicos, o ponto de partida foi o caso da "senhora em fato de banho" (*Dame im Badekostüm*) dos finais do século XIX (1898). A vítima, que se encontrava numa praia em fato de banho, foi fotografada sem o saber, tendo posteriormente a fotografia sido divulgada. Não havendo proteção especial do direito à imagem por via legal, o Tribunal do Império (*Reichsgericht*) encontrou, ainda assim, na difamação fundamento para a punição do autor. Tratou-se de uma solução ligada à defesa da honra, mas que lançou o embrião da autonomização dos novos problemas colocados pela realização e divulgação de fotografias ilícitas[14].

Uma solução, pela via dos crimes contra a honra, que seria igualmente seguida pelo Tribunal (OLG) de Hamburgo, de 20 de novembro de 1900, ao condenar o detetive privado que havia tirado fotografias, de modo oculto, de uma jovem senhora por suspeitar que a mesma manteria relações sexuais com o marido de uma sua cliente, o que no entender do OLG de Hamburgo constituía uma grave lesão da honra da senhora fotografada (dada a suspeita de manter relações com um homem casado) – Bartnik (2004: 16).

Contudo, foi no caso "Bismarck" que se tomou plena consciência da necessidade de proteção da imagem de pessoas. Otto von Bismarck faleceu a 30 de julho de 1898, tendo deixado instruções expressas quanto ao respeito pela intimidade dos momentos subsequentes à sua morte. A família de Bismarck cumpriu escrupulosamente e nem o *Kaiser* pôde ver o caixão aberto. Porém, durante a noite dois fotógrafos infiltraram-se no quarto onde jazia o antigo Chanceler, tendo-lhe tirado uma fotografia e anunciado dias depois num jornal procurarem editor ou comprador adequado. A família de Bismarck agiu rapidamente e foi apreendido o material fotográfico em causa. Só a meio do século XX viria a ser publicada a referida fotografia. Os fotógrafos foram processados (juntamente com o funcionário da família de Bismarck que lhes havia franqueado, sorrateiramente, a entrada na

[12] Keyßner (1896: 31-32), sustentou de modo claro que "cada um é senhor da sua imagem" ("Jedweder ist seines Bildes Herr").

[13] Lévy, 2002: 132.

[14] Cfr., Eisele, 2005: 6.

habitação ao arrepio das instruções expressas), sendo condenados apenas por violação de domicílio. A dificuldade do caso foi patente face à falta de previsão legal do direito à imagem naquele território. Para o efeito, o tribunal recorreu ao Direito Romano, à *condictio ob iniustam causam*, de modo a justificar a violação do domicílio. Assim, caberia aos herdeiros o direito de restituição de tudo o que foi obtido por meio da entrada ilegítima, incluindo assim as fotografias em causa. Ficou assim patente a fragilidade da falta de previsão legal expressa do direito à imagem, pois se as fotografias tivessem sido obtidas sem violação do domicílio (bastaria que tivessem captado as fotografias do exterior do domicílio), cairia por terra toda a argumentação.

O debate doutrinário prosseguiu[15], e no 26º Congresso dos Juristas Alemães ("Deutscher Juristentag"), em 1902, resultou no reconhecimento da proteção do direito à imagem. Gareis aderiu à conceção de Keyßner, tendo acrescentado uma quarta exceção à tutela da imagem: o direito de reproduzir o original para memória (recordação), desde que não houvesse atentado à honra[16].

O caso Bismarck tornou ainda mais evidente a necessidade de proteção legal da imagem e logo em 1907 foi aprovada a KUG com a tutela daquele direito de personalidade, e por via da incriminação, desligada da privacidade (§ 33). Passou a ser punida criminalmente a exposição ou divulgação arbitrárias de fotografias de pessoas. A incriminação não depende de qualquer relação com a esfera da intimidade/privacidade. Tratou-se por isso de um marco histórico, dado que, pela primeira vez, se concedeu proteção penal à imagem de modo autónomo (sem exigir a afetação da privacidade/intimidade). Não obstante, bem se compreende que continuou a faltar uma dimensão igualmente relevante nesta incriminação: a atividade de produção/obtenção da fotografia.

A evolução posterior, contudo, não foi em sentido linear. Pelo contrário, contrariou-se esta autonomização do direito à imagem face à privacidade.

Por um lado, no "projeto governamental de Código Penal de 1962" alemão, distingue-se os direitos à imagem e à palavra, propondo-se soluções diferenciadas. Relativamente à palavra pugnou-se por uma incriminação desligada da privacidade (autonomização do direito à palavra), deixando a imagem sem qualquer proteção penal.

Por outro lado, no "projeto alternativo" de Código Penal (1971) alemão previa-se (no § 146) a incriminação das gravações (áudio) ilícitas (nº 1), a par e passo das fotografias ilícitas (nº 2). Porém, enquanto no direito à palavra a proteção surgia como autónoma, no direito à imagem a proteção dependia da

[15] Cfr., sobre o mesmo, nomeadamente posição de Kohler e à evolução do seu pensamento em confronto com o de Keyßner, Leonardo Zanini, 2017: 10 ss., e Oliveira Festas, 2009: 33 ss.
[16] *Vd.*, Vanessa Lévy, 2002: 132.

afetação do núcleo da intimidade/privacidade. A esta ordem de considerações não era estranho o suporte doutrinário que Peters já havia avançado no 46º Congresso dos Juristas Alemães. Para Peters haveria afetação da dignidade humana e do direito ao livre desenvolvimento da personalidade quando a fotografia obtida, de modo não consentido, "releve da esfera da intimidade"[17]. Haveria por isso um expresso reconhecimento do direito à imagem e da necessidade da sua proteção penal. Porém, uma proteção apenas reflexa ou derivada da intimidade.

Do ponto de vista jurisprudencial, o BVerfG acompanhou esta evolução nos famosos arestos de 1973. Primeiro, no caso do gravador ("Tonband"), a 31.1.1973[18], o Tribunal Constitucional alemão alicerçou os direitos à palavra e à imagem na dignidade humana (art. 1º, nº 1, da Constituição) e do direito ao livre desenvolvimento da personalidade (art. 2º, nº 1, da Constituição), não admitindo como prova penal a gravação (não consentida) de uma "reunião de negócios" em que alegadamente se provaria a fraude fiscal e falsificação de documentos em investigação/julgamento.

Depois, a 5.6.1973, no caso dos "assassinos dos militares de Lebach"[19], o Tribunal Constitucional não admitiu a transmissão televisiva de um documentário com referências e imagens de um dos condenados, considerando que o direito à liberdade de informação não se sobrepunha ao direito à imagem do condenado, bem como ao direito de este ser reintegrado na sociedade (uma vez que estaria prestes a acabar de cumprir a pena a que tinha sido condenado). Reforçou ainda o Tribunal Constitucional a proteção do direito à imagem com abrigo constitucional na dignidade da pessoa humana e no direito ao livre desenvolvimento da personalidade. Construção que deixou lastro, até aos dias de hoje, em todos os arestos do BVerfG sobre a imagem de pessoas.

Apesar desta evolução, em 1974 o legislador alemão introduziu o § 201 no Código Penal com a incriminação da gravação e reprodução não consentidas da palavra de outra pessoa, retomando assim o ideário do "projeto governamental" de 1962, sem qualquer dependência da afetação da intimidade. Contudo, nada adiantou quanto à proteção da imagem. A imagem continuaria sem qualquer proteção penal – autónoma ou reflexa da intimidade – até 2004, altura em que se adicionou o § 201a ao StGB.

Sob a designação de "violação da esfera da vida eminentemente pessoal através da fotografia"[20], neste novo parágrafo do StGB pune-se quem, "sem estar

[17] Peters, 1966: 91.

[18] *BVerfGE* 34, 238.

[19] *BVerfGE* 35, 202.

[20] § 201a StGB ("Verletzung des höchstpersönlichen Lebensbereiches durch Bildaufnahmen").

autorizado, fizer ou transmitir fotografias de outra pessoa que se encontre na habitação ou num espaço especialmente protegido contra o olhar e, desse modo, lesar a esfera da vida eminentemente pessoal"[21]. Apesar da proteção da imagem, tal não equivale à proteção do direito à imagem de modo autónomo. Pelo contrário, a solução legal de 2004, e em vigor, pune tão só a chamada "devassa ótica": a captação e divulgação de fotografias de pessoas dentro de habitações ou espaços resguardados e que afetem a esfera nuclear da intimidade. Trata-se de uma "proteção derivada ou reflexa" da imagem[22].

O estado atual da solução germânica quanto à proteção penal da imagem e da palavra é, portanto, assimétrico. Enquanto os atentados à palavra (§ 201 StGB) são punidos independentemente da reserva da intimidade/privacidade, as agressões à imagem são perseguidas criminalmente quando efetuadas em habitação ou espaços resguardados e apenas na medida em que afetem a esfera nuclear da intimidade (§ 201a StGB), ainda que paralelamente persistam as originárias proteções na KUG (incriminação no § 33 decorrente do uso da imagem em violação do regime dos § 22 e § 23 KUG).

Simultaneamente, o BVerfG tem tentado construir uma proteção autónoma do direito à imagem, embora com hesitações perante os casos concretos que tem decidido. São famosos os vários arestos da jurisprudência alemã (e do TEDH) sobre o que ficou chamado como o "caso Carolina".

A Princesa Carolina de Hannover (mais conhecida por Princesa Carolina do Mónaco) litigou nos tribunais alemães, exigindo a proteção do direito à imagem decorrente da constante perseguição de fotógrafos de revistas de escândalos e posterior publicação das fotografias colhidas quer da própria, quer dos seus familiares e amigos. Numa primeira fase, o BVerfG, no célebre aresto de 15.12.1999[23], no que ficou designado como "Carolina I"[24], adotou uma posição contrária às pretensões de Carolina do Mónaco, por esta ser uma "personagem da história contemporânea" ("Person der Zeitgeschichte"), admitindo, ainda assim, uma distinção entre personagens da história contemporânea em sentido "absoluto" e

[21] No original: "von einer anderen Person, die sich in einer Wohnung oder einem gegen Einblick besonders geschützten Raum befindet, unbefugt eine Bildaufnahme herstellt oder überträgt und dadurch den höchstpersönlichen Lebensbereich der abgebildeten Person verletzt".

[22] Assim, Costa Andrade, 2012d: 157.

[23] *BVerfGE* 101, 361 = *NJW* 2000, 1021.

[24] Em rigor, este seria o processo "Carolina II", uma vez que o primeiro Ac. do BVerfG, de 14.1.1998 (*BVerfGE* 97, 125) constitui o caso inicial. Porém, este Ac. de 1998, apesar de ter sido o primeiro pronunciamento do BVerfG sobre uma das queixas de Carolina do Mónaco, prende-se com o direito de resposta, motivo pelo qual pode ser desconsiderado neste tocante, sendo o Ac. de 15.12.1999 geralmente conhecido como o caso "Carolina I", dado abranger pela primeira vez, aliás expressamente, a temática da privacidade e do direito à imagem da Princesa.

em sentido "relativo", consoante o grau de exposição pública. Segundo esta primeira orientação, apenas seria tutelado o direito à imagem das personagens da história contemporânea em locais públicos quando houvesse violação da esfera íntima/privacidade ou quando a imagem tivesse sido obtida em violação da barreira física em que o visado se tivesse refugiado, segundo um critério de "separação espacial" ("örtliche Abgeschiedenheit").

Carolina do Mónaco não se satisfez e apresentou queixa no TEDH, dando origem ao Acórdão de 24.6.2004 ("Von Hannover v. Germany"), tendo obtido ganho de causa, considerando o TEDH que teria havido violação do art. 8º da CEDH. O TEDH desmontou a fundamentação do Acórdão "Carolina I" do BVerfG, começando por rejeitar o conceito de "personagens da história contemporânea" (e, ao invés, dividiu o relevo público entre políticos, figuras públicas e pessoas comuns) e o critério de "separação espacial" (considerando relevante a expetativa legítima de tutela da imagem e da privacidade). Em síntese, restringiu o interesse público às imagens que contribuíssem para a "discussão de problemas de interesse geral". Donde, apenas seriam legítimas as fotografias em espaços públicos de políticos (e mesmo quanto a estes, no âmbito do exercício do cargo) ou quando muito de figuras públicas (nos atos manifestamente públicos em que as imagens possam ter relevo).

O Acórdão do TEDH provocou naturalmente reações na jurisprudência do Tribunal Constitucional alemão, que veio a rever a posição inicial. No Acórdão de 26.2.2008[25], que ficou conhecido como Carolina II[26], o BVerfG suavizou o paradigma inicial (embora sem o abandonar completamente). Assim, considerou que o conceito de "personagens da história contemporânea" poderia ser substituído por um novo "âmbito de proteção" ("Schutzkonzept") e que o critério de "separação espacial" poderia atender à "expetativa legítima" ou "expetativa justificada" ("berechtigte Erwartung"), valorada casuisticamente segundo juízos de ponderação de interesses, deixando assim uma ampla margem ao aplicador na configuração das constelações de casos. A maior elasticidade do novo critério não esconde, todavia, o apego do BVerfG à sua construção inicial, ainda que agora admita maior relativização.

E, neste movimento pendular, o TEDH proferiu também um segundo aresto, a 7.2.2012 ("Von Hannover (2) v. Germany"), tendo clarificado que as figuras públicas poderiam ser fotografadas em público e, como tal, que o juízo de ponderação de interesses e os (novos) critérios utilizados pela jurisprudência alemã seriam conformes ao art. 8º da CEDH e à jurisprudência anterior do TEDH[27].

[25] *BVerfGE* 120, 80 = *NJW* 2008, 1793.

[26] Recorde-se que cronologicamente seria "Carolina III" (cf. nota anterior).

[27] Para mais desenvolvimento, cf., entre nós, Costa Andrade, 2012d: 148-153; 2012c: 1215-1218.

O ponto da situação atual no direito germânico carateriza-se pela fragmentariedade da proteção da imagem, reflexa ou derivada da intimidade, de modo assimétrico face à palavra e lacunar (*maxime*, por não conter uma incriminação material de tutela da privacidade), apesar do esforço do BVerfG no sentido de ensaiar uma tutela da imagem autónoma da privacidade.

1.2. Especificidades da solução portuguesa: a autonomização plena

Na experiência portuguesa, é clara a autonomização do direito à imagem (e bem assim, do direito à palavra) face à reserva da intimidade da vida privada. Apesar de os direitos à palavra e à imagem terem nascido a partir do direito à reserva da intimidade, é hoje consensual a sua plena autonomização a partir do CP de 1982 e que culminou com a separação (sistemática) na revisão de 1995 e total desvinculação da proteção da imagem face à intimidade. Nesta alteração do CP retiraram-se os crimes de gravações e fotografias ilícitas (tipos penais que expressam a continuidade da proteção dos bens jurídicos protegidos, atualmente previstos no art. 199º do CP) do capítulo dos crimes contra a reserva da vida privada (sendo representativos desta tutela os crimes de violação de domicílio previsto no art. 190º e de devassa da vida privada previsto no art. 192º, ambos do CP), integrando-os autonomamente no capítulo dos crimes contra outros bens jurídicos pessoais. São "bens jurídicos pessoais, correspondentes a duas expressões diretas da personalidade"[28] ou "expressões típicas da autonomia e da identidade pessoal"[29].

Pode afirmar-se que o direito à imagem e à palavra constituem bens jurídicos autónomos do direito à reserva da intimidade. São "autênticos e autónomos bens jurídicos, expressão da personalidade, dignos e carentes de tutela penal, independentemente de ao mesmo tempo se colocar em causa a intimidade privada"[30]. O direito à imagem inscreve-se na representação da figura da pessoa, bem como da sua interação com o meio ambiente, protegendo-se igualmente a sua autonomia e identidade pessoal.

O TC, no Acórdão nº 255/2002, de 12.6.2002, considerou que "a utilização de equipamentos eletrónicos de vigilância e controlo por parte das entidades que prestem serviços de segurança privada" constitui uma restrição do direito à reserva da intimidade protegido constitucionalmente no art. 26º, nº 1, da CRP[31].

[28] Costa Andrade, 2012c: 1196.

[29] Medeiros/Cortês, 2005: 289.

[30] Ferreira Monte, 2004: 81.

[31] O TC declarou a inconstitucionalidade, com força obrigatória geral, por violação do art. 165º, nº 1, alínea *b)*, da CRP, das normas constantes dos nºs 1 e 2 do art. 12º do DL nº 231/98, de 22 de julho, por considerar que estaria abrangida pela reserva de competência legislativa (relativa) da AR a restrição do direito fundamental à reserva da intimidade (Ac. nº 255/2002, de 12.6.2002,

Não refere expressamente o direito à imagem, porventura dado o respeito pelo princípio do pedido a que estava sujeito, porém não deixa de apontar no sentido de que a utilização de videovigilância pode conflituar com a reserva da intimidade. De igual modo, no Acórdão nº 207/2003, de 28.4.2003, sustentou que "a matéria tocante à regulação dos equipamentos eletrónicos de vigilância e controlo se inclui no direito à reserva da intimidade da vida privada"[32]. Ou seja, do ponto de vista da jurisprudência constitucional portuguesa o recurso a mecanismos de registo de imagem pode afetar a intimidade/privacidade.

A autonomia do direito à imagem (e bem assim do direito à palavra) face ao direito à reserva da vida privada não implica uma separação absoluta em compartimentos estanques. A autonomia não exclui a possível interpenetração e comunicabilidade dos bens jurídicos e respetivos direitos. É o que ocorrerá nomeadamente quando um facto possa afetar simultaneamente os direitos à palavra/imagem e à reserva da vida privada (*v.g.*, uma gravação de som e imagem, não consentida, dentro do domicílio). Donde, quando se verificar uma permissão da ordem jurídica para afetar os direitos à imagem e à palavra, tal não corresponde automaticamente a uma permissão de afetação do direito à intimidade privada. Exemplificando: a eventual permissão legal de obtenção de registo de imagem não implica a permissão de aquele registo poder ser efetuado dentro do domicílio do visado.

O que também significa que os direitos à palavra e à imagem poderão ainda encontrar proteção constitucional no art. 32º, nº 8, da CRP, que comina com a nulidade todas as provas obtidas mediante abusiva intromissão na vida privada (e no domicílio). O que sucederia no caso referido: uma permissão legal de obtenção de imagem que tivesse sido utilizada para captar a imagem do alvo no seu domicílio estaria abrangida pela proteção constitucional do art. 32º, nº 8, da CRP.

2. Proteção legal: incriminação e proteção processual

2.1. A proteção substantiva

A autonomização do direito à imagem (e bem assim, do direito à palavra) face à reserva da vida privada tem sequência ao nível da incriminação, nomeadamente com a criação do tipo penal de gravações e fotografias ilícitas (p. e p. no art. 199º do CP). Tal incriminação é bem distinta dos tipos penais de violação de domicílio (p. e p. no art. 190º do CP) e de devassa da vida privada (p. e p. no art. 192º do CP).

disponível em http://www.tribunalconstitucional.pt). Entendimento este confirmado posteriormente pelo Ac. nº 207/2003, de 28.4.2003 (disponível igualmente em http://www.tribunalconstitucional.pt).

[32] Cf. nota anterior.

O sistema jurídico português elevou a proteção substantiva da imagem a um nível totalmente autónomo, distanciando-se da proteção que lhe é concedida na ordem jurídica germânica. No § 201a StGB ("Violação da esfera da vida eminentemente pessoal através da fotografia"[33]), apenas se protege o direito à imagem de modo reflexo. Só quando a fotografia e a sua utilização ou transmissão lesem a esfera nuclear da intimidade (e o domicílio) haverá proteção da imagem por via substantiva.

2.2. A proteção processual

Do ponto de vista processual, o CPP é bastante cauteloso nesta matéria, o que bem se compreende face à forte restrição de direitos fundamentais, diretamente proporcional ao vigoroso poder de formar a convicção do tribunal (afinal, "uma imagem, vale mais do que mil palavras"). Pode encontrar-se no CPP apenas dois casos de admissibilidade de utilização de recolha de imagem de pessoas, nomeadamente:

i) Em matéria de reconhecimento de pessoas, dispõe o art. 147º, nº 5, do CPP que só pode valer como meio de prova o reconhecimento por fotografia, filme ou gravação realizado no âmbito da investigação criminal quando for seguido de reconhecimento presencial, nos termos do nº 2 do mesmo preceito. Mediante consentimento, podem também juntar-se aos autos fotografias das pessoas que participem no reconhecimento presencial;
ii) Na identificação de suspeitos, nos termos do art. 250º, nº 6, do CPP, poderá proceder-se à recolha de fotografias do suspeito que não tenha sido possível identificar através dos meios expostos nos números anteriores do mesmo preceito legal.

2.2.1. O caso especial da extensão do regime da interceção de comunicações telefónicas: escuta ambiental no CPP com registo de imagem?

No art. 189º do CPP, o legislador procedeu à extensão do regime da interceção de comunicações telefónicas às conversações ou comunicações transmitidas por qualquer meio técnico diferente do telefone, designadamente correio eletrónico ou outras formas de transmissão de dados por via telemática, mesmo que se encontrem guardadas em suporte digital, e à interceção das comunicações entre presentes (a chamada "escuta ambiental"). Poder-se-ia utilizar esta extensão para efeitos de obtenção de imagem?

O regime da interceção de comunicações telefónicas, previsto nos arts. 187º a 188º do CPP, constitui o paradigma dos métodos ocultos, até por ter sido o

[33] § 201a StGB ("Verletzung des höchstpersönlichen Lebensbereiches durch Bildaufnahmen").

primeiro a ser previsto. Para alguns, foi mesmo o "pecado original" ("Sündenfall") que abriu as portas a todos os métodos ocultos posteriores[34]. Constitui um regime particularmente exigente (e até com uma regulamentação muito pormenorizada). Contudo, este regime não comporta o registo de imagem por falta de previsão legal expressa. O que em matéria de métodos ocultos não é pouco. Os métodos ocultos só "são admissíveis e válidos se e na medida em que gozam de expressa e específica consagração legal"[35].

Mantém-se, quer no caso do art. 189º quer no caso dos arts. 187º e 188º do CPP, a limitação ao registo de som. Não há uma permissão normativa expressa que permita a obtenção, produção ou valoração da imagem.

A interceção de comunicações telefónicas com recurso a equipamentos que permitam a recolha de imagem e som simultaneamente, ao abrigo de uma autorização judicial neste regime, fica restrita ao registo de som, não podendo a imagem ser produzida ou valorada em sede de investigação. Haverá que cindir os respetivos registos (áudio *vs.* visual), aproveitando-se apenas o que for permitido (no caso, áudio).

Outra solução passaria por sustentar que, atendendo à extensão prevista no art. 189º do CPP em termos muito amplos, seria admissível a recolha de imagem através de uma interpretação atualista daquela extensão ou até da atipicidade dos meios de prova (art. 125º do CPP). Porém, tal posição não encontra suporte constitucional e legal. Tratando-se de métodos ocultos, comportam, por natureza, intromissões nos direitos, liberdades e garantias constitucionais apenas admissíveis mediante prévia permissão legal. Só serão permitidos os métodos conformes à Constituição legalmente previstos – prévia e expressa permissão legal[36], não podendo a atipicidade das provas legitimar o recurso à recolha de imagem por via da extensão do regime da interceção de comunicações telefónicas. Além da legalidade, exige-se também a ponderação de interesses: quer a realizada em abstrato por via legal, quer a demonstrada em concreto, através do controlo, *ex post* ou *ex ante* (tutela preventiva de direitos fundamentais), por juiz, respeitando-se assim o princípio da judicialidade. Ainda que nalguns casos (nomeadamente quando as normas legais não reservem a competência a um juiz), em função da direção da fase processual, caberá ao MP, na fase de inquérito, e em primeira linha, o controlo inicial sobre a integração no processo-crime das provas obtidas com o registo de imagem. Porém, este controlo não inibe o exame subsequente por juiz, assegurando-se assim a judicialidade.

[34] Bernsmann/Kirsten, 1998: 218.

[35] Costa Andrade, 2009b: 540.

[36] Costa Andrade, 2009b: 540-541.

Relativamente à interpretação atualista do regime da interceção de comunicações telefónicas no sentido de o mesmo poder integrar o conteúdo imagético e por esta via a extensão do art. 189º do CPP também permitir a recolha de imagem, não parece encontrar amparo legal. Desde logo porque, e numa primeira ordem de razões, recorrendo ao elemento histórico, pode notar-se que o legislador ordinário, bem sabendo da distinção entre (recolha de) imagem e som, logo em 2001/2002 previu no art. 6º da Lei nº 5/2002, de 11 de janeiro, um regime especial de registo de som e imagem, o que constituiu uma novidade no sistema processual penal. E nunca, quanto a este aspeto, no CPP se alterou o regime paradigmático da interceção de comunicações telefónicas, apesar das várias alterações posteriores ao CPP. E, desde há muito, há equipamentos e capacidade tecnológica para a realização de comunicações telefónicas com som e imagem. Numa segunda ordem de razões, dogmática e axiologicamente, o som e a imagem são dois registos completamente distintos a que correspondem proteções processuais distintas. O facto de se permitir obter um deles (no caso, o som) não significa que se possa obter o outro (a imagem). Pelo contrário, ambos carecem de prévia e expressa permissão legal. Há uma clara distinção axiológica entre o registo de som e/ou imagem e a interceção de comunicações telefónicas. Apesar de ambos constituírem métodos ocultos, o caráter fragmentário da interceção de comunicações telefónicas é muito diferente da omnipresença que o registo de imagem (com ou sem som) pode permitir. Nas comunicações telefónicas, o alvo até pode representar uma personagem fictícia, contando inclusivamente com a eventualidade de estar a ser visado por uma interceção (legal ou ilegal). Diferentemente, se o visado for seguido para efeitos de captação de imagem em todo o seu percurso, poderá ficar-se com um conhecimento (quase) integral da vida do mesmo. Pode até afirmar-se que uma escuta ambiental com som e imagem (ou mesmo restrita à imagem) constitui uma intromissão mais severa nos direitos fundamentais do que a interceção de comunicações telefónicas – clássico método oculto. Acresce que uma escuta telefónica também não dispensa, de todo, um outro método, nomeadamente a vigilância que possa confirmar que o utilizador daquele dispositivo sob escuta é efetivamente o alvo (como sucedeu no caso do Acórdão do tráfico de estupefacientes no "snack-bar", pois não havia prova de que aqueles quatro números telefónicos constantes da informação policial fossem utilizados por "C"). Ao contrário, o registo de imagem, isoladamente considerado, pode fornecer todos os elementos necessários para a reconstituição do *iter criminis*.

Em conclusão, se na escuta telefónica não é possível a captação de imagem, muito menos será na escuta ambiental à luz da extensão operada pelo art. 189º do CPP, não valendo aqui interpretação atualista ou a atipicidade dos meios de prova. Falta expressa e prévia previsão legal[37], o que em matéria de métodos ocultos de investigação não constitui um pormenor, mas antes uma premissa de legitimação da atuação.

2.2.2. Medidas cautelares e de polícia e a prova eletrónica ou digital: a Lei do Cibercrime e a imagem

No âmbito das medidas cautelares e de polícia colocam-se alguns problemas sobre a possibilidade de os OPC (ou as APC) obterem acesso às imagens captadas por terceiros, nomeadamente jornalistas, que, no exercício da sua atividade, terão informações eventualmente relevantes para a investigação de ilícitos criminais. Poderão os OPC, ao abrigo das suas competências próprias ou delegadas em matéria de medidas cautelares e de polícia, aceder aos registos de imagens obtidos pelos jornalistas no exercício da atividade informativa?

A questão foi já objeto de um Parecer do Conselho Consultivo da PGR[38]. O caso que deu origem ao referido Parecer foi a polémica suscitada quando alguns agentes da PSP pediram a uma estação de televisão para visualizar as imagens produzidas pelos repórteres que deram cobertura informativa a uma manifestação frente à Assembleia da República, em novembro de 2012, que culminou com vários casos de ofensas corporais a agentes daquela força de segurança. Os agentes da PSP terão mesmo visualizado várias horas de gravação (imagens não editadas/"em bruto") no interior das instalações da estação de televisão. Posteriormente, o Ministro da Administração Interna solicitou a emissão de Parecer sobre o acesso e visionamento por elementos das forças de segurança dependentes do Ministério da Administração Interna de imagens colhidas por jornalistas e outros funcionários ou colaboradores de órgãos de comunicação social que estejam na posse destes.

Neste Parecer, sustentou-se que a competência dos OPC/APC nos termos do regime geral do CPP depende para este efeito da competência delegada pela AJ, independentemente de as imagens estarem ou não a coberto do sigilo profissional dos jornalistas. Nem a urgência e o perigo na demora (pressupostos das medidas cautelares, nos termos do art. 249º, nº 1, do CPP)[39] podem afastar a competência reservada da AJ em matéria de restrição de direitos fundamentais

[37] Neste sentido, lamentando a falta de "regulamentação legal e geral no próprio CPP", Damião da Cunha, 2018: 109.

[38] Parecer do Conselho Consultivo da PGR nº 45/2012, de 4 de janeiro de 2013, *DR*, II S, nº 14, de 21 de janeiro, relator Paulo Dá Mesquita.

[39] "O sistema legal não compreende qualquer norma especial que preveja a derrogação da reserva judiciária no caso de medidas cautelares e de polícia determinadas pela urgência e perigo na demora relativa ao acesso a conteúdos de documentos, em qualquer suporte, na posse de destinatários que podem deter informação protegida pelo sigilo jornalístico" (Parecer do Conselho

(nos termos do nº 1 do art. 182º do CPP, conjugado com o art. 135º, nº 1, do CPP e o art. 11º, nº 5, do Estatuto do Jornalista). Consequentemente, quando os OPC/APC tomarem conhecimento de que os jornalistas possuem registos de imagens relevantes para investigar a existência de um crime, determinar os seus agentes e a responsabilidade deles, deverão informar o MP com vista a que esta AJ tome a decisão que entender por conveniente, nomeadamente ordenar a manutenção dos registos pretendidos com vista à integração no processo.

Não obstante, o Parecer em causa admite que, tratando-se de prova em suporte digital, em caso de impossibilidade de contacto com o Magistrado do MP em tempo útil, os OPC/APC possam ordenar aos jornalistas ou a quem tenha o controlo sobre aqueles registos que os preservem, ao abrigo das disposições conjugadas dos arts. 55º, nº 2, e 249º, nº 1, do CPP e dos arts. 11º, nº 1, alínea *c)*, e 12º, nº 2, da Lei do Cibercrime (Lei nº 109/2009, de 15 de setembro). Exige-se que os OPC/APC na referida injunção discriminem a natureza das imagens, a sua origem e destino (se forem conhecidos) e o prazo pelo qual os registos deverão ser mantidos, até ao máximo fixado na Lei do Cibercrime (art. 12º, nº 3), devendo dar notícia imediata à AJ que dirige o processo, lavrando o respetivo relatório (nos termos do art. 253º CPP).

A questão prende-se por isso com a qualificação como prova eletrónica quando a imagem conste em suporte digital e, especialmente, as consequências da harmonização do regime da Lei do Cibercrime com o do CPP.

Na sociedade atual a captação de imagem é praticamente quase toda realizada com recurso a câmaras digitais, e isto mesmo que as lentes desempenhem a função inicial em que a luz é transmitida a um sensor, mas em que a imagem registada no equipamento já corresponde a "dado informático" para os efeitos da Lei do Cibercrime (dada a noção ampla de "dados informáticos"[40] inscrita na alínea *b)* do art. 2º da Lei do Cibercrime). Idêntica amplitude decorre do conceito de "sistema informático"[41] (art. 2º, alínea *a)*, da Lei do Cibercrime), podendo a câmara digital integrar o mesmo. Há assim um universo muito amplo de reali-

Consultivo da PGR nº 45/2012, de 4 de janeiro de 2013, *DR*, II S, nº 14, de 21 de janeiro, relator Paulo Dá Mesquita).

[40] "*b)* 'Dados informáticos', qualquer representação de factos, informações ou conceitos sob uma forma suscetível de processamento num sistema informático, incluindo os programas aptos a fazerem um sistema informático executar uma função" (art. 2º, alínea *b)*, da Lei do Cibercrime).

[41] "*a)* 'Sistema informático', qualquer dispositivo ou conjunto de dispositivos interligados ou associados, em que um ou mais de entre eles desenvolve, em execução de um programa, o tratamento automatizado de dados informáticos, bem como a rede que suporta a comunicação entre eles e o conjunto de dados informáticos armazenados, tratados, recuperados ou transmitidos por aquele ou aqueles dispositivos, tendo em vista o seu funcionamento, utilização, proteção e manutenção" (art. 2º, alínea *a)*, da Lei do Cibercrime).

dades que poderão constituir imagem em suporte digital (prova eletrónica) nos termos da Lei do Cibercrime ou, mais dogmaticamente, prova digital.

Mais ainda se se atender a que na Lei do Cibercrime consta um Capítulo III que, em rigor, trata de métodos de obtenção de prova, aplicáveis não apenas aos processos-crime relativos a crimes previstos naquela Lei (e, bem assim, a crimes cometidos por meio de um sistema informático), mas também genericamente a todos os crimes "em relação aos quais seja necessário proceder à recolha de prova em suporte eletrónico" (art. 11º, nº 1, alínea *c)*), salvo o disposto nos arts. 18º (interceção de comunicações) e 19º (ações encobertas), daquela mesma Lei.

Portanto, e como no caso que determinou o pedido do referido Parecer do Conselho Consultivo da PGR, no âmbito das medidas cautelares e de polícia, há um universo muito vasto de processos-crime aos quais é potencialmente aplicável o regime deste diploma, tornando possível a integração de imagens obtidas por terceiros (no caso, jornalistas) para efeitos de investigação criminal. No caso que motivou o pedido de Parecer, não havia suspeita da prática de qualquer crime previsto na Lei do Cibercrime, ou praticado com recurso a sistemas informáticos, mas antes porque era "necessário o recurso à prova em suporte eletrónico". Consequentemente, pode aplicar-se o regime previsto no art. 12º, nºs 2 a 5, da Lei do Cibercrime, que prevê a possibilidade de os OPC ordenarem a preservação de imagens/"dados informáticos", armazenados em "sistemas informáticos", "mediante autorização da autoridade judiciária competente ou quando haja urgência ou perigo na demora, devendo aquele, neste último caso, dar notícia imediata do facto à autoridade judiciária e transmitir-lhe o relatório previsto no art. 253º do Código de Processo Penal" (nos termos do nº 2 do art. 12º da Lei do Cibercrime).

Por outro lado, e em paralelo, o CPP, como regime geral, não incorpora a prova digital como método de obtenção de prova, funcionando a Lei do Cibercrime como a base legal da prova digital no sistema processual. Ou, como se refere no referido Parecer, que o capítulo III da Lei do Cibercrime funcione "como um novo capítulo V ('da prova eletrónica') do título III ('meios de obtenção de prova') do livro III ('da prova') do Código de Processo Penal ou múltiplas normas integráveis em diferentes capítulos do referido título III sobre meios de obtenção de prova"[42]. A tudo isto acresce ainda que, no CPP, com um conceito igualmente amplo de prova documental, a prova eletrónica não pode deixar de se reconduzir aos meios de prova documentais (arts. 164º, nºs 1 e 2, 165º, nº 1, e 167º, nº 1, do CPP), sujeitos ao respetivo regime.

[42] Cf. Parecer do Conselho Consultivo da PGR nº 45/2012, de 4 de janeiro de 2013, *DR*, II S, nº 14, de 21 de janeiro, relator Paulo Dá Mesquita.

A sobreposição destes regimes, e independentemente da resposta à questão sobre se a Lei do Cibercrime constitui norma especial ou excecional face ao CPP[43], não deixa de ter repercussões num largo espectro dos processos-crime (nomeadamente, aqueles "em relação aos quais seja necessário proceder à recolha de prova em suporte eletrónico") a aplicação do regime da Lei do Cibercrime, dada a força atribuída na alínea *c)* do nº 1 do art. 11º daquela Lei.

Atendendo exclusivamente à possibilidade das imagens de pessoas poderem integrar um processo-crime, não pode deixar de se tecer duas breves considerações nesta sede.

A primeira prende-se com a delimitação da aplicação do preceituado no art. 11º, nº 1, alínea *c)* da Lei do Cibercrime, ou seja, na aplicação das normas processuais/métodos de obtenção de prova prescritas no Capítulo III daquela Lei (salvo o disposto nos arts. 17º e 18º) aos processos-crime em "relação aos quais seja necessário proceder à recolha de prova em suporte eletrónico". A referência ao princípio da necessidade não é despicienda e da qual se deve retirar as devidas consequências. Manifestamente pretendeu-se afastar do crivo da imprescindibilidade da interceção de comunicações telefónicas do regime geral do CPP. Porém, a necessidade não pode ser sinónimo de primeira diligência investigatória[44]. Como no caso do tráfico de estupefacientes no "snack-bar", tratando-se de um método oculto, continuará a estar sujeito a um juízo de ponderação de interesses – por maioria de razão, ainda com um crivo mais apertado, pois as imagens no caso do pedido de Parecer nº 45/2012 supra referido, terão sido obtidas por jornalistas, estranhos por isso à atividade de investigação criminal. Claro que não se ignora que tratando-se de medida cautelar (com vista à preservação das provas), apenas se pretende que as mesmas não sejam destruídas. Contudo, o conteúdo útil do crivo da necessidade não deixa de operar, quer no momento da preservação (ainda que aqui, em caso de dúvida, não deve destruir-se eventuais provas relevantes), quer no momento posterior, aquando da ponderação pela AJ da relevância das imagens face ao processo concreto.

A segunda consideração é relativa a uma pequena precisão em relação à preservação das imagens (cuja ordem pode ser efetuada por OPC/APC em caso de urgência e perigo na demora no contato com a AJ): em nenhum caso parece ser de admitir que as imagens recolhidas possam ser visionadas pelos OPC sem pré-

[43] No sentido de constituir norma especial, e como tal derrogar o CPP, o Parecer do Conselho Consultivo da PGR nº 45/2012, de 4 de janeiro de 2013, *DR*, II S, nº 14, de 21 de janeiro, dado que a contrariedade à regra geral (regime do CPP) não é acompanhada da violação de um princípio fundamental do Direito (*contra rationem iuris*).

[44] Em rigor, o sistema processual contém uma norma paralela e em tudo semelhante: no art. 6º da Lei nº 5/2002, de 11 de janeiro, no qual se exige igualmente a necessidade e não a imprescindibilidade, como se constará – cfr. infra, III, 2.1.

via decisão da AJ e independentemente do local em que os jornalistas/visados da medida cautelar se encontrem (no local da reportagem ou nas instalações do órgão de comunicação social ou qualquer outro). A permissão/poder-dever contida no arts. 12º, nº 2, da Lei do Cibercrime apenas se refere à preservação dos dados informáticos/imagens para posterior decisão da AJ e possível integração no processo-crime, mas não abrange o seu visionamento pelo OPC sem passar pela prévia decisão judiciária.

2.2.3. Obtenção de imagem em locais públicos (e sua valoração) sem (prévia) autorização judicial?

Poderá proceder-se ao registo de imagens (*v.g.*, fotografias ou filmes/vídeo) em locais públicos (de utilização comum ou não) que não violem a dignidade humana (*v.g.*, casas de banho e balneários), sem a respetiva autorização judicial? Por exemplo, poderá recolher-se fotografia ou vídeo incidindo sobre certa pessoa concreta em plena via pública, porventura à saída da sua casa no percurso até ao local de trabalho?

São duas as soluções possíveis.

Uma primeira, segundo a qual não havendo expressa proibição legal, seria permitida a obtenção de imagem de pessoas em locais públicos para efeitos de investigação criminal, ao abrigo da atipicidade dos meios de prova (art. 125º do CPP) ou ainda em "nome da descoberta da verdade material". Entre nós, e de modo isolado, a jurisprudência tem sido muito escassa neste sentido[45].

Outra solução, seria a inversa: não havendo expressa permissão legal em matéria de método oculto, não seria permitida a recolha de imagem de pessoas em locais públicos para efeitos de investigação fora dos casos expressamente previstos na lei e mediante prévia autorização judicial. A exigência é dupla: prévia permissão normativa pela ordem jurídica e prévia autorização judicial (devidamente fundamentada). O direito à imagem (ou mesmo nos casos em que exista sobreposição, o direito à reserva da intimidade/privacidade) tem proteção constitucional e legal. Proteção essa que impõe que as restrições, limitações bem como, na terminologia do nosso TC[46], "a dimensão conformadora ou concretizadora" de tais direitos sucedam apenas nos casos expressamente previstos (permissão legal) e mediante prévia decisão judicial que pondere os interesses em conflito (da necessidade de restrição de direitos fundamentais), conforme é corrente jurisprudencial, hoje, claramente consensual[47]. Nos termos do art. 167º do CPP,

[45] Ac. nº 207/2003, de 28.4.2003 (disponível em http://www.tribunalconstitucional.pt).

[46] Cf. o Ac. do STJ, de 2.2.1988, relativo ao proc. nº 039130 (*BMJ* 374, 381 ss.).

[47] Neste sentido, cfr., o Ac. do TRL, de 30.10.2008, relativo ao proc. nº 8324/08-9 (*CJ* 209 IV 2008) considerando haver abusiva intromissão na vida priva e violação do direito à imagem a captação

apenas poderão integrar o processo-crime as provas obtidas licitamente, o que não seria o caso tido em conta atendendo-se ao crime p. e p. no art. 199º do CP. A captura da imagem não é fruto de um mero acaso, com que todos lidamos, admitimos e partilhamos no "risco da vida em sociedade". Aqui, a pessoa passa a ser o objeto da captura.

Diferente é o registo de imagem em local público realizado, por exemplo, por um turista (num jardim, ou junto a um monumento, etc.) que capte acidentalmente um casal de namorados. Trata-se de uma conduta atípica[48] do ponto de vista da incriminação do art. 199º do CP, pois o registo de imagem das pessoas que surgem em tais fotografias é meramente acidental. A imagem das pessoas será fruto de um mero acaso, não sendo objeto concreto das mesmas. Admitindo-se que se regista elementos indiciadores de um crime, nesta ordem de ideias, a prova seria licitamente valorada em sede processual. Na hipótese inversa, tratando-se de um detetive privado (na ânsia de apanhar em flagrante o cônjuge infiel do seu cliente), ou mesmo de um OPC, que visam captar a imagem de pessoas concretas em locais públicos, seria um comportamento típico daquela incriminação, prejudicando assim a sua valoração processual[49].

Se fosse livre a obtenção de imagem em locais públicos não teria o legislador sentido necessidade de prever um regime especial de recolha de imagem (imagem ou som isolados ou imagem e som concomitantes) mediante prévio despacho judicial (como é o caso do mecanismo previsto no art. 6º da Lei nº 5/2002, de 11 de janeiro). Até porque a extensão do regime das interceções comunicações às "conversações entre presentes", nos termos do art. 189º do CPP, apenas dá cobertura ao registo áudio/som e sempre com prévia decisão judicial, não valendo por isso para este efeito.

de imagem através de um sistema de vídeo (não autorizado, nem sequer contendo qualquer informação da sua existência) num bar escolar no qual se registou um crime de furto, cominando com nulidade de prova nos termos do art. 126º, nº 3, do CPP. No referido Ac. sustenta-se que nos "casos em que tais gravações não se encontram a coberto de uma decisão judicial ou disposição legal que as prevejam ou as legitime". *Vd.* igualmente o Ac. do TRP de 23.4.2008, relativo ao proc. nº 6077/07 (*CJ* 205 II 2008) debruçando sobre um caso muito idêntico (no âmbito de um estabelecimento comercial onde foi instalado um sistema de vigilância não autorizado). Também neste sentido, cfr. o Ac. do STJ, de 14.1.1999 (*CJ*, Acs. STJ I 1999) e o Ac. do TRL, de 13.10.2004, relativo ao proc. nº 5150/2005-3, (disponível em http://www.dgsi.pt).

[48] Também neste sentido, Costa Andrade, 2012c: 1214-1215.

[49] Não é de sufragar por isso o Ac. do STJ, de 2.2.1988, relativo ao proc. nº 039130 (*BMJ* 374, 381 ss.), que, invocando "justa causa" considerou licitas as imagens obtidas do arguido em encontros e atos da sua vida particular em locais públicos que permitiram depois a sua condenação penal. A "justa causa" (na redação do então art. 178º, nº 2, do CP) corresponderia ao interesse na "descoberta da verdade material". Também criticamente, Costa Andrade, 2012c, 1228.

Tem-se objetado a esta posição a ideia de que esta proteção não pode ser superior àquela que expressamente resulta da aplicação do art. 126º, nº 3, do CPP[50]. A objeção é lógica e bem construída desse ponto de vista. Se os direitos à palavra e à imagem se destacaram da reserva da intimidade privada, então já não gozam do estatuto daquela (nomeadamente ao nível das proibições de prova). Porém, não procede. Como se demonstrou, poderá haver casos em que os direitos à imagem e à palavra comunicam com o direito à reserva da intimidade privada, gozando assim desta tutela superior (*ex vi* art. 126º, nº 3, do CPP, além do art. 32º, nº 8, da CRP). E mesmo quando tal não suceda, e apenas seja afetado o direito à imagem, a sua proteção não poderá ser inferior à intromissão abusiva na vida privada (*ex vi* art. 167º do CPP e art. 79º do CC), como tem sido jurisprudência maioritária[51]. O espaço público não eclipsa o ser individual e o seu legítimo direito ao anonimato no espaço global.

Obviamente, este direito ao anonimato, como também não é absoluto, depende da valoração concreta. Por exemplo, não goza de igual estatuto a pessoa cuja notoriedade ou cargo público que desempenhe seja incompatível com o grau de proteção do anonimato (salvo a proteção da esfera íntima/privacidade, sempre garantida em qualquer circunstância, mesmo que pública).

Recorde-se, a este propósito, os vários arestos, já recenseados, da jurisprudência alemã (e do TEDH) sobre o abrevidamente chamado "caso Carolina". Na nova orientação do BVferG, e utilizando um "novo conceito de tutela" de acordo com a "expetativa legítima" do visado, valorados casuisticamente segundo juízos de ponderação de interesses[52], já permitem uma tutela mais efetiva do direito à imagem dos visados do que aquela que decorria da generosa fluidez da figura da "personagem da história contemporânea" segundo um critério de "separação espacial" de acordo com a orientação inical[53]. Evolução, recorde-se, provocada

[50] Assim, o Ac. do TRC, de 23.04.2003, relativo ao proc. nº 943/2003 (*CJ* 165 II 2003); o Ac. do TRC de 22.01.2002, relativo ao proc. nº 2436/02 (*CJ* I 2003) permitindo a captação de imagens em parques públicos sem necessidade de prévia decisão judicial; e ainda os Ac. do TRP, de 16.11.2005, relativo ao proc. nº 5267/05 (*CJ* 186 V 2005), e de 27.04.2005, relativo ao proc. nº 0414638 (disponível em http://www.dgsi.pt), ambos sobre recolha de fotografias do arguido em locais públicos.

[51] Assertivamente, o citado Ac. do TRL, de 13/10/2004, relativo ao proc. nº 5150/2005-3, (disponível em http://www.dgsi.pt): "VII – Um OPC só pode recolher fotografias dos arguidos enquanto eles conversam na via pública com prévia autorização judicial (artigo 6º da Lei nº 5/2002, de 11 de Janeiro). VIII – Se bem que essas fotografias, pelo seu conteúdo, não violem a privacidade das pessoas que nelas figuram, a sua obtenção e utilização constituem um ilícito penalmente sancionável, nos termos das alíneas a) e b) do nº 2 do artigo 199º do Código Penal. X – Por isso, de acordo com o artigo 167º do Código de Processo Penal, não podem valer como prova".

[52] Cfr. *BVerfGE* 120, 80 = *NJW* 2008, 1793 – "Carolina II", de 26.2.2008.

[53] Cfr. *BVerfGE* 101, 361 = *NJW* 2000, 1021 – "Carolina I", de 15.12.1999.

pela condenação do Estado alemão pelo TEDH (Acórdão de 24.6.2004 – "Von Hannover v. Germany"), que ao recusar o conceito de "personagem da história contemporânea", dividiu o relevo público entre políticos, figuras públicas e pessoas privadas/comuns. O TEDH rejeitou também o critério da "separação espacial" (considerando relevante a expetativa legítima de tutela da imagem e da privacidade). Para o TEDH deve restringir-se o interesse público às imagens que contribuam para a "discussão de problemas de interesse geral". Consequentemente, apenas serão legítimas as fotografias em espaços públicos de políticos (e mesmo quanto a estes, no âmbito do exercício do cargo) ou quando muito de figuras públicas (nos atos manifestamente públicos em que as imagens possam ter relevo).

Também no caso de acontecimentos públicos (*v.g.*, concentrações, manifestações, marchas, etc.) não há igual proteção dado o relevo público informativo. Trata-se aqui de imagens colhidas no âmbito da liberdade de informação por parte dos meios de comunicação social, e não dos OPC, mas que posteriormente poderão ser utilizados em sede de investigação. O caso que originou o pedido de Parecer do Conselho Consultivo da PGR nº 45/2012 é disso exemplo. Os manifestantes que porventura tenham provocado tumultos não gozam de idêntico estatuto de anonimato em relação às imagens registadas pelos jornalistas. Mas a utilização de meios de registo de imagem pelos OPC depende de prévia permissão legal, que não sendo enquadrável em nenhum dos regimes em vigor, só pode determinar a ilicitude substantiva (art. 199º do CP) "a que terá de corresponder uma invencível *proibição de valoração em processo penal*"[54].

Poder-se-á valorar provas obtidas através do registo de voz e/ou imagem sem prévia autorização judicial, mormente nos casos em que posteriormente se proceda a uma ponderação de interesses que leve à exclusão da ilicitude (da obtenção)? Em suma, poder-se-ão validar *ex post* tais provas (obtidas, ao menos *ab initio*, ilicitamente)?

O problema coloca-se do seguinte modo: *quid juris* se o registo de voz e/ou imagem for obtido ilicitamente (por falta de permissão normativa ou prévia decisão judicial) mas ainda assim satisfazer um direito ou interesse mais preponderante? Recorde-se para este efeito que a consequência desta resposta pode ser de importância vital: caso se considere a conduta como lícita, a prova obtida será lícita e como tal, por regra, admissível, podendo integrar o processo-crime por via do art. 167º do CPP.

Por um lado, discute-se se, nestes casos excecionais, poderá ser excluído do tipo penal (nomeadamente do crime p. e p. no art. 199º do CP) a afetação do direito à imagem. Ou, se ao invés, se poderá excluir a ilicitude, através das tra-

[54] Costa Andrade, 2012c: 1229, itálico no original.

dicionais causas de justificação (*maxime*, a legítima defesa e o direito de necessidade) ou por via de novas figuras excludentes da ilicitude. Entre nós, tem vingado a tese da exclusão da ilicitude por via das tradicionais causas de exclusão, desde logo pela desnecessidade de figuras rebuscadas, acrescendo a igualdade e segurança do direito. São clássicos exemplos a extorsão, ameaça de bomba, coação ou ameaças que gerem um receio tão elevado que leve o ofendido a gravar as chamadas telefónicas. Fica excluída a ilicitude do crime de gravação ilícita por legítima defesa. Do lado oposto, encontram-se situações como a simples (e provavelmente irrepetível) injúria em que não se pode falar de igual compressão, dado que a mesma se esgota na própria comunicação, ou outras situações que configurem um perigo futuro[55].

Mas os exemplos poderão ser imensos e nem sempre fáceis de enquadrar. Merece reflexão o caso[56] dos inspetores, da antiga Inspeção Geral de Trabalho, que solicitaram o pagamento de certa quantia, em troca do arquivamento de processos contraordenacionais em que o estabelecimento do ofendido era visado. A abordagem (criminosa) foi realizada primeiro por telefone e depois numa conversa presencial na sequência de uma rotineira ação de fiscalização. Um interveniente, suspeitando da abordagem de um inspetor, deixou o seu telemóvel no modo de gravação, registando assim a conversa mantida entre um inspetor e um representante do ofendido no qual se consumou o crime de corrupção passiva para ato ilícito. Foi considerado pelo MP e pelo JIC (ao validar posteriormente tal entendimento), que o registo fonográfico (som) da conversa constituía uma gravação realizada no exercício de um direito de defesa do ofendido e ao abrigo de um direito de necessidade, prevalecendo sobre o direito à palavra do arguido. Até porque tal gravação era "absolutamente necessária à prova dos factos em investigação" (por crime que "integra a categoria da criminalidade altamente organizada"), sendo assim "admitida como prova, nos termos do art. 167º"[57].

[55] Neste sentido, Costa Andrade, 2012c: 1224. Valorando também como meio não proibido de prova a "cassete que contém a gravação automática da mensagem de ameaças ditada pelo arguido para o telemóvel com gravador ofendido, quando se tratar do único meio prático eficaz de garantir ao ofendido o seu direito de protecção contra a vitimização repetida e secundária", Pinto de Albuquerque, 2011: 327.

[56] Caso reportado por Santos, 2009: 170.

[57] Santos, 2009: 170. Publicam-se no referido texto as alegações da Magistrada do MP perante o TRL em sede de recurso interposto da decisão do JIC que, após confirmar a validade da gravação, indeferiu o pedido do MP para que ordenasse a transcrição e junção aos autos. De igual modo se publica a respectiva Decisão Sumária do TRL (de 17.6.2008) que, vinculada ao objecto do pedido, se limitou a rejeitar o recurso por entender que a competência para a transcrição é do MP. Em sede de recurso estava apenas em causa saber se o MP teria poderes para ordenar a trancrição para os

A solução dada merece reflexão mais profunda pois, e independentemente de um facto isolado não constituir automaticamente um comportamento que integre o conceito de "criminalidade altamente organizada" ou "criminalidade organizada", não deve lançar-se mão de um método oculto (particularmente lesivo de direitos fundamentais), ainda que por particular, sem que este tenha tentado sequer as vias adequadas do *ius imperii*, através do contato com as instâncias formais de investigação (que necessariamente tomariam as medidas adequadas, quiçá a legítima escuta ambiental). Não que se recuse uma ponderação de interesses. Ponderação essa que o Acórdão do TC nº 263/97, de 19 de março, também procedeu em matéria distinta[58] mas que fornece um critério de admissibilidade.

Não obstante, a questão substantiva é controvertida, e já se sustentou a exclusão da tipicidade do comportamento dos particulares que gravam as tentativas de extorsão (e bem assim do crime de corrupção ou a consumação dos crime de coação, ameaças ou extorsão), com base no argumento segundo o qual quem ultrapassa os limites dos direitos à palavra e à imagem, renuncia ao seu domínio exclusivo e que a ordem jurídica não protege o uso imoral daqueles direitos[59].

A esta solução tem-se oposto de forma generalizada a doutrina e jurisprudência pois tal significaria uma visão moral da esfera normativa que "mal se compreenderia que o direito, e em particular o direito penal, abandonasse as pessoas de qualquer modo em práticas imorais ou ilícitas"[60]. A ponderação correta destes casos deve operar em sede de causas de justificação, mediada pelo exigente critério de ponderação de interesses – contribuindo decisivamente a (im)possibilidade de recurso em tempo útil aos órgãos de investigação para a proteção das vítimas. Uma ponderação que não deve perder de vista o caráter "muito excecional"[61].

autos após validação pelo JI (tese sustentada pelo JIC e pelo TRL) ou se tais poderes apenas competiam ao JIC (tese do recorrente – MP).

[58] Cfr. Ac. nº 263/97, de 19.3.1997 (disponível em http://www.tribunalconstitucional.pt), no qual o TC admitiu a ponderação de interesses no âmbito de uma ação de divórcio litigioso em que a autora teria apresentado fotografias obtidas ilicitamente. Considerou o TC que o direito à imagem do fotografado poderia ceder face ao direito à integridade moral da autora. "Enfim, sempre aqueles direitos colidiriam com o *direito à integridade moral* da autora, que esta pretendeu salvaguardar com a alegação dos factos constantes do articulado superveniente e a apresentação de fotografias – direito igualmente com assento constitucional (nº 1 do artigo 25º da CR) – devendo aqueles ceder o passo a este" (itálico no original).

[59] Assim, BGHsT, 14, 358, 365 = NJW 1960,1580-1581.

[60] Costa Andrade, 2012c: 1219.

[61] Nas palavras de Damião da Cunha, 2017: 110, exigindo para este efeito um juízo paralelo aquele que deve ser feito "em situações idênticas às que serviriam de legitimação aos órgãos de polícia

Deverá ponderar-se de que modo é que o recurso em tempo útil aos meios (lícitos) processuais adequados poderia acautelar de modo aceitável os fins e interesses de terceiros ou da investigação. Utilizando-se este critério na ponderação de interesses que possa ser realizada, não se pode admitir que, por regra, a prova obtida com a gravação/captação de imagem fora dos casos de permissão normativa e de prévia autorização judicial. Consequentemente, também não se pode admitir a junção aos autos de tais provas (proibidas), nem a sua validação posterior, tal como a jurisprudência tem acentuado[62]. A velha máxima de que os fins não justificam todos os meios encontra aqui total aplicação[63].

2.2.4. Imagens não permitidas – proibição de valoração

Fora dos casos legalmente previstos em que seja permitida a captação de imagem[64], qualquer registo de imagem obtido não pode ser junto ao processo, nos termos do art. 167º do CPP. "As reproduções fotográficas, cinematográficas, fonográficas ou por meio de processo eletrónico e, de um modo geral, quaisquer reproduções mecânicas só valem como prova dos factos ou coisas reproduzidas se não forem ilícitas, nos termos da lei penal".

Será ilícito quando constituir crime nos termos do art. 199º (ou 192º) do CP (e desde logo por não haver consentimento/acordo do visado, nem nenhuma causa dirimente da responsabilidade), ou quando não for excluída a ilicitude por uma permissão da ordem jurídica.

criminal para realizar a diligência por sua própria iniciativa" apelando ainda a uma necessária "consagração legal" quanto ao regime da lei nº 5/2002, de 11 de janeiro.

[62] Assertivamente, Ac. do STJ, de 14.01.1999 (*CJ*, Acs. STJ I 1999): "o propósito de carrear provas para o processo penal não pode, enquanto tal, excluir a ilicitude das gravações efectuadas por particulares sem o consentimento do visado. A "justa causa" prevista no art. 179º do C.P. tem de reportar-se a interesses, valores ou bens jurídicos transcendentes ao processo penal, tais como o direito à vida ou à integridade física, valores estes que devem encontrar-se perante um efectivo e actual perigo. Destinando-se as gravações feitas por particulares e sem o consentimento do visado a ser utilizadas para efeitos probatórios, estamos perante provas proibidas, provas nulas".

[63] Como refere Costa Andrade, a "prossecução das finalidades *(repressivas)* imanentes ao processo penal, *maxime* a descoberta da *verdade material*, não legitima a *produção – por particular ou por autoridade pública – à margem de consentimento* ou de expressa *autorização legal* de gravação, fotografia ou filme" – Costa Andrade, 2012 c: 1226, itálico no original.

[64] Para além dos casos já referenciados destinados à investigação criminal, proliferam diversos regimes avulsos que constituem habilitação legal para captação de imagem, nomeadamente para fins de prevenção criminal atendendo a riscos acrescidos devido à natureza de certas atividades ou espaços, de que é paradigma o regime relativo às medidas de segurança (que impõe a obrigatoriedade de sistemas de videovigilância) em estabelecimentos de restauração ou de bebidas que disponham de espaços ou salas destinados a dança ou onde habitualmente se dance, incluindo os integrados em empreendimentos turísticos, se acessíveis ao público em geral, aprovado pelo Decreto-lei nº 135/2014, de 8 de setembro, recentemente alterado pela Lei nº 35/2019, de 24 de maio.

A eventual produção, utilização ou valoração também poderá estar prejudicada pelo regime das nulidades de prova, nos termos do art. 126º, nº 3, do CPP (e diretamente, nos termos da proteção constitucional decorrente do art. 32º, nº 8), quando interfira com o âmbito da privacidade. Não havendo afetação da privacidade, mas uma "mera" lesão do direito à imagem, a cobertura constitucional do art. 26º não deixa contudo de impor a ilicitude da prova e a consequente não admissibilidade de junção ao processo por via do art. 167º do CPP. A regra será a da continuidade entre ilicitude penal e inadmissibilidade de obtenção, produção e valoração processual[65].

III. O registo de imagem ao abrigo do regime da Lei nº 5/2002, de 11 de janeiro

1. Finalidade: combate ao crime organizado – exigência de crime do "catálogo"

Com o objetivo de combater a criminalidade organizada e económico-financeira (crime organizado), o legislador criou um regime avulso de obtenção de meios de prova com a Lei nº 5/2002, de 11 de janeiro, incluindo no seu art. 6º uma permissão normativa de obtenção de registo de voz e imagem. Em nome da eficácia ao combate ao crime organizado, permite-se mais do que o CPP faculta; com menos exigência ao nível dos requisitos e (supostamente) de modo mais célere. Trata-se de um regime especialmente mais gravoso na medida em que desde logo, e expressamente se autoriza a recolha de imagem para efeitos de investigação criminal. É por isso um portentoso meio no combate a este tipo de criminalidade, ou por outras palavras, mais um caso de resposta do sistema em nome do "interesse punitivo qualificado". Embora por vezes também se exagere na real capacidade de rendimento[66] destes meios, pois a convicção de que a prova surgirá, cedo ou tarde, também faz esmorecer a procura da verdade através de outros meios menos gravosos mas que podem ser tão ou mais eficazes.

Antes de mais, deve atender-se a que o regime destes métodos de obtenção de prova apenas poder ser aplicado aos processos-crime relativos à investigação de "crimes de catálogo", nos termos do art. 1º daquele diploma. Contudo, o facto de uma conduta integrar um crime de catálogo (na letra do mesmo), não constitui

[65] Neste sentido, também COSTA ANDRADE, 2012d: 1226-1227, reafirmando que o princípio da legalidade (art. 18º da CRP) impõe a expressa permissão normativa para a intromissão em direitos fundamentais, tendo do lado adjetivo a consequente inadmissibilidade da prova e isto "independentemente do seu estatuto adjectivo-processual, nomeadamente no contexto das *proibições de prova*", itálico no original.

[66] Como refere MÁXIMO DOS SANTOS (2004: 99), a "ideia perversa de que a vigilância permanente tudo resolve porque tudo prevê", não passa, de facto, de um embuste.

imediatamente um processo-crime a que se possa aplicar este regime especialmente gravoso. É ainda necessário a demonstração de que tal conduta integra a categoria da criminalidade organizada e que, "para além de possuírem uma natureza adequada às características sócio-criminológicas do fenómeno da criminalidade organizada, devem ser de particular gravidade"[67]. Exige-se a demonstração do efeito indiciário[68] fornecido pelo catálogo.

A categoria "criminalidade organizada" constitui o parâmetro para definir as condutas que integram o catálogo (com deficiências evidentes na sua interpretação[69]), fonte do crivo de legitimação e critério teleológico na interpretação do catálogo. Não há por isso "nenhum efeito automático"[70] decorrente do crime integrar formalmente a lista do catálogo e só por isso aplicar-se o regime da Lei nº 5/2002, de 11 de janeiro. Em rigor, há apenas um efeito indiciário que não dispensa a comprovação concreta de que a conduta é reconduzível à criminalidade organizada e como tal sujeita à aplicação deste regime especial.

Sendo certo que há uma dificuldade acrescida com parte do catálogo. Nos termos do nº 2, do art. 1º da Lei em causa, aos crimes constantes nas alíneas *p)* a *r)* do nº 1 do art. 1º da Lei nº 5/2002, de 11 de janeiro, apenas poderá aplicar-se o regime daquela Lei quando os mesmos tiverem sido cometidos de "forma organizada". O efeito indiciário que este catálogo fornece torna-se neste âmbito ainda mais patente, sendo necessário o recurso a uma comprovação complementar de acordo com o conceito de criminalidade organizada[71]. Pode, em síntese, distinguir-se dois grupos de condutas e respetivo efeito indiciário daquele conceito. Num primeiro grupo, às condutas que integram as als. *a)* a *o)* do nº 1 do art. 1º da Lei nº 5/2002, de 11 de janeiro, presume-se que se trata de criminalidade organizada (uma presunção que, ainda assim, pode ser elidida e que gera um efeito indiciário mas não automático). E, num segundo grupo, diferentemente, tratando-se das condutas previstas nas als. *p)* a *r)* do nº 1 do mesmo preceito, não opera aquela presunção, pelo que haverá que determinar da existência de criminalidade organizada. Em qualquer caso, o conceito de criminalidade organizada é

[67] Figueiredo Dias, 2008b: 28.

[68] Neste sentido de efeito indiciário do catálogo, *vd.* Silva Dias, 2010: 23-47.

[69] A título de exemplo, no art. 1º, nº 1, alínea *l)* refere-se os crimes de "tráfico e viciação de veículos furtados". Bem se compreende que é necessário algum esforço interpretativo para a determinabilidade dos crimes concretos compreendidos naquela alínea. Tem que se recorrer, neste caso, ao CPP para se obter resposta, nomeadamente no lugar paralelo fornecido pelo art. 215º, nº 2, alínea *b)*, do CPP. Tratando-se de um caso que integra o nº 2 do art. 1º da Lei nº 5/2002, de 11 de janeiro, ainda ter-se-á de demonstrar que as condutas foram praticadas de "forma organizada", *vd.* Gouveia de Caires, 2012: 478-479.

[70] Gouveia de Caires 2012: 476-477.

[71] Cf., desenvolvidamente sobre a problemática, Gouveia de Caires, 2012: 478-486.

pressuposto de legitimação da intervenção deste regime, cabendo às autoridades judiciárias um relevante papel neste âmbito.

2. O regime de registo de imagem previsto no art. 6º

De acordo com o expresso no art. 6º daquela Lei admite-se o registo de voz e de imagem, por qualquer meio, sem consentimento do visado, verificados os seguintes requisitos:

i) Quando necessário para "a investigação de crimes referidos no art. 1º";
ii) Mediante "prévia autorização ou ordem do juiz, consoante os casos"; e
iii) Aplicando-se, "com as necessárias adaptações, as formalidades previstas no art. 188º do Código de Processo Penal".

Nada mais consta na Lei nº 5/2002, de 11 de janeiro. Ainda assim, e do que consta expressamente, podem retirar-se as seguintes características que constituem garantias do visado: i) convocação do crivo da necessidade para a investigação de crimes do catálogo; judicialidade plena assegurada pela prévia autorização/ordem judicial; e respeito pelas formalidades do art. 188º do CPP[72].

Na análise deste regime destaca-se o facto de o mesmo constituir um complemento ao regime do CPP (mormente ao regime dos arts. 187º a 189º). Enquanto no regime do CPP nunca se admite o registo de imagem (nem mesmo na extensão do art. 189º[73]), na Lei nº 5/2002, de 11 de janeiro, o registo de imagem é permitido. O que não deixa de ser mais um caso de permissão da ordem jurídica, com vantagem acrescida de constituir um meio de obtenção de prova expresso para os fins de investigação criminal. Vai para além da videovigilância autorizada ou de outras autorizações legais noutros regimes avulsos (com finalidades distintas). Não substitui, contudo, o CPP, que continuará a ser aplicável e de utilidade vital.

Podem ainda existir zonas de sobreposição de regimes. Basta pensar-se num pedido de escuta ambiental com recurso à obtenção de imagem e som do visado no âmbito da investigação de crimes de tráfico de estupefacientes p. e p. no art. 21º, nº 1 do DL nº 15/93, de 22 de janeiro. Pode facilmente supor-se que poderá preencher os requisitos do (i) regime da interceção de comunicações telefónicas aplicável por extensão (art. 189º do CPP) e simultaneamente do (ii) regime da Lei nº 5/2002, de 11 de janeiro (bastando a demonstração de que se trata de criminalidade organizada e da necessidade para a sua investigação). Naturalmente que, demonstrada *in casu* a criminalidade organizada (bem como a necessidade

72 São igualmente requisitos cumulativos como refere Rodrigues de Almeida, 2004: 110.
73 Em sentido contrário, cf. Ferreira Monte, 2004: 99.

para a investigação), o recurso ao regime da Lei nº 5/2002, de 11 de janeiro, será preferível pois abrange o som e a imagem, enquanto no regime do CPP ficará limitado ao som.

2.1. Complementaridade face ao CPP: o requisito da "necessidade"

O CPP continua a ser complementar deste regime avulso. Por um lado, na definição dos crimes que integram o catálogo (*v.g.*, a interpretação da cláusula "tráfico e viciação de veículos furtados" no catálogo da Lei nº 5/2002, de 11 de janeiro[74]). E por outro, no próprio regime do registo de imagem dada a extrema simplicidade que o legislador utilizou. É, ainda assim, necessário o recurso a outro substrato sistemático que só o CPP pode fornecer para preencher as lacunas.

Surge como primeiro requisito do regime de registo de imagem a necessidade para a investigação. Excluem-se desde logo outros fins que não a investigação criminal, nomeadamente a prevenção.

Qual o conteúdo do crivo da necessidade? Antes de mais, deve ter-se em conta os pontos de apoio e lugares paralelos que a própria Lei nº 5/2002 de 11 de janeiro, fornece. Assim, enquanto para efeitos de quebra do segredo profissional é exigido um "interesse para a descoberta da verdade" (art. 2º, nº 1), já no controlo de conta bancária e suspensão de movimentos requer-se um "grande interesse" (art. 4º, nº 2). Intra-sistematicamente, e como ponto de partida, o critério legal da "necessidade" em matéria de registo de imagem parece aproximar-se ao critério da necessidade para efeitos de quebra do sigilo profissional, previsto no art. 2º, nº 1 da mesma Lei. Afasta-se da exigência do "grande interesse" para efeitos de controlo de conta bancária e suspensão de movimentos (art. 4º, nº 2).

Já do ponto de vista do sistema processual como um todo, e recorrendo subsidiariamente ao CPP, também significa que a necessidade para a investigação se distancia do critério da indispensabilidade/imprescindibilidade do regime do CPP (art. 187º)[75]. Também nesta matéria a Lei nº 5/2002, de 11 de janeiro, adquire novo fôlego e acrescenta uma vez mais ao regime do CPP, porém não o dispensa totalmente dada a necessidade de comparação com o regime geral.

[74] Só recorrendo ao lugar paralelo fornecido no regime geral do CPP (art. 215º, nº 2, alínea *b*), do CPP) poderá encontrar-se um conjunto de condutas que integrem o catálogo da Lei nº 5/2002, de 11 de janeiro.

[75] Em sentido ainda mais exigente, cfr. Ac. do TRP, de 22.3.2006, relativo ao proc. nº 2406/04, (*CJ* 190 II 2006) aproximando-se da imprescindibilidade na medida em que restringe aos casos em que "seja impossível ou extremamente difícil obter prova por outro meio menos danoso para o direito à imagem e à reserva da vida privada do visado".

Mas, a "necessidade" pressuposta no art. 6º, apesar de diferente da indispensabilidade do CPP, não é sinónimo de um interesse subsidiário ou adminicular. Será de se exigir que represente um interesse relevante, e não qualquer interesse ou o primeiro meio para a investigação. Ou seja, não sendo exigível a imprescindibilidade, também não basta alegar que se trata de investigação relativa à criminalidade organizada para que a primeira (e porventura, única) diligência seja o recurso ao registo de imagem. A ponderação de interesses feita pelo legislador num primeiro momento apriorístico (em abstrato), carece de comprovação no caso concreto de um interesse relevante como exigência mínima da proporcionalidade e constitucionalmente exigível. Esta ponderação de interesses deve resultar expressamente do despacho judicial que ordenar ou autorizar o registo de imagem, não sendo suficiente a utilização de fórmulas genéricas. Como se verificou no Acórdão do TRL relativo ao caso do tráfico de estupefacientes no "snack-bar"/café, a escassez investigatória (aí por demais evidente) impediu o recurso ao regime do registo de imagem da Lei nº 5/2002, de 11 de janeiro.

Mesmo face ao regime paralelo do art. 187º, nº 1, do CPP, o facto de integrar o catálogo do mesmo não dispensa o crivo concreto da necessidade qualificada, não podendo recorrer-se à interceção de comunicação telefónica de ânimo leve, mesmo que se trate da investigação de um crime eventualmente merecedor da pena máxima permitida pelo CP (*v.g.* o homicídio).

O recurso ao regime da Lei nº 5/2002, de 11 de janeiro não depende da gravidade do crime pressuposta pela pena máxima abstratamente aplicável. Por exemplo, um caso de homicídio (eventualmente qualificado e como tal suscetível de ser aplicada a pena máxima do sistema português, 25 anos) não releva para o efeito de aplicação deste regime. O que releva é que se trate de crime organizado do catálogo daquele diploma, que presume uma dificuldade acrescida na investigação devido à complexidade do crime e à acrescida dificuldade investigatória. Não necessariamente à gravidade do crime demonstrada pela pena.

Foi o que se passou no caso descrito no Acórdão do TRL, de 27/2/2008, relativo ao proc. nº 10898/2007-3, (disponível em http://www.dgsi.pt). No âmbito de uma investigação de um crime de homicídio, dois suspeitos estavam presos num estabelecimento prisional de Ponta Delgada. O MP requereu uma escuta ambiental (alegando a extrema dificuldade de investigação e no facto de a Lei nº 5/2002, de 11 de janeiro, permitir escutas para crimes menos graves), para que fosse captada uma eventual conversa entre ambos dentro da cela. Aliás, até já teria sido obtida aprovação dos serviços competentes para transferi-los para um estabelecimento prisional de Lisboa de modo a que pudessem partilhar uma cela e assim pudesse ser realizada a referida escuta. O JIC e o TRL negaram tal possibilidade porque a cela seria o domicílio dos arguidos e porque a gravidade do crime não era critério suficiente para a realização da escuta e, estranhando até o facto de haver pistas que a investigação ainda não tinha esgotado. Uma vez mais é patente que a tentação pelo recurso a um método oculto como primeira linha de investigação não é admissível, em especial num caso excluído do catálogo teleologicamente dirigido ao combate ao crime organizado e não aos crimes com penas graves.

2.2. O requisito da prévia decisão judicial (e o acompanhamento próximo e controlo do conteúdo)

Ao abrigo do art. 6º, nº 2 da Lei em análise, o registo de imagem só pode efetuar-se mediante prévio despacho judicial[76] que ordene ou autorize o mesmo. Naturalmente que todo o despacho é fundamentado, mas nunca é demais realçar: a fundamentação deve incluir expressamente a ponderação de interesses realizada entre a necessidade relevante para a investigação (em concreto) em detrimento do direito fundamental à imagem do visado. Uma "fundamentação autónoma e suficiente"[77]. A ponderação deve incorporar os princípios da proporcionalidade e da subsidiariedade como mencionado no Acórdão do TRL relativo ao caso do tráfico de estupefacientes no "snack-bar"/café. O recurso ao método oculto deve ser proporcional ao fim concreto do processo-crime, não devendo constituir a primeira atividade investigatória. Deverá recorrer-se a outros métodos (mesmo ocultos) que constituam uma intromissão menor de direitos fundamentais.

Para tal, é necessário que, em fase de inquérito, o pedido seja devidamente instruído, não se refugiando em presunções abstratas/legais ou em fórmulas (abstratas) aplicáveis a todos os processos. Como no caso do tráfico de estupefacientes no "snack-bar"/café, para que o JIC possa efetuar a ponderação de interesses é necessário que fique demonstrado em primeiro lugar o interesse para a investigação. A evidente escassez de atividade investigatória impede qualquer promoção fundamentada que legitime a decisão do JIC.

De igual modo, exige-se também o "acompanhamento próximo" e um "controlo do conteúdo"[78]. Esta exigência decorre do regime da interceção das comu-

[76] Cfr., por todos, o referido Ac. do TRL, de 13/10/2004, relativo ao proc. nº 5150/2005-3, (disponível em http://www.dgsi.pt).

[77] COSTA ANDRADE, 2009b: 550.

[78] No sentido do Ac. do TC nº 4/2006, de 3/1/2006 (disponível em http://www.tribunalconstitucional.pt), totalmente transponível para o registo de voz e imagem da Lei nº 5/2002, de 11 de Janeiro. Exige-se um "acompanhamento próximo" e um "controlo do conteúdo" das conversações, com uma dupla finalidade: *(i)* fazer cessar, tão depressa quanto possível, escutas que se venham a revelar injustificadas ou desnecessárias; e *(ii)* submeter a um "crivo" judicial prévio a aquisição processual das provas obtidas por esse meio (cf. DAMIÃO DA CUNHA, 2004: 50-56). Exigindo também a proximidade temporal no âmbito da Lei nº 5/2002, de 11 de janeiro, e ainda antes da Revisão do

nicações telefónicas (art. 188º, nºs 5 e 6, do CPP), mas cuja remessa por via do art. 6º, nº 3, da Lei nº 5/2002, de 11 de janeiro, em nada obsta.

O prévio despacho judicial deve conter além da referida fundamentação, o prazo e a identificação do visado. E está sujeito aos requisitos de substância e de forma emergentes do art. 187º, nºs 4 a 8 (por analogia) e do art. 188º do CPP.

Já se sustentou que apenas seriam aplicáveis os requisitos de forma previstos no art. 188º do CPP dado que o art. 6º, nº 3, da Lei nº 5/2002, de 11 de janeiro, só se refere às "formalidades" daquele preceito e com as devidas adaptações[79]. Porém, ainda que assim fosse, restariam perguntas às quais o regime atomístico da Lei nº 5/2002, de 11 de janeiro, não responderia. Nomeadamente, quem poderia ser visado? Até quando/prazo? Qual o regime dos conhecimentos fortuitos? Como é evidente, só da convocação dos referidos requisitos constantes no art. 187º, nºs 4 a 8, do CPP, se poderá alcançar as respostas necessárias. A restrição de direitos fundamentais não se compadece com a falta de determinabilidade que se geraria caso não se aplicasse subsidiariamente aquele regime do CPP.

Exige-se, portanto, que o prévio despacho judicial seja fundamentado e respeite todos os requisitos de forma e de substância previstos no art. 187º, nºs 4 a 8 (por analogia) e no art. 188º do CPP[80].

CPP de 2007, *vd.* Rodrigues de Almeida, 2004: 115. No Ac. do TRE, de 18.11.2008, relativo ao proc. nº 2527/08, (CJ, 210 V 2008), defendeu-se de modo idêntico e expresso: o "acompanhamento judicial contínuo impõe-se pela salvaguarda de direitos fundamentais, constitucionalmente consagrados, o que não encontra justificação quando o registo de imagem não é accionado".

[79] Assim, Ferreira Monte, 2004: 104.

[80] No mesmo sentido, Pinto de Albuquerque, 2011: 527-528. Na jurisprudência o entendimento não é uniforme. Para o TC (nomeadamente no referido Ac. nº 4/2006) exigiu-se a proximidade do acompanhamento, embora sem se exigir a indicação de prazo: "Não impõe a lei, de forma expressa, a fixação, no despacho de autorização de recolha de imagem e som, do respectivo prazo, o que, só por si, não implica quebra do acompanhamento judicial da operação que se tem por constitucionalmente exigido. E – embora este aspecto não tivesse sido inicialmente questionado pela recorrente – o acórdão recorrido demonstrou que, no caso, da recolha de imagem e som foram lavrados, com periodicidade tida por aceitável, os respectivos autos, apresentados ao juiz com os correspondentes elementos de suporte, que foram objecto de subsequentes visionamentos por parte do juiz de instrução criminal, em termos de assegurar um efectivo e atempado controlo judicial da execução da operação, conclusão esta que merece acolhimento". No Ac. do STJ de 12.7.2007, relativo ao proc. nº 07P1771, (disponível em http://www.dgsi.pt) sustentou-se que "não fazendo parte dos pressupostos substanciais a fixação de prazo para a recolha da voz ou de imagem, que teve lugar durante o inquérito e que foi devidamente autorizada pelo juiz de instrução criminal, não se encontra ferida de nulidade a prova obtida por esse meio". E por fim, nos Acs. do TRE, de 18.11.2008, relativo ao proc. nº 2527/08, (CJ, 210 V 2008), e do TRL, de 24.3.2009, relativo ao proc. nº 25/08.8PJLRS-A-5, (disponível em http://www.dgsi.pt), defendeu-se o cumprimento de todos os requisitos, de forma e de substância, do art. 188º, do CPP.

3. Problemas especiais: registo de imagem no domicílio? Utilização de quaisquer meios técnicos? Infiltração *online*?

Podem suscitar-se alguns problemas na aplicação do regime especial de recolha de imagem em análise. Nomeadamente saber se, à luz do regime da Lei nº 5/2002, de 11 de janeiro, pode recolher-se a imagem de visados com afetação do domicílio e se se pode utilizar qualquer meio tecnologicamente viável para o objetivo pretendido (registo de imagem).

Tem-se sustentado a favor da possibilidade de registo de imagem no domicílio do visado a ideia segundo a qual o direito à imagem coberto por este regime avulso é independente da proteção da vida privada[81]. O que significaria que poderia ser registada a imagem de pessoas no interior do domicílio nos termos do art. 6º.

Havendo falta de ponderação legal acrescida para afetar o domicílio, o vazio legal não pode ser suprido através de analogia – que, em rigor, não existe[82]. A ponderação legal expressa que pode afetar o domicílio em sede de "escutas telefónicas" (por natureza transitórias e fragmentárias pois apenas registam partes escassas da vida privada do suspeito), não é análoga ou sequer comparável à eventual obtenção de imagem em permanência da vida do visado no seu domicílio (regime muito mais invasivo de direitos fundamentais). Acresce que a consagração e âmbito de proteção dos direitos à imagem e à palavra *vs.* reserva da intimidade/privacidade não impede a comunicação entre os mesmos. E tal, só por si, significa que, dentro do domicílio, o eventual direito à imagem está consumido pela proteção (mais exigente) da reserva da intimidade da vida privada e da proteção constitucional do domicílio[83]. Por último, a ponderação de interesses abstrata a que o legislador procedeu apenas teve em conta o direito à imagem (e o direito à palavra) nos espaços públicos. Se assim não fosse, seria possível, uma clara afetação do domicílio baseada num crivo de "necessidade" (art. 6º da Lei nº 5/2002, de 11 de janeiro), que será sempre substancialmente inferior à indispensabilidade/imprescindibilidade (do CPP). Recorde-se que o domicílio é tratado com especial cautela pelo regime do CPP (nomeadamente, em matéria de buscas, de apreensões e quebra do segredo), o que significa que não pode haver uma descontinuidade de regimes sem a respetiva ponderação acrescida, que no atual quadro normativo não está prevista[84]. *De iure condendo*, poderia realizar-se

[81] Assim, Pinto de Albuquerque, 2011: 528, e Ferreira Monte, 2004: 88.

[82] Neste sentido, Gouveia de Caires, 2012: 530 ss.

[83] *Vd.* igualmente Rodrigues de Almeida, 2004: 113.

[84] Também sustentando a inadmissibilidade de afetação do domicílio por esta via, Damião da Cunha (2017: 111), quer por falta de lei expressa que legitime a lesão de um direito fundamental e a consequente decisão judicial que a concretize, quer por exigência da CRP que pressupõe a entrada no domicílio enquanto "diligência processual realizada publicamente (e não às ocultas)".

uma ponderação diferenciada em função dos espaços em que o visado se possa encontrar, pois a intromissão é diretamente proporcional ao local ser público/privado ou tratar-se do domicílio do visado.

No direito alemão, o legislador previu expressamente casos de ponderação acrescida que permitem a afetação do domicílio. No §100ºc da StPÖ, e após um processo legislativo conturbado em que o BVerfG "ditou" alterações significativas neste parágrafo[85], prevê-se a "grosse Lauschangriff" ("grande devassa"), que permite a interceção da comunicação entre presentes com afetação do domicílio no âmbito de um catálogo de crimes especialmente graves do ponto de vista da sua investigação, excluindo-se sempre a esfera íntima. Carece de prévio despacho judicial, com a duração limitada, e restrita aos crimes cuja investigação é mais complexa e em que se demonstre uma dificuldade acrescida para a sua investigação (catálogo mais exigente do que o das escutas telefónicas)[86]. Paralelamente, no §100ºf II da StPÖ está prevista a "kleine Lauschangriff" ("pequena devassa") relativa aos locais públicos ou que não constituam domicílio, sendo o catálogo mais amplo (igual ao das escutas telefónicas). Bem se compreende que o regime da Lei nº 5/2002, de 11 de janeiro, aproxima-se da "pequena devassa" dada a inexistência de um crivo mais exigente do que o das "escutas telefónicas".

Quer isto dizer que o registo de imagem mediante prévio despacho judicial nos termos da Lei nº 5/2002, de 11 de janeiro, não permite a obtenção de imagens do visado dentro do domicílio devido à especial proteção do mesmo (baseada no direito à reserva da intimidade), apenas permitindo em espaços que não constituam domicílio.

E a resposta mantém-se mesmo que os equipamentos utilizados estejam no exterior do domicílio[87] pois o que releva é a afetação funcional do domicílio e não o local aonde se encontram os meios técnicos (que dada a evolução tecnológica até poderão estar razoavelmente distantes do domicílio). Haverá lesão do domicílio do visado seja por introdução direta no interior do domicílio, quer por acesso remoto ou à distância ao interior do mesmo. O que releva, para este

[85] Cfr. Ac. do Primeiro Senado do Tribunal Constitucional Federal alemão/BVerfG, (*BVerfGE*, 109, 279 ss.). O Ac. foi proferido na sequência da aprovação da "lei de desenvolvimento da luta contra a criminalidade", de 4 de Maio de 1998 (BGBI I, p. 845), tendo declarado a inconstitucionalidade de parte daquela legislação (nomeadamente quanto ao regime da "vigilância acústica em habitações", também designada por "grosse Lauschangriff", por oposição à "kleine Lauschangriff" – "regime das comunicações entre presentes em locais públicos ou fora do domicílio"). Na sequência daquele Ac., foi aprovada a nova redação daquela lei (através da designada "lei de transposição do Ac. do Tribunal Constitucional Federal, de 3 de Março de 2004"), de 24 de Junho de 2005, BGBI.I, p. 1841.

[86] Cfr. Kress (2009: pp. 75-104) e Hirsch (2004: 90-94).

[87] Em igual sentido, Damião da Cunha, 2017: 111, nota 172.

efeito, à a afetação do direito fundamental e não o modo como tal é realizado. Não podem utilizar-se meios técnicos no exterior do domicílio para atingir o visado no interior daquele.

É bem verdade que a criminalidade organizada tem sofisticação e complexidade que até poderia utilizar a proteção do domicílio para a sua atividade, dificultando assim, e de modo substancial, a investigação. Mas face às dificuldades acrescidas ter-se-á de responder com um sistema aceitável, que proceda a ponderações acrescidas, a começar por expressa previsão legal e com certa densidade ou qualidade. O que porventura é desejável, mas, no que respeita a este aspeto, ainda não foi concretizado.

Relativamente ao conceito funcional de domicílio[88], deve considerar-se, para este efeito, como tal a habitação, o quarto de hotel, o quarto de hospital, as caravanas, as rulotes, as celas prisionais (como no caso, relatado supra, dos reclusos de Ponta Delgada)[89], ou até contentores que sirvam apenas para a habitação (por exemplo, dos trabalhadores de um estaleiro de obras). Para efeitos de igual proteção equiparam-se ao conceito de domicílio os espaços utilizados simultaneamente para habitação e outros fins (por exemplo, os contentores que de noite servem para acomodar os trabalhadores e durante o dia são utilizados como posto de trabalho) e os espaços destinados ao exercício de certas profissões que exigem uma especial relação de confiança (advogados e médicos).

Em qualquer caso, as conversas dos advogados com os arguidos estão igualmente protegidas e não podem ser objeto de registo de imagem. Esta proteção decorre, por um lado, do art. 187º, nº 5, do CPP, aplicável analogicamente, e, por outro lado, da esfera de proteção da vida íntima da pessoa visada. Excetuam-se, naturalmente, as conversas que constituírem elemento ou objeto do crime. Expressivo, a este propósito, foi o caso de um juiz espanhol que ordenou a interceção de comunicações entre os arguidos presos preventivamente com os seus advogados, mesmo na sala destinada a visitas destes com os seus representados (presos), sem que houvesse qualquer elemento que permitisse indiciar algum grau de participação dos advogados em fatos ilícitos[90]. O juiz acabou por ser condenado dada a total falta de elementos que permitissem suspeitar que os advogados dos arguidos presos preventivamente tivessem algum envolvimento nos crimes em causa.

Em conclusão: não pode ser autorizado o registo de imagem no domicílio. E, nos locais públicos, também não pode afetar-se a esfera íntima. Ou seja, não

[88] Entre nós, desenvolvidamente, cf. Costa Andrade, 2012d: 110-118.

[89] Assim também, o referido Ac. do TRL, de 27.2.2008, relativo ao proc. nº 10898/2007-3, (disponível em http://www.dgsi.pt).

[90] Acórdão do TS de 9.2.2012, proc. nº 20716/2009.

devem ser registados os monólogos (por constituírem o "diálogo do eu consigo mesmo", equivalentes ao diário), as conversas espirituais (entre o arguido e o confessor ou religioso) e as conversas íntimas familiares (no âmbito do núcleo alargado de família, englobando, pelo menos, aqueles que coabitam com o arguido, e abrangendo apenas as conversas íntimas, i.e., aquelas que respeitem ao núcleo essencial da intimidade familiar, como os sentimentos ou a orientação sexual).

Também não podem utilizar-se os meios de videovigilância autorizados com outros fins para a obtenção de meios de prova nos termos da Lei nº 5/2002, de 11 de janeiro. Por duas ordens de razões.

A primeira prende-se com as finalidades específicas e expressas para as quais aqueles sistemas são autorizados (a utilização permitida é restrita às finalidades preventivas expressas naqueles regimes)[91]. Recorde-se que aqueles sistemas não podem ser utilizados para tornar uma pessoa como objeto dos mesmos. O aproveitamento do registo de imagens obtidos com aqueles sistemas para a investigação criminal não é a finalidade da autorização/permissão legal daqueles sistemas.

A segunda ordem de razões tem a ver com a deslealdade e indignidade que tal comportaria. Todos teremos de admitir que podemos ser filmados por aqueles sistemas. E ainda assim é leal que assim seja na medida em que faz parte do risco acrescido que certos locais/atividades comportam. É admissível enquanto resposta a riscos acrescidos, mas nunca será admissível a utilização indiscriminada destes sistemas em todos os espaços públicos pelo simples facto de serem públicos (não é comportável um "big brother" que controle todo o espaço público, desde logo porque um tal sistema transforma todos os membros da comunidade em suspeitos permanentes). Do mesmo modo que tal seria desleal e indigno, também é desleal que no âmbito da Lei nº 5/2002, de 11 de janeiro, sejam utilizados aqueles sistemas criados para outros fins (um suspeito pode contar com a videovigilância, mas nunca com a reorientação de uma câmara criada para controlo de tráfego). Deverá realizar-se o registo de imagem através de meios específicos criados e autorizados para esse fim.

Tal como não podem utilizar-se sistemas de infiltração "online" (através de "malware" ou outros similares que acionem as câmaras dos dispositivos eletrónicos (por exemplo, computadores, telemóveis, "tablet PC", televisões, etc.) com vista à obtenção de imagens do visado, por tal constituir uma intromissão em tudo idêntica à busca "online", sendo aplicáveis idênticas cautelas. Em relação à

[91] Neste sentido, Rodrigues de Almeida, 2004: 113, referindo-se especificamente à reorientação das câmaras para a vigilância de um suspeito dentro do domicílio.

busca "online", o BVerfG no Acórdão de 27/2/2008[92] entendeu que a mesma só seria admissível quando prevista expressamente em norma legal, sujeita a prévia decisão judicial e apenas quando se verificar um perigo concreto para bens jurídicos importantes. Ou seja, e totalmente transponível para a questão em análise, tratando-se de um novo método oculto, não basta a atipicidade dos meios de prova, sendo necessário a previsão legal expressa (legalidade[93]), judicialidade, proporcionalidade e subsidiariedade.

A autorização que implique a violação destes limites (relativos à reserva da intimidade privada) ou dos limites decorrentes exclusivamente da violação do direito à imagem (por falta de permissão normativa e prévia decisão judicial) constitui prova inadmissível no processo penal nos termos do art. 167º do CPP, e independentemente do tipo de invalidade.

Nalguns casos, haverá mesmo prova proibida (art. 32º, nº 8, da CRP, nomeadamente por abusiva intromissão no domicílio) com a respetiva nulidade de prova nos termos dos arts. 126º, nº 3, do CPP (*v.g.*, a obtenção de imagem do visado no domicílio sem o seu consentimento e for a dos casos previstos/autorizados na lei). Não fica igualmente prejudicado o regime do art. 189º do CPP, na medida em que a remissão que a Lei nº 5/2002, de 11 de janeiro opera, deverá reportar-se também para as consequências e não apenas para o respeito das "formalidades"[94].

Noutros casos, poder-se-á aplicar tão só o regime da nulidade dependente de arguição, do art. 120º do CPP. É o que sucederá nomeadamente quando ocorrer a preterição de requisitos exclusivamente de forma, cujo regime não demanda aquela proteção reforçada (*e.g.*, a violação do prazo fixado no CPP para a apresentação das escutas ao JIC, tal como sustentado recentemente no Acórdão, de fixação de jurisprudência, do STJ nº 1/2018)[95]. Subscreve-se tal posição se o prazo for violado em momentos temporais escassos (minutos, horas ou poucos dias), não pondo em causa o princípio substantivo do acompanhamento próximo por parte

[92] 1BvR 370, 595/07, *BVerfGE*, 120, 274 ss., admitindo a "busca online" (infiltração "on line" em sistemas informáticos pessoais, podendo aceder-se remotamente a toda a informação, incluindo registos de imagem, som, vídeo, textos, etc.) desde que fundada na sua expressa previsão legal e aplicada por despacho judicial. Entre nós, tal busca só pode considerar-se ilegal na falta daquela permissão normativa (não sendo suficiente o princípio da atipicidade dos meios de prova). Neste sentido, também Paulo Pinto de Albuquerque, 2011: 527.

[93] Cf., sobre a temática, Silva Ramalho, 2013, pp. 195-243.

[94] Neste sentido, Rodrigues de Almeida, 2004: 114.

[95] "A simples falta de observância do prazo de 48 horas, imposto no nº 4 do art. 188º do CPP, para o Mº Pº levar ao juiz os suportes técnicos, autos e relatórios referentes a escutas telefónicas, constitui nulidade dependente de arguição, nos termos dos arts. 190º e 120º, ambos do Código de Processo Penal".

do Juiz de Instrução do resultado da escuta (e bem assim da recolha de imagem de pessoas/visados ao abrigo do art. 6º da Lei nº 5/2002, de 11 de janeiro). Porém, se não houver sequer a apresentação ao Juiz de Instrução ou se a apresentação for tão distante (semanas ou meses), a cominação de nulidade do art. 190º do CPP não pode traduzir-se em mera preterição de formalidade e como tal cominada com a nulidade dependente de arguição. Do que se trata é da violação do princípio material do acompanhamento judicial o que implicará necessariamente uma cominação mais grave: nulidade decorrente de proibição de prova do art. 126º, nº 3 por referência à proibição de prova do art. 32º, nº 8 da CRP, com o respetivo regime de prova proibida.

Provas Ilicitamente Obtidas por Particulares

José Neves da Costa

Síntese: O CPP português não regula explicitamente a exclusão de provas obtidas ilicitamente por particulares, deixando em aberto a questão de saber se estes indivíduos estão vinculados às normas processuais que regulamentam a obtenção de provas pelas entidades oficiais. Assim, no presente estudo procede-se a uma comparação crítica entre as soluções existentes à luz do Direito Comparado, seguindo-se uma análise do Direito Processual Penal português.

O caso:

1. Factos:

Em finais do ano 2007, AA recebeu, em envelopes sem identificação do remetente e sem qualquer carta ou explicação, cópias de documentos internos do Banco X relativos a operações de crédito a clientes, missivas dirigidas por *benefi-*

cial owners à sociedade cliente do Banco, procurações assinadas por administradores do X conferindo poderes a funcionários do Banco para celebrarem contratos ou para agirem enquanto representantes do mesmo que, por sua vez, havia sido mandatado pelas sociedades suas clientes.

Estes documentos indiciavam a prática de atividades ilícitas que foram denunciadas por AA ao Procurador-Geral da República, ao BdP e à CMVM, anexando à denúncia os documentos que a si chegaram.

2. Decisões:

Do processo contraordenacional nº 24/07/CO, decidido pelo Conselho de Administração do BdP, resultaram condenações em coimas e em diversas sanções acessórias para o Banco X e outros 7 arguidos. De tal decisão, foi interposto recurso para o 1º Juízo do Tribunal de Pequena Instância Criminal da Comarca de Lisboa, motivado, naquilo que aqui nos importa, pela alegada violação do dever de sigilo bancário que abrangia os documentos apresentados por AA, alegando os recorrentes que não se verificava qualquer uma das exceções que permitiriam o conhecimento dos mesmos, sendo seu entendimento, como tal, que o processo estaria inquinado na sua génese com base no efeito-à-distância da prova proibida. Decidiu o Tribunal que existia sigilo bancário e que *in casu* este não podia ceder, uma vez que quem o violara, ao enviar os documentos a AA, não pretendera realizar interesses legítimos. Decidiu a primeira instância que também os particulares estão vinculados às proibições de prova, pelo que havia aqui uma malformação genética do processo que conduzia à invalidade de todo o processado. Desta decisão foi interposto, pelo BdP e pelo MP, recurso para o TRL, vindo este Tribunal a entender que, efetivamente, os documentos que fundaram o processo estavam sujeitos a sigilo bancário, mas que não havia lugar a nulidade de todo o processado. Apesar de os particulares estarem sujeitos às proibições de prova, o TRL entendeu não haver qualquer violação do segredo bancário da parte de AA, havendo tal violação apenas da parte das pessoas que a este transmitiram os documentos, e que não havia, no caso, a prática de um crime de devassa da vida privada com a transmissão da informação ao BdP, pois a comunicação de tal informação para que esta instituição exerça as suas funções de supervisão consubstancia um dever legal. Assim, o TRL revogou a decisão do Tribunal de Pequena Instância Criminal de Lisboa, o que desencadeou um recurso para o TC motivado pela alegada inconstitucionalidade do art. 126º, nº 3, do CPP, por violação do nº 8 do art. 32º da CRP quando interpretado no sentido de permitir a valoração de provas obtidas pelo BdP a partir de provas nulas (por violarem a reserva da vida privada) e no sentido de exigir que a declaração de nulidade e a consequente proibição de valoração das provas constantes de um processo iniciado com base numa prova nula ficasse dependente de uma análise casuística das provas, uma a uma. O TC, todavia, decidiu sumariamente não conhecer dessas questões, uma vez que, para além de tais interpretações não corresponderem à *ratio decidendi* do acórdão recorrido, faltava legitimidade aos recorrentes.

Palavras-chave:
Métodos proibidos de prova, provas ilicitamente obtidas por particulares, segredo bancário.

Normas relacionadas:
Arts. 1º, 2º, 18º/1, 26º/1, 27º/1, 32º/1 e 8 CRP; arts. 53º/1, 61º/1/*g*), 69º/2/*a*), 125º, 126º, 127º, 167º e 262º/1 CPP; arts. 192º e 195º do CP; art. 78º e 79º RGICSF.

Doutrina:
Ana Paula Furlan Teixeira (2009), "Prova Ilícita – Unauthorized Evidences", *Direito & Justiça* 35, 2, 160-181; António Scarance Fernandes (2012), *Processo Penal Constitucional*, 7ª edição, São Paulo: RT – Revista dos Tribunais; Beatrice Brunhöber (2010), "Privatisierung des Ermittlungsverfahrens im Strafprozess", *GA* 10, 571-588; Bernd Schünemann (2008), "Die Liechtensteiner Steueraffäre als Menetekel des Rechtsstaats", *NStZ* 28, 6, 305-310; Bruno César Gonçalves da Silva (2010), *Da prova ilicitamente obtida por particular no processo penal*, Campinas: Servanda; Catiuce Ribas Barin (2013), "A valoração das gravações de áudio produzidas por particulares como prova no Processo Penal", *C&R* 16, 245-294; Charles P. Bubany/Perry J. Cockerell (1981), "Excluding Criminal Evidence Texas-Style: Can Private Searches Poison the Fruit?", *Tex. Tech L. Rev.* 3, 611-634; Christian Jäger (2003), *Beweisverwertung und Beweisverwertungsverbote im Strafprozess*, München: C. H. Beck; Craig M. Bradley (1983) "The Exclusionary Rule in Germany", *Harvard Law Review* 96, 3-5, 1033-1066; David Silva Ramalho (2014), "A recolha de prova em sistemas de computação em nuvem", *Revista de direito intelectual* 2, 123-162; Edward Coke (1644), *The Third Part of the Institutes of the Laws of England: Concerning High Treason, and Other Pleas of the Crown, and Criminall Causes*, London: Printed by M. Flesher for W. Lee and D. Pakeman; Eugênio Pacelli de Oliveira (2017), *Curso de processo penal*, 21ª edição, São Paulo: Atlas; Fernando Conde Monteiro (2009), "O Problema da Verdade em Direito Processual Penal (Considerações Epistemológicas)", in: Mário Ferreira Monte (org.), *Que Futuro Para o Direito Processual Penal? Simpósio em Homenagem a Jorge de Figueiredo Dias, Por Ocasião dos 20 Anos do Código de Processo Penal Português*, Coimbra: Coimbra Editora, 321-331; Francis Lieber (1853), *On Civil Liberty and Self-Government*, London: Richard Bentley; Gerald Grünwald (1993), *Das Beweisrecht der Strafprozeßordnung*, Baden--Baden: Nomos; Germano Marques da Silva (2011), *Curso de Processo Penal*, vol. II, 5ª edição, Lisboa: Verbo; Günter Heine (2011), "Der staatliche Ankauf von straf-

bar erlangten Steuer-Daten deutscher Steuerhinterzieher", in: AA.VV., *Festschrift für Claus Roxin zum 80. Geburtstag am 15. Mai 2011: Strafrecht als Scientia Universalis*, Berlin: De Gruyter, 1087-1102; Hans-Heiner Kühne (2011), "Die Verwertbarkeit von illegal erlangten Steuerdaten im Strafverfahren – Zugleich eine Stellungnahme zum Beschluss des BVerfG vom 9.11.2010", in: AAVV, *Festschrift für Claus Roxin zum 80. Geburtstag am 15. Mai 2011: Strafrecht als Scientia Universalis*, Berlin: De Gruyter; Hans-Joachim Rudolphi (1970), "Die Revisibilität von Verfahrensmängeln im Strafprozeß", *Monatsschrift fur Deutsches Recht*, 93-100; Ingo Kaiser (2011), "Zulässigkeit des Ankaufs deliktisch erlangter Steuerdaten", *NStZ* 2011, 383-390; Joachim Herrmann (1985), "Aufgaben und Grenzen der Beweisverwertungsverbote. Rechtsvergleichende Überlegungen zum deutschen und amerikanischen Recht", in: Theo Vogler (org.), *Festschrift für Hans-Heinrich Jescheck*, Berlin: Duncker & Humblot, 1291-1310; João Carlos Vieira de Andrade (2012), *Os Direitos Fundamentais na Constituição Portuguesa de 1976*, 5ª edição, Coimbra: Almedina; João Conde Correia (2006), "A distinção entre prova proibida por violação dos direitos fundamentais e prova nula numa perspectiva essencialmente jurisprudencial", *Revista do CEJ*, 4, 1º semestre, nº especial, 175-202; Johannes Kaspar (2013), "Strafprozessuale Verwertbarkeit nach rechtswidriger privater Beweisbeschaffung – Zugleich ein Beitrag zur Systematisierung der Beweisverbotslehre", *GA* 4, 206-225; José Carlos Barbosa Moreira (1998), "A Constituição e as Provas Ilicitamente Obtidas", *Direito e Cidadania*, vol. I (1997/98), 2, 9-23; José Miguel Sardinha (1989), *O Terrorismo e a Restrição dos Direitos Fundamentais em Processo Penal*, Lisboa: Coimbra Editora; José Neves da Costa (2013), "Do aproveitamento em Processo Penal das provas ilicitamente obtidas por particulares", *C&R* 16, 295-344; Kai Ambos (2010), *Beweisverwertungsverbote, Grundlagen und Kasuistik – internationale Bezüge – ausgewählte Probleme*, Berlin: Duncker & Humblot; Klaus Rogall (1979), "Gegenwärtiger Stand und Entwicklungstendenzen der Lehre von den strafprozessualen Beweisverboten", *ZStW* 91, 1, 1-44; Klaus Rogall (1999), "'Abwägungen' im Recht der Beweisverböte", in: AAVV, *Festschrift für Ernst-Walter Hanack zum 70. Geburtstag am 30. August 1999*, Berlin: Walter de Gruyter, 293-309; Lothar Senge (2013), Vor § 48, in: AA.VV., *Karlsruher Kommentar zur Strafprozessordnung: stop*, 7ª edição, München: C. H. Beck; Malcolm Wilkey (1979), "The Exclusionary Rule: Why Suppress Valid Evidence?", *Judicature* 62, 5, 214-232; Manuel da Costa Andrade (1984), "Sobre a valoração, como meio de prova em Processo Penal, das gravações produzidas por particulares", in: AA.VV., *Estudos em homenagem ao Prof. Doutor Eduardo Correia*, vol. I, Coimbra: Universidade de Coimbra, 545-622; Manuel da Costa Andrade (2006), *Sobre as Proibições de Prova*, Coimbra: Coimbra Editora; Maximiliano Hairabedián (2001), "La prueba obtenida ilicitamente por particulares", *NDP* 2001/B, 663-674; Michael Pawlik (2010), "Zur strafprozessualen Verwertbarkeit rechtswidrig erlangter ausländischer Bankdaten", *JZ* 65, 14, 693-702; Milene Viegas Martins (2013), "A Admissibilidade de Valoração de Imagens Captadas por Particulares como Prova no Processo Penal", *C&R* IV, 15/15, 175-208; Milene Viegas Martins (2014), *A admissibilidade de valoração de imagens captadas por particulares como prova no Processo Penal*, Lisboa: AAFDL; Ole-Steffen Lucke (2011), "Das Beweisverwertungsverbot von Verfassungs wegen", *HRRS* 2011, 1128, 527-531; Paulo de Sousa Mendes (2004), "As proibições de prova no processo penal", in: Maria Fernanda Palma (org.), *Jornadas de Direito Processual Penal e Direitos Fundamentais*, Lisboa: Almedina, 133-154; Paulo de Sousa Mendes (2013), "Comparative exclusionary rules – Portuguese and Brazilian perspective", conferência proferida na Faculdade de Direito da Universidade de Lisboa, no dia 5 de junho 2013, texto disponível *online* em http://carlospintodeabreu.com/public/files/comparative_exclusionary_rules_Paulo_de_Sousa_Mendes.pdf; Paulo de Sousa Mendes (2015), *Lições de Direito Processual Penal*, Coimbra: Almedina; Paulo Pinto de Albuquerque (2011), *Comentário do RGCO à luz da Constituição da República e da Convenção Europeia dos Direitos do Homem*, Lisboa: Universidade Católica Editora; Ralf Kölbel (2008), "Zur Verwertbarkeit privat-deliktisch beschaffter Bankdaten – Ein Kommentar zur causa „Kieber" –", *NStZ* 2008, 241-244; Sabine Gless (2013), "Germany: Balancing Truth Against Protected Constitutional Interests", in: S. C. Thaman (org.), *Exclusionary Rules in Comparative Law*, Ius Gentium: *Comparative Perspectives on Law and Justice*, vol. 20, Heidelberg, New York & London: Springer, 113-142; Ulrich Sieber (2008), "Ermittlungen in Sachen Liechtenstein – Fragen und erste Antworten", *NJW*, 881-886; Uwe Hellmann (2010), "Ermittlungsprobleme bei grenzüberschreitender Steuerhinterziehung und „kreative" Lösungen bei der Informationsbeschaffung", in: AA.VV., *Festschrift für Erich Samson zum 70. Geburtstag*, München: C.F. Müller; Wayne R. LaFave (2014), *Search and Seizure: A Treatise on the Fourth Amendment*, 5ª edição, St. Paul: Thomson West; Werner Beulke (2016), *Strafprozessrecht*, 13ª edição, Heidelberg: C. F. Müller.

Jurisprudência nacional:

TC: Ac. 319/2013, proc. 52/13; **STJ**: Ac. 14.1.1999, proc. 96P176; Ac. 30.10.2013, proc. 40/11.4JAAVR.C2.S1; **TRL**: Ac. 9.10.2002, proc. 00102494; Ac. 28.5.2009, proc. 10210/2008-9; Ac. 4.3.2010, proc. 1630/08.8PFSXL.L1-9; Ac. 22.4.2010, proc. 263/06.8JFLSB.L1-9; Ac. 3.7.2012, proc. 14538/10.4TFLSB.L1-5; Ac. 11-6.2015, proc. 7406/14.6TDLSB-A.L1-9; **TRP**: Ac. 3.2.2010, proc. 371/06.5GBVNF.P1; Ac. 23.10.2013, proc. 585/11.6TABGC.P1; **TRC**: Ac. 26.1.2011, proc. 68/10.1PBLRA.C1; **TRE**: Ac. 28.6.2011, proc. 2499/08.8TAPTM.E1; **TRG**: Ac. 23.9.2013, proc. 689/10.2GAPTL.G1.

Jurisprudência do TEDH:
Ac. 12.7.1988, proc. 10862/84, *Schenk v. Switzerland.*

Jurisprudência estrangeira:
Alemanha: Ac. 14.6.1960, proc. 1 StR 683/59 (LG München I), BGH; Ac. 21.2.1964, proc. 4 StR 519/63 (LG Hagen), BGH; Ac. 31.1.1973, proc. 2 BvR 454/71, BverfG; Ac. 9.7.1987, proc. 4 StR 223/87 (LG Dortmund), BGH. **Brasil:** Ac. 10.6.1997, proc. HC 74.678-1/SP, STF; Ac. 24.6.1997, HC 75261-6/MG; Ac. 11.3.1998, proc. HC 75.338-8-RJ, STF; Ac. 21.07.2000, proc. RE 241.445-GO, STF; Ac. 1.2.2005, proc. AI 503.617-AgR/PR, STF; Ac. 2.12.2008, proc. RE 402.717/PR, STF; Ac. 4.8.2009, proc. AI 578.858-AgR/RS, STF; Ac. 19-11-2009, proc. RE 583937 QO-RG/RJ, STF; Ac. 12.4.2011, proc. AI 560.223-AgR/SP, STF; Ac. 15.9.2011, proc. INQ 2.116 QO/RR, STF; Ac. 25.10.2011, Ag.Reg. no recurso extraordinário 630.944, Bahia, STF; Ac. 15.5.2012, HC 91.613/MG, STF; **Espanha:** Ac. 29.11.1984, proc. 114/1984, STC; Ac. 10.7.2000, proc. 186/2000, STC; **Estados Unidos da América:** Ac. 24.2.1914, *Weeks v. U.S.*, 232 U.S. 383; Ac. 1.6.1921, *Burdeau v. McDowell*, 256 U.S. 465; Ac. 17.2.1936, *Brown v. Mississippi*, 297 U.S. 278; Ac. 27.6.1960, *Elkins v. U.S.*, 371 U.S. 471; Ac. 19.6.1961, *Mapp, v. Ohio*, 367 U.S. 643; Ac. 8.1.1974, *United States v. Calandra*, 414 U.S. 338, 38 L.Ed.2d 561; Ac. 7.6.1965, *Linkletter v. Walker*, 381 U.S. 618; **França:** Ac. 6.4.1993, proc. 93-80.184, Cass. Crim.; Ac. 6.4.1994, proc. 93-82.717, Cass. Crim.; Ac. 11.6.2002, proc. 01-85237, Cass. Crim.; Ac. 31.1.2007, proc. 06-82383, Cass. Crim.; Ac. 7.3. 2012, proc. 11-88.118, Cass. Crim.; Ac. 31.12.2012, proc. 11-85464, Cass. Crim.; **Itália:** Ac. 14.2.1994, Cass. Pen., sez. I; Ac. 8.4.1994, nº 6633/1994, Cass. Pen., sez. II; Ac. 14.4.1999, Cass. Pen., sez. I; Ac. 21.6.2010, nº 23742/2010, Cass. Pen., sez. VI; Ac. 4.1.2011, nº 7/2011, Cass. Pen., sez. II.

Análise do caso:

I. O caso do Banco X

Como caso paradigmático para o estudo da problemática da obtenção de provas por particulares escolhemos o "Caso do Banco X"[1], que remonta a finais de 2007, quando AA, com base em documentos particulares, denunciou simultaneamente ao Procurador-Geral da República, ao BdP e à CMVM irregularidades no Banco X. Na sequência da denúncia apresentada junto do BdP, o Conselho de Administração desta Autoridade de Supervisão instaurou o processo contraordenacional

[1] Todos os nomes das pessoas singulares e coletivas envolvidas na jurisprudência em apreço foram ocultados para evitar o chamado efeito de *name and shame.*

nº 24/07/CO. Apesar de estarmos aqui perante um caso contraordenacional, nada obsta a que o mesmo sirva o paradigma do presente texto, na medida em que nada expressamente resultante do RGCO impede que as normas processuais penais a aplicar sejam as mesmas, dada a remissão feita pelo art. 41º, nº 1, do RGCO, podendo as conclusões acerca das provas ilicitamente obtidas por particular retiradas desta decisão contraordenacional ser transpostas para o processo penal[2].

Desta decisão do BdP houve lugar a impugnação judicial para a 2ª secção do 1º juízo do Tribunal de Pequena Instância Criminal da Comarca de Lisboa, motivado pelo facto de a denúncia com que AA avançou assentar em documentos e informações abrangidos pelo dever de sigilo bancário, sem que estivesse verificada qualquer uma das exceções que permitiria o conhecimento desses documentos, a saber: "(i) consentimento dos titulares das contas; (ii) pedido da autoridade de supervisão; ou (iii) despacho judicial". De tal forma, o processo estaria inquinado na sua génese, ao violar os arts. 32º, nº 8, da CRP e 126º do CPP, este último aplicável *ex vi* do nº 1 do art. 41º do RGCO. E, uma vez que estavam inquinadas as provas em que assentou a denúncia de AA, entendeu o recorrente que estava igualmente inquinado todo o processado, devido aos chamados efeito-à-distância, que impede a valoração de provas derivadas de prova proibida, e efeito continuado, que impede a sanação do vício pela repetição da prova.

Por despacho de decisão do recurso[3], proferido na audiência de julgamento e datado de 7 de outubro de 2011, o Tribunal de Pequena Instância Criminal entendeu que "as denúncias contêm *informações sobre factos* e as cópias dos documentos constituem *elementos respeitantes à vida da instituição e à relação desta com os seus clientes*", tratando-se, pois, "inequivocamente, de documentos sujeitos a segredo bancário", pois chegaram às mãos de AA por via de alguém "que fazia parte do *círculo de autores* previsto no artº 195º do Código Penal": "só um funcionário ou administrador do [Banco X] – ou algum auditor externo, mas também vinculado ao segredo – poderia ter acesso em primeira-mão a estes documentos", ainda que não tenha sido possível descortinar a sua identidade. Igualmente, entendeu o Tribunal "que os autos não evidenciam que tenha ocorrido alguma das exceções previstas no artº 79º do RGICSF, ou seja, designadamente, que tenha havido

[2] Diferente é a opinião de Pinto de Albuquerque, 2014: 22-65, que defende que as regras processuais penais de defesa do arguido, em processo contraordenacional, podem ser interpretadas de forma mais leniente, entendendo o autor estar em causa, não só a autonomia científica do direito contraordenacional, mas também o princípio da funcionalidade da justiça penal (*Funktionstüchtigkeit der Strafrechtspflege*).

[3] Despacho disponível *online* e publicado na imprensa, não sendo aqui disponibilizada a hiperligação de acesso ao mesmo para prevenir o efeito de *name and shame*.

autorização de divulgação por parte de algum cliente do banco", pelo que tinha havido efetivamente violação de segredo bancário[4].

Perante a violação de segredo, entendeu o Tribunal de Pequena Instância Criminal que, ainda que o sigilo bancário não seja "um direito absoluto", podendo ter de ceder perante interesses superiores como a efetivação da justiça penal, "tal cedência – que se traduz numa contração desse direito – tem de ser feita pela via legal" não podendo resultar de "manobras enviesadas, levadas a cabo por sujeitos que, a coberto do anonimato, cometem crimes (de violação de segredo) para satisfazerem pretensões que, só a título colateral, poderiam atingir a almejada realização da justiça". Entende este Tribunal que, neste caso, não se pode afirmar que o autor da violação do segredo bancário procurara realizar um interesse legítimo. Se o procurasse teria enviado os documentos diretamente ao BdP e nunca anonimamente a AA, uma figura pública com relações privilegiadas com a comunicação social.

A remessa dos documentos a AA provavelmente ficara a dever-se a lutas internas de poder dentro da própria administração do Banco, motivo que não figura como justificante da restrição do sigilo bancário, sendo nulas as provas com origem nas informações contidas nas denúncias e não podendo ser usadas em processo contraordenacional por força do nº 2 do art. 38º da CRP e, bem assim, do nº 3 do art. 126º do CPP, *ex vi* do art. 41º, nº 1, do RGCO.

Decidiu-se então em primeira instância judicial que o processo padecia de uma malformação genética, pelo que, na medida em que era orientação do Tribunal que os particulares são também destinatários das proibições de prova, devido ao efeito-à-distância, e nada havendo que o limite, a invalidade das provas obtidas por AA levaria à "invalidade de todo o processado" por dependência de provas nulas.

Desta decisão foi interposto recurso pelo BdP e pelo MP para o TRL[5].

No que aqui importa, entendeu o TRL que a Primeira Instância Criminal mais não faz que, "com base nos elementos elencados na própria decisão, socorrer-se das regras da lógica e da experiência, que fundamentam as presunções naturais, para, por via racional, inferir que só um funcionário ou administrador do [Banco] – ou algum auditor externo, mas também vinculado ao segredo – poderia ter acesso em primeira-mão aos documentos e informações em causa [...], indepen-

[4] Não da parte de AA, como ressalva o Tribunal, mas sim em um momento anterior, quando o titular do dever de sigilo o quebrou, facultando-lhe as informações.

[5] Ac. TRL de 3.07.2012, Proc. nº 14538/10.4TFLSB.L1-55 (Jorge Gonçalves), disponível em www.dgsi.pt. Tratando-se de processo contraordenacional, o TRL opera como tribunal de última instância nos termos dos arts. 66º e 75º, nº 1, ambos do RGCO, só tendo legitimidade para conhecer de matéria de Direito.

dentemente de não se conhecer a identidade da pessoa concreta em causa", o que é perfeitamente legítimo dado que da decisão se consegue perfeitamente "compreender qual foi o percurso intelectual trilhado pelo M.mo Juiz e que o levou a concluir, dentro das regras da experiência, que só quem estivesse vinculado pelo segredo bancário podia ter entregue [a AA] as informações e documentação em causa, não se evidenciando a presença de qualquer *causa de justificação*".

Por outro lado, o TRL concorda que o "crime de violação de segredo está na revelação [da informação a AA] e não na entrega posterior da documentação em causa ao [BdP]" extraindo-se da decisão recorrida que "se a 'fonte anónima' quisesse visar a realização da justiça teria entregue essa documentação ao [BdP] e não ao cidadão [AA]. A posterior entrega por este dessa documentação ao [BdP] não 'apaga' ou 'sana' o crime anterior. A ideia que se infere é que, no entender do M.mo Juiz, apenas a entrega direta da documentação em causa ao [BdP] por parte de pessoa vinculada ao segredo pode estar a coberto da exceção prevista no artigo 79º, nº 2, al. *a)*, do RGICSF".

Assim, o TRL aceita "a razoabilidade da conclusão" quanto à forma como AA teve acesso às informações particulares que transmitiu ao BdP. Todavia, não aceita e vê como excessiva e merecedora de censura "a forma como [o Tribunal de Pequena Instância Criminal] pondera as *consequências*". Assume o TRL que, ainda que seja sobretudo às instâncias formais de controlo que compete a prevenção dos atentados e agressões configurados pelos métodos proibidos de prova, "em termos gerais, as proibições de prova também abrangem a obtenção ilícita de prova por particulares", pelo que não se pode admitir o uso de meios de prova obtidos à custa de direitos fundamentais do arguido. De todo o modo, aos olhos do TRL não há qualquer violação de segredo bancário da parte de AA, nem a prática de um crime de devassa da vida privada na transmissão das informações ao BdP, pois estas respeitam, "quando muito, à *privacidade* em sentido estrito (que não à *intimidade*)" do Banco X e, no que respeita aos restantes arguidos, os documentos "indiciavam a existência de condutas ilícitas, sendo que a sua natureza e o destinatário da transmissão/revelação denotam que a finalidade objectiva que presidiu a essa transmissão foi que o [BdP] desencadeasse o exercício das suas atribuições de supervisão" em cumprimento da alínea *a)* do nº 2 do art. 79º do RGICSF.

Segue ainda o TRL derrubando a tese da aplicação pelo Tribunal de Pequena Instância Criminal do efeito-à-distância nos termos em que o fez por entender que "a questão dos efeitos da prova proibida sobre provas reflexas, secundárias ou indiretas tem de ser equacionada *concretamente* e não mecânica e genericamente", isto é, "só 'prova' a 'prova' poderia o M.mo Juiz aferir do efetivo nexo entre a prova que considerou ser 'primária' e as provas ditas 'secundárias'". De outro modo, entendeu o TRL, "não se vislumbra como alguma vez poderiam funcionar os diversos critérios corretivos/restritivos da doutrina da 'árvore envenenada'". Não é automático e assente num estrito critério cronológico que, partindo do pressuposto de que "as denúncias e documentos [...] constituíram a 'prova primária' nula" se siga "que, num ápice, todas as demais provas recolhidas no processo de [contraordenação], que se traduzem em declarações, depoimentos e em extensíssima documentação, [possam] ser 'anuladas' indiscriminadamente, sem que a decisão recorrida tenha feito uma ponderação, 'prova' a 'prova', analisando a conexão de sentido (que não é meramente naturalística) existente entre cada prova e a dita 'prova primária'".

Concluiu então o TRL pela revogação da decisão do Tribunal de Pequena Instância Criminal. Teve então lugar um último recurso, desta feita para o TC, onde se alegou a inconstitucionalidade do art. 126º, nº 3, do CPP, porque violador do nº 8 do art. 32º da CRP, quando interpretado: 1) no sentido de permitir a valoração de provas obtidas pelo BdP a partir de provas nulas porque obtidas mediante intromissão na vida privada, apenas por aquele ser uma das entidades previstas no art. 79º, nº 2, do RGICSF e 2) no sentido de que a declaração de nulidade e a consequente proibição de valoração das provas constantes de processo iniciado com uma prova nula exige uma análise das provas uma a uma.

Pela decisão sumária nº 154/2013, o TC decidiu não conhecer de tais questões, na medida em que aquelas interpretações não correspondiam à *ratio decidendi* do acórdão recorrido, tendo tal decisão sido confirmada pelo acórdão nº 319/2013, relatado por Fernando Ventura no processo nº 52/136, em sede de reclamação para a Conferência.

II. Intervenção de particular na investigação penal

O estudo e a discussão da intervenção dos particulares na investigação penal – questão que o caso do Banco X, *supra* analisado, introduz – são de grande importância no tratamento da questão da prova penal. Isto porque atualmente vamos assistindo a uma intensificação da obtenção de provas por indivíduos particulares para processos penais. Desde seguranças e detetives particulares a jornalistas de investigação, passando pelo cidadão que grava uma conversa[6] ou filma uma agressão, várias são as hipóteses de recolha de provas relevantes para o processo

[6] A questão das gravações efetuadas subreticiamente por particulares, com desconhecimento do interlocutor, esteve em causa, por exemplo, no chamado "caso Bragaparques", decidido pelo TRL no processo nº 263/06.8JFLSB.L1-9 a 2 de abril de 2010, o qual, remetendo para acórdão que havia já decidio anteriormente da questão em 21 de outubro de 2008, pugnou pela admissibilidade da prova obtida derivada da licitude da atuação encoberta, a qual foi suportada, no entender do TRL, não numa gravação ilegal, mas antes na denúncia efetuada junto da PJ, confirmada em juízo pelo denunciante autor das gravações em declarações juntas aos autos. Sobre este caso, cf. RIBAS BARIN, 2013.

penal por particulares. E, em consequência, não raras vezes esta obtenção de provas viola direitos fundamentais dos cidadãos visados, reclamando-se uma afirmação dos princípios do Estado de Direito Democrático e da Dignidade da Pessoa Humana, sob a égide dos quais o Estado português se constituiu, conforme arts. 1º e 2º da CRP.

Uma colaboração desta natureza dos particulares com as autoridades judiciárias e os OPC[7] pode ser salutar e permitir uma mais célere reposição da paz social. Porém, esta colaboração levanta a questão de saber se os particulares, quando procedem à recolha de elementos probatórios, estão também vinculados às proibições de prova ou se estas têm como destinatários exclusivos os agentes públicos.

Veja-se como no caso do Banco X, que apresentámos *supra* e que serve de paradigma jurisprudencial ao presente estudo, na sua atividade particular de recolha probatória, um cidadão põe em causa o direito à privacidade e à reserva da vida privada de suspeitos e de terceiros por os documentos conterem informações sobre a vida interna da instituição de crédito e sobre contas bancárias dos ditos terceiros. Estão em causa direitos fundamentais que, atualmente, apresentam uma dupla dimensão[8], não mais se afigurando unidimensionais: já não se configurando exclusivamente numa perspetiva individual como direitos dos indivíduos, os direitos fundamentais são também meios de promoção e tutela do próprio Estado, ou seja, objetivos a atingir pela comunidade. Assim, os direitos fundamentais dos cidadãos estão na base do Direito Processual Penal, pelo que uma sua violação no âmbito da investigação criminal representará um sacrifício daquelas bases e uma ofensa ao próprio Estado.

Esta problemática não pode ser tratada de forma leviana, na medida em que a ingerência de indivíduos particulares na esfera privada de outros indivíduos é cada vez mais fácil de ocorrer, podendo disso beneficiar perniciosamente a investigação criminal pública. Vivemos uma era de tecnologias avançadas que podem (e devem) estar ao serviço da investigação criminal. É já grande a preocupação com temas como o recurso a *malware* para a obtenção de informação armazenada no disco do computador ou em plataformas digitais *online* (p.e., *clouds*) de terceiros[9]. Mas se é discutida a regulamentação e legitimidade dos OPC na obtenção de provas com recurso aos mais modernos meios digitais, deve ser igualmente preocupante e discutido o que fazer e como reagir quando essas provas são obtidas por particulares em abusiva intromissão na particularidade e privacidade alheia. Esta questão das provas obtidas por particulares é premente e urgente, na medida

[7] Cf. a alínea *c)* do art. 1º do CPP e o art. 3º da Lei de Organização da Investigação Criminal, aprovada pela Lei nº 49/2008, de 27 de agosto.

[8] Cf. Costa Andrade, 1984: 553-554; Vieira de Andrade, 2012: 105 ss.

[9] Sobre este tema, cf. Silva Ramalho, 2014: 159-161.

em que é atualmente indiscutível a extrema facilidade com que se captura secretamente imagens e sons ou reproduz sub-repticiamente documentos e em que somos diariamente confrontados com a facilidade com que, com a generalização da *Internet* e de mais e melhores meios de produção e transmissão de dados, o direito à imagem ou à privacidade é violado. Os elementos assim obtidos ilicitamente podem ser carreados para processos judiciais como provas, sendo então fundamental perceber se o art. 126º do CPP, ou outras normas que consagrem proibições de prova, o permitem ou não.

1. Do conceito de particular para efeitos da obtenção de prova não imputável ao Estado

É importante compreender que, para que se esteja perante uma prova obtida por um particular, esta não pode ser imputável ao Estado. Assim, não basta ser um indivíduo ou uma empresa privada a obter uma prova para estarmos perante uma prova obtida por um particular, dado que vários são os casos em que a prova obtida é reconduzível aos poderes públicos. E a delimitação nem sempre é fácil. Na prática, não faltam casos de fronteira. A título de exemplo, veja-se o chamado caso Liechtenstein, em que dados bancários foram guardados por particulares em DVDs e depois foram comprados pelos Serviços de Inteligência Federais alemães (*Bundesnachrichtendienst*), ou o caso do BGH de 21 de julho de 1998, em que um particular, enquanto colega de cela do arguido e em cooperação com as autoridades, se fez passar por um vidente com poderes psíquicos para extrair daquele uma confissão.

Nas situações em que há participação do Estado na atuação do particular, tudo acontece como se a prova tivesse sido obtida por uma entidade pública. E essa comunicação existe quando o Estado intervém de forma relevante na obtenção da prova, instigando um particular a obter provas por métodos proibidos, apoiando-o no seu desígnio ou atribuindo-lhe tal tarefa. No fundo, a prova será havida como tendo sido obtida por uma entidade pública quando haja da parte do Estado consciência da natureza da tarefa a levar a cabo pelo particular, sendo suficiente que as autoridades tomem conhecimento e aprovem *ex ante* a atuação daquele. Por outro lado, a prova obtida já não será imputável ao Estado se a iniciativa de a obter for inteiramente do particular e a intervenção pública só se der *ex post*, pois estamos perante um comportamento inteiramente particular[10].

Neste sentido vão também as decisões da *Corte di Cassazione*, em Itália, das quais resulta que, não obstante as gravações de conversas particulares por parte

[10] Cf. sobre a imputação ao Estado da prova obtida, o que fica exposto por Bubany/Cockerell, 1981: 612-614, Ambos, 2010: 106 ou Kaspar, 2013: 213-218.

de um dos intervenientes serem admitidas em processo penal por serem consideradas como provas documentais, tratando-se a documentação de uma atividade de recolha de informação (*documentazione di un'attività d'indagine*)[11], tal já não será verdade quando a *polizia giudiziaria* tem conhecimento e controlo da situação, tratando-se já de um caso de interceção de conversas ou comunicações (*intercettazione di conversazioni o comunicazioni*) que tem de respeitar as normas processuais respetivas[12].

Também na Alemanha, como veremos mais abaixo, a jurisprudência tem lidado cada vez mais com casos de escutas (*Mithörfälle*) efetuadas por particulares, particularmente casos em que conversas mantidas com suspeitos de factos com relevância penal são gravadas pelo interlocutor, servindo-se os órgãos de polícia criminal, posteriormente, dessa gravação.

Importante é também que se compreenda que não será tecnicamente correto falar em "obtenção de provas por particulares" e em "investigações particulares". Apenas recorremos aqui a esses termos por facilidade de expressão. A atuação dos cidadãos não é uma investigação em sentido técnico, dado que esta é a atividade pública levada a cabo pelas instâncias formais de controlo; assim como os resultados obtidos não têm a natureza de provas, visto estas serem o resultado da atividade instrutória levada a cabo por autoridades judiciárias e OPC. Alternativas mais apropriadas de nomenclatura seriam, por exemplo, "informações obtidas por particulares no decurso de atividades privadas", que poderiam constituir um meio de prova depois de tratadas na instrução do processo penal.

2. Da admissibilidade processual das investigações particulares

Apesar da necessidade de proteção dos direitos dos particulares, não parece poder-se negar a admissibilidade das investigações particulares[13], principalmente por estas emergirem como parte fundamental da defesa do arguido, sendo que o impedimento do desenvolvimento de uma investigação própria e paralela à do MP implicaria uma forte castração do direito à defesa (art. 32º, nº 1, da CRP). A posição do arguido como sujeito processual ficaria gravemente comprometida se a este estivesse reservada uma posição de mero espetador passivo. Em concretização deste direito constitucional que assiste ao arguido, decorre do CPP, mais precisamente da alínea *g)* do nº 1 do art. 61º, que o arguido pode apresentar provas (e requerer diligências), parecendo cobrir este preceito a faculdade de as

[11] Cf. Ac. 14.2.1994, Cass. Pen., sez. I; Ac. 8.4.1994, nº 6633/1994, Cass. Pen., sez. II; Ac. 14.4.1999, Cass. Pen., sez. I.

[12] Cf. Ac. 21.6.2010, nº 23742/2010, Cass. Pen., sez. VI; Ac. 4.1.2011, nº 7/2011, Cass. Pen., sez. II.

[13] Cf. Jäger, 2003: 122.

procurar e obter – de outra forma, não as poderá apresentar. Também a ideia de que há um monopólio estatal da investigação não pode ser um limite à atuação particular do arguido, pois o facto de o MP ter de desenvolver as suas investigações *à charge et à decharge* (arts. 53º, nº 1, e 262º, nº 1, ambos do CPP) não implica a impossibilidade de outros contribuírem para o esclarecimento do crime.

Também o assistente tem o direito de levar a cabo investigações particulares, sendo certo que, de qualquer modo, este não corre o perigo de se tornar objeto do processo. Mas, na alínea *a)* do nº 2 do art. 69º do CPP, também para o assistente o legislador previu a possibilidade de oferta de provas em processo penal, de onde se deduz, necessariamente, a possibilidade de as procurar e buscar.

Mais: os princípios do *fair trial* e da igualdade de armas, que consubstanciam manifestações do princípio do Estado de Direito, são basilares no Direito Processual Penal e apenas são cumpridos se os sujeitos processuais não estiverem limitados aos factos apurados pelo MP[14].

Mas que dizer quanto às investigações levadas a cabo por particulares que são terceiros em relação ao processo em causa, como sucedeu no caso do Banco X, com que abrimos este estudo? Em nosso entender, também estas investigações são legítimas e não fazem destes indivíduos sujeitos processuais, os quais, quanto muito, situar-se-ão no patamar de participantes processuais. O facto de não existir uma norma que preveja e regule estas atuações não pode constituir um limite à sua realização, sob pena de cairmos na sugestão de que o que não está expressamente permitido é proibido ao cidadão. Porém, e como teremos a oportunidade de ver mais detalhadamente *infra*, não pode valer tudo no exercício da liberdade individual de recolha de informação com relevo probatório, sendo imperativo o respeito pelos direitos, liberdades e garantias dos indivíduos alvo da informação a recolher.

À luz do que fica dito, podem os particulares fazer mais do que o que se permite às autoridades judiciárias e aos OPC? Por outras palavras, podem os particulares obter provas de forma ilícita, sendo estas posteriormente utilizadas em processo, quando tal não é permitido às referidas autoridades judiciárias e aos OPC?

III. Direito Comparado

Em ordem a poder estudar-se o problema à luz do ordenamento jurídico português, é importante perceber como o mesmo é tratado noutros ordenamentos e

[14] BRUNHÖBER, 2010: 572-576; KASPAR, 2013: 208-209. De notar ainda é que, se as investigações particulares forem configuradas como direitos dos sujeitos processuais, também podem ser levadas a cabo pelos respetivos advogados, aos quais compete o exercício e a defesa dos direitos dos seus mandantes (cf. arts. 63º, nº 1 e 70º, nº 3, ambos do CPP, e art. 92º, nº 2, do EOA).

analisar a solução que aí lhe é dada. Para tal, procederemos de seguida à apreciação do tratamento que a questão recebe nos Estados Unidos da América, na Alemanha e no Brasil, ordenamentos jurídicos que apresentam soluções diferentes entre si.

1. Estados Unidos da América

As regras sobre proibições de valoração de prova surgem no Direito norte-americano sob a designação de regras de exclusão (*exclusionary rules*), tendo como paradigma a *Fourth Amendment*[15] à Constituição norte-americana que, assente na máxima segundo a qual *"[e]very man's house is his castle"*[16], proíbe buscas e apreensões (*searches and seizures*) arbitrárias.

1.1. Da evolução jurisprudencial da *exclusionary rule*

A *exclusionary rule* norte-americana teve um desenvolvimento jurisprudencial e foi reconhecida pela primeira vez, a nível federal e em casos penais[17], em *Weeks v. United States* (232 U.S. 383). Reconheceu-se neste caso que não era admissível em tribunal a valoração de provas obtidas em violação dos direitos dos arguidos, sob pena de uma completa inutilização da proteção conferida pela *Fourth Amendment*[18]. De acordo com o *United States Supreme Court*, esta Adenda tem como objetivo a imposição de limites aos tribunais dos Estados Unidos da América e às polícias no exercício das suas funções de autoridade, protegendo *"the peo-*

[15] Reza a Quarta Adenda que: "[t]*he right of the people to be secure in their persons, houses, papers, and effects, against unreasonable searches and seizures, shall not be violated, and no Warrants shall issue, but upon probable cause, supported by Oath or affirmation, and particularly describing the place to be searched, and the persons or things to be seized.*".

[16] Cf. LIEBER, 1853: 44. A título de curiosidade, note-se que a origem história desta máxima encontra-se, não nos Estados Unidos da América, mas em Inglaterra onde, no século XVII, pela pena de SIR EDWARD COKE, 1644, pp. 160-161, entra no ordenamento jurídico britânico o preceito jurídico de *common law* de acordo com o qual *"For a man's house is his castle, et domus sua cuique est tutissimum refugium* [e a casa de cada homem é o seu mais seguro refúgio]".

[17] Já em 1886, no caso não penal *Boyd v. US* (116 US 616), em que estava em causa a cobrança de direitos alfandegários à sociedade E. A. BOYD & SONS, fora formulada a *exclusionary rule*. Entendeu-se aqui que obrigar alguém a entregar documentos autoincriminatórios é semelhante a uma *search and seizure*, pelo que proibi-lo está dentro do espírito da *Fourth Amendment*, assim como a entrega de documentos autoincriminatórios será equivalente a obrigar uma pessoa a prestar testemunho contra si, caindo na proibição da *Fifth Amendment*, pelo que a prova é proibida. As adendas protegem os cidadãos de todas as formas de invasão da privacidade e santidade do domicílio perpetradas por entidades oficiais, não sendo apenas *"the breaking of his doors and the rummaging of his drawers that constitutes the essence of the offense"*, mas sim qualquer violação da *personal security, liberty e private property*.

[18] Pode ler-se na decisão que "[t]*he protection of the Fourth Amendment reaches all alike, whether accused of crime or not*".

ple, their persons, houses, papers and effects against all unreasonable searches and seizures". Assim, reconhece esta decisão que a busca da verdade não pode prejudicar anos de esforço e sofrimento com vista ao estabelecimento de uma Constituição democrática, pelo que, tendo as apreensões em causa (cartas incriminatórias apreendidas sem mandado) violado direitos constitucionais do arguido (nomeadamente, a privacidade do domicílio e a reserva da vida privada), as cartas deveriam ser restituídas ao proprietário, não podendo ser usadas em julgamento.

Seis anos após o caso *Weeks*, em 1920, o acórdão do caso *Silverthorne Lumber Co. v. United States* (251 U.S. 385) reconheceu a chamada *fruit-of-the-poisonous-tree-doctrine*. Estava aqui em causa o estudo fora do tribunal de vários documentos obtidos sem mandado, documentos estes que o *District Court*, reconhecendo a ilicitude da sua obtenção, ordenou que fossem devolvidos ao seu proprietário. Determinou o *Supreme Court* que tais documentos ilicitamente obtidos não podiam ser analisados com vista à descoberta de outros meios de prova e, bem assim, com vista à sua obtenção lícita. De outra forma reduzir-se-ia a "*Fourth Amendment to a form of words*", sendo pretensão da Constituição que os documentos não sejam usados de todo[19].

Com estes dois acórdãos fundamentais, a jurisprudência norte-americana sobre meios de prova evoluiu substancialmente, estabelecendo alguns casos em que não podem ser valoradas em tribunal provas obtidas em violação dos direitos constitucionais dos arguidos – os que decorram da *Fourth Amendment* – e, bem assim, em que não podem ser usadas, nem estudadas, de todo, provas que delas decorram. No entanto, e no que ora releva, em 1921, no caso *Burdeau v. McDowell* (256 U.S. 465), o Tribunal deixou bem claro que estas regras não se aplicam a particulares quando fossem estes a obter à sua custa as provas, adotando uma conceção estritamente processual da *Fourth Amendment*, a qual se destinaria exclusivamente a regular a atividade da polícia. No referido caso, Burdeau apossou-se de livros e documentos de McDowell, tendo-os entregue às autoridades[20], pedindo este último a sua devolução. Não se questiona que os documentos tenham sido furtados a McDowell na sequência de uma invasão do seu escritório particular

[19] De todo o modo, é importante compreender que o que fica exposto não significa que os factos descobertos a partir destes documentos se tornem sagrados e inacessíveis. Quer dizer, sim, que tais factos só podem ser apreciados se forem descobertos através de uma fonte lícita e autónoma.

[20] De notar a similitude entre o sucedido no caso *Burdeau* e no nosso caso do Banco X no qual, recorde-se, AA, encontrando-se na posse de documentos de outros indivíduos que indiciavam atividades ilícitas (sem que, todavia, os tenha furtado, como fez BURDEAU), os entregou às autoridades competentes.

e de uma violação de cofres privados e gavetas trancadas. A questão coloca-se quanto à possibilidade de utilização em julgamento das provas recolhidas.

E quanto a este problema, afirma o *Supreme Court* que a origem e a história da *Fourth Amendment* "claramente mostram que esta foi pretendida como limitação das atividades da autoridade soberana e não como uma limitação a outros indivíduos que não as agências governamentais"[21], de modo que, não tendo estado qualquer força da autoridade envolvida na obtenção dos documentos, não se verificaria qualquer violação da segurança garantida pela Adenda.

E esta jurisprudência mantém-se até hoje, sendo entendimento no Direito Processual Penal norte-americano federal que as investigações dos particulares e as provas por eles obtidas não estão sujeitas ao escrutínio da *Fourth Amendment*, nem à *exclusionary rule*, encontrando-se bastante viva na jurisprudência do *Supreme Court* a chamada "*Burdeau rule*"[22]. Assim, nos Estados Unidos da América, pelo menos a nível federal[23], parece que são admissíveis em julgamento penal as provas obtidas por particulares com base, por exemplo, em fraude, coação, invasão de privacidade ou violação da vida privada, sendo certo que são particularmente cobiçadas provas como fotografias, vídeos, gravações ou diários pessoais, pelo seu elevado valor probatório. Outra consequência desta conceção processual da *exclusionary rule* é o facto de a atuação de seguranças particulares (*v.g.*, guarda-costas ou seguranças de bares e discotecas) não estar limitada pelas exigências que impendem sobre a própria polícia (*v.g.*, a leitura dos *Miranda Rights*, obrigatória para as forças policiais públicas desde o caso *Miranda v. Arizona*[24]).

Pode concluir-se, então, que na jurisprudência norte-americana a *exclusionary rule* não se dirige aos particulares, mas tão-somente aos órgãos das forças policiais, exceto quando aqueles atuam no interesse e às ordens das instâncias formais de controlo penal. Nestes casos estão sujeitos ao mesmo regime da *exclusionary rule*

[21] No original inglês: "*clearly show that it was intended as a restraint upon the activities of sovereign authority, and was not intended to be a limitation upon other than governmental agencies*".

[22] Sobre a persistência até hoje da "Burdeau rule", cf. LaFave, 2014: § 1.8a.

[23] É assim ao nível do ordenamento jurídico federal, não se tratando esta de uma regra geral em vigor em todos os Estados federados. Isto porque, ao passo que virtualmente todos os tribunais norte-americanos seguem a "*Burdeau rule*" (LaFave, 2014: § 1.8a), existem alguns casos de adoção de solução diferente, em que se desconsidera a natureza da pessoa envolvida. Ainda ao nível federal não é de desconsiderar o art. 18 U.S. Code § 2515 e, ao nível dos estados federados, veremos *infra* em mais detalhe o caso particular do Estado do Texas, porventura o caso mais vincado de desvio à "*Burdeau rule*", não sendo porém de desconsiderar menção ainda, por exemplo, ao preceito 720 ILCS 5/14-5.

[24] 384 U.S. 436 (1966).

que as polícias, sendo a prova imputável ao Estado[25], dado não se encaixar no conceito de "particular" para efeitos de obtenção de prova, como vimos *supra*.

1.2. O caso particular do Texas

Durante vários anos discutiu-se nos Estados Unidos quais os Estados que adotariam ou não a *exclusionary rule*[26]. Mas, em 1961, pôs-se termo à discussão com a decisão do caso *Mapp v. Ohio* (367 U.S. 643), que derrogou a jurisprudência de *Wolf v. Colorado* (338 U.S. 25), de 1949, e impôs a *rule* a todos os Estados. Todavia, os moldes da imposição não foram necessariamente uniformes. Isto porque nos Estados Unidos da América há pelo menos um Estado que tem uma conceção da *exclusionary rule* contrastante com a da jurisprudência do *Supreme Court* e com o entendimento federal da *Fourth Amendment*.

Na Constituição do Estado do Texas, a secção 9 do art. primeiro regula as *searches and seizures* nos mesmos moldes que a *Fourth Amendment* à Constituição Federal. No entanto, no art. 38.23 do *Texas Code of Criminal Procedure* pode ler-se que "nenhuma prova obtida por um agente da autoridade ou por qualquer outra pessoa em violação de quaisquer previsões normativas [...], deverá ser admitida como prova contra o arguido no julgamento de qualquer caso criminal"[27] Assim, na lei texana a *exclusionary rule* aplica-se a qualquer pessoa e não apenas às forças policiais[28].

Em 1995 tentou chegar-se a uma solução federal sobre a *exclusionary rule* com a proposta legislativa do *Exclusionary Rule Reform Act of 1995*[29]. No entanto, tal proposta falhou a aprovação no Senado, ainda que tenha sido aprovada pela *House of Representatives*.

1.3. Justificação da conceção processual da *exclusionary rule* nos Estados Unidos da América

Diversas justificações são avançadas para defender a conceção estritamente processual da *exclusionary rule* que vinga nos Estados Unidos da América. Desde logo, entende-se que essa é uma exigência do sistema constitucional de proteção dos

[25] Cf. *Stapleton v. Superior Court* (70 Cal.2d 97), de 1968, ou *U.S. v. Henry* (447 U.S. 264), de 1980.

[26] Cf., a título de exemplo, casos como *People v. Defore* (150 NE 585), de 1926, no qual o relator *Judge* (posteriormente *Justice*) Cardozo escreve que o *Court of Appeals of New York* não vai adotar a *exclusionary rule* por este não ser o único meio eficaz de reforço da *Fourth Amendment*; ou *People v. Cahan* (282 P.2d 905), de 1955, que adota na Califórnia a *exclusionary rule*.

[27] No original inglês: "*no evidence obtained by an officer or other person in violation of any provisions* [...], *shall be admitted in evidence against the accused on the trial of any criminal case*".

[28] Sobre a lei texana das proibições de prova, cf. Bubany/Cockerell (1981).

[29] Disponível *online* em http://www.govtrack.us/congress/bills/104/hr666/text (consultado em 6 de janeiro de 2015).

direitos fundamentais, pois valorar em tribunal provas ilicitamente obtidas inutilizaria por completo a *Fourth Amendment*, mais valendo nesse caso retirá-la da Constituição[30]. Uma vez que a própria proteção dos direitos fundamentais exige logicamente esta regra, é desnecessária a sua positivação.

Por outro lado, é avançado um argumento axiológico que defende que os órgãos públicos ao serviço do Estado têm de ser exemplares no cumprimento das leis, pois se o Estado quebrar as leis, cria no Povo um sentimento de desprezo pelas mesmas, propiciando a anarquia[31]. No caso *Elkins v. United States* (1960)[32], o *Supreme Court* fala mesmo na "*judicial integrity*" que é posta em causa[33]. Como se diz em *Mapp v. Ohio* (1961)[34], se o criminoso tiver de ser absolvido, será porque a lei assim o entendeu e o Estado tem de a cumprir, pois nada destrói um Governo tão rapidamente como a incapacidade de observar as suas próprias leis.

Por outro lado, defende-se na jurisprudência norte-americana que a *exclusionary rule* tem uma função preventiva, operando como um travão imposto aos órgãos estatais nas suas funções de recolha de provas. Este entendimento foi defendido, por exemplo, no já referido caso *Elkins v. United States*, no qual o *Supreme Court* escreveu que a regra serve para prevenir a violação dos direitos dos cidadãos e não para a reparar, impondo o respeito pelas garantias constitucionais, removendo o instinto pela violação. Tal entendimento foi reafirmado posteriormente em casos como *Linkletter v. Walker* (1965)[35] ou *U. S. v. Calandra* (1974)[36].

Ao longo dos anos, o *Supreme Court* tem revisto o escopo de proteção da *exclusionary rule*, definindo alguns casos em que tal regra não se aplica[37], tendo as evoluções mais recentes nesse sentido sucedido em *Hudson v. Michigan* (2006)[38], em que estava em causa uma situação de violação da regra *knock-and-announce*, em *Herring v. United States* (2009)[39], em que o *Supreme Court* decidiu pela aplicabi-

[30] Cf. *Weeks v. United States* (232 U.S. 383), de 1914, cujo entendimento foi posteriormente reforçado por outras decisões, como a proferida em *Mapp v. Ohio* (367 U.S. 643).

[31] Cf. o caso *Olmstead v. United States* (277 U.S. 438), de 1928.

[32] 364 U.S. 206.

[33] A este argumento recorre também o TEDH, que entendeu, no caso *Gafgen v. Germany*, de 1 de junho de 2010, que há um interesse público em assegurar a "*integrity of the judicial process*", que ficaria posta em causa pela admissão de provas obtidas ilicitamente em violação dos direitos humanos.

[34] 367 U.S. 643.

[35] 381 U.S. 618.

[36] 414 U.S. 338.

[37] Cf. casos como *United States v. Leon* (468 U.S. 897), de 1984, e *Arizona v. Evans* (514 U.S. 1), de 1995.

[38] 547 U.S. 586.

[39] 555 U.S. 135.

lidade da *good-faith exception* à *exclusionary rule*, excluindo a aplicabilidade desta quando uma busca ilícita seja resultado de um erro negligente policial isolado e não de um erro sistémico ou de imprudente desconsideração das exigências constitucionais, e em *Davis v. United States* (2011), no qual o *Supreme Court* decidiu que buscas atualmente consideradas ilícitas mas baseadas, no momento da sua verificação, numa confiança objetivamente razoável num precedente jurisprudencial vinculativo não estão sujeitas ao crivo da *exclusionary rule*"[40]. De todo o modo, não se verificaram mudanças jurisprudenciais no entendimento quanto à natureza da *exclusionary rule*, pelo que se mantém a jurisprudência no sentido de que tal regra não é aplicável aos particulares, mas tão-só aos órgãos de polícia criminal.

Assim, parece ser de concluir que, se o caso do Banco X tem ocorrido nos Estados Unidos da América, a documentação entregue às autoridades seria aceite, independentemente de qualquer consideração sobre a eventual aplicação da *exclusionary rule*, na medida em que se trata de provas recolhidas por indivíduos particulares, sem qualquer possibilidade de imputação dessas provas e do respetivo processo de obtenção ao Estado.

2. Alemanha

A evolução jurisprudencial da *exclusionary rule* norte-americana deu-se por entre várias críticas. E algumas dessas críticas, suscitadas por autores como o *Chief Justice* Burger[41] ou o *Judge* Malcolm Wilkey[42], iam no sentido de que a *rule* era um fenómeno exclusivo do ordenamento jurídico norte-americano. No entanto, tal não é verdade. Os ordenamentos jurídicos de matriz de *civil law* também têm teorias de proibições de prova, sendo importante olhar o exemplo alemão.

As proibições de prova (*Beweisverbote*), na Alemanha, surgem como meios processuais de reforço do direito substantivo, sendo o resultado de uma tarefa conjunta do direito positivado e da jurisprudência. E, devido ao importante contributo da doutrina na construção do instituto, este emerge menos fragmentário e mais coerente do que a *exclusionary rule*. Assim, devido às suas experiências diferentes, a Alemanha e os Estados Unidos da América desenvolveram as respetivas proibições de prova como institutos diferentes[43] . Porém, o caráter menos fragmentário não significa mais simplicidade ou mais fácil compreensão: o sistema germânico das *Beweisverbote* é de elevada complexidade, procurando satisfazer

[40] 564 U.S. 229.

[41] Cf. o voto de vencido do *Chief Justice* Burger no caso de 1971 *Bivens v. Six Unknown Fed. Narcotics Agents* (403 U.S. 388), onde se lê que a *exclusionary rule* é "*unique to American jurisprudence.*"

[42] Wilkey, 1979: 216.

[43] Herrmann, 1985: 1292; Costa Andrade, 2006: 135-136.

simultaneamente a obtenção da verdade dos factos e um compromisso com o processo equitativo[44].

Neste sentido, importa, desde logo, notar que é no Direito Processual Penal alemão que encontramos a origem da distinção entre proibições de produção de prova (*Beweiserhebungsverbote*) e proibições de valoração de prova (*Beweisverwertungsverbote*). Estas últimas têm, por seu turno, duas naturezas, subdividindo-se entre proibições de valoração de prova positivadas (*gesetzliche*) e não positivadas (*nicht normierte*). Importa, como tal, procurar analisar a posição do Direito Alemão relativamente à vinculação das atuações particulares a cada tipo de proibição de prova.

2.1. As proibições de valoração de prova positivadas

No Código do Processo Penal alemão (*Strafprozessordnung* ou StPO) encontram-se várias normas que consagram proibições de valoração de provas, como sejam, nomeadamente: o §81a, Abs. 3; o §81c, Abs. 3, quinta parte; §100c, Abs. 5, terceira parte; o § 108, Abs. 2 e 3; o §161, Abs. 2 e 3; o §252; o §257c, Abs. 4, terceira parte; ou o §477, Abs. 2, segunda e terceira partes.

Particularmente importante é ainda a proibição de valoração de prova consagrada na segunda parte do Abs. 3 do §136a do StPO, referente ao uso de métodos proibidos de interrogatório e estabelecendo uma proibição de aproveitamento ("*nicht verwertet werden*") de declarações obtidas com recurso a tais métodos.

2.2. As proibições de valoração de prova não positivadas

No sistema jurídico alemão, o reconhecimento de uma proibição de valoração de prova não depende da sua expressa previsão normativa[45]. O sistema é deveras complexo, sendo que, nem sempre uma proibição de produção de prova conduz a uma proibição de valoração da prova obtida, do mesmo modo que, uma proibição de valoração de prova pode emergir onde a produção da prova haja tido lugar de forma plenamente conforme com a legalidade[46]. Não foi ainda desenvolvida uma regra geral, no Direito Alemão, que determine quando é que uma proibição de produção de prova conduz a uma proibição de valoração. Neste sentido, em termos classificativos, uma proibição de valoração de prova que resulte de uma proibição de produção, será uma proibição de valoração de prova dependente (*unselbständige Beweisverwertungsverbote*). Por seu turno, uma proibição de valoração de prova que não tenha a si subjacente uma produção de prova ilícita, será

[44] Gless, 2013: 114.

[45] Beulke, 2016: Rn. 457.

[46] Será o caso, por exemplo, do previsto nos §§100a ou 477, Abs. 2, ambos do StPO.

uma proibição de valoração de prova independente (*selbständige Beweisverwertungsverbote*).

Deste modo, impõe-se sempre uma apreciação casuística das violações de normas processuais que regulam a obtenção de provas em processo penal, em ordem a concluir pela sua possível valoração[47]. O critério, porém, não é consensual, digladiando-se duas teorias, a saber: i) a teoria do escopo de proteção (*Schutzzwecklehre*) da norma de obtenção de provas violada[48-49]; e ii) a teoria da ponderação (*Abwägungslehre*), da qual decorre que deve ser concretizada uma ponderação, no caso concreto, entre o interesse público na perseguição criminal e o interesse particular do cidadão na proteção dos seus direitos[50]. Por vezes, porém, as doutrinas em questão são combinadas[51].

Com o intuito de desenvolver um critério geral no qual assentasse a legitimidade de recurso, o BGH desenvolveu a chamada teoria do âmbito ou da esfera de direitos (*Rechtskreistheorie*), de acordo com a qual as normas não afetam todas a esfera de direitos do arguido da mesma forma, pelo que a decisão do recurso assente na violação de uma proibição de produção de prova deve apreciar-se à luz da própria esfera jurídica do arguido, apenas se reconhecendo legitimidade ao recurso interposto na medida em que que o dano causado pela violação da norma de produção de prova for material. Onde o dano for de baixa ou nenhuma relevância para a esfera jurídica do arguido, em conformidade com esta tese, não haverá reconhecimento de uma proibição de produção ou de valoração de prova[52].

A *Rechtskreistheorie* tem sido criticada pela doutrina germânica desde a sua formulação inicial pelo BGH, por ser entendido que se trata de uma teoria que faz assentar as proibições de valoração de prova apenas em parte da questão, não tratando o assunto como um todo[53]. Não obstante, a tese mereceu, em juris-

[47] Beulke, 2016: Rn. 458.

[48] Rudolphi, 1970: 97 ss; Grünwald, 1993: 155-157.

[49] Cf., entre os mais, o acórdão do BGH de 3 de novembro de 2000 (2 StR 354/00), disponível in: *BGHSt* 46, 189.

[50] Rogall, 1999. Cf. ainda acórdão do BVerfG, de 7 de dezembro de 2011 (*2 BvR 2500/09*), disponível in: *BVerfGE* 130, 1-51. Entre o mais, pode ler-se neste acórdão que "nem toda a violação da lei conduz a uma proibição de valoração; consoante as circunstâncias do caso, devem ser ponderados todos os fatores e interesses conflituantes" (no original alemão: "*Denn nicht jeder Rechtsverstoß bei der Beweisgewinnung führe zu einem Verwertungsverbot; es sei je nach den Umständen des Einzelfalls unter Abwägung aller maßgeblichen Gesichtspunkte und der widerstreitenden Interessen zu entscheiden*").

[51] Cf. *BGHSt* 46, 189, 195s.

[52] Cf. acórdão do BGH de 21 de janeiro de 1958 (GSSt 4/57), disponível in: *BGHSt* 11, 213, 215. No mesmo sentido, v. *BGHSt* 45, 203; *BGHSt* 38, 214; e *BGHSt* 38, 96.

[53] Beulke, 2016: Rn 459. Cf. ainda *BGHSt*, 42, 73, 77.

prudência recente[54], uma recuperação, tendo o BGH afirmado, com base na *Rechtskreistheorie*, a inexistência de uma proibição de valoração da prova por falta de notificação de um coarguido.

Relevante emerge ainda chamada teoria das três esferas (*Dreistufentheorie*), desenvolvida pelo Tribunal Constitucional alemão (*Bundesverfassungsgericht* – BVerfG)[55] e de acordo com a qual existem três esferas de desenvolvimento da personalidade distintas[56]: a esfera social (*"Sozialbereich"*), a esfera de privacidade simples (*"schlichte Privatsphäre"*) e a esfera íntima (*"Intimsphäre"*). Assim, o BVerfG desenvolveu a tese no sentido de que o aproveitamento das provas em processo penal depende da esfera no âmbito da qual as autoridades atuaram: os eventos que têm lugar na esfera social não gozam de particular proteção (v.g., uma conversa tida numa reunião de negócios), ao passo que os contactos tidos no âmbito na esfera de privacidade simples gozam de maior proteção, devendo ser ponderado o interesse estatal na perseguição penal com o interesse particular na proteção do direito violado (v.g., no caso da gravação de uma conversa particular a ocorrer num jantar num restaurante público). Por seu turno, a esfera íntima traduz-se num espaço inviolável, entendendo o BVerfG que o art. 2º, I, conjugado com o art. 1º, I, ambos da GG, garante a todos os cidadãos um núcleo íntimo livre de qualquer interferência pública, não havendo lugar a qualquer ponderação de interesses.

A aplicação desta tese encontra dificuldades e a questão encontra-se hoje parcialmente regulada na legislação processual penal alemã, por exemplo, nos §§ 100a, Abs. 4, e 100c, Abs. 5. Não obstante, onde não haja soluções positivadas, os princípios jurisprudencialmente desenvolvidos continuam a aplicar-se. Assim, onde haja lugar a uma ponderação entre o interesse público na perseguição penal e os direitos fundamentais de privacidade do arguido, o aproveitamento da prova será decidido, nomeadamente, pela gravidade da acusação (*"Schwere des Tatvorwurfs"*) e a indispensabilidade do meio de prova em questão (*"Unverzichtbarkeit des Beweismittels"*), ao passo que, no outro prato da balança, contra o aproveitamento pondera-se a posição hierárquica do direito fundamental a sacrificar (*"Rang des betroffenen Grundrechts"*) e a gravidade da interferência das autoridades de polícia criminal (*"Schwere des konkreten Eingriffs"*)[57].

[54] Cf. acórdão do BGH de 17 de fevereiro de 2009 (1 StR 691/08), disponível in: *BGHSt* 53, 191. V. comentário de Sabine Gless in: *NStZ* 2010, 98-100.

[55] Cf. os acórdãos do BVerfG de 31 de janeiro de 1973 (2 BvR 454/71) e de 3 de março de 2004 (1 BvR 2378/98, 1084/99), respoetivamente disponíveis in: *BVerfGE* 34, 238, e *BVerfGE* 109, 279.

[56] Beulke, 2016: Rn 470.

[57] Beulke, 2016: Rn. 471. Neste sentido, cf. ainda acórdão do BGH de 30 de março de 1994 (StB 2/94), disponível in: *BGHSt* 25, 176.

O que fica visto até aqui sobre o regime de proibição de valoração de prova no sistema jurídico germânico, tem uma aplicabilidade concreta em relação às provas ilicitamente obtidas por particulares. Isto porque, é conceção dominante na Alemanha que as normas de produção de prova previstas no StPO têm como destinatário único os órgãos de polícia criminal, não regulando a atuação dos particulares[58]. Neste sentido, as provas ilicitamente obtidas por particulares são, no essencial, aproveitáveis no processo penal[59]. No entanto, e sem prejuízo desta afirmação genérica, existem exceções que importa notar, as quais, sem prejuízo, não afastam esta regra geral, antes devendo ser vistas exatamente como exceções.

Desde logo, não podem ser usadas provas obtidas por particulares em violação da dignidade humana[60]. Este foi o entendimento do BGH na sua decisão de 21 de julho de 1998, já referida *supra* aquando da análise do conceito de particular e tomada no âmbito do processo 5 StR 302/97[61]. No caso estava em causa, no que releva para os devidos efeitos do presente estudo, uma situação de "espionagem em prisão preventiva" (*Bespitzelung in Untersuchungshaft*), na qual "S", enquanto colega de cela de "C", se fizera passar por uma vidente com poderes mágicos que lhe permitiam ler o futuro a partir de borras de café e cinza de cigarros alegando poder influenciar a polícia, os procuradores e os juízes de modo que todos os arguidos envolvidos no processo de "C" seriam ou absolvidos ou condenados a penas suaves. Porém, em ordem a poder beneficiar dos poderes mágicos de "S", "C" teria de confessar os seus crimes e reduzi-los a escrito. "S" terá exercido bastante pressão sobre "C", ameaçando-o com a fúria de Alá e envolvendo estupefacientes como haxixe e marijuana nos supostos rituais mágicos. Quando, por fim, obteve a confissão de "C", "S" habilitou a polícia com essa informação, procurando obter uma redução da sua própria pena. Com base no testemunho de "S", "C" foi condenada pelo *Landgericht*.

O BGH, neste caso, confirmou, por um lado e seguindo o entendimento do Grande Senado para os Assuntos Penais (*Großen Senats für Strafsachen*), que não há violação das normas processuais penais de obtenção de prova, nem de outros princípios gerais, quando as autoridades policiais induzem um particular a iniciar conversas com um investigado no sentido de obter provas sem que este seja informado desse facto. Porém, por outro lado, afirmou com bastante clareza

[58] BEULKE, 2016: Rn 478.

[59] SENGE, 2013: Rn 52. No sentido contrário, cf. ROGALL, 1979: 41-42, para quem a obtenção ilícita de provas por particulares não constitui um caso especial, antes sendo similar à obtenção ilícita de provas por agentes do Estado. No mesmo sentido, cf. BRUNHÖBER, 2010.

[60] Com opinião diversa, cf. SENGE, 2013: Rn 52.

[61] Disponível in: *NJW* 1998, 3506.

que tal não significa que não haja limites ao uso de particulares na efetivação da investigação penal, os quais resultam dos princípios do Estado de Direito e do *fair trial*. De acordo com o BGH, o §136a do StPO positiva o reflexo processual do princípio do Estado de Direito o que, ao mesmo tempo que faz com que a norma em questão tenha como destinatários os agentes estaduais, conduzindo a uma proibição de valoração das provas obtidas em sua violação, faz igualmente com que, pelo escopo de proteção (*Schutzzweck*) do mesmo §136a, se imponha uma sua aplicação análoga em relação à obtenção de provas por particulares – ainda que estes não sejam destinatários do §136a do StPO. Esta aplicação, limitada a situações excecionais, pode dar-se, de acordo com a jurisprudência do BGH, tanto numa situação de interação entre as autoridades e o particular, como pode resultar das circunstâncias em que o particular obteve os elementos probatórios.

Por outro lado, vem também sendo entendimento germânico que a teoria das três esferas desenvolvida pelo BVerfG tem aplicabilidade onde as provas sejam obtidas por particulares, não sendo admissível uma sua ingerência na esfera íntima[62]. Assim, nestes casos será irrelevante se quem atuou foram autoridades públicas de *enforcement* criminal ou entidades privadas, dependendo o aproveitamento da prova da teoria das esferas.

Neste sentido, veja-se, nomeadamente, o caso paradigmático decidido a 14 de junho de 1960 no processo 1 StR 683/59, pelo BGH[63], no qual este Tribunal decidiu que, não obstante os direitos de personalidade não serem ilimitados, é inadmissível a valoração como prova em processo penal de uma gravação de uma conversa privada mantida com o arguido, efetuada, sem o conhecimento deste, pelo interlocutor. Paradigmático é também o chamado caso do diário, de 21 de fevereiro de 1964, decidido pelo BGH no processo 4 StR 519/63[64] e no qual este Tribunal decidiu que o uso do diário violava os direitos de privacidade do arguido, sendo inadmissível à luz dos arts. 1º e 2º da GG. No entanto, o Tribunal frisou que se tratava de uma decisão casuística, colocando o diário na esfera privada simples, entendendo que a exclusão se impunha naquele caso porque a gravidade da invasão era substancialmente superior à natureza do crime *sub judice*. O BGH afirmou ainda que a devassa de diários não é absolutamente proibida em processo penal, podendo o interesse público na perseguição do crime prevalecer sobre os interesses de proteção dos direitos de privacidade do arguido.

Este último caso, é relevante inclusivamente por iluminar algumas diferenças entre os regimes de proibição de valoração de prova ilicitamente obtidas por

[62] BEULKE, 2016: Rn 480.

[63] Cf. *BGHSt* 14, 358.

[64] Cf. *BGHSt* 19, 325.

particulares nos Estados Unidos da América e na Alemanha. No ordenamento jurídico daquele primeiro país, o uso do diário teria sido admitido dado este ter sido recolhido por um particular. Todavia, na Alemanha a utilização do diário foi proibida, tendo-se aplicado as regras de aproveitamento de provas em processo penal à prova obtida por um particular, mais particularmente a proibição de valoração de provas com base em proibições não positivadas mas resultantes de interpretação dos normativos e princípios constitucionais. Note-se ainda que o BGH reconheceu expressamente essa aplicação, ao afirmar que é indiferente a prova ter sido obtida por um ato público, ou por atuação privada, defendendo que a defesa dos direitos dos arguidos só é completa se abranger atuações particulares[65].

Igualmente proibida é a valoração de provas obtidas por particulares numa ação deliberadamente solicitada pelas autoridades criminais. Conforme aflorámos atrás, a obtenção das provas nestes casos será comunicada às autoridades públicas, não havendo uma situação de provas obtidas por particulares, mas antes ficcionando-se uma obtenção de provas pelos agentes de polícia criminal. Tal é assim porque não se pode permitir que os órgãos de polícia criminal contornem as proibições legais que se lhes impõem através da instrumentalização de particulares de modo a atingir objetivos que, de outra forma, lhes estão vedados. E aqui importa ver um pouco mais em detalhe o chamado caso Liechtenstein, atrás já aflorado e que originou a decisão do BVerfG de 9 de novembro de 2010, adotada no âmbito do processo 2 BvR 2101/09[66], tendo o Tribunal decidido, numa linha de jurisprudência amplamente criticada pela literatura[67], que, ponderados todos os interesses em causa, os dados comprados à fonte do Liechtenstein podiam ser usados, sendo que as violações processuais alegadas no caso e que a eventual ilicitude na aquisição dos dados não constituíam uma

[65] Escreve o BGH: "[e]stando em causa registos íntimos, apenas o reconhecimento da proibição da sua valoração garante uma eficaz proteção da personalidade, independentemente de os mesmos chegarem ao conhecimento das autoridades competentes mediante ato público ou através da atuação de particulares. Em casos destes deve ser sempre evitada a intromissão na esfera da vida privada, sendo juridicamente irrelevante o modo como os escritos chegaram, contra a vontade do autor, ao conhecimento das autoridades" (no original alemão: "*Bei den genannten intimen Aufzeichnungen jedenfalls wird die Persönlichkeit nur dann wirksam geschützt, wenn ein Verwertungsverbot anerkannt wird, gleichviel ob die Aufzeichnungen durch staatlichen Akt oder durch privates Eingreifen zur Kenntnis der Strafverfolgungsbehörde gelangen. In Fällen dieser Art darf grundsätzlich kein Eindringen in die Privatsphäre stattfinden, so daß es ohne rechtliche Bedeutung ist, auf welche Weise die Aufzeichnungen gegen den Willen des Verfassers zur behördlichen Kenntnis gelangen*").

[66] Cf. *BVerfGK* 18, 193.

[67] Cf. Heine, 2011, 1087-1102; Kühne, 2011, 1269-1286; Hellmann, 2010, 661-679; Schünemann, 2008; Sieber, 2008.

proibição absoluta de valoração das provas[68]. Em causa estava a possibilidade de utilização na Alemanha de grandes quantidades de dados armazenados em DVDs que, tendo sido furtados de um Banco no Liechtenstein por um ex-colaborador da instituição, continham informação sobre vários contribuintes alemães com fundos não declarados depositados no Banco em questão, tendo alegadamente lesado o fisco alemão em dezenas de milhares de euros em impostos não cobrados[69].

Outros casos relevantes são os cada vez mais frequentes casos de escutas (*Mithörerfälle*) efetuadas por terceiros particulares sem o conhecimento e/ou o consentimento do indivíduo gravado, sendo posteriormente a gravação entregue à Polícia para uso em processo penal. No Direito Processual Penal alemão, uma aplicação analógica das normas previstas nos §§ 136, 136a, 52 e 252 do StPO, cujos destinatários são os órgãos de polícia criminal e não os particulares, é considerada, por não se poder permitir que o Estado lese o escopo protetivo das normas de proibição de valoração de provas em processo penal através da intervenção de um terceiro particular[70].

O tema das *Mithören* foi, por exemplo, objeto de decisão pelo BGH em 13 de maio de 1996, no âmbito do processo GSSt 1/96[71]. Neste caso, aquele Tribunal Supremo decidiu que o teor de uma gravação efetuada, de forma sub-reptícia e instigada pelas autoridades de investigação criminal, de uma conversa mantida entre um particular e o suspeito, pode ser utilizado quando esteja em investigação um crime de importância considerável e a investigação dos factos se revelasse muito menos promissora ou muito mais difícil com recurso a outros métodos de investigação.

Em suma, o tratamento dado pelo sistema jurídico alemão às questões das proibições de prova tem diferenças significativas quando comparado com o americano, sendo um sistema de funcionamento complexo e construído com contributos jurisprudenciais, doutrinais e legislativos, conforme fica visto.

3. Brasil

Na ordem jurídica brasileira, o regime das proibições de prova resulta, imediatamente, da Constituição Federal que, no seu art. 5º, inciso LVI, prevê que "são inadmissíveis, no processo, as provas obtidas por meios ilícitos". Em concretização infraconstitucional, o CPP brasileiro prevê, no seu preceito 157º, com a

[68] Cf. Sobre este caso e outros que confirmam o teste estabelecido no caso Liechtenstein, cf. Lucke, 2011, 527. Cf. ainda Kaiser, 2011; Pawlik, 2010; Kölbel, 2008.

[69] Beulke, 2016: Rn 481.

[70] Beulke, 2016: Rn. 481g.

[71] Cf. *BGHSt* 42, 139.

redação que lhe foi dada pela Lei nº 11.690, de 2008, que "[s]ão inadmissíveis, devendo ser desentranhadas do processo, as provas ilícitas, assim entendidas as obtidas em violação a normas constitucionais ou legais".

Para além daquelas normas, a legislação processual penal brasileira não tem uma regulação expressa e detalhada dos métodos proibidos de prova[72]. Tal facto obriga o juiz a, no momento da apreciação da prova produzida, verificar toda a legislação pertinente de modo a determinar se existe uma violação de normas constitucionais ou legais que ponha em causa a admissibilidade do meio de prova.

No que ao tema específico das provas ilicitamente obtidas por particulares concerne, pode dizer-se que a sua discussão no Brasil é tímida[73]. Porém, e à semelhança do que vimos suceder nas ordens jurídicas anteriormente analisadas, também nesta se coloca a questão de saber se as provas obtidas por particulares estão sujeitas às normas de proibição de prova, distinguindo-se duas correntes doutrinárias: uma que defende a resposta afirmativa, no sentido em que o princípio da inadmissibilidade da prova obtida por meio ilícito tem uma incidência ampla, abrangendo também as provas ilicitamente obtidas por particulares e outra corrente que defende a resposta negativa afirmando que a proibição da utilização das provas ilícitas só se aplica aos órgãos públicos a quem cabe a tarefa de persecução penal[74].

Autores como Pacelli de Oliveira[75] situam-se nesta segunda corrente doutrinária, entendendo que, ao estilo norte-americano, as proibições de prova consistem em normas de regulamentação comportamental dos órgãos de polícia, cumprindo uma função eminentemente pedagógica de controlo da licitude da atividade estatal persecutória através da proibição da valoração das provas ilícitas, a qual desincentiva o recurso a práticas de obtenção de prova que ponham em causa os direitos fundamentais dos indivíduos. Entende este autor que a norma garantística da inadmissibilidade do uso de provas ilícitas em processo penal procura a tutela dos direitos e garantias individuais das pessoas e, simultaneamente, assegura a própria qualidade do material probatório, servindo ainda uma função de equilíbrio da relação de forças, pois, ao impedir a produção ilícita de prova por parte dos agentes do Estado, equilibra a relação de forças existente entre estes e a defesa, relativamente à atividade instrutória desenvolvida por esta. Esta parece ser também a posição de Furlan Teixeira[76].

[72] Sousa Mendes, 2013; Barin, 2013: 271.
[73] Gonçalves da Silva, 2010: 27-33.
[74] Gonçalves da Silva, 2010: 97-98.
[75] Cf. Pacelli de Oliveira, 2017: 198.
[76] Cf. Furlan Teixeira, 2009: 163.

Do outro lado do espectro, defendendo que as proibições de prova se aplicam aos particulares, encontramos autores como Scarance Fernandes[77], que entende que o legislador constituinte, através do art. 5º, inciso LVI, da Constituição Federal, vedou expressamente a admissibilidade em processo penal de provas ilicitamente obtidas, não importando quem conseguiu a prova, ainda que o Autor reconheça começar já a aceitar-se que, em certos casos, as circunstâncias concretas poderão justificar a admissibilidade da prova ilicitamente obtida por particulares, através do recurso a um juízo de ponderação assente no princípio da proporcionalidade. Se normalmente a prova resulta de atividade instrutória a cargo das autoridades judiciárias e dos OPC, pode resultar também da atividade desenvolvida por particulares, os quais estão também sujeitos ao princípio da inadmissibilidade. No mesmo sentido segue Gonçalves da Silva[78].

Também a jurisprudência brasileira, por seu turno, se divide relativamente à questão. Por um lado, existem decisões que dão razão aos defensores de um princípio da inadmissibilidade amplo, emergindo como decisão paradigmática sobre a questão a tomada pelo STF a 21 de junho de 2000, relatada pelo Min. Celso de Mello no âmbito do processo nº 241.445-GO[79], tendo-se decidido pela inadmissibilidade da utilização em processo de material fotográfico que, "embora alegadamente comprobatório de prática delituosa, foi furtado do interior de um cofre existente em consultório odontológico pertencente ao réu, vindo a ser utilizado pelo MP, contra o acusado, em sede de persecução penal, depois que o próprio autor do furto entregou à Polícia as fotos incriminadoras que havia subtraído".

Por outro lado, recentemente, o mesmo STF, no *Habeas Corpus* 91.613, numa decisão relatada pelo Min. Gilmar Mendes a 15 de maio de 2012[80], entendeu que "as regras que regulam e limitam a obtenção, a produção e a valoração das provas são direcionadas ao Estado, no intuito de proteger os direitos fundamentais do indivíduo atingido pela persecução penal" e que, o art. 5º, inciso LVI, da Constituição Federal, enquanto "garantia constitucional quanto à impossibilidade de utilização, nos processos, de prova ilícita mantém estreito vínculo com outros direitos e garantias também constitucionais", como "o sigilo de correspondência e das comunicações telegráficas, de dados e das comunicações telefônicas (CF, art. 5º, XII)".

[77] Cf. Scarance Fernandes, 2012: 83-84.

[78] Gonçalves da Silva, 2010: 110-111.

[79] Cf. *Informativo/STF* nº 197, disponível *online* in: http://www.stf.jus.br/arquivo/informativo/documento/informativo197.htm.

[80] Disponível *online* in: http://redir.stf.jus.br/paginadorpub/paginador.jsp?docTP=TP&docID=2765764.

Neste processo de *Habeas Corpus* estava em causa, ao nível da prova, a pretensa "nulidade de ação penal fundada em inquérito criminal instaurado pelo Ministério Público" com base em provas ilícitas assentes na gravação de uma conversa telefónica sem autorização de nenhum dos interlocutores. Entendeu, porém, o STF que é importante distinguir "interceptação e gravação", sendo aquela primeira "a captação de conversa realizada por um terceiro, com ou sem o conhecimento de um dos interlocutores" e que, a gravação clandestina será "a captação da conversa [...] feita por um dos interlocutores, sem o conhecimento do outro", apenas havendo ilicitude naquele primeiro caso, pois, no entendimento do Tribunal, "a referência constante do texto constitucional – art. 5º, XII – diz respeito à interceptação telefônica, com ou sem consentimento de um dos interlocutores, para fins de investigação criminal ou instrução processual penal", não se contemplando "a gravação de conversa telefônica por um interlocutor sem o conhecimento de outro".

Assim, no Brasil, não parece poder afirmar-se uma corrente dominante ou uma uniformização nas orientações relativamente a estas questões. Porém, nas decisões mais recentes, parece ter vindo a predominar o entendimento no sentido de um princípio da inadmissibilidade mais restrito e não aplicável às provas ilicitamente obtidas – pelo menos no que respeita à prova obtida por gravação de conversa telefónica por parte de um dos interlocutores[81]. Isto porque decisões similares à do STF de 2012 podem ser encontradas em diversa jurisprudência, como seja plasmada no acórdão de 25 de novembro de 2011, referente ao Recurso Extraordinário 630.944, relatado pelo Min. Ayres Britto[82].

IV. Direito português

O processo probatório exige que ao oferecimento das provas pelos sujeitos processuais se siga uma decisão do juiz sobre a sua aceitação. Em processo penal não se pode admitir a procura da verdade material a todo o custo, sob pena de se admitirem meios desumanos de obtenção de prova. Há então aqui um verdadeiro limite à descoberta da verdade consubstanciado nas proibições de prova[83]. Nas palavras do próprio TC[84], "[e]xiste um dever ético e jurídico de procurar a verdade material. Mas existe também um outro dever ético e jurídico que leva a excluir a possibilidade de empregar certos meios na investigação criminal".

[81] Sobre o tema, cf. Ribas Barin, 2013: 273.

[82] Disponível *online* in: http://redir.stf.jus.br/paginadorpub/paginador.jsp?docTP=TP&docID=1642177. Para mais casos, cf. as referências apresentadas na abertura do presente capítulo.

[83] Miguel Sardinha, 1989: 146-147; Conde Correia, 2006: 179; Silva, 2011: 173-174; Ribas Barin, 2013: 251; Viegas Martins, 2014: 27-28.

[84] Cf. acórdão nº 578/98, de 14 de outubro de 1998, relatado pelo Conselheiro Messias Bento, no âmbito do processo nº 835/98.

A verdade não é um valor absoluto, apenas devendo, na sua procura, ser empregues meios lícitos e que sacrifiquem o menos possível os direitos fundamentais e a personalidade dos investigados. Então, insistimos, as proibições de prova são verdadeiros limites à descoberta da verdade[85].

O atual art. 126º do CPP, correspondente ao art. 149º do Anteprojeto de Código de Processo Penal de Maia Gonçalves[86] e ao art. 126º do Projeto de Código de Processo Penal[87], tendo o nº 3 sido alterado pela Lei nº 48/2007, de 29 de agosto, trata-se do preceito que regula a obtenção de provas, em concretização dos arts. 32º, nºs 1 e 8 e 34º, nº 4, ambos da CRP[88], positivando no ordenamento jurídico-processual penal português os métodos proibidos de obtenção de meios de prova, *maxime* enquanto procedimentos contrários a direitos fundamentais. Tal resulta, inclusive, do sétimo parágrafo do quinto considerando do Preâmbulo do CPP que afirma que as proibições de prova são a manifestação mais expressiva da forma como o Estado de Direito olha os direitos fundamentais como os seus próprios valores simbólicos.

Prevê o art. 126º, nº 1, do CPP, sob a epígrafe "métodos proibidos de prova", que as provas obtidas mediante tortura, coação ou, de um modo geral, mediante ofensa à integridade física ou moral das pessoas são nulas, não podendo ser usadas. De seguida, o nº 3 do mesmo art. 126º prevê ainda, ressalvando os casos expressamente previstos na lei, que também são nulas, não podendo ser usadas, provas obtidas com recurso à intromissão na vida privada, no domicílio, na correspondência ou nas telecomunicações, quando a dita intromissão não haja sido efetuada com consentimento do titular do direito violado.

A lei não esclarece se as normas processuais de proibições de prova se aplicam ou não aos particulares quando estes desenvolvem ações de obtenção de meios de prova. E este é um debate que, ainda que mais discreto do que aquele que vimos existir em ordens jurídicas como as norte-americana e alemã, também vem existindo na doutrina e na jurisprudência nacionais.

Na jurisprudência do Caso do Banco X, que serve de caso-base ao presente estudo, tanto o Tribunal de Pequena Instância Criminal de Lisboa como o TRL sufragaram a posição de que também os particulares são sujeitos passivos do art. 126º do CPP quando promovem "investigações" privadas.

[85] Marques da Silva, 2011: 160; Barbosa Moreira, 1998: 9-11.

[86] Publicado em *BMJ* 329, 1983.

[87] Publicado como suplemento ao *BMJ*, 1986.

[88] Encontramos aqui uma concretização processual de princípios e direitos fundamentais como a dignidade humana, a integridade fisica, a reserva da vida privada ou a intimidade.

Tal não é consensual, contrariando, por exemplo, jurisprudência pretérita do próprio TRL[89] que entendeu que, em muitos casos, a exequibilidade dos normativos constitucionais que positivam direitos fundamentais depende das "soluções assumidas pelo legislador ordinário" na sua concretização, sendo esta lógica transponível para o Direito Processual Penal, pelo que "as regras de proibição de prova constitucionalmente definidas ou concretizadas pelo legislador ordinário na legislação processual penal, mormente o CPP, servindo a tutela dos direitos fundamentais, dirigem-se em primeira mão às instâncias formais de controle, designadamente aos investigadores, ministério público e juiz de instrução," cuja atividade e procedimentos procuram disciplinar, e não aos particulares cujos direitos e deveres não regulam. Neste sentido, continua o Tribunal arguindo que, relativamente às provas obtidas por particulares, "o legislador remete-nos para a tipificação dos ilícitos penais previstos no Código Penal como tutela do referido direito fundamental à privacidade".

Esta jurisprudência do TRL encontra eco, por exemplo, na jurisprudência do TRP[90], sendo que também o TC[91] já aflorara esta posição, ao afirmar que os "destinatários privilegiados" das proibições são prova são "as autoridades judiciárias".

Na doutrina nacional, por seu turno, parece vir prevalecendo esta última posição, que vimos ser igualmente dominante nos Estados Unidos da América. Autores como Paulo de Sousa Mendes, Milene Viegas Martins e Catiuce Ribas Barin[92] defendem que a ilicitude na obtenção de provas por particulares consubstancia uma proibição de valoração e não de produção de prova, sendo seus destinatários os órgãos de perseguição penal cuja conduta é disciplinada por estas últimas, ao passo que a conduta dos particulares é regulada pelos normativos substantivos. Neste sentido, os particulares não estão diretamente vinculados às regras processuais penais de proibição de prova, encontrando-se vinculados, porém, às normas penais, para as quais o legislador remete no CPP, por exemplo, no art. 167º.

No passado, nós próprios defendemos posição contrária a esta, seguindo a doutrina, nomeadamente, de Costa Andrade[93]. Porém, hoje ladeamos a posição de que efetivamente as normas processuais que regulam a obtenção de provas

[89] Ac. TRL de 28.05.2009, Proc. nº 10210/2008-9 (Fátima Mata-Mouros), disponível em www.dgsi.pt.

[90] Ac. TRP de 03.02.2010, Proc. nº 371/06.5GBVNF.P1 (Eduarda Lobo), disponível em www.dgsi.pt.

[91] Ac. TC nº 192/01, de 08.05.2001, Proc. nº 517/00 (Artur Maurício), disponível em http://www.tribunalconstitucional.pt.

[92] Cf. Sousa Mendes, 2004, 138-141 e 2015, 181; Viegas Martins, 2010: 27-30 e 2013: 180-182; Ribas Barin, 2013: 252-253.

[93] Cf. Costa Andrade, 2006, pp. 188 ss.; Neves da Costa, 2013: 318 ss..

se destinam primordialmente a disciplinar a conduta dos órgãos de perseguição penal, posição que se nos afigura de maior conformidade à letra da lei e à teleologia da legislação processual, conforme *infra* descrito.

A lei portuguesa não aborda diretamente o problema das provas ilicitamente obtidas por particulares. Porém, o referido art. 167º do CPP parece resolver a questão no que respeita às reproduções mecânicas ilícitas, prevendo, sob a epígrafe "valor probatório das reproduções mecânicas", que estas reproduções só valem como prova dos factos ou do que reproduzem se não forem penalmente ilícitas. Assim, insistindo-se na ideia de que os meios de prova não podem ser obtidos à custa dos direitos dos indivíduos visados, salvo nos casos expressamente previstos na CRP e na lei, haverá uma proibição de prova quando, à luz da lei penal substantiva, uma reprodução mecânica apresentada num processo criminal for ilícita.

Deste modo, por exemplo, fotografias, gravações ou cópias de documentos que consubstanciem uma devassa da vida privada, violando o art. 192º do CP, constituirão um método de prova proibido se não tiver tal proibição sido afastada por autorização judiciária ou autorização do visado.

Destarte, fica claro que quando o meio de prova recolhido por indivíduos particulares consistir numa reprodução mecânica ilícita nos termos da lei penal, cujos destinatários são, indiscutivelmente, a generalidade dos cidadãos, não será admitido nos termos do art. 167º do CPP.

Como tal, e retomando o caso do Banco X com que foi aberto o presente estudo, se a documentação apresentada como meio de prova contém informação sujeita a sigilo bancário, a revelação do seu conteúdo por um indivíduo sujeito a tal sigilo, consubstanciará um crime de violação de segredo, nos termos do art. 195º do CP, e contrariando o disposto no art. 78º do RGICSF, pelo que tal meio de prova não poderá ser utilizado. Porém, esta proibição é relativa, podendo o documento ser usado se se verificar alguma das exceções ao dever de segredo previstas no art. 79º do RGICSF. De todo o modo, *in casu*, na medida em que quem entregou cópias da documentação ao Procurador-Geral da República, ao BdP e à CMVM não estava abrangido pelo sigilo bancário, a prova não se reveste de ilicitude.

O mesmo será verdade quando uma reprodução mecânica seja obtida por um particular à custa de bens jurídicos como a privacidade, a integridade física, a propriedade ou a liberdade pessoal – tratando-se de documento obtido em violação da lei penal substantiva, estará em causa prova proibida pelo art. 167º do CPP.

V. Conclusão

Chegados a este ponto, impõem-se algumas considerações conclusivas. Atualmente vem-se assistindo a uma intensificação da intervenção dos particulares no processo de obtenção de prova no âmbito do processo penal. A massificação dos novos meios tecnológicos pôs uma câmara no bolso de todos os cidadãos que, não raras vezes, filmam e fotografam factos constituintes de ilícitos típicos. O jornalismo de investigação com frequência obtém provas relevantes para a resolução de processos penais. Os detetives particulares muitas vezes encontram-se em poder de documentos sensíveis com importância para a descoberta da verdade num processo em curso. Estas e outras hipóteses de obtenção de provas por particulares, muitas vezes violadoras dos direitos de outros cidadãos, tornam premente e importante o debate acerca da vinculação ou não dos particulares às proibições de obtenção de prova.

Vimos já que só está em causa uma verdadeira situação de obtenção de provas por particulares nos casos em que não há uma qualquer intervenção relevante por parte do Estado que torne imputável a este a prova obtida – seja porque o poder público instigou um particular à obtenção da prova ou porque aprovou *ex ante* a sua atuação. E se é verdade, como vimos, que nunca estas "investigações" privadas podem deixar de ser admissíveis, por defeito verdade é igualmente que os problemas que emergem das mesmas têm de ter resolução satisfatória.

Nos Estados Unidos da América a jurisprudência vem resolvendo a questão entendendo que as *exclusionary rules* são normas processuais que servem fins de disciplina e regulação da atividade dos poderes públicos, não se aplicando aos particulares, sendo as provas ilicitamente obtidas por estes sempre admissíveis em juízo. Por seu turno, na Alemanha, as *Beweisverbote* surgem como meios processuais de reforço do direito substantivo operando, em paralela harmonia, proibições de prova assentes nos princípios constitucionais do Estado de Direito e da proporcionalidade e assentes no §136a do StPO, tendo vindo a ser entendimento que, ao passo que os particulares não são destinatários desta referida norma do StPO, são destinatários das proibições de prova encontrando-se vinculados aos princípios do Estado de Direito e da proporcionalidade, não sendo admissíveis provas ilicitamente obtidas por sujeitos particulares que contendam diretamente com aqueles princípios. Por fim, foi possível perceber que, no Direito brasileiro existem defensores de ambas as correntes, não se podendo afirmar a existência de uma dominante, ainda que a jurisprudência mais recente pareça defender o entendimento de que as normas de proibição de prova sejam aplicáveis apenas às forças públicas de persecução penal.

Em Portugal sabemos que não podemos proceder – nem admitir que se proceda – à obtenção de provas à custa dos direitos do sujeito investigado. As proibições de prova emergem um limite à descoberta da verdade material. Porém, no que respeita à questão de saber se os particulares são ou não destinatários das proibições de obtenção de prova, a doutrina e a jurisprudência não têm sido unânimes: esta última divide-se encontrando-se decisões em ambos os sentidos e, entre aquela primeira, parece vir prevalecendo a posição nos termos da qual as normas de proibição de prova são essencialmente normas de disciplina dos poderes públicos, defendendo-se que, nos casos de ilicitude na obtenção de provas por particulares, está em causa uma proibição de valoração e não de produção de prova.

De todo o modo, não pode dizer-se que não exista uma norma processual penal que resolva a questão, pelo menos no que respeita às reproduções mecânicas ilícitas: o art. 167º do CPP é perentório quando afirma que, se em processo penal forem apresentadas reproduções mecânicas ilícitas nos termos da lei penal substantiva – a qual é indiscutível que tem como destinatária a globalidade dos cidadãos nacionais – haverá uma proibição de prova aplicável mesmo às provas ilicitamente obtidas por particulares.

Destarte, no caso jurisprudencial sobre o qual todo o presente capítulo se construiu – o aqui designado Caso do Banco X – se a documentação obtida por AA estava sujeita a sigilo bancário, a revelação do seu conteúdo consubstanciaria uma violação dos arts. 195º do CP e 78º do RGICSF, preenchendo o ilícito típico de "violação de segredo", caso não se verificasse uma das exceções ao dever de segredo previstas no art. 79º do RGICSF e, logo, as provas obtidas por esse meio seriam proibidas dado consubstanciarem reproduções mecânicas com conteúdo ilícito nos termos da lei penal, caindo na proibição do art. 167º do CPP.

O Acordo de Colaboração Processual no Brasil: um Negócio Jurídico Inserido no Direito Probatório

Rodrigo da Silva Brandalise

Sumário: I – A descrição do caso paradigmático. II – O acordo de colaboração processual no Brasil: uma visão geral a partir da LF nº 12.850/2013. III – Uma comparação importante: os programas de leniência. IV – O estudo analítico sobre os momentos do acordo de colaboração processual conforme a LF nº 12.850/13. 1. O momento da existência: a relação entre acusação e defesa. 2. O momento da validade: a homologação que impede a retratação da proposta. 2.1. Ainda o momento da validade: a natureza jurídica das declarações do agente colaborador. O tratamento conferido ao material que acompanha o acordo. 3. O momento da eficácia: a credibilidade, o contraditório, a corroboração e a verificação judicial do (des)cumprimento do acordo homologado. V – Conclusão.

Síntese: O instituto da colaboração processual ganhou forte repercussão no direito processual brasileiro, notadamente em face de diversas operações levadas a efeito para apuração de crimes cometidos como corrupção, lavagem de dinheiro e outros contra a administração pública (em regra, crimes que envolvem aperfeiçoadas organizações criminosas). O CPP brasileiro, p. ex., datado de 1941, não foi pensado de maneira a projetar tais factos típicos de maneira especial, tratando-os com os meios tradicionais de obtenção de prova. Não obstante, o Brasil, assim como outros Estados, buscou aperfeiçoar seu sistema de persecução. Assim, criou um procedimento que, se não único, é quase inédito: prevê uma fase judicializada que envolve os acordos havidos para fins de colaboração do investigado/acusado e que afeta seu resultado futuro. No presente capítulo, procurar-se-á proceder a uma análise deste acordo, enquanto negócio jurídico processual, e sua inserção dentro do direito probatório, a partir do direito brasileiro.

O caso:

1. Factos:

Trata-se de decisão proferida pelo STF em medida cautelar em HC[1], apresentada contra a decisão homologatória do acordo de colaboração processual feita por J.M.B., W.M.B., R.S., F.A.S., F.C.O., V.A.B. e D.A.C. com o MPF nos autos da Pet. 7.003-DF (que também tramitava na Corte indicada). A colaboração homologada propunha-se a impulsionar a atuação investigativa levada a efeito pelo MPF. Não se estava, portanto, na fase processual de cunho condenatório.

Conforme apurado em informações da Pet. 7.003-DF, o objeto da investigação era a persecução sobre supostas vantagens ilícitas obtidas por políticos brasileiros, inclusive integrantes da Chefia do Poder Executivo Federal, de maneira a beneficiar os interesses dos colaboradores (também sendo investigados), a partir de vantagens que eram especialmente concedidas aos últimos.

Segundo consta, não se discutia a voluntariedade e a regularidade (inclusive formal) do acordo celebrado, mas a legalidade dele quanto ao benefício concedido acerca do não oferecimento de denúncia contra quem colaborou, na medida em que, dentre eles, haveria controladores e chefes de uma organização criminosa, o que afrontaria expressa disposição legal para o tipo de benefício deferido (LF nº 12.850/13, art. 4º, § 4º). De acordo com o impetrante, deveria o MPF oferecer denúncia contra os colaboradores.

2. Decisão:

Em decisão, o STF entendeu por não conhecer da ação de HC por diversas razões. Entretanto, no que interessa ao presente trabalho, foi dito que a colaboração premiada não é meio de prova, dadas as restrições probatórias existentes em relação ao depoimento do agente colaborador. Igualmente, foram expostas questões relativas ao ato de homologação do acordo de colaboração premiada, e à possibilidade de o delatado poder contestar o conteúdo e as provas que se produzirem no procedimento penal-persecutório em que ostentar a condição de investigado, indiciado ou réu.

[1] Ac. MC no HC 144.652-DF do STF de 12 de junho de 2017, disponível em <http://www.stf.jus.br/arquivo/cms/noticiaNoticiaStf/anexo/HC144652.pdf> (consultado, por último, a 30.1.2019).

Palavras-chave:
Colaboração processual – negócio jurídico processual – homologação – prova penal.

Normas relacionadas:
Alemanha: § 1º/1, § 2º/1 GG; §§ 153a, 244, 257c/4 StPO.

Brasil: arts. 114, 121 CC; arts. 5º/LV/LVI, 93/IX, 129/I CFB; art. 288 CP; arts. 3º, 24, 155, 157/1º/2º, 197, 621/III CPP; Decreto nº 5.015/2004; Decreto nº 5.687/2006; art. 66/I/III/c) LF nº 7.210/84 (LEP); arts. 86, 87 LF nº 12.529/11; art. 1º LF nº 12.830/13; art. 16 LF nº 12.846/13; arts. 3º/I, 4º, 5º, 6º e 7º LF nº 12.850/13; art. 89 LF nº 9.099/95; art. 1º/5º LF nº 9.613/98; arts. 13 e 14 LF nº 9.807/99; SV nº 14 STF.

Espanha: art. 406 LEC.

Estados Unidos: *Rule 11/c/1/A/B/C Federal Rules of Criminal Procedure.*

Itália: arts. 64/2, 192, 500, CPP; arts. 111, 112 CRI; art. 16-*quarter Legge* 15 *marzo* 1991, nº 82 (com alterações, especialmente a decorrente da *Legge* 13 *febbraio* 2001, nº 45).

Nações Unidas: art. 37 CNUC; art. 26 CNUCOT.

Portugal: arts. 61º/1/g); 126º; 140º/3; 141º/4; 143º/2; 281º/1; 343º/1; 344º, 345º CPP; art. 32º/8 CRP; arts. 75º, 77º, 78º, 79º Lei nº 19/2012.

Doutrina:
Adriana Dias Paes Ristori (2007), *Sobre o Silêncio do Arguido no Interrogatório no Processo Penal Português,* Coimbra, Almedina; Alemanha. *Bundeskartellamt* (2006), *Notice nº 9/2006 of the Bundeskartellamt on the immunity from and reduction of fines in cartel cases – Leniency Programme,* Bonn, *Bundeskartellamt.* Disponível em <http://www.*Bundeskartellamt*.de/SharedDocs/Publikation/EN/Leitlinien/Notice%20--%20Leniency%20Guidelines.pdf?__blob=publicationFile&v=5> (consultado, por último, a 1.2.2019); Alemanha. *Bundeskartellamt* (2016), *Effective Cartel Prosecution: benefits for the economy and consumers,* Bonn, *Bundeskartellamt.* Disponível em <https://www.*Bundeskartellamt*.de/SharedDocs/Publikation/EN/Brosch%C3%BCren/Brochure%20-%20Effective%20cartel%20prosecution.pdf?__blob=publicationFile&v=12> (consultado, por último, a 1.2.2019); António Alberto Medina de Seiça (1999), *O conhecimento probatório do co-arguido,* Coimbra, Coimbra; António Castanheira Neves (1968), *Sumários de Processo Criminal (1967-1968),* Coimbra, João Abrantes; Antônio Magalhães Gomes Filho (2016), "Limites ao compartilhamento de provas no processo penal", *RBCC,* ano 24, vol. 122, pp. 43-61; Bernd Schünemann (2004), "Cuestiones básicas de la estructura y reforma del procedimiento penal bajo una perspectiva global", *DPC,* v. 25, nº 6, p. 175-197. Disponível em: <http://revistas.uexternado.edu.co/index.php?journ

al=derpen&page=article&op=view&path[]=1034&path[]=978> (consultado, por último, a 30.1.2019); Bernd Schünemann (2013), *Estudos de direito penal, direito processual penal e filosofia do direito*, Coord. Luís Greco, São Paulo, Marcial Pons; Brasil. CADE (2016), Guia. Programa de Leniência Antitruste do CADE. Disponível em <http://www.cade.gov.br/acesso-a-informacao/publicacoes-institucionais/guias_do_Cade/guia_programa-de-leniencia-do-cade-final.pdf> (consultado, por último, a 9.1.2018); Brasil. Senado Federal (2009), *Parecer sobre o PLS 150/2006*, Senador Aloísio Mercadante, Brasília. Disponível em: <https://legis.senado.leg.br/sdleg-getter/documento?dm=4809915&disposition=inline> (consultado, por último, a 30.1.2019); Carlo Ruga Riva (2002), *Il Premio per la Collaborazione Processuale*, Milano, Giuffrè; Cibele Benevides Guedes da Fonseca (2017), *Colaboração Premiada*, Belo Horizonte, Del Rey; Cleber Masson/Vinícius Marçal (2017), *Crime Organizado*, 3ª ed., rev., atual. e ampl., Rio de Janeiro, Forense; São Paulo, Método; Deltan Martinazzo Dallagnol (2015), "A visão moderna da prova indício", in: Salgado, Daniel de Resende, Queiroz, Ronaldo Pinheiro de (orgs.), *A prova no enfrentamento à macrocriminalidade*, Salvador, Juspodivm, p. 99-122; Eduardo Correia (1956), *Processo Criminal*, Coimbra, Almedina; Elisa García España (2006), *El premio a la colaboración con la justicia*. Especial consideración a la corrupción administrativa, Granada, Comares; Eneas Romero (2017), "A Colaboração Premiada", in Ambos, Kai; Romero, Eneas (orgs.), *Crime Organizado*. Análise da Lei 12.850/2013, São Paulo, Marcial Pons, CEDPAL, p. 253-277; Ennio Amodio (1986), "I Pentiti Nella Common Law", *RIDPP*, vol. 29, nº 4 (ott.-dic.), pp. 991-1003; Estados Unidos. *Department of Justice* (1993), *Corporate Leniency Policy*, Washington, Department of Justice. Disponível em <https://www.justice.gov/atr/corporate-leniency-policy> (consultado, por último, a 1.8.2018); Estados Unidos. *Department of Justice* (1994), *Leniency Policy for Individuals*, Washington, Department of Justice. Disponível em <https://www.justice.gov/atr/individual-leniency-policy> (consultado, por último, a 1.8.2018); Eugênio Pacelli/Douglas Fischer (2016), *Comentários ao Código de Processo Penal e sua jurisprudência*, 8ª edição, rev., atual. e ampl.. São Paulo, Atlas; Eugênio Pacelli/Douglas Fischer (2017), *Comentários ao Código de Processo Penal e sua jurisprudência*, 9ª edição, rev., atual. e ampl.. São Paulo, Atlas; Fabrício Dornas Carata (2015), "Colaboração Premiada: reflexões sobre o seu valor probatório e a postura do magistrado na sua avaliação", *Migalhas*, p. 1-18. Disponível em: <http://www.migalhas.com.br/arquivos/2015/10/art20151016-03.pdf> (consultado, por último, a 30.1.2019); Fernando Conde Monteiro (2009), "O Problema da Verdade em Direito Processual Penal: Considerações Epistemológicas", in: Monte, Mário Ferreira (org.), *Que Futuro para o Direito Processual Penal?: Simpósio em Homenagem a Jorge de Figueiredo Dias*, Coimbra, Coimbra, pp. 321-331; Fernando Torrão (2000), *A Relevância Político-Criminal da Suspensão Provisória do Processo*, Coimbra,

Almedina; Flávio Eduardo Turessi (2013), "Breves Apontamentos sobre Crime Organizado, Delação Premiada e Proibição da Proteção Penal Insuficiente", *RJESMPSP*, vol. 3, pp. 229-246; Flávio Luiz Yarshell (2015), "Convenção das partes em matéria processual: rumo a uma nova era?", in: Cabral, Antônio do Passo; Nogueira, Pedro Henrique (coords.), *Negócios Processuais*, Salvador, Jus Podium, p. 63-80; Frederico Valdez Pereira (2009), "Valor Probatório da Colaboração Processual", *RT*, vol. 879, pp. 475-490; Frederico Valdez Pereira (2013), "Compatibilização Constitucional da Colaboração Premiada", *RT*, vol. 929, pp. 319-342; Frederico Valdez Pereira (2013/2014), *Delação Premiada. Legitimidade e procedimento*, 2ª edição, revisada e atualizada, Curitiba, Juruá; Fredie Didier Jr. (2015), "Princípio do respeito ao autorregramento da vontade no Processo Civil", in: Cabral, Antônio do Passo; Nogueira, Pedro Henrique (coords.), *Negócios Processuais*, Salvador, Jus Podium, p. 19-25; Fredie Didier Jr./Daniela Bomfim (2016), "Colaboração premiada (Lei n. 12.850/2013): natureza jurídica e controle da validade por demanda autônoma – um diálogo com o Direito Processual Civil", *CPR*, vol. 7, nº 2, pp. 135-189; Gary R. Spratling (1998), *The Corporate Leniency Policy: answer to recurring questions*, Washington, Department of Justice. Disponível em <https://www.justice.gov/atr/speech/corporate-leniency-policy-answers-recurring-questions> (consultado, por último, a 26.12.2017); Germano Marques da Silva (1994), "Bufos, Infiltrados, Provocadores e Arrependidos", *DJ*, vol. 8, tomo 2, pp. 27-34; Giovanni Tuzet (2016), *Filosofia della prova giuridica*, seconda edizione, Torino, G. Giappichelli; Giuseppe Chiovenda (1922), *Principios de Derecho Procesal Civil*, tomo I, traduccion Josc Casais y Santaló, Madrid, Instituto Editorial Reus; Guilherme de Souza Nucci (2015), *Provas no Processo Penal*, 4ª edição, rev., atual. e ampl., Rio de Janeiro, Forense; Heribert Ostendorf (2015), *Strafprozessrecht*, 2. Auflage, Baden Baden, Nomos; Humberto Dalla Bernardina de Pinho/Paulo Wunder (2018), "A revisão do acordo de colaboração premiada e o aproveitamento da prova já produzida", *RT*, vol. 987, pp. 289-319, versão digital (pp. 1-11); Inês Ferreira Leite (2010), "'Arrependido': a Colaboração Processual do Co-Arguido na Investigação criminal", in: Palma, Maria Fernanda, Dias, Augusto Silva, Mendes, Paulo Sousa (coord.), *2º Congresso de Investigação Criminal*, Coimbra, Almedina, pp. 381-410; Ireneu Cabral Barreto (2015), *A Convenção Europeia dos Direitos do Homem*, 5ª edição, rev. e atual., Coimbra, Almedina; Isabel Sánchez García de Paz (2005), "El Coimputado que Colabora con la Justicia Penal", *RECPC*, n. 07-05, p. 01-33. Disponível em <http://criminet.ugr.es/recpc/07/recpc07-05.pdf> (consultado, por último, a 5.12.2017); Ives Gandra da Silva Martins/Antonio Cláudio Mariz de Oliveira (2015), "O Direito de Defesa na Constituição. A Natureza Jurídica da Prisão Preventiva. Exercício Abusivo como Forma de Obtenção de Delações Premiadas. Inconstitucionalidade. Parecer", *RMDPPP*, nº 67, pp. 5-42; J. J. Gomes Canotilho/Nuno Brandão (2016),

"Colaboração premiada e auxílio judiciário em matéria penal: a ordem pública como obstáculo à cooperação com a operação Lava Jato", *RLJ*, ano 146º, nº 400, set.-out., pp. 16-38; Jan Zopfs (2011), "Dogmatisch fragwürdig und weitgehend ohne praktischen Nutzen. Die Vorschriften zur Bekämpfung des Missbrauchs der Kronzeugenregelung", *ZIS*, 7/2011, p. 669-673. Disponível em <http://zis-online.com/dat/artikel/2011_7_602.pdf> (consultado, por último, a 22.1.2018); Joaquim Canuto Mendes de Almeida (1975), *Processo Penal. Ação e Jurisdição*, São Paulo, Revista dos Tribunais; John H. Langbein (2010), *The Origins of Adversary Criminal Trial*, New York, Oxford (reprinted); Jorge Carlos Fonseca (2004), "Reforma do Processo Penal e Criminalidade Organizada", in: Palma, Maria Fernanda (coord.), *Jornadas de Direito Processual Penal e Direitos Fundamentais*, Coimbra, Almedina, pp. 411-448; Jorge de Figueiredo Dias (1974), *Direito Processual Penal*, primeiro volume, Coimbra, Coimbra; Jorge de Figueiredo Dias (2011), *Acordos sobre a sentença em processo penal: o "fim" do Estado de direito ou um novo "princípio"*, Porto, Ordem dos Advogados Portugueses; Jorge de Figueiredo Dias/Manuel da Costa Andrade (2009), "Poderes de Supervisão, Direito ao Silêncio e Provas Proibidas (Parecer)", in: Figueiredo Dias, Jorge de, Costa Andrade, Manuel da, Costa Pinto, Frederico Lacerda, *Supervisão, Direito ao Silêncio e Legalidade da Prova*, Coimbra, Almedina, pp. 12-56; Jorge Reis Novais (2006), *Direitos Fundamentais: Trunfos contra a Maioria*, Coimbra, Coimbra; José de Faria Costa (2001), "Consenso, Verdade e Direito", *BFD*, vol. 77, pp. 421-432; José Frederico Marques (2000), *Da Competência em Matéria Penal*,. 1ª ed., atual., Campinas, Millennium; Juliana Bonacorsi de Palma (2015), *Sanção e Acordo na Administração Pública*, São Paulo, Malheiros; Karl-Heinz Gössel (2004), *El Proceso Penal Ante el Estado de Derecho: Estudios sobre el Ministerio Publico y la Prueba Penal*, Lima, Grijley; Kate Wallace (2010), *To cooperate or not: obtaining amnesty under the DOJ's Corporate Leninecy Policy*, Chicago, American Bar Association. Disponível em <http://www.jonesday.com/files/Publication/8edab167-d0d4-4264-8657-22df273e6a65/Presentation/PublicationAttachment/65c82d88-8a6d-49a3-ac6b-283f85f7f302/wallace.pdf> (consultado, por último, a 26.12.2017); L. G. Grandinetti Castanho de Carvalho/Paulo Wunder (2018), "Colaboração premiada: justa causa para quê?", RBCC, vol. 148, ano 26, p. 283-318; Lucia Zedner (2004), *Criminal Justice*, New York, Oxford University Press; Luís Roberto Barroso (2013), ""Aqui, lá e em Todo Lugar". A Dignidade Humana no Direito Contemporâneo e no Discurso Transnacional", *RMPRJ*, nº 50 (out.-dez.), pp. 95-147; M. C. Slough (1959), "Confessions and Admissions", *FLR*, vol. 28, issue I, pp. 96-114; Manuel da Costa Andrade (2013), *Sobre as Proibições de Prova em Processo Penal*, Coimbra, Coimbra; Marcelo Batlouni Mendroni (2014), *Comentários a Lei de Combate ao Crime Organizado. Lei nº 12.850/13*, São Paulo, Atlas; Marcos Bernardes de Mello (2010a), *Teoria do fato jurídico. Plano da eficácia* – 1ª parte, 6ª edição, São Paulo, Saraiva;

Marcos Bernardes de Mello (2010b), *Teoria do fato jurídico. Plano da validade*, 10ª edição, São Paulo, Saraiva; Marta D'Elia (2012-2013), *I Collaboratori di Giustizia.* Corso di Laurea Magistrale in Diritto Processuale Penale. Facoltà di Giurisprudenza. Sapienza Università di Roma. Disponível em <http://docplayer.it/6671950-I-collaboratori-di-giustizia.html> (consultado, por último, a 27.11.2018); Mauro Fonseca Andrade (2013), *Sistemas Processuais Penais e seus Princípios Reitores*, 2ª edição, Curitiba, Juruá; Michele Taruffo (2012), *Uma Simples Verdade: o Juiz e a Construção dos Fatos*, São Paulo, Marcial Pons; Mirjan Damaska (1973), "Evidentiary Barriers to Conviction and Two Models of Criminal Procedure: a comparative study", *UPLR*, vol. 121, pp. 506-589; Nelson Rosenvald (2007), "Contratos (geral)", in: Peluso, Cezar (coord.), *Código Civil Comentado*, Barueri, Manole, pp. 311-375; Pablo Galain Palermo (2011), "Relaciones entre "el Derecho a la Verdad" y el Proceso Penal. Análisis de la Jurisprudencia de la Corte Interamericana de Derechos Humanos", in: Ambos, Kai (org.), *Sistema Interamericano de Protección de los Derechos Humanos y Derecho Penal Internacional*, Montevideo, Konrad-Adenauer-Stiftung, pp. 249-282; Paolo Tonini (2000), ""Giusto Processo", Diritto al Silenzio ed Obligo de Verità: la Possibile Coesistenza", *LIP*, nuova serie, ano III, n. 1 (gen.-apr.), pp. 35-46; Paolo Tonini/Carlotta Conti (2014), *Il Diritto delle Prove Penali.* 2º edizione, Milano, Giuffrè Editore; Paulo Dá Mesquita (2011), *A Prova do Crime e o que se disse antes do julgamento*, 1ª edição, Coimbra, Coimbra; Pedro Antonio de Oliveira Machado (2017), *Acordo de Leniência & a Lei de Improbidade Administrativa*, Curitiba, Juruá; Pedro Henrique Pedrosa Nogueira (2015), "Sobre os acordos de procedimento no Processo Civil Brasileiro", in: Cabral, Antônio do Passo; Nogueira, Pedro Henrique (coords.), *Negócios Processuais*, Salvador, Jus Podium, p. 81-92; Pedro Soares de Albergaria (2007), *Plea Bargaining: Aproximação à Justiça Negociada nos E.U.A.*, Coimbra, Almedina; Regina Rauxloh (2012), *Plea bargaining in national and international law: a comparative study*, Londres, Routledge; Renato Brasileiro de Lima (2015), *Legislação Criminal Especial Comentada*, 3ª edição, rev., atual. e ampl., 3ª tiragem, Salvador, Jus Podium; Renato Brasileiro de Lima (2016), *Manual de processo penal*, 4ª edição rev., ampl. e atual., Salvador, Jus Podium; Rodrigo da Silva Brandalise (2016), "*Justiça penal negociada: negociação de sentença criminal e princípios processuais penais relevantes*", Curitiba, Juruá; Rui Patrício (2000), *O Princípio da Presunção de Inocência do Arguido na Fase do Julgamento no Actual Processo Penal Português (Alguns Problemas e Esboço para uma Reforma do Processo Penal Português)*, Lisboa, AAFDL; Scott D. Hammond (2010), *The evolution of criminal antitrust enforcement over the last two decades*, Washington, Department of Justice. Disponível em <https://www.justice.gov/atr/file/518241/download> (consultado, por último, a 26.12.2017); Silvio Rodrigues (2002), *Direito Civil. Dos contratos e das declarações unilaterais da vontade*, vol. 3, São Paulo, Saraiva; Stephen S. Trott (2007), "O Uso de um Criminoso como Testemunha: um Problema Especial", *RT*, vol. 866/2007 (dez.), pp. 403-445; Susanne Kobor (2008), *Bargaining in the Criminal Justice Systems of the United States and Germany: Matter of Justice and Administrative Efficiency within Legal*, Frankfurt am Main, Internationaler Verlag der Wissenschaften; Teresa Pizarro Beleza (1998), ""Tão Amigos que nós Éramos": o Valor Probatório do Depoimento do Co-Arguido no Processo Penal Português", *RMP*, nº 74 (abr.-jun.), pp. 39-60; Thiago Bottino (2016), "Colaboração premiada e incentivos à cooperação no processo penal: uma análise crítica dos acordos firmados na 'Operação Lava Jato", *RBCC*, ano 24, vol. 122, pp. 359-390; Tiago Cintra Essado (2013), "Delação Premiada e Idoneidade Probatória", *RBCC*, vol. 21, nº 101, pp. 203-218; Tullio Padovani (1981), "La Soave Inquisizione: Observazioni e Rilevi a Proposito delle Nuove Ipotesi di 'Ravvedimento'", *RIDPP*, vol. 24, nº 2 (apr.-giu.), pp. 529-545; UNCTAD (2016), *Competition Guidelines: Leniency Programmes*, Geneva, United Nations Publication. Disponível em <http://unctad.org/en/PublicationsLibrary/ditcclp2016d3_en.pdf> (consultado, por último, a 26 de dezembro de 2017); Vinicius Gomes de Vasconcellos (2017), *Colaboração premiada no processo penal*, Sao Paulo, RT; Vittorio Grevi (2003), "Prove", in: Conso, Giovanni, Grevi, Vittorio, *Compendio di Procedura Penale*, Milão, CEDAM, pp. 282-385; Walter Barbosa Bittar (2017), "O problema do conteúdo da valoração do depoimento dos delatores diante do conceito de justa causa para o regular exercício da ação penal", *RBDPP*, vol. 3, n. 1, p. 225-250. Disponível em <http://www.ibraspp.com.br/revista/index.php/RBDPP/issue/viewIssue/3/5> (consultado, por último, a 1.2.2019); Wayne R. Lafave/Jerold H. Israel (1992), *Criminal procedure*, 2nd. edition, Saint Paul, West Publishing; William J. Bauer (1976), "Reflections on the Role of Statutory Immunity in the Criminal Justice System", *JCLC*, vol. 67, Issue 2, pp. 143-154.

Jurisprudência indicada:
Brasil: Ac. AgRg no AREsp 651.663-MG do STJ/BR de 28 de abril de 2015; Ac. Ag. Reg. na Rcl. 21.258 MC do STF de 15 de março de 2016; Ac. HC 83.542-PE do STF de 26 de março de 2014; Ac. HC 120.454-RJ do STJ/BR de 23 de fevereiro de 2010; Ac. HC 127.483-PR do STF de 27 de agosto de 2015; Ac. HC 186.566-SP do STJ/BR de 15 de fevereiro de 2011; Ac. MC no HC 144.652-DF do STF de 12 de junho de 2017; Ac. Inq. 4.130QO do STF de 23 de setembro de 2015; Ac. Pet. 5.700-DF do STF de 22 de setembro de 2015; Ac. Pet. 7.003-DF do STF de 11 de maio de 2017; Ac. Pet. 7.265-DF do STF de 14 de novembro de 2017; Ac. RE 425.734 AgR-MG do STF de 28 de outubro de 2005; Ac. REsp 1.181.015-SP do STJ de 19 de março de 2013; Ac. RHC 24.499-SP do STJ/BR de 20 de setembro de 2011; Ac. RHC 69.988-RJ do STF de 25 de outubro de 2016; Ac. AI nº 5023972-66.2017.4.04.0000/PR do TRF/4 de 22 de agosto de 2017.

Conselho da Europa/TEDH: Ac. Case Meftah and others v. France (application nºs 32911/96, 35237/97 and 34595/97) do TEDH de 16 de julho de 2002; Ac. Case of Labita v. Italy (application nº 26772/95) do TEDH de 06 de abril de 2000; Ac. Case of Natsvlishvili and Togonidze v. Georgia (application nº 9053/05) do TEDH de 29 de abril de 2014; Ac. Case of Scoppola v. Italy (nº 2, application nº 10249/03) do TEDH de 17 de setembro de 2009; Ac. Flanders v. The Netherlands (application nº 25982/94) da Comissão Europeia de Direitos Humanos de 15 de janeiro de 1996.

Estados Unidos: Ac. Kastigar v. United States, 406 U. S. 441 (1972) da Suprema Corte de 22 de maio de 1972; Ac. Santobello v. New York, 404 U.S. 257 (1971) da Suprema Corte de 20 de dezembro de 1971; Ac. United States of America v. Craig A. Grimes, nº 12-4523 da Court of Appeal for the Third Circuit de 13 de novembro de 2013; Ac. United States v. Bagley, 473 U. S. 667 (1985) da Suprema Corte de 2 de julho de 1985; Ac. United States v. STOLT-NIELSEN S.A., et al., 524 F. Supp. 2d 609 (2007) da United States District Court, E.D. Pennsylvania, de 29 de novembro de 2007.

Itália: Ac. Sent. nº 454/99 da Sexta Seção Penal do Tribunal Civil e Penal de Palermo de 27 de abril de 1999; Ac. Sent. nº 45.971/2013 da Segunda Seção Penal da Corte Suprema de Cassação de 15 de outubro de 2013.

Portugal: Ac. Proc. nº 046635 do STJ/PT de 02 de outubro de 1996.

Análise do caso:

I. A descrição do caso paradigmático

O presente caso foi retirado de uma decisão proferida pelo STF em medida cautelar em HC[2].

Originariamente, o remédio constitucional voltava-se contra a decisão homologatória do acordo de colaboração processual feita por J.M.B., W.M.B., R.S., F.A.S., F.C.O., V.A.B. e D.A.C. com o MPF nos autos da Pet. 7.003-DF[3]. A colaboração homologada propunha-se a impulsionar a atuação investigativa levada a efeito pelo MPF. Não se estava, portanto, na fase processual de cunho condenatório.

[2] Ac. MC no HC 144.652-DF do STF de 12 de junho de 2017, disponível em <http://www.stf.jus.br/arquivo/cms/noticiaNoticiaStf/anexo/HC144652.pdf> (consultado, por último, a 30.1.2019).

[3] Ac. Pet. 7.003-DF do STF de 11 de maio de 2017 (conteúdo da decisão em segredo de justiça), disponível em <http://www.stf.jus.br/portal/processo/verProcessoAndamento.asp?numero=7003&classe=Pet&codigoClasse=0&origem=JUR&recurso=0&tipoJulgamento=M> (consultado, por último, a 30.1.2019).

Conforme apurado em informações da Pet. 7.003-DF, o objeto da investigação era a persecução sobre supostas vantagens ilícitas obtidas por políticos brasileiros, inclusive integrantes da Chefia do Poder Executivo Federal, de maneira a beneficiar os interesses dos colaboradores, a partir de vantagens que eram especialmente concedidas aos últimos.

Como se pode depreender, as pessoas que resolveram realizar a colaboração já estavam investigadas, o que as motivou indicarem a participação de terceiros para fins de obtenção de benefícios penais e processuais.

Segundo consta no relatório da decisão da medida cautelar em HC, o impetrante não discutia a voluntariedade e a regularidade (inclusive formal) do acordo celebrado, mas a legalidade dele quanto ao benefício concedido acerca do não oferecimento de denúncia contra quem colaborou, na medida em que, dentre eles, haveria controladores e chefes de uma organização criminosa, o que afrontaria expressa disposição legal para o tipo de benefício deferido (LF nº 12.850/13, art. 4º, § 4º). De acordo com o impetrante, deveria o MPF oferecer denúncia[4] contra os colaboradores.

Assim, por conta de uma suposta manifesta ilegalidade do benefício concedido, foi pleiteada a invalidação da homologação do acordo de colaboração processual, bem como a declaração da ilegalidade de todas as provas produzidas após a decisão de homologação.

Em decisão, o STF entendeu por não conhecer da ação de HC por diversas razões[5]. Entretanto, algumas considerações feitas no acórdão interessam à presente análise. Como nele consta:

- o magistrado, no ato de homologação do acordo celebrado, examina o acordo de colaboração premiada sob a tríplice perspetiva de sua voluntariedade, regularidade e legalidade;
- não há, no ato de homologação, exame de fundo acerca do conteúdo dos depoimentos prestados, os quais só serão objeto de apreciação judicial no momento da sentença, em que as declarações prestadas serão valoradas em face das outras provas produzidas no processo;

[4] Peça que inicia a ação penal no Brasil, na qual consta o conteúdo da acusação oferecida pelo MP, nas hipóteses de crimes de ação penal pública. Como diz o art. 24, *caput*, do CPP brasileiro: "Nos crimes de ação pública, esta será promovida por denúncia do Ministério Público [...]".

[5] Especificamente, o reconhecimento da ilegitimidade de terceiros para impugnação judicial do acordo de colaboração premiada; ser a investigação penal um dever jurídico e resposta legítima estatal frente à notícia recebida; o descabimento de HC contra ato de Ministro do STF (no caso, a homologação do acordo citado); a inviabilidade de impugnação do acordo pela via do HC; e a discussão sobre serem os colaboradores 'líderes da organização criminosa' exigir valoração da prova produzida, o que não se admite no remédio em questão.

- ao magistrado, no momento na instância homologatória, cabe-lhe, unicamente, promover o controle das cláusulas abusivas, desproporcionais e ilegais;
- o momento procedimentalmente adequado para que o órgão judiciário competente analise a eficácia objetiva da cooperação prestada pelo agente colaborador é o julgamento final da causa penal.

Ou seja, o STF disse que o acordo de colaboração processual tem duas etapas de consideração pelo juízo: a da homologação e a da sentença após a instrução processual. Cabe, por consequência, perguntar: como deve ser considerado o acordo de colaboração processual dentro do direito probatório? Sendo ele um acordo, quando ele, de facto, passa a produzir efeitos? Até quando pode haver a retratação dele que impeça o uso das provas autoincriminatórias apresentadas? São corretas as considerações feitas pelo STF?

Cumpre observar que, conforme andamento havido na Pet. 7.003 em fevereiro de 2018, a Procuradora-Geral da República solicitou a homologação da rescisão definitiva de acordos de colaboração existentes naqueles autos, com consequente perda das premiações, mantendo-se plenamente válidas as provas trazidas e produzidas pelos colaboradores W. M. B. e F. A. S., sendo que o pedido de rescisão foi encaminhado para homologação em juízo, para garantia da ampla defesa e do contraditório. Entretanto, o pedido formulado não está disponível para acesso público junto ao STF e, até a data da última consulta (15 de fevereiro de 2019), não havia decisão sobre tal pedido.

Considerando o apresentado *supra*, bem como outras questões a ela vinculadas, o presente trabalho enfrenta o acordo de colaboração processual, a partir da previsão constante na LF nº 12.850/13, cotejando-o, no que for pertinente, com a compreensão do tema em direito estrangeiro e com o acordo de leniência (por suas proximidades), abordando seus momentos e consequências quanto à existência, validade e eficácia.

De ser referido que a escolha desse tema não se dá apenas pela sua relevância atual ao Brasil. Na doutrina alemã, p. ex., há a advertência de que o legislador alemão deve atentar para que exista uma diminuição de erros técnicos nas previsões relativas à *Kronzeugenregelung*[6], inclusive com exame de outros ordenamentos[7].

Em adição, porque, em junho de 2017, houve evento promovido pela OA em Portugal destinado a debater a delação premiada[8]. Ademais, há opiniões dis-

[6] Forma como é conhecida a colaboração processual na Alemanha.

[7] Zopfs, 2011: 673.

[8] "Delação premiada em debate na Ordem dos Advogados", disponível em <https://portal.oa.pt/comunicacao/noticias/2017/06/debate-sobre-a-delacao-premiada-8-de-junho/delacao-pre-

tintas sobre a necessidade de adoção do instituto no processo penal português para o enfrentamento da criminalidade econômico-financeira (enquanto o MP o defende, a OA o refuta)[9].

Ou seja, espera-se contribuir para o grande debate que se instala em volta das possibilidades de colaboração processual.

Antes, porém, uma última nota.

Não são desconhecidas críticas à justiça penal negociada[10] e, mais especificamente, à colaboração processual como meio utilizado para a obtenção de prova[11]. Não obstante, o presente trabalho não se volta à discussão das críticas apresentadas aos institutos em si, mas à compreensão do procedimento estabelecido pela lei brasileira para a homologação do acordo de colaboração processual[12].

As críticas à colaboração processual como instituto de direito probatório são relativas a ela própria (remete-se o leitor a outra obra em que se enfrentou a negociação dentro do processo penal[13]), pelo que não se confundem com o tema ora estudado, conforme os parâmetros desta obra coletiva.

Passa-se, então, ao objeto do trabalho propriamente dito.

miada-em-debate-na-ordem-dos-advogados-galeria-de-imagens/> (consultado, por último, em 5.3.2018).

[9] "Delação premiada e enriquecimento ilícito fora do Pacto da Justiça", disponível em <https://portal.oa.pt/comunicacao/imprensa/2018/01/06/delacao-premiada-e-enriquecimento-ilicito-fora-do-pacto-de-justica/> (consultado, por último, em 5.3.2018).

[10] Dentre outras, são citadas as que seguem: não é possível garantir que a pena seria maior caso houvesse o julgamento ordinário; a existente possibilidade de adoção de falsas confissões para obtenção de benefícios processuais a fim de serem evitados os riscos de uma condenação, o que quebraria a presunção de inocência, direito de defesa e o direito de não produzir provas contra si; e a de que a punição poderia não refletir o interesse social prejudicado com a prática do delito [breve extrato do que vem exposto em Rauxloh (2012: 85-94)]. Ou, como critica Schünemann, ao existir um suposto princípio do consenso (*Konsensprinzip*), haveria uma ficção, que nada contribui para a vinculação necessária entre o processo e do direito penal material (Schünemann, 2013: 257).

[11] A título de exemplo, as considerações de que haveria a "tortura moral" como forma de obtenção de colaborações processuais para encerramento de prisões preventivas, com violações ao princípio da presunção de inocência e do devido processo legal, e primazia dos elementos informativos obtidos em fase de investigação frente à produção probatória (Martins/Oliveira, 2015: 22, 25 e 35). Em adição, uma alegada proximidade com métodos inquisitivos para servir como causa de inversão do ônus da prova; e ser usada a prisão como causa de constrangimento a forçar a colaboração (Carata, 2015: 11, 13 e 17).

[12] Até porque o procedimento estabelecido na lei brasileira foi saudado pela doutrina local. Notadamente, porque o acordo escrito confere maior segurança para as partes, relevadamente o criminoso colaborador, também quanto à exigibilidade de seu cumprimento pelo Poder Judiciário. Assim, distingue-se a confissão da colaboração (Bottino, 2016: 375).

[13] Sem prejuízo de outras obras: Rodrigo da Silva Brandalise (2016), *Justiça penal negociada: negociação de sentença criminal e princípios processuais penais relevantes*, Curitiba, Juruá.

II. O acordo de colaboração processual no Brasil: uma visão geral a partir da LF nº 12.850/2013.

Para a devida compreensão do que se propõe a discutir no presente trabalho, faz-se necessário mostrar o acordo de colaboração processual[14] no Brasil conforme a LF nº 12.850/2013, conhecida como Lei do Crime Organizado[15].

Essa criminalidade demanda, pois, uma reinvenção das formas investigativas[16], especialmente no que diz com os meios de obtenção de prova. Como se sabe, os crimes de maior ofensividade enfrentam dificuldades de elucidação com os tradicionais meios de prova, moldados que foram para a tipicidade penal clássica, na qual há individualização ativa e passiva quando da conduta[17].

Na essência, a colaboração processual aqui estudada é vista como uma espécie de meio de obtenção de prova[18], especialmente porque há um procedimento regrado para sua formalização. Objetiva encontrar provas dentro da estrutura criminosa, na medida em que os seus integrantes são aqueles que possuem as

[14] Cumpre dizer que a colaboração processual é também uma definição genérica, da qual são espécies a confissão, o chamamento do corréu (que ocorre somente na fase judicial, sem necessário reconhecimento de culpabilidade), a delação (que ocorre em qualquer fase, e requer a ocorrência de confissão), a delação premiada (que pressupõe a contribuição para a apuração da materialidade do delito e da autoria) e a colaboração processual em sentido estrito (compreende qualquer forma de cooperação que resulte em benefício de cunho processual, como a ausência de persecução, por exemplo) (Brandalise, 2016: 149).

[15] Dentro disso, e até para mostrar-se a razão de tal necessidade, importa dizer que são notas características de uma criminalidade organizada a divisão de trabalho e a dissolução da responsabilidade individual dentro da organização; a comutatividade dos membros; o segredo; a mescla de atividades legítimas e ilegais; a capacidade de transferência dos ganhos e dos lucros; e a capacidade de neutralização dos esforços de aplicação da lei penal (Fonseca, 2004: 417-418, n.r. 12).

[16] Turessi, 2013: 231-232.

[17] Pereira, 2013: 328. Tudo porque o processo criminal existe para uma conciliação entre a reafirmação da comunidade ético-jurídica, tutelada na parte material criminal, e o respeito à liberdade e à dignidade individuais, essenciais para qualquer pessoa (Castanheira Neves, 1968: 7).

[18] Pacelli/Fischer, 2016: 351. Na jurisprudência: Ac. Pet. 5.700-DF do STF de 22 de setembro de 2015, disponível em: <http://www.stf.jus.br/portal/jurisprudencia/listarJurisprudencia.asp?s1=%28%285700%2ENUME%2E+OU+5700%2EDMS%2E%29%28%28CELSO+DE+MELLO%29%2ENORL%2E+OU+%28CELSO+DE+MELLO%29%2ENPRO%2E+OU+%28C> (consultado, por último, a 30.1.2019); e Ac. MC no HC 144.652-DF do STF de 12 de junho de 2017, disponível em <http://www.stf.jus.br/arquivo/cms/noticiaNoticiaStf/anexo/HC144652.pdf> (consultado, por último, a 30.1.2019).

informações privilegiadas[19]. É o que se depreende da leitura do art. 3º, inc. I, e do art. 4º da Lei brasileira nº 12.850/13, respectivamente[20].

Assim, a colaboração processual, nos termos da lei citada, pode ser caracterizada como um instrumento de investigação contra o crime organizado ou a macrocriminalidade. Consiste em uma revelação que é realizada por um ou mais integrantes que participaram de uma determinada empreitada criminosa, seja pela identificação dos demais envolvidos, seja pela indicação do local onde estão os bens, valores e interesses que foram obtidos com o crime. Traz consigo uma confissão, e seu objetivo é o sobrestamento da ação, o perdão judicial ou a diminuição do *quantum* de pena aplicável[21].

Ou, como bem se pode resumir, consiste na "[...] concessão a arguidos em processos criminais de benefícios penais a troco de um actuação colaborante com as autoridades policiais ou judiciárias em prejuízo de terceiros, regra geral, sob a forma de delação com elas pactuada [...]"[22].

Trata-se da necessidade de adequação do direito brasileiro a dois documentos internacionais. Nesta toada de incentivo à colaboração processual, importante mencionar a CNUCOT, internalizada no Brasil pelo Decreto nº 5.015, de 12 de março de 2004, que estimula os Estados Parte a adotarem medidas de benefícios àqueles que participem ou tenham participado em grupos criminosos, a partir de informações essenciais e efetivas voltadas à investigação e à produção de provas no combate ao crime organizado (art. 26, nºs 1, 2, e 3). O mesmo se diga quanto à CNUC, internalizada no Brasil pelo Decreto nº 5.687, de 31 de janeiro de 2006, em seu art. 37, nºs 1, 2 e 3.

Para compreender o que ora se expõe, como visto *supra*, inevitável dizer que a colaboração processual decorre das declarações de um investigado/acusado e que refletem a admissão da conduta contra si[23] e um efetivo auxílio probatório em

[19] Pereira, 2013: 322. A prova decorrente da colaboração surge de uma situação em que não haveria outra forma de ser ela adquirida e acaba por ser uma oportunidade de quebra da solidariedade interna do grupo, o que potencializa a apuração contra ele (por todos: Amodio, 1986: 1003). É, pois, um instrumento usado para alcançar-se um meio de prova resultante de um ato processual negocial, apesar de não possuir cunho privado (Carvalho/Wunder, 2018: 285).

[20] Em direito estrangeiro, também há visão semelhante. Por exemplo, na Itália, é possível ver que há quem aduza existir, na colaboração, uma "natura funzionale di strumenti processuali di ricerca probatoria" (Padovani, 1981: 542).

[21] Por todos: Penteado, 2006: 637.

[22] Canotilho/Brandão, 2016: 21. Tem como fito uma maior efetividade investigativa combinada com uma renúncia parcial da culpabilidade de quem fez a delação (Romero, 2017: 255).

[23] A confissão ganha ares de verdadeiro pressuposto do acordo e qualquer dúvida quanto à liberdade e credibilidade dela deve fazer com que não se homologue um acordo penal (Figueiredo Dias, 2011: 47).

prol da persecução penal, a terminar em algum resultado ou benefício de cunho processual e/ou material penal[24] (é sua vertente de direito penal premial[25]).

No Brasil, existem vários diplomas que expressam a possibilidade de delação premiada e demais formas de colaboração do acusado com a acusação. De maneira exemplificativa, são citadas as previsões constantes na Lei nº 9.613/98 (que estabelece os crimes de lavagem e ocultação de bens, direitos e valores), com alteração determinada pela Lei nº 12.683/12[26]; e na Lei nº 9.807/99 (que disciplina a proteção de testemunhas), em seu arts. 13[27] e 14[28].

Não obstante, de todas elas, acabava por emergir uma crítica que se desenhava uma situação de grande relevo: a ausência de um regulamento procedimental em âmbito brasileiro[29]. E daqui decorre a grande relevância da LF brasileira de nº 12.850/13: ela fez surgir o procedimento para aplicação do instituto da colaboração premiada entre os arts. 4º e 7º[30].

[24] Ac. HC 127.483-PR do STF de 27 de agosto de 2015, disponível em <http://redir.stf.jus.br/paginadorpub/paginador.jsp?docTP=TP&docID=10199666> (consultado, por último, a 30.1.2019).

[25] García de Paz, 2005: 2.

[26] Em seu art. 1º, parágrafo 5º, determina que a pena poderá ser reduzida de um a dois terços e ser cumprida em regime aberto ou semiaberto, facultando-se ao juiz deixar de aplicá-la ou substituí-la, a qualquer tempo, por pena restritiva de direitos, se o autor, coautor ou partícipe colaborar espontaneamente com as autoridades, prestando esclarecimentos que conduzam à apuração das infrações penais, à identificação dos autores, coautores e partícipes, ou à localização dos bens, direitos ou valores objeto do crime.

[27] Prevê que poderá o juiz, de ofício ou a requerimento das partes, conceder o perdão judicial e a consequente extinção da punibilidade ao acusado que, sendo primário, tenha colaborado efetiva e voluntariamente com a investigação e o processo criminal, desde que dessa colaboração tenha resultado a identificação dos demais coautores ou partícipes da ação criminosa, a localização da vítima com a sua integridade física preservada e a recuperação total ou parcial do produto do crime. Para tanto, o juiz também levará em consideração a personalidade do beneficiado e a natureza, circunstâncias, gravidade e repercussão social do facto criminoso.

[28] Estabelece que o indiciado ou acusado que colaborar voluntariamente com a investigação policial e o processo criminal na identificação dos demais coautores ou partícipes do crime, na localização da vítima com vida e na recuperação total ou parcial do produto do crime, no caso de condenação, terá pena reduzida de um a dois terços.

[29] Por todos: Pereira, 2009: 476.

[30] Na linha da jurisprudência brasileira, sobre a Lei nº 12.850/13: "[...] traz aspectos positivos ao garantir ao delatado maior possibilidade de questionar o depoimento do delator, ao buscar diminuir a possibilidade de erro judiciário vedando-se condenação com fundamento exclusivo em delação, ao procurar garantir a integridade física do colaborador e ao regulamentar o acordo de colaboração [...]" [Ac. MC no HC 144.652-DF do STF de 12 de junho de 2017, disponível em <http://www.stf.jus.br/arquivo/cms/noticiaNoticiaStf/anexo/HC144652.pdf> (consultado, por último, a 30.1.2019)].

Para compreensão do impacto da lei mencionada, porém, faz-se necessário explicitar quais os ditames que ela estabelece quanto às concessões e obrigações tanto para a acusação como para a defesa[31].

Inicialmente[32], ela estabelece que o juiz poderá, a requerimento das partes, conceder o perdão judicial, reduzir em até dois terços a pena privativa de liberdade ou substituí-la por pena restritiva de direitos daquele que tenha colaborado efetiva e voluntariamente com a investigação e com o processo criminal.

Para tanto, da colaboração deve advir a identificação dos demais coautores e partícipes da organização criminosa e das infrações penais por eles praticadas; e/ou a revelação da estrutura hierárquica e da divisão de tarefas da organização criminosa; e/ou a prevenção de infrações penais decorrentes das atividades da organização criminosa; e/ou a recuperação total ou parcial do produto ou do proveito das infrações penais praticadas pela organização criminosa; e/ou a localização de eventual vítima com a sua integridade física preservada[33].

A partir da relevância da colaboração prestada, podem surgir as seguintes situações[34]: requerimento ou representação ao juízo, por parte do MP, a qualquer tempo, e do delegado de polícia, nos autos do inquérito policial[35], com a manifestação do MP, pela concessão de perdão judicial ao colaborador; em relação ao colaborador, a suspensão do prazo de oferecimento da denúncia por até 6 (seis) meses, prorrogáveis por até igual período, para que sejam cumpridas as medidas de colaboração, suspendendo-se o respectivo prazo prescricional; o MP poderá deixar de oferecer denúncia se o colaborador não for o líder da organização crimi-

[31] De ser dito que, ao contrário do que sustenta a doutrina (por todos: Canotilho/Brandão, 2016: 29), não se vislumbra a impossibilidade da utilização de tal procedimento de acordo para as demais hipóteses de colaboração processual/delação premiada existentes no ordenamento jurídico brasileiro. Como será visto no decorrer do trabalho, o acordo traz forte segurança para quem dele participa e a quem ele se destina, em um documento legal muito recente, pelo que não se pode desprezar a regra do art. 3º do CPP brasileiro ("a lei processual penal admitirá interpretação extensiva e aplicação analógica, bem como o suplemento dos princípios gerais de direito"). A lei brasileira, portanto, não fundamenta a taxatividade de aplicação que a doutrina quer fazer pensar. Não se trata de banalização do instituto, mas de adequada preservação de sua formação sempre que possível sua utilização (neste sentido, e que ora se acompanha, ao definir o que aqui se expõe como uma "lei geral procedimental": Masson/Marçal, 2017: 141).

[32] LF nº 12.850/2013, art. 4º, incs. I a V.

[33] A amplitude dos benefícios a serem concedidos dependerá, por certo, do alcance e relevância da colaboração. Assim, primeiro deve ser conhecido o que pode ser colaborado para que, depois, sejam feitas as promessas ao pretenso colaborador (Pacelli/Fischer, 2017: 335).

[34] LF nº 12.850/2013, art. 4º, §§ 2º, 3º, 4º e 5º.

[35] Conforme a legislação brasileira, o delegado de polícia é a autoridade que conduz a investigação criminal (LF nº 12.830/13, art. 1º).

nosa e for o primeiro a prestar efetiva colaboração[36]; e haver a redução da pena até a metade se a colaboração for posterior à sentença, ou a admissão de progressão de regime prisional ainda que ausentes os requisitos objetivos.

Interessante notar que o juiz não participará das negociações realizadas entre as partes para a formalização do acordo de colaboração, que ocorrerá entre o delegado de polícia[37], o investigado e o defensor, com a manifestação do MP, ou entre o MP e o investigado ou acusado e seu defensor[38].

Aqui surge a grande importância da Lei citada: referidas possibilidades demandam a necessidade de um acordo escrito. O termo de acordo da colaboração premiada deve conter o relato da colaboração e seus possíveis resultados; as condições da proposta do MP ou do delegado de polícia; a declaração de aceitação do colaborador e de seu defensor; as assinaturas do representante do MP ou do delegado de polícia, do colaborador e de seu defensor; e a especificação das medidas de proteção ao colaborador e à sua família, quando necessário[39]. Sempre com a compreensão de que não existe óbice para que outras condições constem no acordo, desde que essenciais a ele[40].

O pedido de homologação do acordo será sigilosamente[41] distribuído ao juízo (com tramitação própria frente à investigação à qual está vinculado o acordo até que haja homologação), contendo apenas informações que não possam identificar o colaborador e o seu objeto, que serão dirigidas diretamente ao juiz a que recair a distribuição, com necessidade de decisão em até 48 horas. Terão acesso a ele o juiz, o representante do MP e o delegado de polícia responsável pela investi-

[36] Essado (2013: 212) afirma que essa hipótese caracteriza verdadeira aplicação do princípio da oportunidade nas ações penais públicas incondicionadas. Importante notar que a delimitação de concessão do benefício ao primeiro possui uma lógica. Se fosse possível conceder a outros, não haveria maior efetividade a um programa de leniência, pois todos os envolvidos esperariam que um concorrente se manifestasse para, após, fazer o mesmo e, consequentemente, obter o mesmo benefício (UNCTAD, 2016: 5).

[37] Cumpre ser dito que o STF confirmou o caráter constitucional da legitimidade conferida ao delegado de polícia para a celebração do acordo de colaboração processual. Igualmente, afirmou que a manifestação do MP sobre o acordo celebrado nestes casos é obrigatória, mas sem o condão de vincular o juízo. Consequentemente, a decisão de homologação judicial vincula-se, unicamente, ao conteúdo da proposta e à proporcionalidade das condições, não há intenção ministerial, apesar de ser ele o titular privativo da ação penal pública no Brasil (decisão lançada na ADIN 5.508 do STF em 20 de junho de 2018 – até a data da finalização deste trabalho, o acórdão ainda não havia sido publicado).

[38] LF nº 12.850/2013, art. 4º, § 6º.

[39] LF nº 12.850/2013, art. 6º.

[40] Pacelli/Fischer, 2016: 354.

[41] O acordo de colaboração premiada deixa de ser sigiloso assim que recebida a denúncia (LF nº 12.850/2013, art. 7º, § 3º).

gação, como forma de garantir o êxito dela, assegurando-se ao defensor, no interesse do representado, amplo acesso aos elementos de prova que digam respeito ao exercício do direito de defesa, devidamente precedido de autorização judicial, ressalvados os referentes às diligências em andamento[42].

Após homologado o acordo, ele será devidamente incorporado à investigação original. Ato contínuo, o colaborador poderá, sempre acompanhado pelo seu defensor, ser ouvido pelo membro do MP ou pelo delegado de polícia responsável pelas investigações. E, ainda que beneficiado por perdão judicial ou não denunciado, o colaborador poderá ser ouvido em juízo a requerimento das partes ou por iniciativa da autoridade judicial[43].

A LF nº 12.850/13 autoriza que o acordo seja celebrado ainda na fase de investigação, na fase judicial e após a sentença condenatória[44], tenha ela transitado em julgado ou não (etapa recursal ou de execução da pena[45]).

III. Uma comparação importante: os programas de leniência

A LF nº 12.850/13, no trato da colaboração processual, tem forte impacto na legislação processual penal brasileira, especialmente pelos fins probatórios que busca atingir. Não obstante, ela não é carregada de ineditismo, seja nos benefícios, seja na intenção de coleta de prova futura, pois, antes dela, já era conhecido o chamado programa de leniência (*leniency program*)[46], surgido nos Estados Unidos da América.

[42] LF nº 12.850/2013, art. 7º, §§ 1º e 2º.

[43] LF nº 12.850/2013, art. 4º, §§ 8º, 9º e 12.

[44] É o que se depreende do art. 4º, § 5º, da LF nº 12.850/2013, que prevê que, se a colaboração for posterior à sentença, a pena já aplicada ao colaborador poderá ser reduzida até a metade ou será admitida a progressão de regime ainda que ausentes os requisitos objetivos. Porém, fica evidente que a colaboração, nesta fase, não tem o condão de reverter a condenação em si (a procedência da acusação). Uma questão importante que deflui disto é sobre se pode o juiz da execução aplicar o benefício da redução da pena imposta em sentença transitada em julgado ou se se mostra necessária a revisão criminal da sentença condenatória para tanto (por força do que diz o art. 621, inc. III, parte final, do CPP brasileiro), o que pode ser objeto de estudo futuro. Não obstante, a LEP brasileira permite que o juiz da execução aplique aos casos já julgados uma lei posterior que, de qualquer modo, beneficie o acusado (art. 66, inc. I). Igualmente, também cabe a ele a aplicação de causas de detração e de remição de pena (art. 66, inc. III, al. 'c'), causas que diminuem o tempo de cumprimento dela. Assim, é possível dizer que, na lacuna da LF 12.850/13, há previsão legal que pode ser aplicada, por analogia, a justificar que o benefício decorrente da colaboração possa também ser aplicado pelo juízo da execução penal.

[45] Como exemplo de colaboração processual na fase de execução da pena, cita-se a ausência de medida assecuratória do produto direto ou indireto da infração penal durante a persecução em si e que se torna possível com a colaboração nesta etapa (LIMA, 2016: 788).

[46] Afinal, como consta em um dos pareceres lançados no Senado Federal sobre o PLS 150/2006, que deu origem à LF nº 12.850/13, assinado pelo então Senador Aloísio Mercadante: "Trata o § 4º

Como será visto, baseia-se na ideia de colaboração com a investigação (inclusive, probatória) e a obtenção de benefícios futuros ao infrator por conta disto.

Em solo americano, está ele estabelecido na chamada política de leniência (*leniency policy*), manejada pelo Departamento de Justiça, surgida em 1978, mas com importante revisão em 1993. Atualmente, é tanto de cunho corporativo (*corporate leniency policy*[47]) como individual (*leniency policy for individuals*[48]).

Sucintamente, pode dizer-se que os programas de leniência surgiram para incentivar os membros de um cartel a tomarem a iniciativa de aproximação ao Departamento de Justiça, a confessarem sua participação nele e a auxiliarem os órgãos de investigação na apuração de tal conduta. Seu objetivo é atuar, efetivamente, no centro do cartel[49].

Para os casos corporativos, é prevista a possibilidade de sua realização antes da investigação haver iniciado, mediante o preenchimento de condições (seis, no total). Especialmente para os fins do presente estudo, há de ser observada a exigência de que não pode ter o órgão responsável pela investigação recebido a notícia da atividade ilegal por outra fonte quando da demonstração do interesse pela empresa[50]; deve ela colaborar, de maneira mais ampla possível com o órgão responsável pela investigação durante esta[51] e não pode a confissão da prática confundir-se com a confissão dos executivos ou representantes da empresa, mas ser vista como uma confissão da entidade[52].

Neste caso, todos os integrantes da empresa (*directors, officers and employees*) que admitirem envolvimento na prática da ilegalidade de maneira irrestrita rece-

da hipótese de um acordo de imunidade semelhante ao acordo de leniência previsto nos arts. 35-B e 35-C da Lei nº 8.884, de 1994 [...]" (Disponível em <http://legis.senado.leg.br/sdleg-getter/documento?dm=4809897&disposition=inline>, consultado por último em 30.1.2019). Cumpre dizer que os arts. referidos da LF nº 8.884/94 foram revogados pela LF nº 12.529/11, art. 127.

[47] Disponível em <https://www.justice.gov/atr/corporate-leniency-policy> (consultado, por último, em 30.1.2019).

[48] Disponível em <https://www.justice.gov/atr/individual-leniency-policy> (consultado, por último, em 30.1.2019).

[49] UNCTAD, 2016: 1.

[50] Segundo aponta a doutrina, quando a leniência se dá antes da investigação, ela é automaticamente concedida (Hammond, 2010: 2).

[51] Dentre outras, informando as partes envolvidas na atividade, sua natureza, os produtos afetados por ela, o território de atuação, a duração dela (UNCTAD, 2016: 8).

[52] Além desses, exige-se que a empresa, tão logo ciente da atividade ilegal, deve pronta e efetivamente encerrar sua atuação nela, mas pode haver a possibilidade de continuidade da participação se houver a aprovação do órgão de investigação (Spratling, 1998: documento não paginado – texto indicado pelo Departamento de Justiça americano sobre o tema); a empresa deve, sempre que possível, ressarcir as partes prejudicadas; e não pode a entidade ter forçado a participação das demais na prática ilícita, bem como não pode ser a líder ou a responsável pela criação da atividade ilícita (esta última situação, encontra similitude com a LF nº 12.850, art. 4º, § 4º).

berão a leniência, de maneira que não serão perseguidos criminalmente por isto. Para tanto, ainda, deverão colaborar com a integralidade da investigação[53].

Mas o programa também prevê a possibilidade de sua realização quando a investigação já tiver iniciado. Exige-se, neste caso, além de alguns dos requisitos anteriores, que a empresa seja a primeira a relatar a prática das atividades ilegais e o órgão responsável pela investigação, quando do relato, não pode já dispor de prova suficiente para sustentar uma condenação contra a empresa que se apresenta para o acordo.

Para a possibilidade dos acordos com os indivíduos, nos casos em que a investigação ainda não tenha começado, não pode ter o órgão responsável pela investigação recebido a notícia da atividade ilegal por outra fonte; deve o indivíduo colaborar, de maneira mais ampla possível, com o órgão responsável pela investigação durante esta; e não pode o indivíduo ter forçado a participação dos demais na prática ilícita, bem como não pode ser o líder ou o responsável pela criação da atividade ilícita.

Caso não seja possível a realização do acordo com determinado indivíduo, ainda assim, pode haver a concessão de uma *statutory or informal immunity from criminal prosecution*[54], o que deve ser aferido conforme a discricionariedade do órgão de acusação. Não obstante, como regra geral, a proteção da persecução penal conferida em prol de todos *officers, directors and employees* que colaboram é um forte incentivo para o avanço das propostas de leniência.

Tanto na *corporate* como na *individual leniency policy*, conferidas as condições, é expedida uma espécie de recomendação para a aplicação da medida de leniência. Superadas as etapas ali descritas, caberá ao *Assistant Attorney General* a decisão final. Se não houver a recomendação pela concessão, pode o interessado ou seu advogado expor suas intenções ainda assim, o que será conferido conforme a oportunidade do Departamento de Justiça (expressamente, não se trata de um direito do interessado).

Mesmo que haja a concordância com a realização da leniência, ela, por si, não produz efeitos, na medida em que isto dependerá da atuação do colaborador no cumprimento das obrigações que lhe forem impostas, notadamente em prol das investigações quanto aos demais e no que diz com os ressarcimentos exigidos. Se tais não forem tidas como satisfatórias, poderá haver a revogação da leniência[55].

[53] Se não houvesse a extensão dos benefícios aos indivíduos que integram a empresa, estes poderiam influenciar a decisão coletiva para evitar-se a colaboração, pelo facto de que desejariam evitar a persecução contra si (UNCTAD, 2016: 6).

[54] Este é o tratamento concedido, igualmente, aos integrantes da empresa que confirmarem envolvimento na prática ilícita quando a empresa não pode ser beneficiada pela leniência por já ter iniciado a investigação.

[55] Wallace, 2010: documento não paginado.

Mas é importante considerar que, uma vez preenchidas as condições para a leniência (mesmo que parcial), com expresso reconhecimento disto por parte do Departamento de Justiça, não haverá mais a possibilidade de retirada da companhia do programa. A retirada do programa tem de ser anterior (prévio) ao reconhecimento, ou seja, quando conhecidas as condições para a obtenção da anistia futura[56].

Importante considerar que a atuação americana passou a influenciar outras iniciativas[57].

No Brasil, duas possibilidades estão presentes. A primeira hipótese vem indicada na LF nº 12.529/11, que estrutura o Sistema Brasileiro de Defesa da Concorrência, em seu art. 86. Sucintamente, podem ser concedidos benefícios como a extinção da ação punitiva da administração pública[58] ou a redução de 1 (um) a 2/3 (dois terços) da penalidade aplicável com pessoas físicas e jurídicas que forem autoras de infração à ordem econômica. Para tanto, deve haver colaboração efetiva com as investigações e o processo administrativo, assim como resultar na identificação dos demais envolvidos na infração; e na obtenção de informações e documentos que comprovem a infração noticiada ou sob investigação.

Ainda, outros requisitos cumulativos são exigidos (§ 1º e incs. I a IV): deve a empresa ser a primeira a se qualificar com respeito à infração noticiada ou sob investigação; cessar completamente seu envolvimento na infração noticiada ou sob investigação a partir da data de propositura do acordo; a Superintendência-Geral da CADE não dispor de provas suficientes para assegurar a condenação da empresa ou pessoa física por ocasião da propositura do acordo; confessar sua participação no ilícito e cooperar plena e permanentemente com as investigações e o processo administrativo, comparecendo, sob suas expensas, sempre que solicitada, a todos os atos processuais, até seu encerramento[59].

[56] Spratling, 1998: documento não paginado. Como consta no original: "[...] *Also, once an applicant has fulfilled all of the conditions for amnesty and the Division has issued a final amnesty letter, the Divison will not permit the company to withdraw*".

[57] UNCTAD, 2016: 12.

[58] Não há a expressa previsão de sua realização no âmbito das ações judiciais de responsabilização para aplicação de sanções civis. Apenas se volta para aplicação em processo administrativo sancionador, em que pese isto poder trazer consequências no âmbito judicial futuro. Porém, renove-se, não cabe na ação civil em si (Machado, 2017: 112-113).

[59] Verificado o cumprimento do acordo (§ 4º, incs. I e II), será decretada a extinção da ação punitiva da administração pública em favor do infrator, nas hipóteses em que a proposta de acordo tiver sido apresentada à Superintendência-Geral sem que essa tivesse conhecimento prévio da infração noticiada; ou, nas demais hipóteses, será reduzida de 1 (um) a 2/3 (dois terços) as penas aplicáveis, devendo ainda considerar na gradação da pena a efetividade da colaboração prestada e a boa-fé do infrator no cumprimento do acordo de leniência. Serão estendidos às empresas do mesmo grupo, de facto ou de direito, e aos seus dirigentes, administradores e empregados envolvidos na infra-

Poderá ser celebrado o acordo com as pessoas físicas, desde que previstas as três últimas hipóteses anteriores (§ 2º). O acordo de leniência firmado com o CADE, por intermédio da Superintendência-Geral, estipulará as condições necessárias para assegurar a efetividade da colaboração e o resultado útil do processo (§ 3º).

Da mesma forma que a colaboração processual, tem a intenção de afetar os elos de confiança, segredo e sigilo que se formam entre corruptor e corruptores. Noutro passo, quer se mostrar mais eficaz na produção de resultados que tutelem os interesses públicos e sociais[60].

De acordo com o art. 87 e parágrafo único da mesma Lei, nos crimes contra a ordem econômica, tipificados na LF n.º 8.137/90, e nos demais crimes diretamente relacionados à prática de cartel, tais como os tipificados na LF n.º 8.666/93 e o tipificado no art. 288º[61] do CP, a celebração de acordo de leniência determina a suspensão do curso do prazo prescricional e impede o oferecimento da denúncia com relação ao agente beneficiário da leniência. Cumprido o acordo de leniência pelo agente, extingue-se automaticamente a punibilidade dos crimes deles[62].

A outra hipótese brasileira é estampada na LF nº 12.846/13, que dispõe sobre a responsabilização administrativa e civil de pessoas jurídicas pela prática de atos contra a administração pública, nacional ou estrangeira. Como dispõe o art. 16, incs. I e II, a autoridade máxima de cada órgão[63] ou entidade pública poderá

ção os efeitos do acordo de leniência, desde que o firmem em conjunto, respeitadas as condições impostas (LF nº 12.529/11, art. 86, § 6º).

[60] Machado, 2017: 104-105.

[61] Que define a conduta de associação criminosa (associarem-se 3 (três) ou mais pessoas, para o fim específico de cometer crimes).

[62] Oportuno frisar que carece de constitucionalidade a previsão de efeitos penais aos acordos de leniência sem a participação do MP, uma vez que este é o titular privativo da ação penal pública, nos termos do art. 129, inc. I, da Constituição Brasileira (por todos: Machado, 2017: 173). Aliás, o próprio CADE externa que é relevante a participação do MP na confecção no acordo de leniência, por ser ele o titular privativo da ação penal pública e detentor de atribuição criminal, tendo em vista as repercussões criminais derivadas dele. Neste caso, funcionará como interveniente, inclusive para fins de incremento de apurações criminais decorrentes (Brasil. CADE, 2016: 41). Entretanto, o MP não tem acesso às informações e aos documentos negociados com o proponente do Acordo de Leniência antes da sua assinatura (Brasil. CADE, 2016: 42).

[63] A CGU é o órgão competente para celebrar os acordos de leniência no âmbito do Poder Executivo federal, bem como no caso de atos lesivos praticados contra a administração pública estrangeira (§ 10º). Não é matéria a ser estudada no presente trabalho, mas discute-se sobre a possibilidade de o acordo de leniência ser celebrado pelo MP. Em atas da 5ª Câmara de Coordenação e Revisão (Combate à Corrupção) do MP Federal, em situações que envolvem a chamada "Operação Lava Jato", houve homologação de consensos encaminhados e que diziam com colaborações em acordos de leniência havidos naquela Instituição. Porém, há decisão judicial no Brasil que diz

celebrar acordo de leniência com as pessoas jurídicas responsáveis pela prática dos atos nela previstos se estas colaborarem efetivamente com as investigações e o processo administrativo, sendo que dessa colaboração deve resultar a identificação dos demais envolvidos na infração, quando couber; e a obtenção célere de informações e documentos que comprovem o ilícito sob apuração[64].

De acordo com o § 1º, cumulativamente, deve a pessoa jurídica ser a primeira a se manifestar sobre seu interesse em cooperar para a apuração do ato ilícito; cessar completamente seu envolvimento na infração investigada a partir da data de propositura do acordo; admitir sua participação no ilícito e cooperar plena e permanentemente com as investigações e o processo administrativo, comparecendo, sob suas expensas, sempre que solicitada, a todos os atos processuais, até seu encerramento.

A proposta de acordo de leniência não importará em reconhecimento da prática do facto ilícito investigado se rejeitada (§ 7º). Ainda, sua celebração interrompe o prazo prescricional dos atos ilícitos previstos na lei mencionada (§ 9º).

Portugal também tem seu chamado programa de clemência, conforme a Lei nº 19/2012[65], regulada a partir do art. 75º[66].

que a autoridade competente para o acordo de leniência, no âmbito do Poder Executivo Federal é a CGU. Ao MP, caberia, apenas, a sua participação, nos limites da competência antes indicada (Ac. AI nº 5023972-66.2017.4.04.0000/PR do TRF/4 de 22 de agosto de 2017. Disponível em <https://eproc.trf4.jus.br/eproc2trf4/controlador.php?acao=acessar_documento_publico&doc=41503591340641941104640769064&evento=415035913406419411046432124 26&key=c9e72d4e29f3df013deba0c1e2845471e55855283df9622311d15dad91bd7dc2>, consultado, por último, em 30.1.2019).

[64] Nesta Lei, a celebração do acordo de leniência isentará (§ 2º) a pessoa jurídica de sanção judicial de proibição de recebimento de incentivos, subsídios, subvenções, doações ou empréstimos de órgãos ou entidades públicas e de instituições financeiras públicas ou controladas pelo poder público, pelo prazo mínimo de 1 (um) e máximo de 5 (cinco) anos) e reduzirá em até 2/3 (dois terços) o valor da multa aplicável. Não eximirá a pessoa jurídica da obrigação de reparar integralmente o dano causado e estipulará as condições necessárias para assegurar a efetividade da colaboração e o resultado útil do processo (§ 3º e § 4º).

[65] Como consta, referida lei aprovou o novo regime jurídico da concorrência, revogando as Leis nº 18/2003, de 11 de junho, e 39/2006, de 25 de agosto, e procedeu à segunda alteração à Lei nº 2/99, de 13 de janeiro (lei de imprensa).

[66] De acordo com o artigo citado, a dispensa ou a redução especial de coimas são concedidas no âmbito de processos de contraordenação que tenham por objeto acordos ou práticas concertadas entre duas ou mais empresas concorrentes proibidos, que visem coordenar os seus comportamentos concorrenciais no mercado ou influenciar variáveis concorrenciais relevantes, nomeadamente através de fixação de preços de aquisição ou de venda ou outras condições de transação, atribuição de quotas de produção ou de venda, repartição de mercados, incluindo a concertação em leilões e concursos públicos, restrição de importações ou exportações ou ações anticoncorrenciais contra outros concorrentes.

Conforme disposto no art. 77º, nº 1, a Autoridade da Concorrência concede dispensa da coima[67] aplicável à empresa que revele a sua participação num alegado acordo ou prática concertada, desde que essa empresa seja a primeira a fornecer informações e elementos de prova que, no entender da Autoridade da Concorrência, lhe permitam fundamentar o pedido para a realização de diligências de busca e apreensão e, no momento da entrega da informação, a Autoridade da Concorrência não disponha ainda de elementos suficientes para proceder a essa diligência. Pode, ainda, quando for verificada a existência de uma infração contra a concorrência, desde que, nesse momento, a Autoridade não disponha ainda de elementos de prova suficientes sobre a infração.

A Autoridade da Concorrência concede a dispensa da coima (nº 2) desde que a empresa cumpra determinadas condições, com especial destaque para a necessidade de cooperação plena e continuada com a Autoridade da Concorrência desde o momento da apresentação do pedido de dispensa ou redução da coima; necessidade de fornecimento de todas as informações e provas que tenha ou venha a ter na sua posse ou sob o seu controle, bem como responder prontamente a qualquer pedido de informação que possa contribuir para a determinação dos factos[68].

As informações e provas referidas devem conter indicações completas e precisas sobre o acordo ou a prática concertada e as empresas envolvidas, incluindo os objetivos, atividades e funcionamento, o produto ou serviço em causa, o âmbito geográfico, a duração e informações específicas sobre datas, locais, conteúdo e participantes em contactos efetuados e todas as explicações relevantes apresentadas em apoio do pedido (nº 3).

Por fim, cabe dizer que a Alemanha também dispõe de tal programa. Lá, o *Bundeskartellamt* pode conferir ao participante do cartel a imunidade das coimas ou sua redução, em duas hipóteses distintas[69].

[67] As hipóteses de redução de coima (multa), a ser deferida pela Autoridade da Concorrência, vêm descritas no art. 78º, bem como a possibilidade de extensão às pessoas físicas titulares com atuação na empresa está no art. 79º.

[68] Também se exige a abstenção da prática de quaisquer atos que possam dificultar a investigação, nomeadamente a destruição, falsificação ou dissimulação de informações ou provas relacionadas com a infração; a abstenção de revelação da existência ou o teor da apresentação, ou da intenção de apresentação, do pedido de dispensa, salvo autorização escrita da Autoridade da Concorrência; o término de sua participação na infração, até ao momento em que forneça à Autoridade da Concorrência as informações e as provas, exceto na medida do que seja razoavelmente necessário, no entender da Autoridade da Concorrência, para preservar a eficácia da investigação; e que não tenha exercido coação sobre as demais empresas para participarem na infração.

[69] Conforme consta em *Notice no. 9/2006 of the Bundeskartellamt on the immunity from and reduction of fines in cartel cases – Leniency Programme – of 07 March 2006*, p. 1, de onde foram extraídas as informações que se sucedem.

Na primeira, a colaboração deve ser anterior ao alcance, pelo *Bundeskartellamt*, de prova para a obtenção de um mandado de busca e apreensão. Nestes casos, destaca-se que deve fornecer informações verbais e escritas suficientes e, quando possível, para a obtenção do mandado também; e deve colaborar da forma mais completa possível com o órgão[70].

Uma segunda possibilidade de imunidade das coimas também pode se dar após o mandado de busca e apreensão. Neste caso, em adaptação à hipótese anterior, devem também ser cumpridos os requisitos de que o participante do cartel deva ser o primeiro a contatar o órgão antes que ele disponha de provas para confirmar o facto e de que nenhum outro integrante do cartel possa ter sido beneficiado com a imunidade conforme o parágrafo anterior.

A redução da coima pode se dar quando, não possível a aplicação das imunidades nos termos anteriores, o colaborador presta informações e providências que se mostram significantes para a demonstração do facto, bem como quando ele coopera completa e continuamente com o órgão.

Para fins de celebração do programa de leniência alemão, o colaborador deve declarar sua intenção e vontade em colaborar[71], ocasião em que também descreverá o alcance da atividade ilícita, inclusive no âmbito geográfico. Primeiramente, deve o *Bundeskartellamt* confirmar o momento do recebimento da declaração, para controle do prazo que ele dispõe para se manifestar quanto a ele. Em momento posterior, o mesmo órgão dirá, por escrito, se é caso de concessão da imunidade por ser anterior à obtenção do mandado de busca.

Se for com base no outro caso de imunidade ou no de redução da coima, o colaborador será informado de sua condição e que, especialmente, os benefícios somente serão concedidos se houver o cumprimento de seus deveres de colaboração, notadamente no que diz com a obtenção da prova suficiente para a demonstração do ilícito.

[70] Além disto, o participante do cartel deve ser o primeiro participante do cartel a contatar o órgão, não pode ser ele o principal líder do cartel e não pode ter forçado a participação de outros. O próprio *Bundeskartellamt* explica: "*The first applicant to disclose information and evidence giving rise to the initial suspicion of a hardcore cartel will be automatically granted immunity from a fine. This provision only applies if the applicant cooperates fully and on a continuous basis with the Bundeskartellamt* [...]" (ALEMANHA. *Bundeskartellamt*, 2016: 21).

[71] Caso não haja a intenção de colaboração, assim vem regulado: "*Once fines proceedings have been instituted, they broadly follow the rules on criminal procedure. In particular, the persons and companies that are suspected of having participated in the illegal cartel agreements are not obliged to cooperate in the proceedings. The 'nemo tenetur' principle applies, i.e. no-one is obliged to incriminate themselves. Legal persons will only have to provide information and documents on specific turnovers. All other evidence required for proving an infringement must be obtained and secured by the Bundeskartellamt, in particular from the persons and companies concerned, by means of searching the relevant premises*" (ALEMANHA. *Bundeskartellamt*, 2016: 23).

Feitas tais considerações, resta dizer que o de que o acordo de leniência tem uma intenção primordial voltada ao processo sancionatório administrativo, como instrumento de manutenção da ordem concorrencial[72]. O impacto voltado ao direito e/ou ao processo penal em si, ao menos nos países pautados na prevalência da obrigatoriedade da ação penal, é reduzido, no que diz com os benefícios a serem auferidos (como visto, mesmo nestes, pode haver sua ingerência).

Do exposto, é possível anotar semelhanças com a colaboração processual no que diz com o plano probatório: necessidade de confissão da participação do colaborador, a exigência de que os auxílios prometidos se efetivem quando das investigações, a disponibilidade de provas que estiverem ao seu dispor (com o fim de contribuir com as investigações ou medidas específicas, como o mandado de busca). Some-se a isto a necessidade do cumprimento das hipóteses legais para que o acordo exista, a exigência de uma vontade válida e a posterior produção dos efeitos prometidos. Assim, não é impossível dizer que também os acordos de leniência inspiraram a lei brasileira.

A última semelhança nos leva ao interesse em verificar como se constroi o acordo de colaboração processual, com o objetivo de aferir o que cada etapa importa.

IV. O estudo analítico sobre os momentos do acordo de colaboração processual conforme a LF nº 12.850/13

As semelhanças apontadas há pouco nos levam a uma consideração importante: a colaboração processual mostra-se como um negócio com reflexos no âmbito penal e processual penal[73]. O STF definiu que o acordo de colaboração processual consiste em um negócio jurídico processual pessoalíssimo[74]. Nisto, aproxima-se da compreensão que a jurisprudência americana tem sobre os acordos de não persecução (*non-prosecution agreements*), pois entende que estes devem cotejar os princípios gerais do direito contratual, respeitadas as regras de um especial devido processo legal[75].

[72] Ac. RHC 24.499-SP do STJ/BR de 20 de setembro de 2011, disponível em < https://ww2.stj.jus.br/processo/revista/documento/mediado/?componente=ITA&sequencial=1091309&num_registro=200802036128&data=20111003&formato=PDF> (consultado, por último, a 30.1.2019).

[73] Didier Jr./Bomfim, 2016: 144. Caracteriza-se como um contrato, considerando as vantagens esperadas pelas partes em razão do que foi pactuado (Didier Jr./Bomfim, 2016: 151).

[74] Ac. HC 127.483-PR do STF de 27 de agosto de 2015, disponível em <http://redir.stf.jus.br/paginadorpub/paginador.jsp?docTP=TP&docID=10199666> (consultado, por último, a 30.1.2019).

[75] Ac. United States v. STOLT-NIELSEN S.A., et al., 524 F. Supp. 2d 609 (2007), Criminal Action No. 06-cr-466, United States District Court, E.D. Pennsylvania, de 29 de novembro de 2007, disponível em: <https://www.courtlistener.com/opinion/1430412/united-states-v-stolt-nielsen-sa/>, consultado, por último, a 30.1.2019.

Por ser um negócio jurídico processual, dá ao sujeito a capacidade de escolha e estabelecimento de certas situações jurídicas processuais, conforme os limites fixados pelo próprio ordenamento[76].

Esta peculiaridade traz a necessidade de compreender que há uma interligação do direito processual penal com o direito material civil, pois este é o ramo que regula melhor os acordos de vontade.

Assim, os indivíduos possuem a capacidade de desenhar aquilo que lhes for mais adequado para sua própria existência em uma possível colaboração processual. Isto inclui a liberdade de negociação, de criação, de estipulação e de vinculação, no que se chama princípio do respeito ao autorregramento da vontade no processo[77].

Um exemplo de negócio jurídico processual no direito processual penal brasileiro está no art. 89 da LF nº 9.099/95, conhecido como suspensão condicional do processo[78], que é o equivalente brasileiro da suspensão provisória do processo portuguesa[79] e do § 153a do StPO.

Dito isso, é possível identificar que a LF nº 12.850/2013 prevê três momentos para a colaboração processual[80].

1. O momento da existência: a relação entre acusação e defesa

O primeiro momento da colaboração processual diz com a negociação propriamente dita e a confecção do acordo de colaboração processual entre as partes. É o que se compreende da leitura do § 6º do art. 4º da Lei brasileira citada. Refere-se, pois, ao momento em que o acordo passará a existir.

[76] Nogueira, 2015: 84-85.

[77] Didier Jr., 2015: 20.

[78] Didier Jr./Bomfim, 2016: 145. Cabe transcrever o conteúdo da LF nº 9.099/95, art. 89: "nos crimes em que a pena mínima cominada for igual ou inferior a um ano, abrangidas ou não por esta Lei, o MP, ao oferecer a denúncia, poderá propor a suspensão do processo, por dois a quatro anos, desde que o acusado não esteja sendo processado ou não tenha sido condenado por outro crime, presentes os demais requisitos que autorizariam a suspensão condicional da pena (art. 77 do Código Penal).

[79] Como consta no art. 281º, nº 1, do CPP português, se o crime for punível com pena de prisão não superior a 5 anos ou com sanção diferente da prisão, o MP, oficiosamente ou a requerimento do arguido ou do assistente, determina, com a concordância do juiz de instrução, a suspensão do processo, mediante a imposição ao arguido de injunções e regras de conduta.

[80] Estes três momentos estão inseridos no respeito à forma procedimental estabelecida e que a doutrina acaba por apontar como uma das necessidades a serem verificadas para a proteção do colaborador e do terceiro afetado, no que compreenderia a aplicação do princípio da legalidade em matéria processual (por todos: Canotilho/Brandão, 2016: 25).

A existência considera todos os factos sobre os quais ocorre a incidência de uma determinada norma jurídica, a partir da suficiência de seu suporte fático[81]. Pela natureza dos acordos aqui versados, se realiza fora do processo, mas produzirá efeitos nele, trazendo consigo uma vontade consciente, livre e de boa-fé acerca da realidade[82], que se expressam, inicialmente, pelas propostas que as partes fazem reciprocamente.

Para a devida compreensão, é imprescindível entender no que consiste a proposta.

Cumpre considerar que a proposta, por si, não se confunde com o período de debate no qual as partes definem se, faticamente, estão dispostas à realização de um contrato ou de um acordo[83], uma vez que a negociação antecede à proposta em si.

A proposta caracteriza-se por ser o momento em que uma parte acaba por convidar a outra a celebrar o negócio jurídico, em um ato unilateral, com a exposição do conteúdo da maneira como pretende contratar[84]. Por sua vez, a aceitação informa a concordância desta outra parte à proposta[85]. Uma vez expressada a aceitação, forma-se o vínculo[86].

No caso brasileiro, explica a doutrina que, celebrado o termo de confidencialidade entre o colaborador e o titular da ação penal, passam a ser verificadas as informações que, efetivamente, serão consideradas como integrantes do acordo de colaboração[87], o que decorre da aceitação à proposta feita.

Tudo isso traz consigo um dos mais importantes mandamentos previstos no tratamento do acordo de colaboração processual no Brasil: as partes podem retratar-se da proposta, caso em que as provas autoincriminatórias produzidas pelo colaborador não poderão ser utilizadas exclusivamente em seu desfavor (LF nº 12.850/2013, art. 4º, § 10)[88]. O mesmo se diga do tratamento conferido nos acordos de leniência (LF nº 12.846/2013, art. 16, § 7º).

[81] Mello, 2010a: 17.

[82] Yarshell, 2015: 68.

[83] Rosenvald, 2007: 321.

[84] Rodrigues, 2002: 68-69.

[85] Rodrigues, 2002: 70.

[86] Rodrigues, 2002: 72.

[87] Pacelli/Fischer, 2016: 353.

[88] Cleber Masson e Vinícius Marçal (2017: 193-194) expõem que há diversas correntes sobre a retratação. A primeira, conforme exposta *supra*; a segunda, de que pode a retratação acontecer entre a homologação e a sentença condenatória; a terceira, de que a retratação pode acontecer até o momento da assinatura do acordo e não até a homologação; a última corrente entende ser possível a retratação desde a celebração do acordo até a sentença.

Certo é que a retratação considerada pela Lei ocorre ainda no momento da proposta, dotada de efeito *ex tunc*, pelo que retira toda a eficácia que ela pretendia externar[89], como forma de um arrependimento da colaboração desde sua origem[90]. Não se confunde, desta forma, com o descumprimento da obrigação, que caracteriza um ilícito contratual, pelo que a vontade que origina tal ilícito submete-se às consequências que forem decorrentes de sua prática[91].

Fica claro, pois, que é no plano da existência do acordo que a retratação da proposta produz seus efeitos[92]. Ausente uma das manifestações de vontade, não há que se falar mais em acordo, com a consideração de que somente deve ser extraído o conteúdo probatório do acordo cuja proposta foi retratada.

Desta forma, o que estava nos autos e não constava das negociações pode e deve ser aproveitado, contra quem quer que seja, como as declarações e elementos de informação anteriores a elas do já não mais colaborador[93]. Igualmente, também poderá haver o aproveitamento dos elementos colhidos naquela negociação retratada e que sejam suficientes para embasar a responsabilidade de outros integrantes da sua organização criminosa[94].

Aliás, como acontece no acordo de leniência brasileiro, não importará em confissão quanto à matéria de facto, nem reconhecimento de ilicitude da conduta analisada, a proposta de acordo de leniência rejeitada, da qual não se fará qualquer divulgação[95].

Portanto, somente se o acordo não for celebrado é que as informações obtidas com base no referido termo não podem ser utilizadas pelo MP, seja contra o acusado, seja contra terceiros[96], salvo entrega voluntária delas, ainda que sem acordo. Do que se pode concluir que as provas autoincriminatórias somente não poderão ser utilizadas quando houver retratação em momento anterior à homologação[97].

[89] Didier Jr./Bomfim, 2016: 160.

[90] Pacelli/Fischer, 2017: 338.

[91] Didier Jr./Bomfim, 2016: 160-161.

[92] Neste sentido: Pinho/Wunder, 2018: 1.

[93] Pinho/Wunder, 2018: 1-2.

[94] O que não se justifica é o aproveitamento dos elementos colhidos no inquérito durante a negociação que restou interrompida e que que sejam suficientes para sustentar a responsabilidade do próprio ex-colaborador exclusivamente (Pinho/Wunder, 2018: 2-3).

[95] LF nº 12.529/11, art. 86, § 10º.

[96] Pacelli/Fischer, 2016: 353. Em direito processual penal alemão, há previsão semelhante envolvendo os acordos. Caso o acordo não seja aceito ou finalizado, a confissão do arguido acontecida durante a negociação não pode ser utilizada contra ele (§ 257c, nº 4, do StPO).

[97] Pacelli/Fischer, 2016: 355.

2. O momento da validade: a homologação que impede a retratação da proposta

Há pouco, se disse que o acordo de colaboração processual brasileiro é um meio de obtenção de prova (mesma percepção que pode ser dita aos acordos de leniência[98]). Até aqui, viu-se sobre sua existência.

Uma vez o acordo existindo, passa-se ao exame necessário de sua validade, o que é, justamente, exigido no § 7º do art. 4º. O plano da validade diz com a perfeição dos atos jurídicos conforme o direito positivado de um determinado Estado, especialmente no que diz com a efetiva vontade livre e consciente acerca do suporte fático básico para sua ocorrência[99]. Isto envolve a eficácia futura[100].

Há de ser observado que, mesmo sendo vedado ao Estado determinar o império da colaboração processual, o facto de ter um determinado arguido o propósito de ter a si alguma espécie de vantagem não pode ser interpretado como algo violador ou perturbador do processo e da investigação[101]. Afinal, deve haver uma maior tolerância em relação àquele que quer demonstrar conformação com os valores exigidos pela legislação e pela sociedade, em verdadeiro voto de confiança que legitima um dos fins buscados pela legislação penal[102]. Compreende, pois, uma atitude de respeito à dignidade das pessoas[103], à justiça e ao exercício de defesa[104].

A autonomia é, como sabido, o fundamento ético da dignidade humana, embasada que está no livre arbítrio individual, capacidade que todos temos para

[98] Fica evidente, com amparo na doutrina, que é o acordo de leniência um mecanismo de facilitação da coleta da prova e uma técnica de investigação (Machado, 2017: 182; Alemanha. *Bundeskartellamt*, 2016: 19). Assim, confere uma ferramenta de investigação para a descoberta de carteis que não seriam descobertos por outros meios, com o que poderiam continuar lesando os consumidores (Hammond, 2010: 2).

[99] Mello, 2010b: 32-33. Com apoio na jurisprudência americana: "*With respect to immunity agreements, due process requires prosecutors to scrupulously adhere to commitments made to suspects in which they induce the suspects to surrender their constitutional rights in exchange for the suspects giving evidence that the government needs against others which simultaneously implicates themselves*" (Ac. United States v. STOLT--NIELSEN S.A., et al., 524 F. Supp. 2d 609 (2007), Criminal Action No. 06-cr-466, United States District Court, E.D. Pennsylvania, de 29 de novembro de 2007, disponível em: <https://www.courtlistener.com/opinion/1430412/united-states-v-stolt-nielsen-sa/>, consultado, por último, a 30.1.2019).

[100] Didier Jr./Bomfim, 2016: 141.

[101] Leite, 2010: 383.

[102] Exposição constante em Marques da Silva (1994: 32).

[103] Convém considerar que, na Alemanha, houve a consagração da dignidade da pessoa humana no texto da Lei Fundamental de 1949, que passou a ser considerada "inviolável" (art. 1.1) e estabeleceu o direito ao "livre desenvolvimento da personalidade" (art. 2.1), e que deve servir de base para a interpretação dos demais direitos (Barroso, 2013: 102-103).

[104] Também como se pode extrair de exposição constante em Marques da Silva (1994: 30).

definir a melhor forma de vida. Ela vem condicionada pela razão, pela independência e pela escolha, e abrange as destinações pessoais mais essenciais[105].

Isto porque seria um desserviço às sociedades atuais a invocação de direitos individuais de forma absoluta, sem respeito a uma necessidade e proporcionalidade[106].

Conforme o preceito há pouco citado, somente após o acordo, o respectivo termo, acompanhado das declarações do colaborador e de cópia da investigação, será remetido ao juiz para homologação, sendo que ele verificará sua regularidade, legalidade e voluntariedade[107], podendo para este fim, sigilosamente, ouvir o colaborador, na presença de seu defensor[108].

Portanto, o consenso é suficiente para a formação de um negócio jurídico, pois entende-se que a existência de duas vontades busca a boa-fé e o atingimento da função social que ele quer representar[109].

Assim, neste estágio, é verificada a presença dos requisitos e a vontade do colaborador surge como pressuposto de validade e de futura eficácia da pactua-

[105] Barroso, 2013: 126.

[106] Figueiredo Dias, 2011: 27. Como reverso necessário do reconhecimento da autonomia individual, esta também deve ser protegida. Afinal, incabível a provocação de erro no ânimo do acusado colaborador, seja por palavra ou qualquer outro ato que possa ludibriar a vontade de quem declara, notadamente quando este erro for essencial à obtenção da prova por ele prestada, sob pena de tê-la como ilícita (Figueiredo Dias/Costa Andrade, 2009: 32). Excelentes exemplos vêm descritos no art. 32º, nº 8, da CRP, que afirma serem nulas todas as provas obtidas mediante tortura, coação, ofensa da integridade física ou moral da pessoa, abusiva intromissão na vida privada, no domicílio, na correspondência ou nas telecomunicações. E a utilização delas não se admite mesmo quando sejam consensuadas (Pereira, 2013: 328). Também calha ser dito que, no contexto português, a regra é a de que a declaração a ser prestada pelo arguido deve ser precedida do dever de informação e de advertência quanto ao silêncio (CPP português em seus arts. 343º, nº 1; 61º, nº 1, al. "g"; 141º, nº 4; e 143º, nº 2. Na doutrina: Costa Andrade, 2013: 86. A isto, soma-se o facto de que a confissão que pode afastar a instrução (nos termos do art. 344º do CPP português) necessita ser prestada em juízo, de maneira livre, integral e sem reservas (sem nenhuma hipótese de exclusão de responsabilidade relatada) (Beleza, 1998: 52-53).

[107] Ainda que não seja específico ao tema ora estudado, cabe dizer que a legislação processual portuguesa deixa um ensinamento de relevo: se o tribunal suspeitar do caráter livre da confissão, deverá não aplicar a regra de renúncia à produção da prova relativa aos factos imputados (CPP português, art. 344º, nº 3, letra 'b').

[108] A doutrina brasileira expõe que será ouvido o colaborador com seu defensor, sem a presença do MP, de forma sigilosa (Pacelli/Fischer, 2016: 354), pois há quem entenda que sua presença pode constranger o colaborador, inclusive no que diz com a demonstração dos reais motivos que levaram à celebração (Lima, 2016: 787). Importa dizer que a lei não disciplina que deva estar presente o responsável pela acusação na audiência de homologação do acordo. Pessoalmente, porém, não se vislumbra prejuízo absoluto se houver a presença do MP no ato, mas é importante considerar que também não haverá na sua não intimação para ele, a partir da ideia prevista na lei.

[109] A partir da lição de Rosenvald (2007: 321).

ção realizada, pois cabe ao juiz aferir se está devidamente composta a relação de reciprocidade entre os benefícios previstos e os direitos defensivos que não serão exercidos por conta disto[110].

Cumpre dizer que a própria determinação de não participação do juiz durante as negociações guarda relação com o exame da validade futura, em respeito a uma compreensão acusatória do processo. A negociação é uma atividade das partes. Compete ao juiz funcionar como um árbitro do equilíbrio entre elas, conferindo a regularidade de seus termos frente aos factos (pode o juiz negar o acordo quando não for ele suportado pela prova)[111].

Se regular, homologado judicialmente estará o acordo, em um momento em que o juiz já estará a atuar em fase processualizada[112], o que justifica a sua atuação a partir deste momento. Evidentemente, o acordo pode não ser homologado, bem como pode ser ele adequado ao caso concreto (§ 8º)[113].

Em resumo, e como asseverado pelo STF, a homologação consiste é um juízo de de delibação para aferir a regularidade, a voluntariedade e a legalidade do acordo, sem qualquer juízo de valor a respeito das declarações do colaborador[114].

No estágio da homologação do acordo, o juiz está vinculado, especificamente, ao pedido que lhe foi formulado, já que a homologação do acordo depende de iniciativa das partes. Não lhe cabe diligenciar na obtenção de informações novas

[110] Didier Jr./Bomfim, 2016: 159.

[111] Kobor, 2008: 102; Pereira, 2013/2014: 142. O julgador realiza um "filtro de legalidade", não um "filtro meritório" (Masson/Marçal, 2017: 171).

[112] Afinal, já ensinava Chiovenda (1922: 359) que a jurisdição se exerce através do processo.

[113] A título de exemplo: o juiz pode readequar o acordo para suprimir cláusula na qual o réu se obriga a não recorrer, o que viola o devido processo legal. Ou, então, quando se estabelece a imediata execução da pena com a simples homologação, visto que isto é atividade precipuamente judicial. Assim, realiza uma "interpretação conforme" (Pacelli/Fischer, 2017: 337). No ponto, calha referir importante decisão lançada no STF, que determinou a necessidade de adequação do acordo. Após asseverar que, no momento da homologação, cabe o juízo de compatibilidade entre a avença pactuada entre as partes com o sistema normativo vigente, não houve a homologação do acordo apresentado. Dentre outras, porque houve a pactuação, de forma antecipada, da pena privativa de liberdade e do perdão de crimes ao colaborador, em substituição ao Poder Judiciário. Notadamente, pelo facto de que o acordo, sequer, ocorreu em processo judicial. Igualmente, não poderiam as partes pactuar a espécie, o patamar e o regime de cumprimento de pena, sob pena de violação, por parte do MP, da separação dos poderes. Também não houve homologação porque não se pode exigir a renúncia geral e irrestrita à garantia contra a autoincriminação, ao direito ao silêncio e ao direito de recurso do colaborador (Ac. Pet. 7.265-DF do STF de 14 de novembro de 2017, disponível em <http://www.stf.jus.br/arquivo/cms/noticiaNoticiaStf/anexo/PET7265.pdf> (consultado, por último, a 30.1.2019).

[114] Ac. HC 127.483-PR do STF de 27 de agosto de 2015, disponível em <http://redir.stf.jus.br/paginadorpub/paginador.jsp?docTP=TP&docID=10199666> (consultado, por último, a 30.1.2019).

neste instante[115] (nem mesmo o MP deve fazer isto, sob pena de ser extrapolado o princípio do dispositivo[116]). Se algo novo surgir, deve ser versado e apurado em expediente próprio, não no momento da homologação.

De ser relembrado que o conteúdo dos dois últimos parágrafos também estão expostos na decisão que introduz a presente análise, ao que se reporta.

Daí que se pode dizer que esse interrogatório deve estar voltado à compreensão, inteligência e liberdade de manifestação por parte do interrogado[117]. Tudo isso para que seja sempre preservada a condição de que o acusado, enquanto prova, somente possa ser utilizado por vontade sua[118].

Afinal, dentre outras, não pode o colaborador ter prejudicada sua vontade a partir de promessa ou vantagem que não seja provida de base legal. Não cabe ao juiz substituir as intenções legislativas, dadas as regras de separação dos poderes e a igualdade na aplicação da lei[119].

Importante frisar que o STF bem mostra isso: o conteúdo das negociações havidas não pode ser analisado pelos demais réus, sob pena de ser criada uma outra causa de constrangimento essencial para a validade final. O conteúdo estará demonstrado nos autos com o acordo firmado, pois a homologação do acordo de colaboração não produz qualquer efeito na esfera jurídica de terceiro pela simples homologação[120].

[115] Ac. MC no HC 144.652-DF do STF de 12 de junho de 2017, disponível em <http://www.stf.jus.br/arquivo/cms/noticiaNoticiaStf/anexo/HC144652.pdf> (consultado, por último, a 30.1.2019).

[116] Nunca é demais relembrar que "[...] o autor e o réu dispõem do processo judiciário na medida em que queiram litigar, ou não [...]" (Almeida, 1975: 15). O juiz, ao fim e ao cabo, limita-se a valorar se a pretensão da parte é fundada (Tuzet, 2016: 98).

[117] Ristori, 2007: 114-115. O interrogatório do acusado surge como uma garantia sua para efetivação do acordo [Ac. Santobello v. New York, 404 U.S. 257 (1971) da Suprema Corte de 20 de dezembro de 1971, disponível em: <http://supreme.vlex.com/vid/santobello-v-new-york-19988763> (consultado, por último, a 30.1.2019)]. Em complementação: o *privilege against self-incrimination* está vinculado à proteção para que ninguém seja compelido a prestar declarações autoincriminatórias de maneira forçada ou coagida (Ac. Kastigar v. United States, 406 U. S. 441 (1972) da Suprema Corte de 22 de maio de 1972. Disponível em: <https://supreme.justia.com/cases/federal/us/406/441/case.html> - consultado, por último, a 30.1.2019).

[118] Figueiredo Dias/Costa Andrade, 2009: 31.

[119] Canotilho/Brandão, 2016: 24.

[120] Na jurisprudência brasileira: Ac. RHC 69.988-RJ do STF de 25 de outubro de 2016, disponível em <https://ww2.STJ/BR.jus.br/processo/revista/documento/mediado/?componente=ITA&sequencial=1550192&num_registro=201601054050&data=20161107&formato=PDF> (consultado, por último, a 30.1.2019); e Ac. Ag. Reg. na Rcl 21.258 MC do STF de 15 de março de 2016, disponível em <http://redir.stf.jus.br/paginadorpub/paginador.jsp?docTP=TP&docID=10756463> (consultado, por último, a 30.1.2019). Fora do Brasil, na mesma linha de entendimento: Ac. Case of Natsvlishvili and Togonidze v. Georgia (*application* nº 9053/05) do TEDH de 29 de abril de 2014, disponível em <http://hudoc.echr.coe.int/eng#{"itemid":["001-142672"]}> (consultado, por último, a 30.1.2019).

Por oportuno, compete dizer que inexistem obstáculos para que a colaboração seja realizada com pessoa que está presa, em qualquer de suas formas. Primeiro, porque a prisão tem regras próprias e pode ser revisada[121]; segundo, porque fere a lógica a ser observada: a liberdade exigida é a psíquica[122], não a de locomoção[123].

O poder de dispor sobre os direitos fundamentais, pois, é inerente ao próprio exercício deles[124]. Afinal, trata-se de direitos e, como tais, podem não ser exercidos por seu titular, o que ganha legitimação a partir do respeito à autonomia da vontade do acusado[125].

Aliás, trabalhar-se com a ideia de que o preso não pode colaborar (a) criará uma diminuição desproporcional da capacidade civil do preso frente ao solto, (b) ocasionará uma desigualdade material inconciliável entre o solto e o preso e (c) dará ensejo à pior das possibilidades, qual seja, a de retardar o cumprimento de mandados de prisão para ver o sujeito preso somente após colaborar com o Estado.

Todas essas situações são consideradas e a perfectibilização do acordo existente resultará na sua homologação. De ser considerado que o réu não possui o direito ao silêncio como algo irrenunciável[126]. Assim, não se pode imputar à colaboração qualquer viés autoritário.

E aqui surge um marco importantíssimo para a compreensão do acordo de colaboração processual brasileiro: uma vez homologado o acordo, não pode haver

[121] Romero, 2017: 269.

[122] Na medida em que a restrição diz respeito com a impossibilidade de ser compelido, percebe-se que declarar contra si é um exercício inerente à sua própria vontade e sua defesa, com possibilidade de ser a declaração revertida a seu favor, e integra o conceito do devido processo legal (que assegura a possibilidade do acusado ser ouvido) (Lafave/Israel, 1992: 1031-1032). Pois o acusado traz consigo o direito de intervir e se manifestar em favor de sua defesa (Costa Andrade, 2013: 121).

[123] Pacelli/Fischer, 2016: 352. Em termos idênticos: Ac. HC 127.483-PR do STF de 27 de agosto de 2015, disponível em <http://redir.stf.jus.br/paginadorpub/paginador.jsp?docTP=TP&docID=10199666> (consultado, por último, a 30.1.2019).

[124] Novais, 2006: 235.

[125] Na doutrina: Torrão, 2000: 75. Na jurisprudência estrangeira, por sua referência sobre o tema dos acordos em processo penal: Ac. United States of America v. Craig A. Grimes, nº 12-4523 da Court of Appeal for the Third Circuit de 13 de novembro de 2013. Disponível em: <http://sites.temple.edu/templelawreviewblog/files/2014/02/US-v.-Grimes.pdf> (consultado, por último, a 30.1.2019).

[126] Pereira, 2013: 322. Não se trata, apenas, de uma percepção brasileira. Quando do julgamento do Ac. Scoppola v. Italy, o TEDH reconheceu que não há qualquer impedimento de que o acusado venha a não utilizar seus direitos de forma livre, expressa e voluntariamente. Isto deve ser protegido pela boa-fé, que legitima o não exercício do direito processual pelo arguido (Ac. Case of Scoppola v. Italy (nº 2, application nº 10249/03) do TEDH de 17 de setembro de 2009. Disponível em: < http://hudoc.echr.coe.int/sites/eng/pages/search.aspx?i=001-94135#{%22itemid%22:[%22001-94135%22]}>) (consultado, por último, a 30.1.2019).

a retratação[127], pois superada a etapa da proposta, que é o que LF 12.850/13 expõe como ponto máximo para a retratação, conforme exposto anteriormente.

Em suma: a partir da homologação, o material que acompanha o acordo de colaboração pode ser devidamente utilizado[128].

Afinal, uma situação é a retratação da proposta; outra, bem diferente, é a mudança de versão em etapa posterior ao reconhecimento de sua validade, que se caracteriza como um não cumprimento do acordo avençado[129]. A decisão homologatória é protegida por coisa julgada formal e material[130]. Assim, garante estabilidade e segurança, pelo que não pode ser desmontada por mera declaração unilateral das partes, somente através de nova atuação jurisdicional especificamente para este fim[131].

De outra banda, a homologação judicial de acordo ilegal não autoriza o aproveitamento do material probatório que o acompanha e que lhe foi decorrente[132]. Aplica-se, assim, a disposição do art. 157, § 1º, do CPP brasileiro, que aduz serem também inadmissíveis as provas derivadas das ilícitas[133] (a amplamente conhecida *teoria dos frutos da árvore envenenada*), ainda mais porque o vício estará no meio de sua obtenção[134].

Sinteticamente: a relação jurídica processual homologatória até aqui descrita realiza a prestação jurisdicional que o Estado trouxe para si, como sua função. Assim, as declarações de vontade das partes nela praticadas são voltadas ao juiz, ainda que digam com atos a serem praticados por elas. Precisam da intermediação judicial em tal contexto, notadamente quando se observa que a lei condiciona

127 LIMA, 2016: 785.

128 PACELLI/FISCHER, 2016: 355.

129 Ac. HC 186.566-SP do STJ/BR de 15 de fevereiro de 2011, disponível em <http://www.STJ/BR.jus.br/SCON/jurisprudencia/toc.jsp?processo=186566&&b=ACOR&thesaurus=JURIDICO&p=true> (consultado, por último, a 30.1.2019).

130 DIDIER JR./BOMFIM, 2016: 159.

131 DIDIER JR./BOMFIM, 2016: 164. Albergaria explica que, nos EUA, sempre há a liberdade de revogação da vontade externada. Entretanto, se ela for posterior à aceitação do *plea of guilty*, ela somente pode acontecer por justa razão, nos termos da *Rule 11 (d)(2)(B)* do *Federal Rules of Criminal Procedure* (ALBERGARIA, 2007: 102). P. ex.: o colaborador demonstrar que, ao tempo do acordo, estava sendo coagido por terceiros para que houvesse a incriminação de uma pessoa determinada e inocente para preservar a absolvição de quem o coagia.

132 PACELLI/FISCHER, 2017: 335; ROMERO, 2017: 269.

133 Como estampado, por exemplo, no art. 5º, inc. LVI, da CFB, com eco na atual redação do art. 157 do CPP brasileiro; nos termos do art. 126º do CPP português e do art. 32º, nº 8, da CRP; e no CPP italiano, art. 64, nº 2.

134 FIGUEIREDO DIAS/COSTA ANDRADE, 2009: 29. Salvo se houver demonstração de que as provas foram produzidas conforme exceções legalmente previstas à teoria dos frutos da árvore envenenada, conforme admite a legislação brasileira (CPP, art. 157, § 1º e § 2º, conhecidas como *fonte independente* e como *descoberta inevitável*).

a homologação judicial como elemento essencial para a eficácia de uma transação extrajudicial[135].

Como é possível verificar, não há prazo previsto na Lei brasileira. Ou seja, uma vez homologado o acordo brasileiro, terá ele plena eficácia, a despeito do prazo que foi necessário para tanto[136].

Dessarte, o consenso expressado na colaboração está ligado a um critério de vontade e de conhecimento, pelo que não é refratário à noção de verdade, especialmente a processualmente válida. O conhecimento deve estar amparado com a própria representação, e serve, portanto, de último estágio para que a verdade seja consentida[137], pois a representação é melhor quando participada por aquele sujeito processual que melhor a conhece: o arguido.

2.1. Ainda o momento da validade: a natureza jurídica das declarações do agente colaborador quando da homologação do acordo. O tratamento conferido ao material que acompanha o acordo

Na essência, a colaboração processual é vista como uma espécie de meio de obtenção de prova[138], pelo que ela é voltada para impulsionar uma investigação.

[135] MELLO, 2010a: 230. De ser apontado que o procedimento previsto no Brasil não se confunde com a ritualística italiana, conforme a *Legge* 15 *marzo* 1991, nº 82, com suas posteriores modificações (especialmente a decorrente da *Legge* 13 *febbraio* 2001, nº 45). Conforme o art. 16-*quarter*, instituiu-se o chamado *verbale illustrativo dei contenuti della collaborazione*, aplicável para as hipóteses de terrorismo, de subversão da ordem constitucional, delitos de máfia e assemelhados (conforme art. 9, nº 2), mas diz a doutrina que também é permitido para qualquer delito para fins de aplicação de colaboração (TONINI/CONTI, 2014: 315, n.r. 279). Seu objetivo principal está em não possibilitar que o colaborador escolha, de forma oportunista, o melhor momento para demonstrar sua disposição em colaborar (D'ELIA, 2012-2013: 81). Conforme o rito, as declarações que tenham sido feitas em até 180 dias após a manifestação de colaboração e que sejam relevantes para a reconstrução do facto e de suas circunstâncias, de outros mais graves e de clamor social, além da identificação dos envolvidos, podem ser usadas para a identificação, apreensão e confisco do dinheiro, bens e quaisquer outras utilidades que pertençam a grupos criminosos (nº 1).

[136] Novamente, não segue a linha do *verbale illustrativo*, referido na nota de rodapé anterior. Na sistemática italiana, desrespeitado o prazo de 180 dias (*dichiarazioni tardive* – TONINI/CONTI, 2014: 315), as declarações prestadas não podem ser usadas contra terceiros no chamado *dibattimento*, salvo se caso de irrepetibilidade (nº 9), mas pode ser utilizada contra o próprio declarante. Entretanto, cabe ser dito que podem ser utilizadas durante as *indagini preliminare* para fins cautelares, na audiência preliminar ou na hipótese de *giudizio abbreviato* (TONINI/CONTI, 2014: 317). É uma hipótese de *inutilizzabilità* relativa, pois o MP tem o dever constitucional de exercitar a ação penal (CRI, art. 112) a partir da notícia de crime tardiamente recebida, inclusive no que diz com a possibilidade de postular outros meios de busca da prova, como as interceptações. A proibição está, precipuamente, na fase do *dibattimento* (D'ELIA, 2012-2013: 95).

[137] FARIA COSTA, 2001: 427 e 429.

[138] PACELLI/FISCHER, 2016: 351. Na jurisprudência: Ac. Pet. 5.700-DF do STF de 22 de setembro de 2015, disponível em: <http://www.stf.jus.br/portal/jurisprudencia/listarJurisprudencia.asp?s

Objetiva encontrar provas dentro da estrutura criminosa, na medida em que os seus integrantes são aqueles que possuem as informações mais privilegiadas[139]. É o que se depreende da leitura do art. 3º, inc. I, e do art. 4º da Lei brasileira nº 12.850/13, respectivamente[140].

Em julgamento, indicou o STF que a homologação do acordo de colaboração torna possível a utilização dos elementos de informação apresentados pelo colaborador[141]. Cabe, agora, entender as razões de tal conclusão, na medida em que a Lei das Organizações Criminosas esclarece que há a possibilidade de realização do acordo de colaboração processual durante a fase pré-processual, processual e de execução de pena.

Já se viu que o momento da homologação do acordo volta-se para fins de verificação dos elementos de sua validade. Ou seja, o exercício da jurisdição[142], neste estágio, objetiva que o órgão judicial efetive e imponha determinada regra que deve ditar a situação jurídica. Regula, pois, o reconhecimento e a proteção de interesses de caráter público[143].

Na linha do que dispõe o art. 155, *caput*, do CPP brasileiro, é possível ver a diferenciação entre elementos de informação e provas. Como regra geral, as últimas são produzidas no âmbito judicial e submetidas à ampla defesa e ao contraditório (verdadeira exigência para validade probatória). Excepcionalmente, há aquelas provas que, mesmo que produzidas durante a investigação, recebem tratamento diferenciado e permitem condenação, o que vem admitido para as chamadas provas cautelares, não repetíveis e antecipadas.

l=%28%285700%2ENUME%2E+OU+5700%2EDMS%2E%29%28%28CELSO+DE+MELLO%29%2ENORL%2E+OU+%28CELSO+DE+MELLO%29%2ENPRO%2E+OU+%28C> (consultado, por último, a 30.1.2019); e Ac. MC no HC 144.652-DF do STF de 12 de junho de 2017, disponível em <http://www.stf.jus.br/arquivo/cms/noticiaNoticiaStf/anexo/HC144652.pdf> (consultado, por último, a 30.1.2019).

[139] Pereira, 2013: 322.

[140] Em direito estrangeiro, também há visão semelhante. Por exemplo, na Itália, é possível ver que há quem aduza existir uma "natura funzionale di strumenti processuali di ricerca probatória" (Padovani, 1981: 542).

[141] Ac. Inq. 4.130QO do STF de 23 de setembro de 2015, disponível em: <http://www.stf.jus.br/portal/jurisprudencia/visualizarEmenta.asp?s1=000001670&base=baseQuestoes> (consultado, por último, a 30.1.2019).

[142] Sobre a jurisdição: Marques, 2000: 3-4.

[143] Como diz Figueiredo Dias: "[...] No que toca ao processo penal quer-se por este modo significar serem os tribunais os *únicos* órgãos competentes para, como representantes da comunidade jurídica e do poder oficial do Estado em que aquela se constitui, *decidirem* os casos jurídico-penais que processualmente sejam levados à sua apreciação, aplicando o direito penal substantivo" (Figueiredo Dias, 1974: 302).

Doutra banda, ainda nos termos do citado artigo, elementos de informação são colhidos na fase investigatória, sem as características da prova propriamente dita, servindo como elemento para o embasamento de decisões cautelares e da acusação[144]. Igualmente, na linha do suprarreferido artigo, não servem de fundamento isolado para a condenação do acusado, apenas como complementação da prova realizada em juízo, sob pena de desrespeito do art. 5º, inc. LV, da Constituição Federal brasileira[145], pelo que, por regra, necessitam ser repetidas em juízo.

Aqui surge o grande elemento de conexão entre a declaração integrante do acordo de colaboração processual homologado e os elementos de investigação (incluindo a confissão em fase de investigação): ambos, por si só, não resultam em condenação! A lei assim estabelece nas duas situações (especialmente para a colaboração: art. 4º, § 16, da Lei nº 12.85013).

Se não resultam em condenação, de prova não se tratam. Consequentemente, assim como os elementos de investigação[146], a declaração integrante do acordo de colaboração processual homologado é um juízo de probabilidade frente a provimentos judiciais que não se confundem com o juízo condenatório (prisão preventiva, pronúncia, recebimento de denúncia, dentre outros[147]). É um *standard* de prova que pode ser definido como suspeita razoável (*reasonable suspicion*) ou causa provável (*probable cause*)[148].

[144] Lima, 2016: 574. Essencial relembrar que não há contraditório na fase da investigação policial, pois somente existem partes perante o juízo, local do processo, pela bilateralidade que lhe é natural (Andrade, 2013: 139-140).

[145] Lima, 2016: 574-575.

[146] No mesmo sentido, por todos: "Inclusive, além de não se caracterizar como a prova perseguida do ponto de vista finalístico, não há contraditório na celebração do acordo de colaboração premiada, uma vez que o conteúdo das declarações do colaborador somente será conhecido e poderá ser confrontado de forma diferida, ou seja, por ocasião da instrução criminal processual (...)" (Carvalho/Wunder, 2018: 287).

[147] Isto ganha reforço quando se analisa a orientação, p. ex., que é dada no Brasil quanto ao acordo de leniência. Explica o CADE que a celebração do Acordo de Leniência candidata as empresas e/ou pessoas físicas à obtenção dos benefícios da extinção da ação punitiva ou da redução da penalidade aplicável quando do julgamento do processo administrativo (Brasil. CADE, 2016: 11). Não por acaso, refere que o acordo de leniência e as informações contidas nos documentos e outros materiais anexados poderão servir para subsidiar requerimento perante o Poder Judiciário de mandado de busca e apreensão, assim como outras diligências (Brasil. CADE, 2016: 50).

[148] Dallagnol, 2015: 110. Na linha já exposta pelo STF, os indícios de autoria não têm o sentido de prova indiciária, que se volta para a condenação, mas de elementos bastantes a fundar suspeita contra o denunciado [Ac. HC 83.542-PE do STF de 26 de março de 2014, disponível em <http://www.stf.jus.br/portal/jurisprudencia/listarJurisprudencia.asp?s1=%28HC%24%2ESCLA%2E+E+83542%2ENUME%2E%29+OU+%28HC%2EACMS%2E+ADJ2+83542%2EACMS%2E%29&base=baseAcordaos&url=http://tinyurl.com/d9l7ql6> (consultado, por último, a 30.1.2019)].

Assim, não se pode concordar com parcela da doutrina que sustenta que, de maneira isolada, as declarações dos colaboradores não podem nem ser vistas como justificativa para o recebimento de acusação criminal e imposição de medidas cautelares[149]. A vingar este entendimento, qual seja, de não se poder utilizá-las nem sequer como início de prova para medidas em fase investigativa ou para recebimento da acusação, ela estará reduzida a um nada jurídico (o processo é o lugar adequado para medir seu alcance)[150]. Não existe a obrigação de que o colaborador apresente a prova desde logo; o que se exige é a apresentação do caminho para ela[151].

Do contrário, perderia toda sua essência: para que o Estado buscará a colaboração se a colaboração, por si só, não puder ser utilizada para fim algum? Se os informes da colaboração exigirem uma diligência que envolva cooperação internacional, não poderá ela ser intentada com base na colaboração em si? Qual seria o sentido da colaboração, então?

O que deve ser analisado no momento do oferecimento da acusação é se há justa causa (conforme exigência do CPP brasileiro, art. 395, inc. III) para seu recebimento pelo juízo. Afinal, não existe obrigação ao MP para que tudo seja obtido durante a investigação – as consequências de uma colaboração podem ser obtidas, diretamente, no processo criminal[152].

Isto tudo explica porque a lei traz a consideração de que, ainda que beneficiado por perdão judicial ou não denunciado, o colaborador poderá ser ouvido em juízo a requerimento das partes ou por iniciativa da autoridade judicial[153].

O art. 4º, § 16, da LF nº 12.850/13 é claro em impedir que a utilização sozinha da declaração integrante do acordo de colaboração processual homologado justifique uma condenação[154] – e apenas isto! Aliás, sobre isto, o CC brasileiro dá a

[149] Por todos: BOTTINO, 2016: 385; BITTAR, 2017: 247.

[150] Importante que a jurisprudência brasileira já externou que os elementos do inquérito podem influir na formação do livre convencimento do juiz para a decisão da causa quando complementam outros indícios e provas que passam pelo crivo do contraditório em juízo [Ac. RE 425.734 AgR-MG do STF de 28 de outubro de 2005, disponível em <http://www.stf.jus.br/portal/jurisprudencia/listarJurisprudenciaDetalhe.asp?sl=000010254&base=baseAcordaos> (consultado, por último, a 30.1.2019)]. No mesmo sentido: Ac. AgRg no AREsp 651.663-MG do STJ/BR de 28 de abril de 2015, disponível em <http://www.STJ/BR.jus.br/SCON/jurisprudencia/toc.jsp?processo=651663&&b=ACOR&thesaurus=JURIDICO&p=true> (consultado, por último, a 30.1.2019).

[151] GUEDES DA FONSECA, 2017: 190.

[152] Como ocorre, p. ex., nas situações em que o depoimento do colaborador referir outras provas existentes, embora não produzidas na investigação, mas que serão oportunamente apresentadas durante a instrução criminal (CARVALHO/WUNDER, 2018: 309).

[153] LF nº 12.850/2013, art. 4º, § 12.

[154] Aduz a doutrina haver um caráter de *eficácia probatória relativa*, mesmo quando submetida ao contraditório e à ampla defesa (CARVALHO/WUNDER, 2018: 289).

orientação a ser seguida no ponto: os negócios jurídicos benéficos e a renúncia interpretam-se estritamente (art. 114).

É evidente que a regra de corroboração probatória é um benefício em favor do acusado e uma restrição à acusação. Afinal, a investigação busca, por sua essência, informações que formem um juízo de probabilidade que embasará o conteúdo da acusação, em sua formação de *opinio delicti*[155]. Não se ocupa do contraditório e da ampla defesa, e a compreensão sobre ela pode ser positiva, com o oferecimento da acusação, ou *negativa*, com o arquivamento da apuração[156].

Há de ser considerado que, juntamente com a declaração do colaborador, poderão existir materiais que serão introduzidos à investigação pelo colaborador (p. ex., documentos em geral, sigilos fiscais, bancários, fotografias). Por certo, enquanto estivermos diante da investigação, também serão considerados elementos de informação.

Se a investigação for utilizada em processo judicial futuro, resta analisar se os materiais foram levados ao processo ou não. Se não levados, permanecem na condição de elementos de informação. Se levados, serão submetidos ao contraditório em juízo, assumem a condição de prova e passam a legitimar eventual condenação, inclusive como suporte para a declaração do colaborador, ainda que este não seja ouvido em juízo. Isto porque suas validades e eficácias são distintas da declaração[157]: o que importa é que sejam validamente incorporadas ao processo.

Em suma, aquilo que não for submetido ao contraditório será visto como elemento de informação[158], o que pode ser dito, inclusive, em relação à declaração

[155] Gomes Filho, 2016: 58.

[156] Pacelli/Fischer, 2016: 346.

[157] Pacelli/Fischer, 2016: 352.

[158] Pereira, 2013/2014: 154. O STF, além de ratificar ser um negócio jurídico processual personalíssimo, reforça que, por ser a colaboração processual um meio de obtenção de provas, não é ela uma efetiva prova [Ac. RHC 69.988-RJ do STF de 25 de outubro de 2016, disponível em <https://ww2.STJ/BR.jus.br/processo/revista/documento/mediado/?componente=ITA&sequencial=1550192&num_registro=201601054050&data=20161107&formato=PDF> (consultado, por último, a 30.1.2019)]. Por oportuno, que há diferentes correntes sobre a natureza jurídica da colaboração quando o colaborador é ouvido em juízo. A primeira, afirma ser uma prova testemunhal (que pode trazer a punição por falso testemunho); outra, entende tratar-se de uma prova *sui generis*, pois traz consigo regras que envolvem o interrogatório, a confissão e a prova testemunhal; uma terceira afirma ser um interrogatório, com o que o descumprimento justifica a não aplicação dos benefícios pactuados (Romero, 2017: 263-264). Porém, como visto, não há a obrigatoriedade de que o colaborador seja ouvido em juízo, bem como somente poderá ser considerada prova a partir do momento em que estiver em juízo. No momento investigativo ora estudado, não se pode dar a ela tal roupagem, como explicado acima.

do colaborador quando este não for ouvido em juízo[159]. Assim, a palavra do colaborador somente poderá ser considerada como prova após a sua submissão em contraditório e ampla defesa em instrução processual criminal[160].

3. O momento da eficácia: a credibilidade, o contraditório, a corroboração e a verificação judicial do (des)cumprimento do acordo homologado

Chega-se, agora, ao último momento do acordo, o de suas eficácias, que são três.

O primeiro efeito, de cunho imediato, vem definido no art. 4º, § 9º, da Lei em pauta, que diz que, depois de homologado o acordo, o colaborador poderá ser ouvido pelo membro do MP ou pelo delegado de polícia responsável pelas investigações, sempre acompanhado pelo seu defensor. Ou seja, reforça sua natureza de elemento de informação como explicitado antes.

O segundo, também imediato, consta no art. 5º da LF nº 12.850/13. A partir da cooperação, o colaborador passa a ter diversos direitos concedidos, quais sejam: usufruir das medidas de proteção previstas na legislação específica; ter nome, qualificação, imagem e demais informações pessoais preservados; ser conduzido, em juízo, separadamente dos demais coautores e partícipes; participar das audiências sem contato visual com os outros acusados; não ter sua identidade revelada pelos meios de comunicação, nem ser fotografado ou filmado, sem sua prévia autorização por escrito; cumprir pena em estabelecimento penal diverso dos demais corréus ou condenados.

O terceiro, que mais importa e mediato (futuro) em relação ao momento em que o acordo é homologado, será analisado em sentença, quando o juiz apreciará os termos do acordo e sua eficácia quanto aos benefícios pactuados (LF nº 12.850/2013, art. 4º, § 11)[161], com a ressalva legal de que nenhuma sentença

[159] Pereira, 2013/2014: 154. Ao falar sobre colaboração no direito espanhol, Elisa García España (2006: 52-53) afirma que a confissão nela realizada, de per si, não constitui meio de prova, com base na LEC, art. 406, pois ela não isenta o juiz de praticar atos necessários para verificar a correção dela (a A. conclui que se forma uma *notitia críminis*). Assim, fundamenta que o benefício a ser conferido deve decorrer da contribuição que dela decorre, em lugar da necessidade ou não de novas diligências probatórias.

[160] Carvalho/Wunder, 2018: 295.

[161] Na doutrina: Mendroni, 2014: 45-46. Diz o Judiciário brasileiro: "[...] a concessão dos benefícios premiais previstos no acordo de colaboração premiada está necessariamente condicionada ao efetivo adimplemento das obrigações que tenham sido assumidas por referido colaborador e de que advenha um ou mais dos resultados indicados no art. 4º, incisos I a V, da Lei nº 12.850/2013" [Ac. MC no HC 144.652-DF do STF de 12 de junho de 2017, disponível em <http://www.stf.jus.br/arquivo/cms/noticiaNoticiaStf/anexo/HC144652.pdf> (consultado, por último, a 30.1.2019)].

condenatória será proferida com fundamento apenas nas declarações de agente colaborador[162].

De ser pontuado que é no momento da sentença que haverá a devida valoração da colaboração, no sentido de ver se, entre ela e os demais elementos de prova trazidos aos autos como sua consequência existe a devida compatibilidade para sua caracterização como premiada[163].

Isso remonta a uma origem lógica: a confissão (em qualquer etapa da persecução) não se qualifica como a mais importante das provas[164], sendo que sempre está garantido o direito de o acusado voltar a exercer seu silêncio, motivo pelo qual será imprescindível confrontá-la com outros elementos de prova[165].

Afinal, a presunção de inocência impõe que o Estado, por qualquer de seus representantes, somente declare a culpabilidade de alguém se houver sido ela estabelecida por um Tribunal[166]. Isto porque a finalidade do julgamento é a descoberta processual acerca da demonstração da culpabilidade/responsabilidade do acusado, com a preservação dos direitos constitucionais dele[167].

[162] LF nº 12.850/2013, art. 4º, § 16. Como já aduzido pela doutrina, a passividade judicial absoluta não se presta para as relações inerentes a um processo penal que tem consigo, de forma inerente, uma natureza pública (Correia, 1956: 13).

[163] Essado, 2013: 211; Pacelli/Fischer, 2016: 356.

[164] Importa destacar que há coro para tal conclusão, também, em direito estrangeiro. Tal qual os demais meios de prova, deve estar submetida ao contraditório, à ampla defesa, à licitude da prova e à fundamentação judicial como forma de controle e verificação de sua efetividade (p. ex., na linha do art. 192, nºs 1, 3 e 4 do CPP italiano). Como já assentou o TEDH, uma das exigências é a de que o acordo não vincule o juízo, ou seja, não pode estar o julgador obrigado aos termos dele, inclusive com franca possibilidade de absolver ou reduzir a pena do acusado, conforme sua avaliação quanto ao conteúdo e adequação dele (notadamente, no que diz com o suporte probatório sobre ele) [Ac. Case of Natsvlishvili and Togonidze v. Georgia (application nº 9053/05) do TEDH de 29 de abril de 2014 – consultado, por último, a 30.1.2019].

[165] Ristori, 2007: 124. Aliás, outra não é a orientação determinada pelo art. 197 do CPP brasileiro: "o valor da confissão se aferirá pelos critérios adotados para os outros elementos de prova, e para a sua apreciação o juiz deverá confrontá-la com as demais provas do processo, verificando se entre ela e estas existe compatibilidade ou concordância". A propósito, a LEC, art. 406: "*La confesión del procesado no dispensará al Juez de instrucción de practicar todas las diligencias necesarias a fin de adquirir el convencimiento de la verdad de la confesión y de la existencia del delito. Con este objeto, el Juez instructor interrogará al procesado confeso para que explique todas las circunstancias del delito y cuanto pueda contribuir a comprobar su confesión, si fue autor o cómplice, y si conoce a algunas personas que fueren testigos o tuvieren conocimiento del hecho*".

[166] Barreto, 2015: 207. Sobre a importância de efetiva demonstração da responsabilidade do acusado: "[...] *The presumption that the defendant is innocent until proven guilty means that it is not enough for the prosecution merely to cast doubt upon the defendant's innocence; it must prove that the defendant is guilty beyond all reasonable doubt* [...]" (Zedner, 2004: 170).

[167] Dá Mesquita, 2011: 198; Pereira, 2013/2014: 116.

Em suma, a prova deve ser segura e induvidosa para superar o limite imposto, o que afeta a valoração da colaboração, feita por pessoa que tem interesse no resultado do processo[168]. Como sabido, o processo penal não se volta para a demonstração da verdade absoluta[169], mas à fixação da responsabilidade, da imputação e da afirmação de que não cabe a aplicação da presunção de inocência àquele acusado[170].

Há, portanto, verdadeira condição. Como explica a doutrina civilista, existem factos jurídicos que ficam condicionados à verificação de um evento futuro, pois exigem um elemento integrativo[171]. Segundo o CC brasileiro, p. ex., a condição é a cláusula que subordina o efeito do negócio jurídico a evento futuro e incerto (art. 121). E, no caso, a cláusula surge por força de lei, como há pouco citado.

Diferentemente de outras hipóteses de acordos processuais penais no Brasil, a colaboração não prescinde do chamado *full trial*[172], consoante se vê do art. 4º, § 16, da Lei nº 12.850/13[173]. Haverá, pois, a instrução criminal, e a efetividade final da colaboração dependerá de outras provas que forem apresentadas no pro-

[168] PEREIRA, 2009: 479-480.

[169] Há limitações materiais (empirismo, indeterminação, exigências normativas, garantias contra a analogia desfavorável, aplicação de lei mais favorável, causas de extinção da punibilidade) e processuais (regras de experiência, que dão margem a crenças pessoais e idiossincrasias; restrição de meios probatórios e de sua obtenção; e a falibilidade das testemunhas) (MONTEIRO, 2009: 330-331).

[170] GALAIN PALERMO, 2011: 268.

[171] MELLO, 2010a: 46-47.

[172] A LF nº 12.850/13 busca um caminho que torne a decisão judicial mais distante do pactuado puro e simples, forçando o juiz a encontrar, com o *full trial*, uma sentença mais consentânea com a superação da presunção de inocência (tanto assim é que permite a absolvição do colaborador, inclusive). Quer o legislador brasileiro que a instrução probatória seja materialmente realizada, não apenas reflita uma formalidade. Pela intenção legislativa, não se quer que o julgador brasileiro repita o que diz Schünemann, ao afirmar que, por vezes, o juiz já pode estar condicionado pela avaliação antes feita pelo MP, o que lhe ocasiona maiores dificuldades de verificações de elementos de prova que distoam da avaliação citada. Na dicção do autor, pode-se resumir a crítica assim: "[...] as faculdades de formulação de perguntas que lhe assistem são usadas não no sentido de uma melhora do processamento de informações, e sim de autoconfirmação das hipóteses iniciais [...]" (SCHÜNEMANN, 2013: 221). Por sua *mens legis*, a LF referida quer que prepondere a verdade processual sobre o consenso.

[173] Aqui, há uma nota importante de distinção em relação ao acordo de leniência. Este, por sua natureza, possui um caráter substitutivo, pois ocupa o lugar daquela que deveria ser a resolução unilateral e imperativa decorrente do procedimento administrativo (DE PALMA, 2015: 110). Há, portanto, uma instrumentalidade do direito de sancionar conferido à Administração Pública (DE PALMA, 2015: 275), o que não se admite à colaboração processual brasileira, pois, como já visto, a colaboração não condena por si só.

cesso[174]. Portanto, a colaboração processual consiste em uma admissão de culpa que não vincula o julgador[175].

É de vulto considerar que a análise da relevância é sempre feita em momento posterior à própria declaração, na medida em que compete ao poder judiciário a possibilidade de reconhecer a culpa (*nulla culpa sine judicio*), a pena a ser imposta e, principalmente, se as informações prestadas foram relevantes como exigido por lei[176].

Assim, a funcionalidade do sistema encontra-se na compreensão do facto e da responsabilidade daquele que o cometeu em um processo justo, com garantias e padrões mínimos exigidos para a acusação e para a defesa. Isto, obviamente, deverá ter em conta o que a colaboração trouxe para a eficiência da investigação, para a avaliação do crime e ao esclarecimento da autoria. A partir de tal eficiência, será estabelecida a proporcionalidade na resposta final a ser estabelecida pelo juiz[177].

Deve ter-se presente que a restrição de que nenhuma sentença condenatória será proferida com fundamento apenas nas declarações de agente colaborador não pode ser lida de maneira a desconsiderar os elementos que a acompanham. Isto porque, juntamente com as declarações por ele prestadas, pode o colaborador apresentar, de forma voluntária, elementos de informação que darão suporte para sua declaração. Em situações como tais, uma vez homologado o acordo, apresentam eles as devidas validades em si, pelo que podem, após o contraditó-

[174] Romero, 2017: 257. Conforme decidiu o STF, na hipótese de acordo celebrado em juízos colegiados, é atribuição do relator homologar, monocraticamente, o acordo de colaboração premiada, mas compete ao colegiado analisar o cumprimento dos termos do acordo homologado e sua eficácia, conforme previsto no mesmo art. 4º, § 11 (Informações extraídas na página de notícias do STF sobre a Pet. 7.074 QO, pois o acórdão não foi publicado até a presente data – disponível em <http://www.stf.jus.br/portal/cms/verNoticiaDetalhe.asp?idConteudo=348254&caixaBusca=N>, consultado, por último, em 30.1.2019).

[175] Romero, 2017: 259. Neste caminho, pela coincidência, também diz o art. 192, nº 3, do CPP italiano, ao afirmar que "*le dichiarazioni rese dal coimputato del medesimo reato o da persona imputata in un procedimento conesso* [...] *sono valutate unitamente agli altri elementi di prova che ne confermano l'attendibilità*". Ruga Riva (2002: 313) diz haver uma "*presunzione relativa di innatendibilità delle dichiarazioni*". A doutrina aponta que, nestes casos, os arguidos conexos ou coligados assemelham-se à testemunha, com perda do direito ao silêncio quanto ao facto de outrem (Tonini, 2000: 30), submetendo-se, portanto ao contraditório (nº 5 c/c art. 500 – jurisprudencialmente: Ac. Sent. nº 45.971/2013 da Segunda Seção Penal da Corte Suprema de Cassação de 15 de outubro de 2013. Disponível em: <http://www.italgiure.giustizia.it/xway/application/nif/clean/hc.dll?verbo=attach&db=snpen&id=./20131118/snpen@s20@a2013@n45971@tS.clean.pdf> – consultado, por último, em 30.1.2019).

[176] Neste sentido: Figueiredo Dias, 2011: 51; Leite, 2010: 399-400.

[177] Ruga Riva, 2002: 448-449.

rio processual (acusação, colaborador e delatados), justificar a condenação, juntamente com os termos do acordo[178].

Ainda em sentença, para a fixação dos benefícios, o juiz deverá observar a personalidade do colaborador, a natureza, as circunstâncias, a gravidade e a repercussão social do facto criminoso e a eficácia da colaboração[179].

De todo o exposto, pode dizer-se que a aplicação do acordo pode, inclusive, se dar de forma parcial no que diz com os benefícios previstos. E, como visto, a lei brasileira confere isso ao julgador, não às partes[180]. O acordo de colaboração não tem vida própria, mas consiste em uma promessa, não uma garantia de fruição dos benefícios, sendo que a aplicação integral estará vinculada ao cumprimento integral dos seus termos, em virtude da segurança jurídica e do processo cooperativo[181].

Outra exigência importante para esta valoração reside na confrontação do colaborador com aquele coimputado que o acusa, em verdadeiro contraditório, com as declarações do colaborador apresentadas ao imputado[182].

[178] Pacelli/Fischer, 2017: 331. Oportuno mencionar o conteúdo da SV nº 14 do STF: "É direito do defensor, no interesse do representado, ter acesso amplo aos elementos de prova que, já documentados em procedimento investigatório realizado por órgão com competência de polícia judiciária, digam respeito ao exercício do direito de defesa".

[179] LF nº 12.850/2013, art. 4º, § 1º. Segundo a doutrina, este dispositivo prevê uma 'cláusula de eficiência' (Pacelli/Fischer, 2016: 351). Isto porque o prêmio em questão encontra legitimidade a partir de sua relação racional com um propósito (*razionalitá rispetto allo scopo*) reinante dentro do sistema penal, que justifica valorar o comportamento do acusado. Ele não tem um conteúdo moral propriamente dito, mas um conteúdo de política criminal (Ruga Riva, 2002: 10). Valendo-se da doutrina espanhola, por sua oportunidade quanto ao comentário: "[...] De ahí que no quepa entrar a valorar si el motivo de la colaboración del culpable es su deseo de restablecer el ordenamiento previamente infringido o simplesmente intentar reducir una possible condena [...]"(García España, 2006: 56).

[180] A lei brasileira não afasta a observância da indeclinabilidade da jurisdição em matéria penal (*nulla poena sine judicio*), situações que são exigidas pelas ordens constitucionais, notadamente pelo respeito ao princípio da presunção de inocência (Canotilho/Brandão, 2016: 31-32).

[181] Masson/Marçal, 2017: 182-183.

[182] LF nº 12.850/13, art. 4º, § 14. Na doutrina: Pereira, 2009: 481. Em adição: "[...] a presumível proximidade do co-arguido em relação aos factos objecto da investigação torna particularmente apetecível a aquisição da sua informação, mas deve colocar de sobreaviso para a possibilidade ao seu dispor de apresentar com credibilidade uma "história" ou versão deturpada dos factos [...]" (Medina de Seiça, 1999: 206). Importante considerar que a jurisprudência estrangeira também ensina em tal sentido. Disse a Suprema Corte americana que deve ser revelada, ao acusado imputado pela colaboração, toda a circunstância que envolve as provas que são materialmente responsáveis pela avaliação da culpa e da responsabilidade para a punição, sob pena de violação do devido processo legal e da regra do *cross examination*, especialmente quando houver alguma espécie de acordo entre a acusação e a testemunha (Ac. United States v. Bagley, 473 U. S. 667 (1985) da

O que foi expressado acima bem demonstra outra nota importante: é absolutamente adequado que o arguido reconheça sua responsabilidade para realizar a colaboração em si[183], sendo que ele deverá explicar exatamente sua conduta quando do facto[184].

Noutros termos, não poderá ele se valer do silêncio acerca das perguntas sobre a imputação contra si e contra terceiros para que haja específica eficácia do conteúdo da colaboração. Caso mantenha o silêncio ou venha mentir, será afastada a credibilidade da colaboração naquilo em que não houve confirmação em contraditório[185], pelo que perderá os benefícios que constavam na avença. Aqui, não se fala em retratação.

Diz-se isto porque, depois de homologado o acordo, o que pode surgir é o seu descumprimento. Isto levará a não produção dos seus efeitos, o que não impede a utilização das provas que lhe forem decorrentes[186], salvo se houver declaração judicial posterior à homologação do acordo de que ele é inválido.

Portanto, fica evidente que a colaboração não se coaduna com o silêncio futuro do colaborador. Sempre vai mantido seu direito a exercê-lo; entretanto, uma vez dele fazendo uso, pode não ser mais beneficiado com os termos da colaboração[187], como se vislumbra do § 14 do art. 4º da LF nº 12.850/13[188].

Suprema Corte de 2 de julho de 1985. Disponível em: <https://supreme.justia.com/cases/federal/us/473/667/case.html> – consultado, por último, a 30.1.2019).

183 Trott, 2007: 422. A confissão, nestes casos, trabalha com duas perspetivas: a primeira, a de que reconhece a vigência do ordenamento jurídico antes violado; a segunda, a de que a redução da pena se dá pelo auxílio à Administração da Justiça (García España, 2006: 50).

184 Trott, 2007: 426.

185 Pereira, 2009: 481. Não se desconhece o apontamento de que existe, a partir da colaboração, uma exigência de que a afirmação feita deva ser mantida pelo colaborador, ainda que seu conteúdo não seja verdadeiro, inclusive com o cuidado para que haja um agravamento quando a colaboração é feita com o propósito de encobrir uma crime mais grave [como consta em Zopfs (2011: p. 670-672)].

186 Pacelli/Fischer, 2017: 338. Com apoio na doutrina: "Assim, a contribuição do colaborador não será desprezada e muito menos apagada, inclusive em relação às suas declarações e em face dele próprio. Vige, então, a autorresponsabilidade probatória, onde cada parte arca com o ônus das suas alegações e pelos desdobramentos delas decorrentes. Caso o colaborador alterne a sua versão, o termo de colaboração premiada não deve ser extraído dos autos, motivo pelo qual constarão do acervo probatório tanto a declaração original do colaborador como aquela nova, produzida após a mudança da anterior, cabendo ao magistrado a correta ponderação em sua livre convicção" (Pinho/Wunder, 2018: 3).

187 O não exercício do direito ao silêncio se justifica, pois, do contrário, o acusado sempre teria o dever de contraditar a acusação, o que não existe nos ordenamentos, especialmente o brasileiro (Guedes da Fonseca, 2017: 142).

188 Na dicção da lei, nos depoimentos que prestar, o colaborador renunciará, na presença de seu defensor, ao direito ao silêncio e estará sujeito ao compromisso legal de dizer a verdade. Entre-

Caso haja descumprimento da colaboração válida, evidentemente que não se pode aplicar os benefícios a ela vinculados. A valoração que o juiz deve realizar é sobre o que se encontra produzido/ratificado na fase judicial, pois é nela que a prova se forma, notadamente porque submetida ao contraditório, nos termos do art. 155 do CPP brasileiro, p. ex.[189].

A isto, adicione-se que deve ter credibilidade interna e externa.

Para avaliar a narrativa apresentada em juízo, podem ser considerados critérios como[190] (a) a relevância jurídica da narração apresentada; (b) a confiabilidade da fonte[191]; (c) a coerência da narração[192]; (d) a verossimilhança ou harmonia com a versão de fundo; (e) a completude (aspetos relevantes) da narração; e (f) a precisão da narração.

Quanto à credibilidade interna, os dados informados devem ser detalhados, verossímeis e com razoabilidade, especialmente porque aquele que presta a colaboração possui conhecimento da atividade criminosa[193].

No que pertine à aferição externa, necessário se mostra que as provas produzidas sejam válidas e idôneas para conferir coerência e credibilidade à colaboração[194].

tanto, isto não pode ser lido de forma ilimitada. Evidentemente, a renúncia ao silêncio aqui sublinhada é a que se refere ao conteúdo da colaboração processual em si e à(s) persecução(ões) a(s) qual(is) ela se relaciona. O MP não pode, p. ex., valer-se de tal exigência legal e forçar o colaborador a declarar sobre factos investigados e que com ela não se relacionam. Este parece ser o exemplo evidente de limite à disposição legal. Contudo, não podem ser descartadas outras situações concretas, vista em cada realidade investigativa ou processual.

189 Lima, 2015: 537.

190 Tuzet, 2016: 46.

191 O valor probatório de uma testemunha depende de sua sinceridade, de sua memória, de sua objetividade e da sua sensibilidade perceptiva (Tuzet, 2016: 212).

192 De ser observado que a coerência de uma narração pode levar à verdade, mas não necessariamente será a verdade (Tuzet, 2016: 71).

193 Pereira, 2009: 482-483. Para exame da valoração intrínseca, podem ser citados alguns parâmetros achados em direito estrangeiro: conhecimento da matéria em questão, precisão e profundidade da matéria referida, motivação da colaboração, sua lógica interna e sua constância [Ac. Sent. nº 454/99 da Sexta Seção Penal do Tribunal Civil e Penal de Palermo de 27 de abril de 1999, disponível em: <http://www.laterza.it/dellaporta-vannucci/tpgo.pdf> (consultado, por último, a 30.1.2019)]. Pode-se citar, ainda, que tal conclusão também se deflui da leitura do art. 192, nºs 1, 3 e 4, do CPP italiano, e do § 244, nº 2, do StPO.

194 Ainda que não seja a compreensão do TEDH sobre a matéria não seja o real foco do trabalho, não se pode desprezar sua percepção sobre o ponto ora estudado. O Tribunal reconhece as dificuldades inerentes às declarações dos colaboradores da justiça (eventuais manipulações e vinganças, p. ex.). Entretanto, se disponibilizadas as provas coletadas, com corroboração posterior e com o devido respeito aos direitos defensivos, vai confirmada a regularidade do processo [Ac. Flanders v. The Netherlands (*application* nº 25982/94) da Comissão Europeia de Direitos Humanos de 15 de janeiro de 1996, disponível em: <http://echr.ketse.com/doc/25982.94-en-19960115/view/> (consultado, por último, a 30.1.2019)]. Importante dizer que a corroboração não pode se valer das

Entretanto, como bem aponta a doutrina, os dados não necessitam dizer, especificamente, com o *thema probandum*, mas devem dar credibilidade ao material colaborado[195].

Por oportuno, não se exclui a utilização da declaração de coimputados sobre a responsabilidade de outro coimputado[196]. Ao juiz, é imposto um empenho para a verificação da ocorrência da corroboração de tal declaração, notadamente por ser uma prova delicada ao natural. A falta dela impede um juízo condenatório[197].

Assim, é possível apresentar que suas valorações dependem do resultado final materialmente produzido por elas, com privilégio da concretização da verdade em detrimento do acordo em si[198]. A desconstrução do *pactum sceleris* somente se justifica com a confissão do colaborador, somada com a delação do(s) outro(s) envolvido(s). Entretanto, deve-se ter presente que não pode ser esta a única forma de atuação estatal nos crimes que as envolve[199].

chamadas *hearsay evidence*, por seu cunho indireto. Exige-se, portanto, a corroboração por provas diretas e objetivas [Ac. Case of Labita v. Italy (*application* nº 26772/95) do TEDH de 06 de abril de 2000, disponível em: <http://hudoc.echr.coe.int/eng#{"itemid":["001-58559"]}> (consultado, por último, a 30.1.2019)].

195 Pereira, 2009: 484. A demonstração probatória do conteúdo do acordo coaduna-se com a compreensão da *indisponibilidade do objecto do processo*, pelo que não está vedada a *investigação oficial* para tal fim, pois está sempre mantida a necessidade de convencimento do tribunal sobre os seus termos (Figueiredo Dias, 2011: 44-45).

196 É aceito que a fiabilidade da declaração em colaboração possa vir da palavra de outro acusado. Afinal, a credibilidade subjetiva pode ser aferida por prova de qualquer natureza, desde que ela seja idônea para tal função (d'Elia, 2012-2013: 70). Nestes casos, porém, o juiz tem o dever de adotar cautelas necessárias para verificar a autenticidade desta segunda declaração, não um mero ato de acordo entre os acusados para prejudicar um terceiro (d'Elia, 2012-2013: 65). Cabe dizer que não se desconhece a existência de críticas quanto aos riscos à apuração da verdade e a realização da justiça no processo penal, dado o interesse das pessoas que estão envolvidas na colaboração processual. Nesta linha, em doutrina alemã: Ostendorf, 2015: 268-269.

197 Grevi, 2003: 309.

198 Para elucidação desta compreensão de eficácia futura: "Não obstante tenha havido inicial colaboração perante a autoridade policial, as informações prestadas pelo Paciente perdem relevância, na medida em que não contribuíram, de fato, para a responsabilização dos agentes criminosos. O magistrado singular não pôde sequer delas se utilizar para fundamentar a condenação, uma vez que o Paciente se retratou em juízo. Sua pretensa colaboração, afinal, não logrou alcançar a utilidade que se pretende com o instituto da delação premiada, a ponto de justificar a incidência da causa de diminuição de pena" (Ac. HC 120.454-RJ do STJ/BR de 23 de fevereiro de 2010, disponível em <https://ww2.STJ/BR.jus.br/processo/revista/documento/mediado/?componente=ATC&sequencial=8360088&num_registro=200802499170&data=20100322&tipo=5&formato=PDF> – consultado, por último, a 30.1.2019).

199 García España, 2006: 104-105.

É justamente aqui, quando se verifica a credibilidade da colaboração, que surge o direito do delatado em enfrentar os termos do acordo homologado, pelos efeitos que eles podem causar contra si.

Exigência importante para avaliação da colaboração está na confrontação do colaborador com aquele coimputado que acusa, bem como com as provas que são decorrentes, em verdadeiro contraditório, especialmente porque a colaboração pode forçar o coimputado a desistir de seu direito ao silêncio[200].

Como sugere a doutrina, o colaborador deve ser ouvido na fase do interrogatório, quando oferecida a acusação contra ele, mas antes dos demais acusados, na medida em que oferece provas contra estes[201]. Se não acusado, será ouvido durante a fase de inquirição de testemunhas, conforme se depreende do art. 4º, §§ 12 e 14, da Lei nº 12.850/13.

Portanto, dentro da ideia de um justo processo[202], há a necessária participação da defesa do corréu em acompanhar a declaração em fase de julgamento de outro réu, notadamente porque o interrogatório reveste-se de elemento de formação da convicção do julgador também, convicção que se aperfeiçoa com a maior participação das partes processuais (paridade de armas, contraditório e ampla defesa)[203].

Afinal, a mais eficaz garantia contra eventuais abusos está na submissão à regra do contraditório[204] ou da *cross examination*, de maneira que seu testemunho esteja submetido a um cuidado maior do que aquele estabelecido a uma testemunha comum. É por ela que se estabelece o melhor caminho para a verificação do crédito das declarações, bem como o eventual interesse mentiroso por parte

[200] Pereira, 2009: 481. O arguido não é visto mais como um objeto ou meio de prova, motivo pelo qual ele se volta a ser um contraditor de quem o acusa. Assim, não prova ele sua inocência (Patrício, 2000: 27).

[201] Romero, 2017: 265.

[202] Essencial relembrar que não há contraditório na fase da investigação policial, pois somente existem partes perante o juízo, local do processo, pela bilateralidade que lhe é natural (Andrade, 2013: 139-140).

[203] Ac. REsp. 1.181.015-SP do STJ de 19 de março de 2013. Disponível em: <https://ww2.stj.jus.br/processo/revista/documento/mediado/?componente=ITA&sequencial=1218403&num_registro=201000265342&data=20130326&formato=PDF > (consultado, por último, a 30.1.2019).

[204] Por oportuno, a CRI traz, em seu art. 111, a expressa previsão de que nenhuma culpabilidade poderá ser demonstrada com base em declarações dadas por quem, voluntariamente, subtraia-se ao interrogatório feito pelo imputado e por seu defensor. Estabelece, assim, um tratamento positivo e um negativo. De forma positiva, o direito de contraditar o acusador; de forma negativa, a impossibilidade de utilização da declaração prestada anteriormente na hipótese de haver a subtração voluntária ao contraditório. A *inutilizzabilità* será afastada, apenas, se se demonstrar ter sido a subtração decorrente uma situação externa que retire qualquer faculdade do acusado (ameaça, por exemplo) (Tonini, 2000: 41).

daquele que colabora, da mesma forma como estabelece o momento mais seguro de verificação defensiva quanto aos acordos celebrados[205].

O que se deve assegurar é que tenha qualquer das defesas acesso aos resultados probatórios, para que possa tê-los como justos, sem estar submetida a pressões externas, de modo que eventual autoincriminação não seja vista como resultado de uma imposição coativa, mas um resultado aceito como reflexo da justiça a ser aplicada àquele caso concreto pela coletividade[206].

Imperioso compreender que é o órgão de acusação quem enfrenta os efeitos das garantias processuais: ele que tem o dever de superar a presunção de inocência, competindo-lhe o ônus da prova para tal desiderato[207]! Assim, elucidativa é a jurisprudência do TEDH, que decidiu pela necessidade de que os acusados tenham conhecimento prévio do conteúdo da acusação apresentada para que haja possibilidade de realização do devido contraditório por parte do acusado[208], especialmente por aquele que é imputado com a colaboração.

Para fins de persuasão racional, imprescindível confirmar a maior quantidade possível de informações prestadas pelo colaborador[209]. A exigência da corroboração é uma regra de prova legal negativa[210] (sem a corroboração, a prova não poderá servir para condenação), o que, de uma certa forma, funciona como um ponto de salvaguarda dentro do sistema de construção da

[205] Amodio, 1986: 1000-1001. Pertinente o exemplo português. Aqui, o colaborador pode permanecer em silêncio quando do interrogatório na fase do julgamento, o que prejudica a possibilidade de contraditório (Beleza, 1998: 57). Mas isto, somado ao facto de não prestar juramento e de poder recusar determinadas perguntas (art. 140º, nº 3; e art. 345º, nº 1, ambos do CPP português), pode fazer com que aquela colaboração não possa ser usada em prejuízo do coarguido imputado (art. 345º, nº 4, do CPP português), mas ainda possa ser usada contra si (Leite, 2010: 402).

[206] Schünemann, 2004: 193.

[207] Bauer, 1976: 152.

[208] Ac. Case Meftah and others v. France (application nºs 32911/96, 35237/97 and 34595/97) da do TEDH de 16 de julho de 2002. Disponível em: <http://hudoc.echr.coe.int/sites/eng/pages/search.aspx?i=001-60638#{%22languageisocode%22:[%22ENG%22],%22appno%22:[%2232911/96%22,%2235237/97%22,%2234595/97%22],%22documentcollectionid2%22:[%22GRANDCHAMBER%22],%22itemid%22:[%22001-60638%22]}> (consultado, por último, a 30.1.2019).

[209] Trott, 2007: 420.

[210] No mesmo sentido: Vasconcellos, 2017: 221.

prova[211], apesar de afetar o princípio de sua livre apreciação/persuasão racional[212].

Eis, então, a condição exigida. Calha dizer que a lei não estabelece a forma como a verdade se faz, mas diz e determina como ela não pode acontecer, a partir do conflito entre os interesses na efetivação do processo penal, e a exigência de proteção dos direitos individuais[213].

[211] Langbein, 2010: 203. Aliás, a doutrina apresenta que a *House of Lords* inglesa estabeleceu que o júri deve ser instruído (*warning*) quanto à condenação exclusivamente embasada na colaboração processual (Amodio, 1986: 999). Assevera-se, porém, que foi o caso *Atwood and Robbins* que reduziu a regra de corroboração a uma advertência, deixando, pois, de ser uma regra de exclusão de prova (Langbein, 2010: 212). Ainda assim, é cabível dizer que, mesmo na discricionariedade da *common law*, busca-se o cuidado com a necessidade de corroboração das confissões para que possa ela manter uma condenação, com a consideração, porém, de que ela não precisa de uma prova independente em todos os seus detalhes. Deve ela fortalecer o conteúdo confessado (Slough, 1959: 106-107).

[212] Damaska, 1973: 531, n.r. 51; Ruga Riva, 2002: 313. Como disse o STF: "[...] constitui importante limitação de ordem jurídica que, incidindo sobre os poderes do Estado, objetiva impedir que falsas imputações dirigidas a terceiros "sob pretexto de colaboração com a Justiça" possam provocar inaceitáveis erros judiciários, com injustas condenações de pessoas inocentes" [Ac. MC no HC 144.652-DF do STF de 12 de junho de 2017, disponível em <http://www.stf.jus.br/arquivo/cms/noticiaNoticiaStf/anexo/HC144652.pdf> (consultado, por último, a 30.1.2019)]. Fora do Brasil, pode indicar-se o que se observa do art. 344º, nº 3, 'a', do CPP português, que afirma que se excetuam da regra renúncia à produção da prova relativa aos factos imputados, não sendo eles considerados provados, nos casos em que houver co-arguidos e não se verificar a confissão integral, sem reservas e coerente de todos ele quando o crime for punível com pena de prisão inferior a 5 anos. Aliás: "I – A redacção pouco precisa de que o art. 344 do CPP, parece sancionar o entendimento segundo o qual o juiz terá de aceitar automaticamente qualquer "confissão" integral e sem reservas do arguido, como meio supremo e definitivo que leve à sua condenação. II – Contudo, a confissão do arguido, por si só, não basta para a final condenação. III – O valor probatório da confissão do arguido, como os demais elementos de prova produzidos, são avaliados e valorados livremente pelo Tribunal, de harmonia com o princípio da íntima convicção, perfilhado abertamente em todos os sistemas dos países civilizados." [Ac. Proc. nº 046635 do STJ/PT de 02 de outubro de 1996 (*online*: http://www.dgsi.pt/jstj.nsf/954f0ce6ad9dd8b980256b5f003fa814/33c7ae2a4ba502fb802568fc003b42c5?OpenDocument&Highlight=0,046635 – consultado, por último, a 30.1.2019].

[213] Gössel, 2004: 67. A persuasão racional decorre do contraditório judicial, de maneira que torne mais escorreita a atuação das partes e a decisão judicial (Nucci, 2015: 25), como nos termos do art. 155 do CPP brasileiro e art. 93, inc. IX, da CFB. O princípio do livre convencimento judicial (na Itália, previsto no art. 192 do CPP italiano) é o norte da valoração da prova. Entretanto, não está ele livre de regras e outros princípios que o limitem, especialmente com a fundamentação pela qual se mostra a adoção de um e não de outro elemento de prova, de maneira lógica e razoável (Ac. Sent. nº 454/99 da Sexta Seção Penal do Tribunal Civil e Penal de Palermo de 27 de abril de 1999. Disponível em: <http://www.laterza.it/dellaporta-vannucci/tpgo.pdf> – consultado, por último, a 30.1.2019).

Importante dizer, nesse momento, que as declarações do coimputado não são consideradas inutilizáveis caso não confirmadas. O tratamento conferido é o de que elas são válidas, mas, caso isoladas, não possuem suficiência para afastar a presunção de inocência e/ou não culpabilidade[214].

Portanto, é possível afirmar a exigência de que a decisão seja consequência de um processo que proteja os direitos e garantias fundamentais em sentido amplo; que confirme a devida interpretação e aplicação da norma ao caso concreto; e que firme a adequada persecução da verdade, na medida em que não há justiça atrelada a fundamentos errôneos[215].

Foi o que pontuou o STF na decisão indicada na introdução do presente trabalho (ao que se reporta), ao asseverar que o momento procedimentalmente adequado para a análise objetiva da cooperação é o julgamento final da causa.

V. Conclusão

Para fins de conclusão desta análise, é de ser dito que a colaboração processual, como meio de obtenção de prova, é alvo de manifestações dicotômicas: a dos que a saúdam, por sua eficiência final, pelo resultado em prol do interesse social e por ser o reflexo de uma autonomia dos investigados/acusados; e a dos que a criticam, por entenderem nela a violação de direitos do colaborador e do terceiro imputado.

Entretanto, e como já mencionado no corpo do texto, o objetivo do presente artigo não está na discussão sobre as críticas ao meio de obtenção de prova. Volta-se na demonstração e discussão sobre o procedimento autônomo existente para fins de concretização do acordo de colaboração processual.

Partindo de tal premissa, e discussões fervorosas à parte, nenhum ordenamento jurídico proíbe que um acusado impute a prática delitiva a terceiros, se esta for a maneira que a defesa ampla entender adequada para se fazer presente nos autos de um processo, pelo que pode ser premiado por isto, haja ou não colaboração como a aqui versada. Não pode o Estado agir de maneira a que os interesses das redes criminosas, por seus acordos internos espúrios, sejam privilegiados, em detrimento da sociedade organizada.

O acordo aqui estudado é uma formalidade que quer garantir a todos (acusação, colaborador, terceiro imputado, defesas e julgador) o pleno exercício de

[214] Pereira, 2009: 478. Não obstante, o CPP português expressamente prevê que não podem valer como meio de prova as declarações de um coarguido em prejuízo de outro coarguido quando o declarante se recusar a responder às perguntas formulada sobre os factos (art. 345º, nº 4), na medida em que macula o desenvolvimento e a formação da prova por ausência do pleno contraditório – é um caso de proibição quanto à valoração da prova (Dá Mesquita, 2011: 591), o que se mostra uma opção de política processual portuguesa.

[215] Taruffo, 2012: 142.

suas funções, seus interesses e direitos processuais. Mais do que isto: para que a colaboração tenha validade e ulterior eficácia.

Assim, sua roupagem como negócio jurídico processual é adequadíssima. Obviamente, com as imperiosas necessidades decorrentes disto: voluntariedade do colaborador, exercício de ampla defesa e de contraditório por todos nela envolvidos, e a necessidade de participação de um juiz equidistante, que se porta de maneira a preservar o efetivo exercício da jurisdição em um processo acusatório, com o dever de adequadamente fundamentar suas decisões.

Noutro tanto, não se admite o atropelo de direitos processuais tanto de quem colabora como daquele que é imputado. Assim, não se pode admitir que a colaboração condene por si. Nisto, anda bem o legislador brasileiro ao impedir que a condenação decorra, exclusivamente, das declarações de agente colaborador, mas sem afetar seu uso em decisões que a antecedem.

Desta forma, correto o julgamento trazido como paradigma no presente estudo: o acordo de colaboração processual passa pelos três momentos (existência, validade e eficácia), sendo que sua presença nos autos diz com consequências que afetam, desde logo, aquele que colabora (seja por seus direitos, seja por seus deveres).

Se também é certo que pode vir afetar terceiros, estes somente serão atingidos posteriormente, não pela colaboração em si, mas pelos elementos de informação e/ou prova que lhe forem decorrentes, assim como qualquer outro meio disponibilizado pelo Estado. É, apenas, mais um elemento que será analisado, ao final, pelo juiz. O texto legal coaduna-se com todo o tratamento conferido aos elementos de informação e à prova em nosso ordenamento jurídico. Afinal, a colaboração e suas declarações não estão acima dos direitos e garantias fundamentais.

Pelo que, nada se aponta para corrigir na decisão que originou o presente estudo.

"Luce Meridiana Clarior"[1]: A Teoria da Prova no Antigo Regime

Sílvia Alves

Sumário: I – Introdução; II – A confissão; III – A tortura; IV – A prova testemunhal; V – A prova documental; VI – A prova conjetural. Os indícios; VII – A força das provas; 1. A prova plena; 2. A prova semiplena e a prova imperfeita; VIII – Feridas mortais, perícia médica e presunção dos quarenta dias; IX – Nota final.

Síntese: O direito penal do antigo regime – verdadeiro *ius commune* europeu que vigorou até ao advento da revolução francesa e das codificações – conferia aos juízes a faculdade de "modular" as punições da lei, em função das circunstâncias do caso concreto, dos objetivos da política criminal ou até do nível de criminalidade. Essa faculdade de escolher ou "arbitrar" as punições (*arbitrium judicis*), que se tornou maldita somente a partir da crítica do reformismo e do humanitarismo setecentistas, era compensada, no domínio probatório, através do complexo sistema das provas legais, que exigia para condenar uma prova mais clara que a luz do sol do meio-dia. Na realidade, essa faculdade não distava muito dos poderes do juiz da contemporaneidade. Ela não atuava à margem do direito; era jurídica e juridicamente regulada. Mas significava que o direito penal (substantivo e adjetivo) aplicado pelos juízes não se encontrava exclusivamente na lei. Era um direito pluralista, disperso na doutrina, no costume, no direito romano e no direito canónico. Alguns historiadores do direito desdramatizam por

[1] De acordo com o brocardo unanimemente seguido, nas matérias criminais exigem-se provas mais claras que a luz do sol do meio-dia: *In criminalibus, probationes luce meridiana clariores requiruntur.*

isso a crítica iluminista, preferindo a moderna expressão discricionariedade judicial. Também o real funcionamento do sistema probatório aproxima o juiz do antigo regime do juiz dos nossos dias. A cada passo, a prova tarifada convocava a sua "livre apreciação".

O caso[2]:

1. No dia 19 de junho de 1703, entre as duas e as três horas da tarde, estando a escrava Isabel a lavar no rio da povoação de Goiana, António de Sousa Guimarães travou-se com ela de razões, acabando por lhe desferir três facadas. Uma, no alto da cabeça. Outra, na espádua esquerda. A terceira, no peito, penetrando o abdómen. André da Guerra Lima acusou António Guimarães de lhe ter morto a escrava e, atendendo à agressão, visto que, "de propósito e caso pensado", a provocara com palavras ou "razões desonestas" e se encontrava armado, pediu a sua condenação na pena legal (ordinária), ou seja, em pena de morte, e ainda no valor da dita escrava.

O réu defendeu-se, alegando que, tendo chegado ao local onde se encontrava a escrava, começara a zombar com ela, como em outras ocasiões fizera, proferindo palavras que não a ofendiam porque era sua conhecida e vizinha. A escrava, contudo, enfurecera-se e investira contra ele, indo em sua perseguição. Defendeu-se então com uma faca flamenga que levava consigo e "ela raivosa se meteu por ela". Tendo estado alguns tempos de cama, a escrava levantou-se sã. Não por causa das feridas, mas pelos seus desmandos de comer e beber e ainda por outros "atos indecentes", teve febre e veio a falecer.

2. Em maio de 1704, António Vanguerve Cabral, Ouvidor na Capitania de Itamaracá, proferiu sentença que fundamentou, tal como a lei obrigava em Portugal desde o século XVI. A favor da condenação militava o facto de o réu não negar que tinha ferido a escrava Isabel, constituindo a sua confissão "legítima prova". O juiz atendeu ainda ao termo de vistoria dos ferimentos e à certidão do cirurgião. Este, que desde o início "sempre a curou com todo o cuidado e atenção da arte", certificou que as feridas haviam sido desferidas "em partes perigosas", sendo "penetrantes" e "mortais por necessidade". Considerou-se ainda provado que a escrava sempre se queixou dos ferimentos. Ao invés, não se provou que, depois de levantada da cama, tivesse cometido excesso de que resultasse alteração nas feridas ou que lhe fizesse levantar a febre e "malinar o corpo". O juiz concluiu que a escrava morreu dos ferimentos, não obstante a morte ter ocorrido

[2] Vanguerve Cabral, 1729: 205-208.

passados mais de dois meses depois de a escrava Isabel ter sido ferida, tempo que "se presume equivalente para das feridas falecer".

Apesar de a sentença considerar provado que os ferimentos constituíram a causa da morte, a sua fundamentação centra-se nos motivos que são tipicamente reconhecidos pela doutrina como suscetíveis de fazer concluir em sentido contrário ou de, pelo menos, gerar a propósito alguma dúvida, permitindo afastar a pena legal ou ordinária. A "interpolação na melhora das feridas", mesmo que tivesse ocorrido no prazo dos sessenta dias, tem como consequência, para Vanguerve Cabral, a atribuição de um poder arbitrário ao juiz relativamente à determinação concreta da pena, uma vez que a doutrina diverge quanto a entender se a vítima morreu ou não dos ferimentos. Idêntico território de divergência doutrinária se encontra relativamente ao prazo da presunção que faz imputar a morte ao autor dos ferimentos e que alguns chegam a estender a três anos. Em tais casos, considera que deve o juiz inclinar-se "mais à piedade do que ao rigor", não cominando a pena legal, mas antes uma pena extraordinária menor.

Quanto à alegada agressão do réu, o juiz entendeu, de acordo com a doutrina, que apenas podem ser tidas como tal as palavras injuriosas que ofendem o crédito e a reputação. Ora, consta pelas várias testemunhas que as palavras do réu foram proferidas "por zombaria e por conhecimento de vizinhança e que o excesso fora da dita escrava". De tal modo que a testemunha Inácia mulata disse ter pensado que a escrava Isabel também reagira "por zombaria", percebendo somente mais tarde o seu "mau modo e de ofender". Em relação ao uso da arma, reputa-se agressor aquele que é encontrado com armas "ofensivas", de que se conclui o "ânimo" (propósito) de delinquir ou de ir "aparelhado" para cometer o delito. Não era o caso, uma vez que a faca flamenga não é arma proibida e qualquer um a pode trazer quotidianamente, "por uso e costume". Não obstante as palavras e a arma usada afastarem a existência de agressão, o juiz entendeu que o réu se podia ter desviado da investida da escrava, considerando em particular a debilidade do seu sexo.

A sentença não condenou o réu na pena ordinária, ou seja, na pena de morte, mas em degredo por seis anos para Angola e ainda em pena pecuniária (o valor da escrava, os gastos da cura e doze mil réis para as despesas da Relação). No comentário à sua própria sentença, António Vanguerve Cabral reafirma as virtualidades da pena arbitrária: havendo dúvida se a escrava morreu das feridas ou de algum "achaque acessório", deve favorecer-se o réu, afastando-se a pena ordinária, como é a "praxe vulgar dos Doutores" e por ser interesse da república castigarem-se os delinquentes "conforme o excesso com que cometem os delitos".

Palavras-chave:
Sistema das provas legais ou tarifadas; *arbitrium judicis* e discricionaridade judicial; *crimes exceptuados*; íntima convicção; prova plena, prova semiplena e prova imperfeita; perícia médica; presunção dos quarenta dias.

Doutrina:
AA.VV. (1965), *Recueils de la société Jean Bodin pour l'histoire comparative des institutions. La preuve. Deuxième partie, Moyen âge et temps modernes*, Bruxelas: Librairie Encyclopédique ; Adhémar Esmein (1882), *Histoire de la procédure criminelle en France et spécialement de la procédure inquisitoire, depuis le XIIe siècle jusqu'à nos jours*, Paris: L. Larose et Force; Adolphe Chauveau e Faustin Hélie (1852), *Théorie du code pénal*, Vol.4, Paris: Imprimerie & librairie générale de jurisprudence de Cosse; Afonso Costa (1895), *Os peritos no processo criminal*, Coimbra: Manuel de Almeida Cabral; André Laingui e Arlette Lebigre (1979), *Histoire du droit pénal*, Vol. I (*Le droit pénal*) e II (*La procédure criminelle*), Paris: Cujas; André Laingui (1970), *La responsabilité pénale dans l'Ancien Droit (XVI-XVIII siècle)*, Paris: Librairie Générale de Droit et de Jurisprudence; Antoine Astaing e Gérard Clément (2002), "Les muets volontaires dans la procédure pénale française de l'époque moderne et contemporaine", *Journées internationales d'histoire du droit de Turin, mai 2001, Tijdschrift voor Rechtsgeschiedenis/Revue d'Histoire du Droit/The Legal History Review*, 70 (3-4), 291-316 ; Antoine Bruneau (1715), *Observations et maximes sur les matières criminelles*, Paris: Cavelier Fils; Antoine Loysel (1758), *Institutes coutumières*, Paris: Durand; António Vanguerve Cabral (1729), *Epilogo juridico de varios casos civeis, e crimes*, Lisboa: Officina de Antonio Pedrozo Galram; Benedict Carpzov (1670), *Practica nova imperialis Saxonica rerum criminalium, Pars* 1, Wittebergae (Wittenberg): Sumptibus Haeredum D. Tobiae Mevii, & Elerdi Schumacheri; Benoît Garnot (2007), "La justice pénale et les témoins en France au 18e siècle: de la théorie à la pratique", *Dix-huitième siècle*, 39 (1), 99-108; Benoît Garnot (dir.) (2003), *Les témoins devant la justice: Une histoire des statuts et des comportements*, Rennes: Presses universitaires de Rennes; Bernard Schnapper (1965), "Testes inhabiles. Les témoins réprochables dans l'ancien droit pénal", *Tijdschrift voor Rechtsgeschiedenis/Revue d'Histoire du Droit/The Legal History Review*, 33 (4), 575-616; Brissot de Warville (1836), *Théorie des lois criminelles*, 2 Vol., Paris: J.-P. Aillaud; Carole Dornier (2007). "Le témoignage et sa critique au 18e siècle: Introduction", *Dix-huitième siècle*, 39(1), 3-22; Cesare Beccaria (1998), *Dos delitos e das penas*, Lisboa: Fundação Calouste Gulbenkian; Claude-Joseph de Ferrière (1769), *Dictionnaire de droit et de pratique*, Paris: Veuve Brunet; Daniel Jousse (1771), *Traité de la justice criminelle de France*, 4 Tomos, Paris: Debure Père; Étienne Dumont, ed. (1825), *A Treatise on Judicial Evidence Extracted from the Manuscripts of Jeremy Bentham*, Londres: Baldwin, Cradock, & Joy; Étienne Dumont (1823), *Traité des*

preuves judiciaires, ouvrage extrait des manuscrits de M. Jérémie Bentham, 2 Tomos, Paris: Bossange; Faustin Hélie (1866), *Traité de l'instruction criminelle*, Paris: Henri Plon; François Serpillon (1767), *Code criminel, ou Commentaire sur l'ordonnance de 1670*, Parte 4, Lyon: Frères Perisse; Jacques Cujas (1597), *Recitationes Solemnes in quartum, quintum, sextum, septimum octavum & nonum libros Codicis*, Frankfurt: Officina Paltheniana, Sumtpibus haeredum Petri Fischeri; Jacques-Pierre Brissot de Warville (1836), *Théorie des lois criminelles*, 2 Tomos, Paris : J. P. Aillaud; Jean Papon (1621), *Recueil d'arrests notables des cours souveraines de France*, Paris : Robert Foüet; Jean-Louis Halpérin (2009), "La preuve judiciaire et la liberté du juge", *Communications*, 84, 21-32; Jean-Louis Halpérin (2003), "L'instrumentalisation de la preuve testimoniale dans la procédure criminelle", in B. Garnot (dir.), *Les Témoins devant la justice. Une histoire des statuts et des comportements*, Rennes: Presses universitaires de Rennes, 23-29; Jean-Philippe Lévy (1939), *La hiérarchie des preuves dans le droit savant du moyen-âge depuis la renaissance du droit romain jusqu'à la fin du XIVe siècle*, Paris: Librairie du Recueil Sirey; Jeremy Bentham (1827), *Rationale of judicial evidence, specially applied to English practice*, 5 Vol., Londres: Hunt and Clarke; João Pedro Ribeiro (1805), *Indice chronologico remissivo da legislação portugueza*, Parte I, Lisboa: Academia R. Das Sciencias de Lisboa; Joaquim José Caetano Pereira e Sousa (1825 e 1827), *Esboço de hum diccionario jurídico*, Lisboa: Typografia Rollandiana; Joaquim José Caetano Pereira e Sousa (1820), *Primeiras linhas sobre o processo criminal*, Lisboa: Typografia Rollandiana; John Gilissen (1965), "La preuve en Europe du XVIe au début du XIXe siècle" in *Recueils de la société Jean Bodin pour l'histoire comparative des institutions. La preuve. Deuxième partie, Moyen âge et temps modernes*, Bruxelas, 755-833; José da Cunha Navarro de Paiva (1895), *Tratado theorico e prático das provas no processo penal*, Coimbra: Livraria Portugueza e Estrangeira; Julius Clarus (ou Giulio Claro) (1661), *Opera omnia, sive practica civilis atque criminalis*, Lugduni (Lyon): Sumpt. Horatii Boissat & Georgii Remeus; Levy Maria Jordão (1854), *Commentario ao codigo penal portuguez*, Tomo IV, Lisboa: Typographia de José Baptista Morando; Manoel Lopes Ferreira (1767), *Pratica criminal expendida na forma da praxe observada neste nosso Reyno*, Porto: António Alves Ribeiro Guimarães; Michel Foucault (2013), *Vigiar e punir. Nascimento da prisão*, Lisboa: Almedina; Michel Porret (2010). "La preuve du corps", *Revue d'Histoire des Sciences Humaines*, 22(1), 37-60; Michel Porret (1998), "Crimes et châtiments. L'œil du médecin légiste", *Dix-huitième Siècle*, 30, 37-50; Montesquieu (2017), *Do espírito das leis*, Lisboa: Edições 70; Montesquieu (1748), *De l'esprit des loix*, Genebra: Barrillot & fils; Pascoal de Mello Freire (1967), "Instituições de direito civil português", *BMJ*, 170, 89-134; Pascoal de Mello Freire (1966), "Instituições de direito criminal português", *BMJ*, 155, 44-202; e 156, 69-168; Pascoal de Mello Freire (1844), *Codigo criminal intentado pela rainha D. Maria I*, Coimbra: Imprensa da Universidade; Pierre-François Muyart de Vouglans (1780), *Les lois criminel-*

les de France, Paris: Merigot, Crapart, Morin; Pierre-François Muyart de Vouglans (1757), *Institutes au droit criminel*, Paris: Le Breton; Prosperus Farinaccius (ou Prospero Farinacci) (1631), *Praxis, et theorica criminalis, Pars Quarta*, Lugduni (Lyon): Sumptibus Iacobi Cardon; Voltaire (1767), *Commentaire sur les délits et des peines*, Genebra.

I. Introdução

a. O direito do antigo regime adoptou o sistema dito das provas *legais*, de acordo com o qual as provas admitidas, o seu peso relativo e os efeitos da sua produção se encontravam previamente definidos pelo direito – não, rigorosamente, pela lei, mas pela doutrina – devendo ser respeitados pelo juiz. Este modelo probatório constitui uma típica construção jurisprudencial e emerge apenas ocasionalmente – e aliás de forma muito incompleta – na legislação régia. No quadro geral de ordenamentos jurídicos pluralistas, esse verdadeiro *ius commune* não era por isso menos obrigatório ou menos respeitado. Na expressão de Adhémar Esmein (1848-1913), o juiz atuava como um teclado, que respondia previsível e inevitavelmente quando era tocado[3]. De acordo com a máxima do direito antigo, que o francês Antoine Loysel (1536-1617) também recolhe nas suas *Institutes coutumières* (L.VI, T.III, XI), ele julgava *secundum allegata et probata*. As *Ordenações* portuguesas assim o impõem, "ainda que a consciência lhe dite outra coisa e ele saiba a verdade ser em contrário do que no feito fôr provado; porque somente ao Príncipe, que não reconhece Superior, é outorgado por Direito, que julgue segundo sua consciência" (O.F.3.66.pr.). Como explica Pascoal de Mello Freire, a convicção íntima, embora seja mais certa, "não faz fé, visto não resultar dos autos, segundo os quais o juiz deve julgar"[4].

b. Esta "tirania das provas" atuava no interesse da defesa, como compensação do processo inquisitório[5] e do amplo poder que os juízes do antigo regime detinham na determinação concreta das punições. A partir do direito romano, a doutrina alicerçara uma verdadeira teoria do *arbitrium judicis*, que conferia a faculdade – não ilimitada ou caprichosa e que por isso alguns historiadores do direito preferem qualificar como *discricionária* – de modificar as penas legais (ordinárias), *arbitrando* ou escolhendo penas arbitrárias (extraordinárias). A razão de ser do sistema de provas legais residia assim originalmente na protecção do acusado, vinculando o juiz a regras que o impediam de condenar segundo o seu *arbitrium* e exigindo uma prova mais clara que a luz do meio-dia. É certo que a presença estrutural da tortura atuava em sentido contrário, impulsionando o *aperfeiçoa-*

[3] Esmein, 1882: 260.
[4] Mello Freire, "Instituições de direito criminal", *BMJ*, 156, 128.
[5] Esmein, 1882: 260.

mento da prova que se apresentava *incompleta*. Ainda assim, a tortura era reservada aos crimes mais graves ou atrozes. A esta categoria correspondia um regime jurídico excecional, denunciado na própria terminologia (*crimes exceptuados*) e identificável com o *direito penal do inimigo*. A máxima *in atrocissimis leviores conjecturae sufficit, et licet judici jura transgredi* expressa esta excecionalidade que fazia ceder as regras da prova *legal*. No século do humanitarismo, a doutrina repudia já os brocardos que autorizam as facilidades probatórias e reclama, ao invés, uma maior exigência na sua observância: quanto mais grave é o crime "mais plena e clara deve ser a prova" ou "mais provas se requerem"[6].

c. O sistema de provas legais tem a sua origem no direito erudito medieval. Representa o abandono do sistema costumeiro de provas irracionais e portanto um momento decisivo no movimento de racionalização da prova – por ora um "empirismo científico"[7] – constituindo o resultado de uma progressiva e paulatina elaboração jurisprudencial que tem por base o direito romano-canónico e se encontra fechada nos séculos XVI e XVII. No século em que morre a escrava Isabel, os penalistas reduzem-no a exposições sistemáticas, que sintetizam e articulam as opiniões dos doutores. O sistema de provas é então um quadro muito complexo de classificações e distinções que, como observou Michel Foucault (1926-1984), não constituíam meras subtilezas teóricas; tinham uma verdadeira "função operatória" (2013: 46).

Albertus Gandinus (1250-1310) confere à prova um tratamento *ex professo* em dois capítulos do tratado *De Maleficiis*, com as rubricas *De praesumptionibus et indiciis dubitatis* e *De praesumptionibus et indiciis indubitatis*. Prospero Farinacci ou Prosperus Farinaccius (1554-1618) procede de modo idêntico na *Praxis et Theorica Criminalis*. O tratamento da matéria encontra-se mais disperso na *Practica Criminalis* de Giulio Claro ou Julius Clarus (1525-1575) e na *Pratique Judiciaire* de Joost de Damhouder (1507-1581). No século XVIII, as profundas mudanças operadas na metodologia jurídica permitem encontrar desenvolvimentos sistemáticos em Daniel Jousse (1704-1781), Muyart de Vouglans (1713-1791), Mello Freire (1738-1798) ou Pereira e Sousa (1756-1819).

Apesar de a construção jurisprudencial ter sido tecida sobre os textos romanos – e canónicos – não é possível afirmar a existência de uma teoria da prova legal para o direito romano. A íntima convicção do juiz domina na época clássica e um célebre rescrito de Adriano, acolhido no *Digesto*, prescreve aos juízes decidir "ex sententia animi sui" (D.22.5.3.2). Só progressivamente se desenvolve a regulamentação da prova, sendo já notória a limitação da liberdade dos juízes no baixo império. O *Corpus Iuris Civilis* permite assim encontrar as regras que

[6] Pereira e Sousa, 1820: 132; Mello Freire, *BMJ*, 156, 128.

[7] Halpérin, 2009: 23.

constituirão os pilares do sistema de provas legais. Por exemplo: (i) a confissão deve ser apoiada em factos concordantes (D.48.18.1.17 e 27); (ii) para condenar são necessárias duas testemunhas (D.48.18.20); (iii) a tortura é autorizada apenas existindo graves indícios contra o acusado (D.48.18, passim). No século XVI, o sistema encontra-se definido e a lei não se lhe refere senão de modo implícito. Assim sucede com a *Ordonnance* francesa de 1670 (T. XIX, art. 1º) ou com as *Ordenações* portuguesas, quando se enunciam os indícios exigidos para submeter os suspeitos a tortura (O.A.5.87; O.M.5.64; O.F.5.133).

d. Num cenário geral de parcimónia legislativa quanto à prova, a *Constitutio Criminalis Carolina* (CCC) ocupa um lugar à parte. Promulgada em 1532, constituiu o direito comum de grande parte do território alemão e é ainda aplicada, traduzida e abundantemente citada no século XVIII. Além de se deter especificamente na prova testemunhal, na confissão e, inevitavelmente, na tortura, encerra disposições gerais sobre a prova dos crimes. Considera "prova suficiente" aquela que resulta do depoimento de duas ou três testemunhas credíveis que depunham sobre o seu próprio ou "verdadeiro conhecimento" (art. 67º), constituindo fundamento para a condenação, não obstante a ausência de confissão (art. 69º). A notoriedade – a *Carolina* refere-se aos "crimes públicos e não duvidosos" – sem a confissão permitia a tortura, mas não a condenação (art. 16º). Acolhendo a construção jurisprudencial, dá forma de lei ao conceito de "meia-prova", formada pelo depoimento de uma testemunha digna de fé e irrepreensível, considerado este também "indício suficiente" para submeter a tortura. Incidindo contudo o depoimento não sobre "o próprio facto e fundo do delito", mas sobre as suas circunstâncias, exige pelo menos duas testemunhas (art. 30º).

A *Lex Carolina* confere sobretudo um assinalável desenvolvimento aos indícios, cuidando de definir o "indício suficiente" como "sinal verdadeiro", "suspeita" e "presunção suficiente" (art. 19º). Tomando expressamente como fonte o "direito comum", reúne um conjunto de regras sobre os "indícios razoáveis", que são exemplificativamente desenhadas (art. 24º) e destinadas a servir de orientação, particularmente aos juízes (art. 18º). O sentido geral de racionalização da prova é detetável quer pelo esforço de positivação das normas aplicáveis, quer pela proibição e punição da magia ou da adivinhação como forma de obter um indício justificativo da detenção ou da tortura (art. 21º).

Os indícios autorizavam a tortura, mas nunca a condenação (art. 22º), e ninguém podia ser submetido a tortura sem um indício suficiente ou "razoável e provado" (art. 20º). Para ser "suficiente", o indício devia ser provado através de duas "boas" testemunhas; um só "bom" depoimento sobre o "próprio facto do crime" constituía uma "meia-prova" (art. 23º). Face à reconhecida impossibilidade de enumerar, de forma exaustiva, os indícios de todos os delitos, o legislador imperial produz um largo conjunto de disposições, destinadas a serem usadas também nos casos não previstos (art. 24º). Começa com uma dilatada lista de indícios, "comuns e gerais" a todos os delitos, que, isoladamente, não eram considerados suficientes para submeter a tortura: (i) os antecedentes criminais e a má reputação, atribuída por pessoas imparciais e dignas de fé; (ii) a presença em local suspeito; (iii) alguma semelhança com a pessoa avistada em flagrante delito ou perto do local do crime mas não identificada (*v.g.* figura, roupa, armas, cavalo); (iv) o convívio ou comércio com pessoas capazes de praticar crimes idênticos; (v) o rancor, a inimizade, as ameaças, o interesse; (vi) a acusação da vítima, fundamentada ou sob juramento; (vii) a fuga (art. 25º). Em caso de assassinato praticado em segredo, constitui idêntico indício a existência de um litígio "considerável" com a vítima e o "grande inimigo" será considerado suspeito. Se ainda a conduta deste permitir suspeitar do crime e não existirem "razões legítimas" para o desculpar, pode ser detido e torturado (art. 26º). Nenhum destes oito indícios era "suficiente" para, isoladamente, implicar a tortura, mas a sua soma podia permitir ao juiz determiná-la (art. 27º). A *Carolina* ordena um verdadeiro juízo de ponderação na decisão de submeter a tortura. Por um lado, deve-se "pesar a força dos ditos indícios" e, por outro, avaliar as presunções a favor da inocência (art. 28º). Em caso de dúvida, os responsáveis pela instrução do processo deviam consultar os doutores em leis ("gens de lois").

Três indícios "gerais e comuns" tinham por si força suficiente para autorizar o juiz a ordenar a tortura. (i) Considerava-se suspeito aquele que, por último, havia tido na sua posse coisa encontrada no local do crime, admitindo-se, ainda assim, a possibilidade de o suspeito se justificar ou "purgar" deste indício (art. 29º). (ii) O depoimento de uma testemunha "digna de fé e irrepreensível" sobre o "próprio facto e fundo do delito" constituía simultaneamente um "indício suficiente" e uma "meia-prova", permitindo a tortura. Incidindo o depoimento sobre circunstâncias, indícios ou suspeitas, exigiam-se duas testemunhas irrepreensíveis (art. 30º). (iii) A denúncia dos cúmplices, por parte do criminoso condenado, constituía indício suficiente se: (a) o nome dessas pessoas não lhe havia sido sugerido durante a tortura; (b) o criminoso declarara, em detalhe, onde, quando e como fora ajudado; (c) não existia ódio, inimizade ou particular aversão ou, apesar destes, razões credíveis militavam a favor da verosimilhança da denúncia; (d) conduta suficientemente suspeita revelava que o denunciado era capaz de praticar o crime; (e) e o criminoso persistia nas suas declarações. A revogação da denúncia – por vezes estimulada pelos confessores – poderia ser ela própria avaliada como um indício suficiente do delito, tendo em consideração, entre outros aspetos, a reputação do denunciado (art. 31º). (iv) A confissão extrajudicial voluntária, assim como a ameaça que se concretizava pouco tempo depois, sendo de pessoa que razoavelmente se podia supor capaz de praticar semelhante crime, eram igualmente consideradas indícios suficientes e fundamento para tortura (art. 32º).

A *Carolina* descreve finalmente alguns indícios "particulares" ou específicos de certos crimes, que actuavam isoladamente. Em caso de assassinato praticado secretamente, o facto de o suspeito ser encontrado com vestuário e armas ensanguentadas ou com algum objecto pertencente à vítima e, em caso de assassinato ocorrido durante um motim ou tumulto, o facto de o suspeito se encontrar no local, sendo visto a golpear a vítima, constituíam indícios suficientes para ordenar a tortura, a menos que de algum modo fizesse cair a suspeita (arts. 33º e 34º). A *Carolina* detém-se ainda nos indícios ligados aos crimes de homicídio do filho recém-nascido (art. 36º), envenenamento (art. 37º), furto e roubo (arts. 38º, 39º, 40º e 43º), fogo posto (art. 41º), traição (art. 42º) e sortilégio (art. 44º).

e. O sistema de provas legais entra em erosão na segunda metade do século XVIII, com os *philosophes* e os humanitaristas, que colocam o discurso jurídico na direção da livre apreciação da prova e da íntima convicção do juiz. Este novo caminho encontra-se paradigmaticamente definido na obra de Brissot de Warville (1754-1793), tão influente entre os penalistas portugueses. As páginas da sua *Théorie des Lois Criminelles* constituem uma avaliação crítica do sistema de provas do *ancien régime* e, em particular, de um dos seus mais notáveis sistematizadores, Daniel Jousse. Elas arrancam com a citação do *Digesto*, que continuará a ecoar nos séculos vindouros: mais vale deixar um crime impune do que condenar um inocente (D.48.19.5pr). O sistema de provas legais, elevado a uma enorme complexidade, encontrava-se então em pleno desgaste. Warville protesta das múltiplas distinções e classificações, desses "termos tão alambicados da escolástica"[8]. Da aplicação de uma lógica matemática ao direito e da pretensão de calcular algebricamente os diferentes graus de certeza[9]. Da artificial divisão da prova em partes – meia-prova, um quarto de prova – como se tratasse de "uma libra de açúcar"[10]. O sistema tornava a liberdade e a vida perigosamente dependentes de jogos de palavras e de cálculos artificiais. "Meia certeza" deverá conduzir à absolvição porque "então a humanidade deve fazer pender a balança para o lado do acusado"[11].

Warville descrê na possibilidade quimérica de construir um "termómetro judiciário", que pudesse fixar o grau de certeza de cada prova e capturar as suas

[8] Brissot de Warville, 1836, II: 87.
[9] Brissot de Warville, 1836, II: 94.
[10] Brissot de Warville, 1836, II: 87.
[11] Brissot de Warville, 1836, II: 95.

infindas combinações[12]. Descrê da viabilidade de definir regras fixas e certas que permitissem distinguir uma prova completa de uma prova incompleta ou indícios prováveis de indícios incertos. Aliás, uma prova "imperfeita" é uma contradição, uma vez que pode configurar uma presunção, mas nunca uma verdadeira prova. A "arte de estimar as provas" é a "pedra filosofal da jurisprudência criminal": a "luz da razão, o cálculo do moralista, a voz da humanidade são os únicos guias que o juiz deve seguir nesse labirinto tenebroso"[13]. Entre a multiplicidade e a singularidade das provas condescende apenas numa distinção: entre as que devem ser rejeitadas e as que devem ser admitidas[14]. Como primeiro princípio prescreve que não se pode condenar sem uma "certeza inteira". E, como uma tal certeza é difícil de obter, encontra aí um poderoso argumento para defender a supressão da pena de morte.

Para Voltaire (1694-1778), o processo penal, transformando o juiz num "inimigo"[15], parecia devotado a conseguir a perdição dos acusados, quando devia ser tão favorável ao inocente quanto terrível para o culpado[16].

Montesquieu (1689-1755), para quem a justiça criminal constitui a garantia da liberdade do cidadão[17], se não aprova o sistema de provas legais na sua integralidade, pelo menos adere ao princípio que exige duas testemunhas para condenar na pena legal: as regras que permitem condenar com uma única testemunha "são fatais para a liberdade" e a "razão exige duas"[18]. A livre apreciação da prova defronta-se coerentemente na sua obra com o ódio de estimação geral ao *arbitrium judicis.*

Em Beccaria (1738-1794), que "tende" para as provas morais[19], existe também ainda hesitação. Por um lado, sobre "a certeza moral da prova" afirma que "é mais fácil senti-la do que defini-la com precisão". E "é mais segura a ignorância que ajuíza de acordo com os sentimentos do que a ciência que ajuíza segundo a sua opinião"[20]. Para avaliar a prova é necessário "um simples e vulgar bom senso". Por outro lado, entende que um "aspeto a considerar em qualquer boa legislação é o de determinar com exatidão a credibilidade das testemunhas e as provas do crime"[21]. Escreve um verdadeiro hino ao tribunal do júri – é da maior utilidade

[12] Brissot de Warville, 1836, II: 88.
[13] Brissot de Warville, 1836, II: 89.
[14] Brissot de Warville, 1836, II: 91.
[15] Voltaire, 1767: 62.
[16] Voltaire, 1767: 60.
[17] Montesquieu, 1748: 297; 2017: 341; L.XII, Cap.2.
[18] Montesquieu, 1748: 298; 2017: 341; L.XII, Cap.3.
[19] Esmein, 1882: 364.
[20] Beccaria, 1998: 89.
[21] Beccaria, 1998: 85.

a lei segundo a qual cada homem deve ser julgado pelos seus pares[22] – e reclama que os julgamentos sejam públicos e que públicas sejam as provas do crime, para que a opinião – "o único cimento das sociedades" – imponha um freio à força e às paixões[23]. O júri permite circunscrever a função do juiz; se o crime se encontra provado, ele não tem senão que pronunciar a pena da lei e, para tal, nas palavras de Montesquieu, precisa apenas ter "olhos"[24] ou ser "a boca que pronuncia as palavras da lei"[25].

A adoção do júri pelos revolucionários franceses faria eclipsar o jugo das provas legais. A instrução dirigida aos jurados, em 1791, através do texto do seu juramento, e retomada pelo *Code d'instruction criminelle* de 1808 (art. 342º: "Avez-vous une intime conviction?"), tornou-se o símbolo do nascimento da prova moral e do princípio da íntima convicção, que continuariam aliás a conviver com a existência de regras sobre prova.

f. O sistema de provas do antigo regime era orientado por princípios, que a metodologia jurídica setecentista, finalmente sistemática, enuncia através de "regras"[26], "máximas"[27] ou "axiomas"[28]. Mesmo para um conservador como Vouglans, a construção jurídica em torno da prova criminal – fosse legal ou doutrinal – postula a defesa de dois "interesses" diferentes ou até antagónicos: a "ordem pública", exigindo que os crimes não fiquem impunidos, e o interesse privado na proteção dos bens mais preciosos dos homens, a vida e a honra[29]. O sistema vivia de uma antinomia entre *legalidade* e *arbítrio*. Ou entre as "regras fixas e certas", reconhecidamente difíceis de estabelecer, e "a prudência e a arte do juiz"[30] Vouglans entende dever prevenir os seus leitores que as máximas que reuniu sobre a prova se apoiam em disposições do direito romano e do direito canónico, às quais a própria lei parece referir-se, na sua parcimónia. Porque, de facto, a legislação é sobretudo omissa e as suas disposições, mais do que regular a prova, permitem perceber que supõem uma regulação exterior, que acolhem. De tal modo que vê como solução pacífica o recurso à "prudência dos juízes" para decidir a força e o "grau" das provas[31]. Do *arbitrium* do juiz depende a fronteira entre a prova imperfeita e a prova completa. Depende sobretudo a prova indiciária. E depende

[22] Beccaria, 1998: 89.
[23] Beccaria, 1998: 90.
[24] Montesquieu, 1748: 256; 2017: 215; L.VI, Cap.3.
[25] Montesquieu, 1748: 121; 2017: 313; L.XI, Cap.6.
[26] Vouglans, 1757: 303.
[27] Jousse, 1771: I, 664.
[28] Mello Freire, *BMJ*, 156, 128.
[29] Vouglans, 1780: 776.
[30] Jousse, 1771: I, 664.
[31] Vouglans, 1780: 778.

mesmo a prova legítima, como sucede com o favor que era aplicado à ponderação dos depoimentos favoráveis ao acusado. Dependendo da prudência dos juízes, era então possível admitir toda a sorte de testemunhas[32]. Finalmente, a prudência judicial atuava nos casos em que as provas pareciam destruir-se mutuamente. Perante "provas contrárias", o juiz devia "examinar e pesar com atenção" as diferentes provas e a respetiva força. É necessário neste exame "muita sageza e prudência", diz Jousse[33], ao mesmo tempo que formula regras de preferência. Por exemplo, a prevalência das provas afirmativas sobre as provas negativas; das provas mais verosímeis e "conformes ao que sucede normalmente"; e, considerando o favor da inocência, das provas que estabelecem a justificação face às que importam a condenação.

Na viragem do século, os axiomas sobre a prova penal não se limitam a condensar e a sistematizar as regras sedimentadas ao longo do antigo regime; preparam a sua reforma e anunciam a codificação.

(i) O réu presume-se inocente até condenação: "acusado dum crime, e por isso mesmo encarcerado, não deve ser havido como culpado, antes de ser dele convencido"[34].

(ii) A convicção íntima do juiz não faz fé[35].

(iii) O ónus da prova incumbe ao acusador e, na sua falta, o réu é absolvido[36]. Esta conclusão encontra o seu fundamento na presunção de direito segundo a qual "qualquer naturalmente se entende ser bom enquanto se não prova o contrário".

(iv) Quando resta alguma dúvida ou há colisão de provas, não se pode condenar; mais vale absolver o culpado do que condenar o inocente[37]. Prevalece, portanto, o direito que qualquer um tem de ser tido como inocente[38].

(v) Ninguém pode ser condenado sem prova legítima e plena, mais clara que a luz do sol[39]. Ou somente obriga à condenação final a prova plena e claríssima[40]. As provas produzidas contra o réu devem ser "tão concludentes que não tenham dúvida alguma"[41]. Entenda-se: ninguém pode

[32] Jousse, 1771: I, 668.
[33] Jousse, 1771: I, 669.
[34] Mello Freire, *BMJ*, 156, 128.
[35] Mello Freire, *BMJ*, 156, 128.
[36] Pereira e Sousa, 1820: 130.
[37] Pereira e Sousa, 1820: 131.
[38] Jousse, 1771: I, 712.
[39] Mello Freire, 1966: 128; C.9.19.25.
[40] Pereira e Sousa, 1820: 129.
[41] Lopes Ferreira, 1767: 340.

ser condenado a pena ordinária ou legal, o que não impede a aplicação de uma punição menor, extraordinária ou arbitrária.

(vi) Não bastam para a condenação a prova semiplena ou os indícios[42]. Ou: "nas causas crimes, quase não se deve fazer caso nenhum da prova chamada semiplena" e a "prova plena não resulta de presunções e indícios, por natureza falazes"[43]. Se a prova semiplena não permitia a condenação (na pena ordinária), não era, contudo, isenta de efeitos, uma vez que abria a porta a uma punição menor, extraordinária ou arbitrária. Daí que Mello Freire ensine: por indícios, ninguém pode ser "plena e perfeitamente convencido" e não se excetuam "os indícios *veementes* nem as presunções *juris et de jure*"[44].

(vii) As exigências da prova não cedem perante os crimes atrozes ou privilegiados: "quanto mais grave o delito, maiores provas se requerem"[45]. Ou mais plena e clara deve ser a prova[46]. Justifica Mello Freire: pode interessar à sociedade que os crimes não fiquem impunes, mas mais importa que não sejam castigados os inocentes[47]. A *Leopoldina* ou *Codice Leopoldino*, de 30 de novembro de 1786, rompendo com um dos pilares politicamente mais sensíveis do direito antigo, proíbe as provas privilegiadas (art. 28º).

(viii) Porque "a causa da defesa é mais favorável do que a causa da justiça" existe em matéria probatória um verdadeiro "privilégio" ou "favor da defesa do réu". Por isso, "devemos ser sempre mais inclinados a absolver do que a condenar" e "a prova que escusa do crime sempre prefere à do que o imputa". Admite-se, por exemplo, o depoimento de familiares e de pessoas inábeis, quando concorre com o de pessoas hábeis, suprindo o seu defeito[48]. O mesmo "se entende nas provas que se fazem por indícios e presunções nas causas crimes porque as presunções exclusivas dos delitos destroem outras presunções que os fazem prováveis".

II. A confissão

a. A confissão podia ser considerada a melhor das provas – *confessio est regina probationum* – mas, de acordo com a opinião comum, não bastava para, por si, ope-

[42] Pereira e Sousa, 1820: 131.
[43] Mello Freire, *BMJ*, 156, 128.
[44] 1966: 140.
[45] Mello Freire, *BMJ*, 156, 128.
[46] Pereira e Sousa, 1820: 132.
[47] Mello Freire, *BMJ*, 156, 140.
[48] Lopes Ferreira, 1767: 340-342.

rar a condenação[49]. A doutrina revela a consciência de que o seu autor podia ser arrastado pela demência, pela embriaguez ou pelo desespero. Com a confissão deviam concorrer o corpo de delito e "legítimos indícios"[50]. A vida e a honra constituem "bens pessoais de que não somos senhores", diz Muyart de Vouglans, evocando a máxima *nemo auditur perire volens* e lembrando ainda que a confissão podia ser impelida por "impressões" como a coação, as promessas, a doença, a debilidade do espírito, o desespero ou a vontade de morrer[51]. Insuspeito de inclinações humanitaristas, afirma perentoriamente ser necessário que a ela se juntassem: o corpo de delito e indícios urgentes.

Daniel Jousse permanecerá relativamente isolado ao entender que a confissão judicial livre era suficiente – ainda assim exigindo a prova do corpo de delito – para configurar uma prova completa, dispensando indícios no mesmo sentido. Nas suas palavras, "a certeza que nasce da confissão e da ciência do acusado é uma certeza incontestável e fundada na própria evidência que é, de todas as certezas, a mais perfeita e a mais infalível". A confissão é considerada a prova "mais certa e a menos sujeita a erro", "infalível", a "mais incontestável", "a mais completa das provas", formando uma "convicção perfeita no espírito do juiz"[52]. Coloca grande cuidado na citação das autoridades, em que inclui Julius Clarus e Prosperus Farinacius, mas não deixa de dar conta da divergência existente e da posição daqueles que entendiam ser a confissão insuficiente para, pelo menos, determinar uma punição capital[53]. Não obstante a defesa da suficiência da confissão, Jousse afirma que o crime deveria ser "punido menos severamente", excetuando os crimes atrozes[54].

Brissot de Warville representa a posição diametralmente oposta, rejeitando que a confissão voluntária fosse bastante para obter uma prova completa, apesar do significativo número de jurisconsultos recenseados por Jousse. Ao exigir o juramento do acusado para prevenir a mentira, a lei francesa colocava-o perante a alternativa de aviltar o próprio juramento através do perjúrio ou de violar a natureza, forçando-o a estrangular-se com as suas próprias mãos[55]. Beccaria assinalaria também a "terrível contradição": ou se ofende a Deus ou se concorre para a própria ruína[56]. A confissão forçada considera-a uma "barbárie mais digna de canibais que de povos civilizados", um "uso revoltante" e "abominável", uma

[49] Pereira e Sousa, 1820: §169, 135.
[50] Pereira e Sousa, 1820: 136.
[51] Vouglans, 1757: 335.
[52] Jousse, 1771: I, 655, 662, 672, 825.
[53] Jousse, 1771: I, 671-673.
[54] Jousse, 1771: I, 684.
[55] Warville, 1836: II, 99 e 100.
[56] Beccaria, 1998: 102.

invenção da ignorância para salvar o culpado robusto e fazer perecer o frágil inocente, contrária aos "gritos" da natureza, da religião e da filosofia, imprópria de "séculos iluminados" e de uma "nação doce e humana"[57]. Desenha um duplo obstáculo intransponível: o inocente não pode ser compensado e o culpado é duplamente punido. Warville identifica um terceiro partido de jurisconsultos "mitigados" que, postergando a tortura nos casos "ordinários", a admite nos "crimes extraordinários" como o regicídio, fazendo emergir o sempre presente *direito penal do inimigo*. Apesar de reconhecer o regicídio como o maior dos crimes nas monarquias e de concordar com a derrogação de leis ordinárias, entende que essas exceções não devem ser incluídas nos códigos, atirando o direito do inimigo para a mais perigosa existência clandestina. No "reino tranquilo das leis"[58], a tortura é considerada uma pena e as penas somente podem ser infligidas quando a prova do crime é completa. A sorte de um acusado deve ser determinada pela prova e não pela espécie de crime. Mais: "nunca um interesse geral pode escusar uma injustiça"[59]. O interesse do Estado leva-o a aceitar a tortura de um traidor condenado – e não meramente suspeito – a fim de descobrir os seus cúmplices. Em suma, voluntária ou forçada, nunca a tortura poderia servir de base à condenação[60]. Deste modo, poderiam escapar alguns culpados, mas não seria derramado sangue inocente.

b. A metodologia sistemática de Setecentos permite encontrar enunciados gerais que encerram classificações e a enumeração dos requisitos de que dependia a validade da confissão. Ela podia ser oral ou escrita (esta reconduzida à prova documental); judicial ou extrajudicial; simples ou qualificada (quando junta a uma justificação do comportamento que tendia a escusar o crime); livre (voluntária) ou forçada (esta apenas judicial); relativa ao facto principal ou a um "facto acessório". Constituía prova plena, (i) juntando-se ao corpo de delito e (ii) sendo voluntária, livre e sincera; (iii) pura e simples ou formulada sem restrições; (iv) espontaneamente oferecida; (v) clara, precisa, específica; (vi) provável, verosímil e compatível com a natureza, a inteligência e os sentidos; (vii) judicial e realizada perante o juiz competente; (viii) séria ou realizada por pessoa ciente e inteligente; (ix) com conhecimento de causa, sem erro, promessa de recompensa, medo da prisão, ódio ou tédio da vida; (x) não provocada; (xi) não revogada antes do julgamento. Não era portanto atendível a confissão vaga, duvidosa, tácita ou presumida, coata, errónea, jocosa ou extrajudicial.

[57] Warville, 1836: II, 102, 106 e 109.

[58] Beccaria, 1998: 119.

[59] Warville, 1836: II, 108.

[60] Warville, 1836: II, 109.

c. Somente a confissão voluntária judicial e expressa era suscetível de justificar a aplicação da pena legal. Vouglans sente a necessidade de usar uma fundamentação escolástica ou dialéctica para justificar o seu uso[61]. Por um lado, sendo a defesa de direito natural, ninguém podia ser obrigado a revelar factos que o expunham à perda da honra, da vida ou dos seus membros, de que não era sequer "senhor". Por outro lado, o "bem da justiça e da ordem pública" pedia que a verdade fosse conhecida. Além de que o conhecimento dos crimes praticados em segredo dependia da revelação pelo seu autor. Era consequência do poder que a lei confiara aos juízes de fazer justiça e manter a ordem pública que a sociedade lhes conferisse ao mesmo tempo o poder de obrigar aqueles que perturbavam essa ordem a prestar homenagem à verdade através do interrogatório sob juramento, "via superior a todas as leis humanas". Era precisamente o juramento e o medo em que colocava o acusado que justificam a utilização probatória da confissão. A consciência de que, ainda assim, a confissão podia ser determinada não pela verdade, mas por motivos como o medo ou o desespero, leva Vouglans a afirmar que, "parmi nous", a confissão não operava a condenação à pena capital, sem que com ela concorressem várias condições. Por exemplo, devia ser acompanhada de indícios prementes ("pressants") ou do depoimento de uma boa testemunha e do corpo de delito.

A doutrina debateu longamente – numa "casuística da má fé judicial"[62] – a admissibilidade dos interrogatórios capciosos e a utilização de promessas, mentiras e palavras dúbias. E acabou por dominar o entendimento segundo o qual a confissão não podia ser "sugerida", como aconteceria se fosse produzida na esperança de uma impunidade prometida ou na sequência de perguntas circunstanciadas. Nas palavras de Mello Freire, a inquirição do réu devia ser realizada sem usar de vexações, "dolos, habilidades, sugestões, pressões e promessas"[63]. Como observa Beccaria, a proibição dos interrogatórios sugestivos é contraditória com a admissibilidade da tortura[64].

A confissão voluntária extrajudicial e expressa constituía tipicamente um "indício suficiente" que permitia ordenar a tortura (*v.g.* art. 32º da *Carolina*). Não era suscetível de constituir uma prova completa e, por consequência, não era suficiente para condenar, a menos que existissem indícios contra o acusado e que não fosse revogada. Os doutores defendiam então a aplicação de uma punição menor ou extraordinária. A ratificação (judicial) permitiria atingir uma prova completa.

[61] Vouglans, 1757: 338-340.

[62] Foucault, 2013: 45.

[63] Mello Freire, 1966: 133.

[64] Beccaria, 1998: 149.

O próprio Warville afirma que seria absurdo ignorar a confissão quando a ela se juntavam outras provas[65].

O direito antigo não admitia a confissão tácita, resultante da contumácia ou do silêncio do acusado. Em matéria criminal, a recusa em responder ao interrogatório constituía mero indício quando nenhuma razão justificava o seu silêncio e não importava a confissão do crime. De acordo com a praxe nacional, o réu não podia ser obrigado a prestar juramento e nem o réu nem o autor – sendo o acusador obrigado a depor, poderia incorrer na punição dos que acusavam caluniosamente, facilitando-se o perjúrio – podiam ser obrigados a depor nas causas criminais: o silêncio e a "contumácia em não responder" não podiam ser tidos como confissão ou prova[66]. Segundo Mello Freire, não fazia "fé plena" a confissão dos menores, dos surdos-mudos e daqueles que ignoravam a língua do tribunal, uma vez que era tirada de conjeturas e sinais "quase sempre enganadores". E a confissão tácita – resultante de transação com o ofendido – ou ficta – resultante de contumácia do réu que não responde sob pena de confesso e convencido – de "pouco ou nada provam"[67].

A confissão tácita, resultante, por exemplo, da fuga, considerada mero indício leve, da transação ou de documentos domésticos, não reconhecidos pelo acusado mas verificados por peritos, era uma prova "menos considerada"[68]. A doutrina encaminha-se contudo, com certa facilidade, no sentido de admitir exceções. Por exemplo, era considerada prova completa, em caso de assassinato, o documento não reconhecido pelo acusado, mas verificado por peritos e de que decorria a promessa realizada a favor do assassino, quando a contabilidade doméstica deste registava a soma prometida[69].

III. A tortura

a. O direito do *ancien régime* encerra, quanto à confissão, uma antinomia que resulta de, por um lado, exigir que as declarações do acusado deviam ser livres e, por outro, admitir a tortura, contradição mitigada, não obstante, pela obrigatoriedade da ratificação judicial da confissão obtida sob tormentos.

No século XIV, a tortura tornara-se uma instituição normal do processo penal europeu e, nos dois séculos seguintes, a doutrina e o direito legislado fixariam as suas condições e efeitos. De acordo com esse *direito comum*, a decisão de submeter a tortura admitia uma clara discricionariedade ou *arbitrium* judicial. Ela estava em

[65] Warville, 1836, II: 110.

[66] O.F.3.53.11; Mello Freire, *BMJ*, 156, 134; Pereira e Sousa, 1820: 138.

[67] Mello Freire, *BMJ*, 156, 132.

[68] Vouglans, 1757: 336.

[69] Vouglans, 1757: 337.

geral autorizada nos crimes capitais, em que existia corpo de delito e uma prova considerável, mas, ainda assim, insuficiente. Entre nós, o assento da Relação do Porto de 16 de Agosto de 1661 mostra que, por estilo das Relações, se restringia o uso dos tormentos aos casos que provados mereciam pena de morte natural[70]. Segundo Vouglans, o depoimento de uma só testemunha – em si mesmo um indício próximo – não era suficiente para submeter a tortura, sendo necessário algum adminículo mais ou indício afastado como a má reputação do acusado[71]. Autorizava-a a confissão extrajudicial, séria e não revogada, se provada por duas testemunhas e existindo corpo de delito. E o mesmo se passava com o rumor público, quando se juntavam outros adminículos como a vil condição do acusado, a sua infamação pela prática de crimes semelhantes ou fundada no testemunho de pessoas dignas de fé e não inimigas do acusado[72].

No século em que morre a escrava Isabel, a tortura era já uma instituição caída em desuso e desgastada pela crítica doutrinária. Em Portugal, o Alvará de 5 de março de 1790, referindo-se ao *segredo* ou cárcere secreto, lugar "separado da comunicação dos outros presos", declara que este era considerado "uma espécie de tormento, que já não tem lugar" (§2). Mello Freire explica que dela nenhuma prova legítima se pode tirar, sendo esta a "voz unânime dos Filósofos", o mesmo se podendo dizer do "atemorizamento tanto real como verbal"[73]. O carácter espontâneo da confissão excluía então os tormentos ou qualquer constrangimento.

Em França, a tortura (*question*) subsistiria na lei até 1780, depois de ter caído num certo desuso durante os trinta anos anteriores. Porque "tanta gente hábil e tantos homens de génio" haviam já escrito contra este "uso", Montesquieu renuncia a desenvolver os argumentos da sua refutação: "não me atrevo a falar depois deles"[74]. Segundo o conservador Muyart de Vouglans, existiam boas razões para se rejeitar a tortura e "mais fortes" razões ainda para justificar a sua "necessidade em certas circunstâncias"[75]. Militavam contra a tortura o facto de constituir uma "verdadeira pena", assim como a injustiça e a desumanidade de se punir alguém antes de ser condenado. A pena era frequentemente inútil para os mais intrépidos e robustos, que substituíam uma pena mais dura por uma pena mais fraca, ao mesmo tempo que fazia sucumbir os inocentes mais frágeis. Acaba no entanto por aceitar a ancestral prática, apoiando-se precisamente na sua antiguidade. Mas

70 Ribeiro, 1805: 199.
71 Vouglans, 1757: 348.
72 Vouglans, 1757: 350.
73 Mello Freire, *BMJ*, 156, 137.
74 Montesquieu, 1748: 146; 2017: 233; L.VI, Cap.17.
75 Vouglans, 1757: 340.

o argumento que mais perplexidade pode gerar faz da suspeita um purgatório incompreensível nos nossos dias: não há menos injustiça em declarar absolvido um suspeito do que em condenar alguém sem contra ele se produzir uma prova completa[76]. O próprio Voltaire, na sua condenação desta "prática inumana" e "barbárie inútil", parece condescender na tortura dos condenados que assassinaram "um pai de família ou o pai da pátria", a fim de descobrir os seus cúmplices[77].

b. No direito do antigo regime, a decisão de submeter o réu a tortura, dependente do "prudente arbítrio do juiz", era somente admitida para os crimes graves, existindo corpo de delito e prova semiplena. O regime legal dos *tormentos* fixado nas Ordenações (O.F.5.133), alicerçado sobre a convicção de que o seu fim é "saber a verdade" (§2), permite concluir que, também entre nós, este era um dos domínios por excelência de actuação do poder arbitrário dos juízes. O legislador previne que "não se pode dar certa forma quando e em que casos o preso deve ser metido a tormento" (pr.). E idêntica discricionariedade é conferida quanto à decisão de repetição da tortura (§1: "como ao julgador parecer justo"), no caso de o preso negar o crime. Apesar de funcionar como meio de instrução, não restam dúvidas quanto à sua natureza punitiva porque assim se expressa o legislador quando, uma vez mais, confia no arbítrio do juiz para a substituir por "outra pena", no caso de estarem em causa pessoas com o privilégio de fidalguia ou doutorado (doutores em cânones, leis ou medicina), que cederia nos crimes excetuados como o crime de lesa-majestade (§3). Idêntica qualificação era atribuída pela *Ordonnance* francesa de 1670, que colocou a "question avec la réserve des preuves en leur entier" imediatamente a seguir à pena de morte natural (T.25, art. 13º).

A confissão sob tortura nunca era suficiente para operar uma condenação. A lei exige a sua ratificação judicial, em tempo e local afastados "porque de outra maneira presume-se por direito, que com dor e medo do tormento, que houve, a qual ainda nele dura, receando a repetição, ratificará a confissão, ainda que verdadeira não seja" (O.F.5.133.1).

O legislador autoriza expressamente a decisão de submeter a tortura em duas hipóteses gerais: (i) existindo um indício "tão grande e tão evidente, que baste para isso"; (ii) ou de muitos indícios leves. Estes poderão ser "tão leves e fracos, que todos juntos não bastarão para ser metido a tormento", mas a possibilidade de decidir o contrário não é afastada do "arbítrio do julgador". Em rigor, é a íntima convicção que preside: "e se achar tanta prova contra ele, que o mova a

[76] Vouglans, 1757: 341.

[77] Voltaire, 1767: 34.

crer, que ele fez o delito, de que é acusado, mandá-lo-á meter a tormento, e de outra maneira não" (pr.).

Nos casos em que o preso negava o crime, o juiz podia ordenar a repetição do tormento: (i) se, existindo "muitos e grandes indícios", estivesse convencido da sua culpa ("não deixa o julgador de crer, que ele o fez"); (ii) se sobreviessem novos indícios; (iii) ou se fosse negado em juízo o crime que sob tortura havia sido confessado (§1).

c. Beccaria comenta a exigência de confirmação da confissão obtida sob tortura e a sua repetição em caso de negação do crime: é uma "infame petição de princípio"[78]. A tortura é uma crueldade e uma verdadeira pena, aplicada antes de qualquer condenação: "meio seguro de absolver os robustos celerados e de condenar os débeis inocentes"[79]. O culpado, se resiste à tortura, acaba por ser absolvido como se fora inocente, trocando uma pena maior por outra menor. O inocente é colocado em pior situação: ou confessa e é condenado indevidamente ou não confessa e é declarado inocente, depois de sofrer uma pena. Em suma, o inocente perde sempre, enquanto o culpado pode ganhar[80].

A tortura constituía de certa forma um "jogo judiciário"[81]. O juiz não arrisca somente ver morrer o "paciente"; arrisca também perder a prova reunida, se este não confessa e "purga" a sua situação. O "paciente" culpado aposta na sua resistência e na possibilidade de escapar com uma pena menor, a própria tortura.

IV. A prova testemunhal

a. O progressivo desgaste da confissão melhora a consideração da prova testemunhal e, por isso, no século XVIII, Vouglans coloca-a em primeiro lugar[82] e considera-a como "a mais antiga", "a principal e a mais comum [*ordinaire*] de todas elas"[83] ou "a mais natural"[84]. Warville vê nela a prova "mais segura e equitativa"[85]. Para o direito erudito, a *vox viva* das testemunhas é preferida (*validior* ou *dignior*) à *vox mortua* dos documentos. Em França, esta prevalência da prova testemunhal é paradigmaticamente expressa pelo adágio *témoins passent lettres*, registado por Loysel nas *Institutes Coutumières*[86]. Não obstante, a degradação a favor da prova documental, sobretudo em matéria civil, encontra-se refletida na edição sete-

[78] Beccaria, 1998: 97.
[79] Beccaria, 1998: 93.
[80] Beccaria, 1998: 98.
[81] Foucault, 2013: 50.
[82] Vouglans, 1757: 311.
[83] Vouglans, 1780: 783.
[84] Vouglans, 1757: 303.
[85] Warville, 1836: II, 110.
[86] Loysel, 1758: II, 199; L.V, T.V, V.

centista, que informa, no final do seu comentário: "Aujourd'hui lettres passent témoins"[87]. Se, por um lado, a tradição a olhava como uma "prova inartificial", já que carecia de "arte" ou "elaboração" (*raisonnement*), por outro lado, a consciência das suas fragilidades leva Vouglans a olhá-la como própria das épocas em que dominavam a "boa fé" e a "simplicidade", e em que a "corrupção" não se instalara nos costumes[88]. No *Comentário* à obra de Beccaria[89] quando tece uma vívida crítica ao processo criminal francês e, em especial, ao modelo de interrogatório das testemunhas, que era realizado em segredo, Voltaire parece também desconfiar deste meio de prova, uma vez que os depoimentos eram normalmente realizados pela "escória da sociedade" (*la lie du peuple*).

b. A doutrina setecentista reduz o complexo sistema de regras tecido ao longo do antigo regime a sínteses e enunciados sistemáticos que preparam a sua crítica e a sua reforma. Para além de lançarem luz sobre o poder de apreciação dos depoimentos que os juízes detinham no quadro da prova legal, abrem a porta à íntima convicção. Jousse, não obstante proceder à elaboração de um dos mais completos quadros do sistema de prova penal do antigo regime, entrega a avaliação dos depoimentos das testemunhas à "prudência dos juízes". Os parâmetros sedimentados ao longo de séculos e agora enunciados deveriam atuar na sua convicção e ser, em concreto, pesados na "balança de uma exata justiça"[90]. Mais radical, Brissot de Warville acolhe o princípio geral, de acordo com o qual qualquer um pode depor, para entender que é ao juiz que cabe "apreciar" ou "pesar" o valor de cada depoimento, em razão das circunstâncias[91], renunciando a enunciar regras gerais ou princípios invariáveis. Neste exame tão "delicado", o juiz pondera aspetos objetivos como o número de depoimentos e o próprio interesse das testemunhas, mas depende sobretudo do conhecimento da natureza humana[92]. Entende que as máximas enunciadas pelos jurisconsultos sobre a ponderação da prova testemunhal são "falsas e erróneas"[93], sendo, por exemplo, adverso à "tarifa da inteligência em razão da idade"[94], particularidade que Pereira e Sousa regista[95]. O juiz é o único que se encontra em posição de avaliar a verdadeira medida de credibilidade da testemunha, o interesse em dizer ou não a verdade[96],

[87] Loysel, 1758: II, 200.
[88] Vouglans, 1757: 304.
[89] Voltaire, 1766: 110.
[90] Jousse, 1771: I, 696.
[91] Warville, 1836: II, 114, 115 e 119.
[92] Warville, 1836: II, 111-114.
[93] Warville, 1836: II, 128.
[94] Warville, 1836: II, 128.
[95] Pereira e Sousa, 1820: 149, em nota.
[96] Warville, 1836: II, 112 e 122.

tal como se havia pronunciado Beccaria[97]. Confia inteiramente no "bom senso" e na "humanidade" dos juízes: não precisam de mais para julgar os seus semelhantes[98]. Ainda assim, identifica causas gerais que permitem rejeitar ou desvalorizar os depoimentos: (i) um defeito físico (*v.g.* a cegueira, tratando-se de factos que apenas podem ser atestados através da visão); (ii) a ausência de razão (*v.g.* quanto ao furioso; ou ao ébrio); (iii) e o parentesco[99].

c. A testemunha do direito erudito não é um "*partisan*"[100] como havia sido no direito costumeiro e foraleiro; ela devia dizer *totam et meram veritatem*. É a "pessoa idónea para certificar a verdade por seus ditos"[101]. De acordo com o princípio que não acusa divergências – não obstante as exceções que a doutrina foi formulando e que, na aparência, o obscurecem – qualquer pessoa podia ser testemunha[102].

A utilização da prova testemunhal, muito frequente em matéria criminal, foi objeto de uma complexa elaboração jurisprudencial, encontrando-se subordinada a um conjunto de regras que emergia ocasionalmente no direito legislado e não obstava a que os juízes conservassem uma ampla liberdade quanto à apreciação do grau de confiança que a testemunha merecia[103].

A partir do direito romano (D.22.5.2), os jurisconsultos resumem as qualidades que as testemunhas deviam reunir: *conditio, sexus, aetas, discretio, fama, et fortuna, fides, in testibus ista requires.* Na síntese dos penalistas nacionais, as testemunhas faziam "prova claríssima" quando eram em número legítimo ou, mais precisamente, constituía "prova legítima" o depoimento de, pelo menos, duas testemunhas (O.F.1.78.4). Estas deviam ainda ser oculares; juradas ou ajuramentadas (O.F.1.86.pr.); fidedignas, íntegras e dignas de fé (O.F.1.65.61); acima de toda a excepção (*omni exceptione majores*); contestes no objeto, lugar, modo e tempo; individuais; e concludentes, dando "a razão conveniente do seu testemunho"[104]. Do ponto de vista dos depoimentos, exigia-se que estes, para serem válidos, fossem precisos e conclusivos ou "concludentes", prestados de forma categórica e sem vacilar, por testemunhas *de visu* sobre os factos da acusação e não de outiva, concordantes entre si, sinceros (e não sugeridos, pela promessa de algum benefício, ou falsos) e "jurídicos", ou seja, revestidos das formalidades da lei.

[97] Beccaria, 1998: 85.
[98] Warville, 1836: II, 128.
[99] Warville, 1836: II, 121.
[100] Lévy, 1939: 71.
[101] Pereira e Sousa, 1820: 141.
[102] O.F. 3.56.pr.; Vouglans, 1757: 312; Pereira e Sousa, 1820: 143.
[103] Lévy, 1939: 72.
[104] Mello Freire, 1966: 129; Pereira e Sousa, 1820: 141-143.

d. Simetricamente, a doutrina e a lei identificam as "pessoas que não podem ser testemunhas" (O.F.3.56). A proibição de testemunhar, que tinha caráter excecional, fundava-se na "natureza" ou na lei[105]. A natureza excluía: (i) os furiosos e mentecaptos (O.F.3.56.5); (ii) os impúberes, excepto nos "crimes muito graves", por falta de outra prova e sem juramento (O.F.3.56.6); (iii) os pródigos (que a lei nacional aproxima dos furiosos ou mentecaptos: O.F.4.85.pr. e 103); (iv) e os mudos e surdos por nascimento (O.F.4.85.pr.). Encontravam-se absolutamente proibidos pela lei de ser testemunhas: (i) os escravos, exceto quando eram reputados livres, nos assuntos domésticos e quando de outro modo não se podia conhecer a verdade (O.F.3.56.3); (ii) os mouros e judeus (O.F.3.56.4); (iii) os inimigos capitais (O.F.3.56.7); (iv) e os presos, exceto se tivessem sido nomeados antes da prisão, ou presos por causa cível ou por delito leve, preservando a sua "boa fama e reputação", se eram perguntados a respeito de factos ocorridos na cadeia, ou se a verdade não podia de outro modo ser conhecida (O.F.3.56.9). Não podiam também ser testemunhas: (i) os descendentes nas causas dos ascendentes e estes nas causas dos descendentes (O.F.3.56.1); (ii) os maridos e as mulheres nas causas dos respetivos cônjuges (proibição retirada da disposição anterior); (iii) e os irmãos, quando estavam sob a sua tutela e administração (O.F.3.56.2).

e. Na síntese de Pereira e Sousa, "não constituíam prova": uma só testemunha; testemunhas singulares, de factos singulares e diferentes entre si; e testemunhas defeituosas[106].

A regra unânime das duas testemunhas como prova completa – que dispensava a confissão – integra o direito penal europeu (*ius poenale commune*) ou o próprio direito das gentes. Daniel Jousse reconhece-a entre "as leis e o uso quase geral de todas as nações"[107]. E Beccaria reafirma-a[108]. Encontra-se ancorada no Deuteronómio (17.6; 19.15), no Novo Testamento (Mateus 18.16; João 8.17) e no *Corpus Iuris Civilis* (C.4.20.9.1; D.22.5.1.2 e 12). Uma só testemunha era assim insuficiente para a condenação, por maior que fosse a sua autoridade, cultura ou nobreza: *testis unus, testis nullus*; *vox unius, vox nullius*; *voix d'un, voix de nun*[109]. Mesmo nos crimes atrozes. Nas palavras de Montesquieu, opondo-se a testemunha e o réu, era necessário um terceiro para decidir a questão[110]. Pereira e Sousa, aludindo a Montesquieu, acrescenta outra razão: é mais fácil que um só

[105] Pereira e Sousa, 1820: 143-145.

[106] Pereira e Sousa, 1820: 146.

[107] Jousse, 1771: I, 656.

[108] Beccaria, 1998: 86.

[109] Loysel, 1758: II, 201; L.V, T.V, X.

[110] Montesquieu, 1748: 298; 2017: 341; L.XII, Cap. 3; Mello Freire, 1966: 129.

homem seja "subornado, prevenido ou iludido, que dois juntos"[111]. Não obstante o depoimento de uma só testemunha obstar à condenação capital, se incidisse diretamente sobre o crime e se a testemunha fosse *omni exceptione major*, o direito antigo admitia aplicar uma pena extraordinária, assim como a tortura, caso existisse algum adminículo.

Brissot de Warville, sem rejeitar a velha regra, que reconhece ser comum a todas as nações, entende que o número de testemunhas devia depender das circunstâncias, da sua "qualidade", dos factos sobre os quais depunham, do crime e da pena. Quanto mais graves fossem estes, maior deveria ser o número de testemunhas exigido. Esta opinião, que é seguida por Pereira e Sousa[112], ao mesmo tempo que descreve a viragem decisiva em direção à íntima convicção, contraria outra regra estrutural do direito do antigo regime, segundo a qual *in atrocissimis leviores conjeturae sufficiunt*, que Beccaria considera ser um "duro axioma ditado pela mais cruel imbecilidade"[113]. Também aqui Warville faz ceder os princípios e contribui para a diluição do complexo de regras que integravam o sistema probatório do antigo regime, confiando na prudência dos juízes. Dirige à opinião atribuída a Farinacius, segundo a qual duas testemunhas suspeitas equivaleriam a uma testemunha digna de fé, uma crítica cáustica: seria o mesmo que pretender que duas fontes impuras correspondessem a uma fonte pura ou dois doentes a um homem saudável. É um absurdo, afirma, na sua invetiva mais frequente[114].

f. Para além de serem em si mesmos "concludentes", os depoimentos deviam ser "concordantes" entre si. A exigência de, pelo menos, duas testemunhas, igualmente irrepreensíveis e acima de qualquer suspeita, depondo de forma clara e precisa sobre o mesmo facto, erigia como máxima a postergação da "testemunha única", das "testemunhas singulares", que depunham sobre "factos singulares" ou particulares e diferentes entre si, e dos depoimentos contraditórios. O depoimento de uma única testemunha, *de visu* e irrepreensível, não permitia a aplicação da pena legal ordinária, mas não era isento de efeitos, uma vez que, constituindo em si mesmo um indício, abria a porta à tortura e a uma pena extraordinária.

Não bastando nas causas criminais a prova semiplena, nem podendo unir-se as provas imperfeitas, as testemunhas singulares nunca podiam fazer prova[115]. A singularidade das testemunhas decorria de se contradizerem e destruírem reciprocamente o respetivo depoimento (singularidade obstativa), caso em que nada provavam; de se auxiliarem mutuamente nos seus ditos ou depoimentos (singu-

[111] Pereira e Sousa, 1820: 146, em nota.

[112] Pereira e Sousa, 1820: 146, em nota.

[113] Beccaria, 1998: 86.

[114] Warville, 1836: II, 125.

[115] Pereira e Sousa, 1820: 146 e 147, em nota.

laridade adminiculativa), caso em que podiam fazer alguma prova (semiprova), "segundo a qualidade da causa"; e de deporem sobre factos diversos, relativos ao mesmo crime, mas a momentos diferentes (singularidade diversificativa), caso em que faziam prova semiplena sobre cada um dos factos, sendo "maiores de qualquer exceção" e estando em causa crimes "cometidos por actos reiterados"[116].

A máxima geral que tornava o depoimento das testemunhas singulares destituído de efeitos cedia perante duas exceções[117]: (i) os crimes de prova difícil, ocultos pela sua própria natureza, ou os crimes que "consistem em factos que se podem reiterar", como a blasfémia e o adultério; (ii) e os casos em que as testemunhas estavam de acordo quanto ao facto principal, divergindo somente quanto às circunstâncias, sobre as quais declaravam não se lembrar (mas não assim se as declarações sobre as circunstâncias do crime eram insuscetíveis de conciliação). Muyart de Vouglans, citando Julius Clarus, regista a opinião de Autores que admitiam os depoimentos singulares para produzir uma prova inteira no crime de homicídio, quando existia uma "conexão necessária"[118] entre os vários depoimentos, de tal forma que permitiam perceber o *iter criminis* na sua integralidade.

g. Segundo Pereira e Sousa, os defeitos das testemunhas podiam ter como causa: (i) o amor ou o afeto presumido (*v.g.* familiares e amigos); (ii) o ódio ou a inimizade capital; (iii) a infâmia (*v.g.* falidos de má fé, meretrizes e ébrios por hábito); (iv) e a idade[119]. Vouglans menciona ainda o medo e a reverência (*v.g.* domésticos); a ausência de razão (a lei portuguesa [O.F.3.56.5] refere-se ao "desasisado sem memória"); o interesse pessoal; o dever de ofício (*v.g.* advogados e confessores); e o perigo de corrupção (mendigos). O interesse opunha-se a que, em regra, o "participante" ou "co-acusado" pudessem depor[120]. Na expressão de Mello Freire, podiam opor-se às testemunhas as exceções de inimizade, falsidade, infâmia de direito e de facto (1966: 130).

Do ponto de vista do depoimento prestado, não mereciam fé[121] ou "não provavam"[122]: (i) as testemunhas que depunham por mera credulidade; (ii) de ouvida alheia ou pela opinião de outrem; (iii) as que eram várias ou que depunham sobre coisas entre si diversas; (iv) contraditórias; (v) inverosímeis; (vi) as que depunham em dúvida ou vacilantes; (vii) genérica ou vagamente; (viii) ape-

[116] Vouglans, 1757: 322; Pereira e Sousa, 1820: 146, sem contudo citar o penalista francês.

[117] Vouglans, 1780: 790 e 791.

[118] Vouglans, 1757: 322.

[119] Pereira e Sousa, 1820: 147 e 148.

[120] O.F.3.56.11, *a contrario*; Vouglans, 1757: 318.

[121] Pereira e Sousa, 1820: 149-151.

[122] Mello Freire, *BMJ*, 156, 129 e 130.

nas sobre as circunstâncias e não sobre o próprio crime; (ix) as que depunham sem razão alguma ou não davam razão concludente de ciência (O.F.1.60.18; e 86.1); (x) não juramentadas, independentemente da sua dignidade; (xi) e as testemunhas extrajudiciais.

h. Vários adágios refletem a desvalorização dos depoimentos dos pobres ou indigentes, como se a verdade ou a honestidade não pudessem florescer na pobreza: *rara viget probitas ubi regnat grandis egestas*. Contudo, no século XVIII, o discurso é claramente ambivalente. Muyart de Vouglans acolhe a "regra do nosso direito francês", que havia sido registada por Loysel[123] – *pauvreté n'est pas vice: mais en grande pauvreté, n'y a pas grande loyauté* – radicando o seu fundamento no "perigo de corrupção"[124]. Contudo, o afastamento do pobre ou indigente verificava-se somente (i) nos casos de "grande pobreza", tratando-se de um mendigo; (ii) e de pobreza culposa, ou seja, gerada por "culpa e má conduta" (*par sa faute & sa mauvaise conduite*). Era assim recebido o depoimento do pobre de "bons costumes" e "por acidente" e ainda daquele que depunha em conformidade com outras testemunhas ou no sentido de provar a inocência do acusado[125]. Para Jousse, os mendigos, vagabundos e outras pessoas de "condição" vil constituíam testemunhas suspeitas, sendo os seus depoimentos admitidos, embora menos considerados. Eram contudo plenamente atendidos, provando-se que gozavam de "boa reputação"; existindo indícios; dizendo-lhes respeito o facto a provar, não tendo interesse em depor; e tratando-se de provar a inocência do acusado. Também aqui a força dos depoimentos depende da "prudência dos juízes"[126]. Warville considera inconcebível privar da faculdade de testemunhar os mendigos, pobres e prisioneiros[127] ou, perante depoimentos contraditórios, preferir os ricos aos pobres[128]. De forma idêntica, entre nós, Pereira e Sousa esclarece que os pobres não se reputavam pessoas vis, sendo de honestos costumes[129].

i. Em relação às mulheres, o *anti-Beccaria* francês é ambíguo. Recorda que o direito canónico não admitia, em regra, o seu depoimento em matéria criminal, excetuando os crimes de lesa-majestade ou os casos em que a verdade não podia ser de outra forma provada. Mas informa que em França se seguia a disposição do direito romano, de acordo com a qual o depoimento das mulheres era geralmente recebido. Simultaneamente, quebra a força da regra, afirmando ser verdade que em matéria criminal as mulheres não eram olhadas como testemunhas

[123] Loysel, 1758: II, 208; L.V, T.V, XVI.
[124] Vouglans, 1757: 318.
[125] Vouglans, 1758: 319.
[126] Jousse, 1771: I, 700.
[127] Warville, 1836: II, 116.
[128] Warville, 1836: II, 127.
[129] Pereira e Sousa, 1820: 149, em nota.

omni excetione majores e cita mesmo Antoine Bruneau (1640-1720), para afirmar que o depoimento de duas mulheres era insuficiente para operar uma condenação capital, sendo pelo menos necessárias três[130]. Em rigor, Bruneau enuncia a máxima segundo a qual, em França, o depoimento de três mulheres equivale ao depoimento de dois homens[131].

Pereira e Sousa é bem mais claro ao afirmar que os "defeitos" das testemunhas não podem provir do sexo, não deixando portanto as mulheres de ser consideradas como testemunhas hábeis nas causas criminais. Em nota, referencia um dos seus penalistas de eleição, Brissot de Warville, para concluir: "por serem as mulheres mais delicadas, mais fracas, e mais sensíveis não se segue que elas sejam menos verdadeiras, ou menos sinceras, para que se lhes negue a fé dos seus juramentos"[132]. Se, por um lado, o *Citoyen Brissot* aceita para as mulheres o velho princípio da *fragilitas* – que impedia "o seu espírito de se elevar nas ciências" ao ponto a que chegava o "génio transcendente dos homens" – por outro lado, entende que, por serem mais delicadas, "leves" ou levianas (*légères*) e sensíveis não faltam mais à verdade: "a probidade não é como o génio; na organização, um mentiroso é tão bem organizado quanto um Voltaire"[133].

V. A prova documental

a. A prova documental, literal ou instrumental ("por instrumentos") tem no antigo regime uma importância diminuta, apesar de crescente, e a sua autonomia é colocada sistematicamente em risco. Mello Freire, por exemplo, reconduz a prova documental à confissão ou à prova testemunhal[134]. A prática de redigir documentos tornou-se mais frequente à medida que a literacia da população aumentava e começou então a equacionar-se a sua consideração como verdadeira prova, na condição de serem reconhecidos por aquele a quem eram atribuídos ou, em caso de denegação da sua autoria, quando eram objeto de verificação por peritos.

A doutrina debateu longamente se os crimes podiam ser provados através de documentos. Vouglans faz um breve recenseamento do problema, recordando que Julius Clarus e Farinacius entendiam que em regra os crimes apenas se podiam provar através de testemunhas, sendo, contudo, refutados por outros "mais modernos", como Cujacius, que manifestavam aliás preferência pela prova documental. Vouglans propõe-se dissolver a dificuldade – segundo *nos usages* – e

130 Vouglans, 1758: 319.
131 Bruneau, 1715: 74; T.VIII, max. XL.
132 Pereira e Sousa, 1820: 149.
133 Warville, 1836: II, 120.
134 Mello Freire, *BMJ*, 156, 135.

aceita estar perante uma prova jurídica em matéria criminal. Distingue os crimes em que a única prova possível era a testemunhal, como a injúria verbal e a blasfémia, e aqueles em que, pelo contrário, a única prova viável era a documental; existiam finalmente os crimes em que a prova testemunhal concorria com a prova documental[135]. Pereira e Sousa é perentório ao afirmar que "é inegável poder-se provar o delito também por instrumentos"[136] mas, ao entender necessária a afirmação, deixa subjacente um passado de dúvidas quanto à sua valia probatória.

b. A prova fundada num documento alegadamente escrito ou somente assinado pelo acusado, e que tendia a provar diretamente um crime, revelava-se de utilização muito circunscrita a determinados crimes como o *complot* contra o Estado, a heresia, a usura, o perjúrio, a falsificação ("escrituras falsas"), as "injúrias escritas" ("libelos famosos"), as cartas de desafio e as ameaças escritas. Os documentos podiam ainda formar uma prova meramente indireta, fundada em presunções e indiciária. Assim sucedia com a promessa de pagamento para perpetrar um homicídio, que constituía uma "presunção violenta"[137].

Os jurisconsultos exigiam, para que a prova literal fosse "completa" ou "válida", que (i) o documento constatasse ou contivesse o crime e (ii) fizesse fé por si próprio, sendo autêntico ou reconhecido pelo acusado[138]. Uma vez que o documento somente era suscetível de fazer plena prova quando encerrava o corpo de delito, se a prática do crime era extraída por "indução", deveria ser considerado prova indireta ou conjetural; e, se apenas continha a confissão do réu, tinha a natureza de uma confissão extrajudicial.

c. A doutrina distingue o escrito privado ou particular do escrito público. O documento particular não era dotado de fé pública, sendo feito mais para lembrança do que para prova, nas palavras de Pereira e Sousa[139]. Sendo, contudo, reconhecido pelo autor, formava uma prova plena ou completa[140]. Os documentos particulares não tinham verdadeiramente autonomia, carecendo de força probatória. Exigiam ser reconhecidos em juízo, pelo réu ou por testemunhas, pelo que se reconduziam à confissão ou à prova testemunhal. Os documentos escritos pelo réu tinham, portanto, a força de uma confissão extrajudicial e, em consequência, não faziam por si plena fé. De forma idêntica, dado o seu carácter extrajudicial, os testemunhos instrumentais não faziam prova plena[141].

135 Vouglans, 1757: 326-328; 1780: 798.

136 Pereira e Sousa, 1820: 139, em nota.

137 Jousse, 1771: I, 741.

138 Vouglans, 1757: 330; Jousse, 1771: I, 741 e 742; Warville, 1834: II, 134.

139 Pereira e Sousa, 1820: 139.

140 Pereira e Sousa, 1820: 140; O.F.3.25.9.

141 Mello Freire, 1966: 135.

Warville analisa detidamente os documentos particulares, distinguindo os que tinham um caráter secreto daqueles que se tornavam do conhecimento público, como sucedia com as obras impressas. Entende que jamais se podia condenar alguém porque o seu nome aparecia no frontispício de uma obra. Quanto aos escritos secretos, estes ou eram cartas ou haviam sido ocultados pelo acusado. Quanto às cartas, é perentório: infeliz seria a nação que violava a confiança pública e abusava dos desabafos vertidos na correspondência. Quanto aos que, no segredo e na sombra dos seus gabinetes, fabricavam escritos que desenvolviam novas ideias e ultrajavam o poder, entende que o crime "não existe", uma vez que este é "uma ação prejudicial aos interesses da sociedade"[142]. Abre apenas uma exceção: as cartas ultrajantes de um particular dirigidas a outro particular, se o autor confessasse a sua assinatura. Para Brissot de Warville, em suma, a prova literal, secreta ou impressa, não constituía uma prova completa[143]. Jousse, admitindo não obstante o recurso aos escritos do réu, havia também rejeitado a valia probatória da sua correspondência[144].

O escrito público (instrumento, em sentido próprio) podia ser judiciário – como o relatório de um médico ou outro *expert* que prestara juramento perante o tribunal – ou extrajudiciário, elaborado por oficial público, tornando-o autêntico. O tabelião ou notário, considerado como pessoa pública apenas nos negócios cíveis, era havido como um particular nos assuntos criminais[145]. Segundo Pereira e Sousa, o instrumento público fazia plena prova, quando continha o corpo de delito[146]. Jousse pronuncia-se também, atribuindo-lhe uma "fé inteira"[147] e Vouglans reconhece-lhe "fé", sem depender de reconhecimento ou verificação[148]. Distingue os casos em que o documento autêntico formava o próprio crime, como sucedia com os libelos famosos ou os contratos usurários, podendo constituir uma prova completa; os casos em que encerrava o mero projeto (*dessein*) criminoso, como nas promessas de pagamento para se perpetrar um homicídio, não configurando então uma prova completa; e os casos em que a ligação com o crime é puramente indireta, como na transação que envolvia um pagamento por parte do acusado, simples indício que não formava em si mesmo prova alguma.

Encerrando o documento uma mera confissão, esta teria caráter extrajudicial e extrajudiciais eram também consideradas as testemunhas instrumentárias, não

142 Warville, 1836: II, 134-136.

143 Warville, 1836: II, 169.

144 Jousse, 1771: I, 744.

145 Mello Freire, *BMJ*, 156, 135; Pereira e Sousa, 1820: 140, nota ao §CLXXVII.

146 Pereira e Sousa, 1820: 140, §CLXXVII e nota.

147 Jousse, 1771: I, 741.

148 Vouglans, 1757: 329.

fazendo prova. Mello Freire, não distinguindo os escritos públicos dos escritos particulares, afirma simplesmente que os documentos escritos pelo réu têm a força de uma confissão extrajudicial e não fazem plena fé[149].

d. Quando o réu negava a autoria do documento particular, a sua determinação podia resultar do depoimento de testemunhas que haviam assistido à sua redação ou assinatura e ainda da verificação da letra por peritos, de bons costumes, conhecedores da sua arte e experientes. O carácter inseguro desta "arte" impedia, contudo, que os documentos particulares reconhecidos por "comparação de letras" formassem uma prova inteira[150]. Os documentos não reconhecidos em juízo ou pelo confronto da letra não tinham "nenhuma força probatória"[151]. E o documento suspeito de falsidade carecia igualmente de fé[152].

Para Jousse, o relatório de peritos que, por semelhança da letra, atribuía a autoria do documento ao réu não formava senão um indício ou conjetura, fundada em prova testemunhal[153]. A incerteza e as contradições que envolviam esta prova levam-no a considerá-la "uma das mais frágeis e das mais equívocas". Ela não configura verdadeiramente uma prova documental porque se apoia num raciocínio (*raisonnement*); nem uma prova testemunhal porque o perito não depõe sobre o crime em si mesmo. Não podia ser considerada uma "prova suficiente" ou sequer um "indício indubitável", mas uma "simples opinião", uma "ajuda" à prova. A prova pericial é tida como uma espécie de prova testemunhal[154] e, em consequência, também por esta via, a prova documental carece em grande parte de autonomia, como assinalam repetidamente os jurisconsultos do antigo regime. Ou o documento é reconhecido pelo seu autor e consubstancia uma confissão ou a sua autoria é determinada por testemunhas ou por peritos, reconduzindo-se a uma prova testemunhal.

Ensina Mello Freire que os documentos não reconhecidos em juízo podiam sê-lo pelo confronto da letra, que devia ser tomado "com cautela"[155]. Também Pereira e Sousa entende que a "comparação de letras" é um "meio muito falível de descobrir a verdade", uma vez que os peritos não podiam verdadeiramente assegurar a sua autoria. Um juízo tão "falaz" providenciava somente um indício e jamais uma prova legal[156]. Brissot de Warville não hesitaria em considerar esta

149 MELLO FREIRE, *BMJ*, 156, 135.

150 VOUGLANS, 1757: 330.

151 MELLO FREIRE, *BMJ*, 156, 135.

152 PEREIRA E SOUSA, 1820: 141; O.F.3.60.3.

153 JOUSSE, 1771: I, 742.

154 JOUSSE, 1771: I, 655 e 747.

155 MELLO FREIRE, *BMJ*, 156, 135.

156 PEREIRA E SOUSA, 1820: 140, nota ao §CLXXVII; O.F.3.52.pr.

"arte" como "conjetural" e "quimérica" e a comparação de letras uma "ridícula prova"[157].

O conservador Muyart de Vouglans alerta, contudo, nas *Leis criminais de França*, para o perigo da opinião de "certos autores" que entendiam a prova literal como uma prova conjetural ou mero indício. Ela poderia favorecer a impunidade, considerando que estavam sobretudo em causa crimes "ocultos por natureza", como o assassinato ou a falsificação[158].

VI. A prova conjetural. Os indícios

a. A prova por argumentos ou conjetural tem um lugar à parte no direito antigo. Ela não incide sobre o facto principal ou o crime que se pretende provar, mas sobre outros factos. É por isso qualificada como uma prova indireta ou "oblíqua". E é também tida como a "menos certa" das provas. Alicerça-se sobre um raciocínio que, a partir da relação entre factos conhecidos e provados (indícios) e o facto principal que se procura provar, conclui pela verdade e existência deste. Essa relação pode ser mais ou menos próxima: uma relação necessária de causa e efeito ou uma relação meramente provável, correspondendo então à "ligação ordinária das coisas entre si"[159]. Pereira e Sousa define o indício como "a circunstância que tem conexão verosímil com o facto incerto de que se pretende a prova"[160]. Várias palavras são usadas a propósito desta prova indireta: indícios, presunções, conjeturas, suspeitas, adminículos... Estes últimos designam mais especificamente o indício que atua, não para formar uma prova, mas para a aperfeiçoar ou confirmar. A conjetura é sobretudo uma presunção fraca e a suspeita uma conjetura leve. Vouglans assinala que vulgarmente o indício é usado contra o acusado, enquanto a presunção beneficia a defesa[161].

A prova conjetural tem reconhecidamente um caráter incerto e a ela se lança mão quando falecem as provas diretas, ou seja, intervém subsidiariamente, suprindo as imperfeições ou incompletudes da prova produzida, de forma a atingir uma prova completa. Mais do que "formar" uma prova, os indícios "fortificam" a que já existe[162]. A prova indireta é estabelecida, tal como a prova direta, através de testemunhas, de documentos e da confissão.

É no que toca à prova conjetural que o sistema probatório do antigo regime mais claramente se abre à "convicção" dos juízes. Ela encontra o seu fundamento

[157] Warville, 1836: II, 136-137 e 169-170.

[158] Vouglans, 1780: 802.

[159] Jousse, 1771: I, 751 e 754.

[160] Pereira e Sousa, 1820: 56.

[161] Vouglans, 1757: 345.

[162] Jousse, 1771: I, 811.

numa "espécie de análise moral que forma no espírito do juiz uma convicção maior ou menor"[163] e é "nesta estimação moral que consiste a ciência do juiz e a arte de poder distinguir uma prova completa de uma prova imperfeita; e é deste exame que depende o juízo que ele deve formar sobre a necessidade da ligação dos factos conhecidos ao facto desconhecido ou sobre a incerteza desta ligação"[164]. A avaliação dos indícios é, com efeito, um dos domínios por excelência de atuação do poder arbitrário dos juízes. Ainda segundo a terminologia da época, depende das suas "luzes" e da sua "prudência" "discernir os indícios que são incertos daqueles que são certos" e "distinguir o que forma o caráter de uma prova suficiente do que forma somente uma prova imperfeita"[165].

Daniel Jousse, a quem pertence um dos mais completos quadros sobre a prova penal do antigo regime, condescende que não é fácil estabelecer "regras fixas e certas"[166]. Ainda assim, o juiz parece poder contar com uma conceção essencialista do homem, quando afirma que a experiência autoriza a convicção de que existe um fundo comum no coração dos homens e que, por isso, colocados nas mesmas circunstâncias, agem de forma idêntica: os "factos que ocorrem com maior frequência são aqueles que se encontram em conformidade com a inclinação natural dos homens, as suas tendências [*penchant*], a sua razão, os motivos que os levam a agir e a forma como a experiência e o sentimento nos ensinam que agem ordinariamente"[167]. O juiz pode contar também com a certeza da relação causa e efeito; afinal, a ciência é o conhecimento das causas pelos seus efeitos e vice-versa. Uma relação necessária entre dois fenómenos permite estabelecer uma presunção indubitável. Contudo, quanto mais causas tem um fenómeno, mais a dúvida se instala. A relação entre os fenómenos deixa de ser necessária para se tornar meramente provável, normal ou até rara.

b. Brissot de Warville, que levanta uma das mais veementes críticas ao sistema de provas legais, encontra nos indícios e presunções a prova mais enganosa e fatal aos acusados, condenada pela lei natural, pela razão e sobretudo pela experiência[168]. Todos os problemas – como o seu número ou a sua força probatória – estavam envoltos em incerteza e a doutrina perdia-se em distinções intermináveis e em variações desesperantes[169]. Opõe-se sobretudo à aritmética dos indícios, ao procedimento que admitia condenar somente com base em indícios: sem o

[163] Jousse, 1771: I, 657.
[164] Jousse, 1771: I, 664.
[165] Jousse, 1771: I, 664, 752.
[166] Jousse, 1771: I, 805.
[167] Jousse, 1771: I, 806 e 807.
[168] Warville, 1836: II, 146.
[169] Warville, 1836: II, 145.

apoio da prova testemunhal, os indícios não deveriam fundamentar qualquer condenação, ainda que leve[170]. Em primeiro lugar, deles não se retirava senão uma verosimilhança; nunca uma certeza. Depois, através da sua adição ou soma, como se cada indício constituísse uma unidade ou a fração de uma unidade[171], operava-se uma "bizarra metamorfose"[172]. No quadro do sistema de provas legais, a doutrina havia outorgado aos juízes uma tabela "quimérica" com o valor de todos os indícios, isoladamente ou em combinação com outros. Warville rejeita presunções como a que reputava morto por causa dos ferimentos aquele que morria no prazo de quarenta dias[173], agitada no caso da morte da escrava Isabel, e passa em revista um grande número de indícios que considera absurdos e perigosos. Responde em particular ao "imenso quadro" desenhado por Jousse, que considera "inútil e insuficiente" porque a força dos indícios varia infinitamente segundo as circunstâncias[174].

Num aspeto crucial, que evidencia a proximidade entre o direito do antigo regime e a íntima convicção, Warville está em consonância com Jousse: a apreciação dos indícios encontra-se inevitavelmente entregue à "prudência dos juízes"; o estudo das probabilidades é a ciência dos juízes[175], sendo que em matéria criminal a maior probabilidade não é suficiente. Nesta ampla margem de apreciação reconhecida ao juiz, Warville afasta-se conscientemente dos "filósofos modernos"[176] e, em particular, de Beccaria, que lhe desenha o mais diminuto espaço de decisão. Se, no passado, uma complexa tabela de indícios deveria conduzir o juiz, Warville renuncia agora à "quimera de uma medida geral de probabilidades resultante das diferentes provas legais"[177]. Trata-se exclusivamente de uma ciência dos juízes e não do legislador.

c. Os indícios servem sobretudo para determinar a autoria do crime. Como explica Pereira e Sousa, o corpo de delito provava o delito, mas não revelava o seu autor; era necessário "legitimamente indiciar" alguém para ser pronunciado réu[178]. Contudo, os indícios ou conjeturas podiam ainda ser utilizados para provar o corpo de delito, relativamente aos crimes de prova difícil. Jousse, também neste ponto, detém-se na elaboração de um elenco destinado a alguns crimes em particular. Por exemplo, no caso de homicídio, não se encontrando o

[170] Warville, 1836: I, 160.
[171] Warville, 1836: II, 159.
[172] Warville, 1836: II, 152.
[173] Warville, 1836: II, 152.
[174] Warville, 1836: II, 156.
[175] Warville, 1836: II, 160.
[176] Warville, 1836: II, 165.
[177] Warville, 1836: II, 164.
[178] Pereira e Sousa, 1820: 55.

corpo da vítima, constituíam indícios o desaparecimento para que não se encontrava justificação ou a existência de vestígios de sangue.

Três grandes questões ocupavam os juristas: a identificação dos indícios admissíveis; a determinação do número necessário para produzirem efeitos probatórios; e a sua valia autónoma, discutindo-se aqui se os indícios podiam atuar por si ou como mero complemento probatório. A doutrina admitiu atingir uma prova completa através de indícios, fazendo depender a sua força de três condições: (i) a existência de uma relação necessária ou pelo menos íntima ou próxima entre os indícios e o facto principal; (ii) o seu grande número; (iii) e o acordo ou relação entre si. Esta possibilidade reflete-se na classificação da prova por argumentos ou indireta, que podia ser (i) completa (certa, verdadeira); e (ii) incompleta (incerta, conjetural).

A suficiência dos indícios para operarem uma condenação constitui um dos problemas mais complexos do sistema de provas legais. A doutrina discutiu longamente, socorrendo-se do direito romano, a inclusão dos indícios indubitáveis entre os meios legítimos de prova, não faltando também quem tivesse adotado posição intermédia, advogando a cominação de uma pena extraordinária – afastando, portanto, a penal legal ou ordinária – fixada de acordo com os indícios recolhidos. Jousse enunciou um conjunto de máximas sobre a prova que resultava dos indícios. (i) Os indícios equívocos ou não concludentes, que definem uma mera possibilidade, não permitem formar uma prova. (ii) Um indício grave vale um pouco menos que uma semiprova e um indício violento vale mais que uma semiprova. (iii) Não é possível condenar com base em simples presunções, indícios ou conjeturas que estabelecem uma relação meramente provável com o crime. (iv) Mas se os indícios são violentos ou indubitáveis, ou seja, se têm com o crime uma relação necessária, formam uma prova completa e suficiente para a condenação. (v) Para a tortura basta uma prova considerável de indícios graves e violentos. (vi) Os indícios devem ser provados à semelhança dos factos principais; através da confissão, de dois depoimentos *de visu* ou de documentos. A doutrina admite, contudo, a prova dos indícios através de indícios. Assim como a insuficiência do depoimento de uma só testemunha podia ser suprida através de indícios, a insuficiência de um indício provado através de uma só testemunha podia ser suprida através de outros indícios, com uma relação necessária ou próxima com o primeiro[179]. Um indício parcialmente provado não deixava portanto de produzir efeitos.

A possibilidade de condenar à morte somente com prova indiciária constituía, segundo Jousse, uma das questões mais delicadas agitada em matéria criminal[180].

[179] Jousse, 1771: I, 813.
[180] Jousse, 1771: I, 830.

Nos crimes puníveis com penas corporais (que não a morte) e infamantes, os indícios apenas podiam ter como efeito pronunciar punições pecuniárias. A doutrina do antigo regime dividiu-se, advogando alguns a aplicação de uma "pena menor". Considerava-se em geral que para condenar a uma pena corporal com base em indícios era necessário que estes fossem muito violentos. Admitia-se a aplicação – na ausência de uma prova inteira, mas somente considerável – de uma pena proporcional às provas (*pro modo probationem*), ou seja, uma "pena menor", sobretudo estando em causa "grandes crimes"[181].

Entre nós, Mello Freire é genericamente adverso à atribuição de força probatória aos indícios, que considera falíveis ou falazes, nomeadamente na sua específica avaliação[182]. E fixa mesmo como axioma que "ninguém pode ser condenado por indícios", ainda que veementes – ou sequer através de uma presunção *iuris et de jure* – de que se retira uma mera "probabilidade" e não certeza. Rejeita a designação "indícios indubitáveis", uma vez que "não convencem plenamente o juiz, nem o certificam do delito e do delinquente", caso em que não se teriam "indícios, mas a certeza, isto é, a prova legítima"[183].

Nas palavras de Pereira e Sousa, não bastavam indícios para chegar à "final condenação". Esta exigia uma "legítima prova" e os indícios "nunca chegam à classe da prova"[184]. Lembra que o indício não é mais do que um facto, cuja causa é incerta, e cita Warville: dez incertezas não produzem uma certeza, tal como a muitas trevas é impossível produzir a luz. Não obstante, se um indício remoto não podia trazer prejuízo algum ao réu, o advogado na Casa da Suplicação não deixa de admitir: eram necessários "mais". Mas "quanta fé então façam" tais indícios era algo deixado ao "prudente arbítrio" do juiz[185]. Aliás, a esse "arbítrio do julgador" confiam as *Ordenações* a decisão de prender, ouvidas testemunhas (O.F.5.117.12).

d. Dos indícios decorriam presunções, as provas propriamente ditas – embora uma *probatio ficta* ou *quasi probatio* – seguras ou duvidosas, violentas ou leves, de acordo com a convicção que geravam no espírito do juiz. Em alguns casos, da presunção retirava-se uma certeza ou uma perfeita convicção, assumindo a natureza de uma verdadeira prova e até de uma prova completa. Mas muito frequentemente apenas permitia configurar uma probabilidade, verosimilhança ou até mesmo uma mera conjetura ou suspeita; pertencia, nesses casos, ao domínio da incerteza.

[181] Jousse, 1771: II, 603 e 604.

[182] Mello Freire, *BMJ*, 156, 141 e 142.

[183] Mello Freire, BMJ, 156, 127.

[184] Pereira e Sousa, 1820: 55, em nota.

[185] Pereira e Sousa, 1820: 58.

A doutrina distinguia as presunções de direito ou legais das presunções de facto ou indícios. Nas palavras de Mello Freire, enquanto as presunções "do direito" eram extraídas "pela lei", as presunções "do homem" eram "tiradas pelo homem das circunstâncias do facto". As presunções de direito eram autorizadas pelas leis ou pelos costumes e constituíam verdadeiras provas. Delas podia decorrer a afirmação de uma verdade, que não admitia prova em contrário, ou de uma probabilidade ou verosimilhança, considerada como verdade até prova em contrário. Por exemplo: (i) o dolo não se presume; (ii) não se mente *in articulo mortis*; (iii) presume-se que morre dos ferimentos aquele que morre no prazo de quarenta dias[186]. Esta presunção é alicerçada sobre aquilo que acontece mais frequentemente[187]. Em suma, pelas presunções, de carácter excecional, a lei atribuía a certos factos determinadas consequências, por vezes necessárias. Assim sucedia ainda com a irresponsabilidade dos menores mais jovens[188] ou com a presunção de legítima defesa em caso de ataque noturno ou de roubo com violência[189].

A força probatória de outras presunções (humanas) dependia mais claramente da "prudência" dos juízes. Elas fundavam-se nas leis da natureza (se alguém esteve perante um notário em Roma, não pode ter cometido o crime ocorrido em Paris), em sinais naturais (o rubor do rosto é um sinal provável de cólera) e em princípios humanos, ou seja, no que sucedia normalmente (um homem de má reputação é encontrado durante a noite com bens de uma casa próxima que foi assaltada) ou nas inclinações naturais dos homens (a fuga do acusado).

Mello Freire assimila os indícios às presunções. Abre um capítulo intitulado "Dos indícios falíveis dos crimes"[190], que define como "os argumentos, suspeitas, presunções, conjeturas, e o mais com que de qualquer modo se vê convencer ou absolver o réu"[191]. Distingue as presunções ou indícios "do homem, do direito, e *juris et de jure* (do direito e por direito)". Os indícios são apartados da verdadeira certeza ou da prova (plena), que resulta da "certeza física ou moral", porque precisamente "não provam o delito"[192]. Reconhece que as *Ordenações* admitem as presunções nos feitos crimes (v.g. O.F.5.25.10; e 5.48.2). E considera injusto ter o réu como "confesso e convencido" quando faltam outras provas, pelo facto de fugir do cárcere havendo arrombamento da prisão. Não obstante a letra das *Ordenações*

[186] Jousse: I, 755.
[187] Jousse, 1771: 756.
[188] Laingui, 1970: 223 e 224.
[189] Laingui, 1970: 276.
[190] Mello Freire, *BMJ*, 156, 138-143; T. XVIII.
[191] Mello Freire, *BMJ*, 156, 138.
[192] Mello Freire, *BMJ*, 156,139.

(O.F.5.48.2). Admite que se presumia ter sido o arrombamento instigado pelo réu, mas reclama a necessidade de outras provas para a sua condenação. Entende que a "regra vulgar", segundo a qual a presunção prova a intenção do autor e é considerada "prova verdadeira" enquanto não se provar o contrário, transferindo para o adversário o ónus da prova, não devia ter lugar nas ações criminais[193]. Configura a presunção de inocência como exigência da lei natural. Contudo, o seu texto, sempre hesitante entre o ideal humanitarista e a defesa do poder, não deixa de registar: "mesmo os Filósofos e Jurisconsultos mais humanos" concordam que, nos crimes "muito atrozes contra a sociedade ou o seu Regedor", os indícios gravíssimos exigem uma pena extraordinária, "que baste ao menos para afastar o perigo"[194].

e. A doutrina procedeu a uma laboriosa listagem e classificação dos indícios, sobretudo com a finalidade de determinar a respetiva força probatória, consoante era "maior ou mais forte, ou menor, o nexo entre eles, o delito, e o seu autor"[195]. Distinguem-se os indícios comuns (a todos os crimes) dos indícios particulares (a certos crimes); e os indícios próximos dos indícios remotos ou afastados. Precisamente em função desta relação, mais ou menos próxima, com o crime, podiam ser: manifestos, necessários, urgentes, certos, indubitáveis, concludentes ou muito violentos; graves ou violentos; e leves ou duvidosos.

Existindo uma ligação necessária ou próxima entre o facto conhecido e o crime, os indícios eram considerados violentos e indubitáveis, gerando uma prova inteira ou perfeita. Os indícios eram graves se a relação com o crime se alicerçava nas "leis ordinárias da natureza", definindo uma semiprova. Sendo leves, não permitiam senão sustentar uma suspeita. Os indícios violentos ou manifestos eram tipicamente exemplificados através de uma descrição, sucessivamente repetida pelos vários penalistas: duas testemunhas declaram ter visto o acusado, de espada ensanguentada na mão, a sair da única porta do edifício, a partir do qual se ouvem gritos e onde se descobre o corpo da vítima, com quem tinha uma inimizade mortal. O indício seria somente grave se fosse surpreendido, à noite, a sair da casa onde a vítima seria encontrada. Se existisse entre ambos uma inimizade capital, seguida de ameaças. Ou simplesmente sendo as ameaças provadas. Idêntica força tinha o indício resultante de documento que consubstanciava o crime e cuja autoria era atestada por peritos. Outros indícios podiam ser considerados mais ou menos graves, de acordo com as circunstâncias. Por exemplo, o facto de o pai ou o senhor não impedirem a prática do crime pelo seu filho ou doméstico, quando estavam em condições de o fazer. Os indícios leves, que incidiam sobre a pessoa

[193] Mello Freire, *BMJ*, 156, 140.

[194] Mello Freire, *BMJ*, 156, 141.

[195] Mello Freire, *BMJ*, 156, 138.

do acusado – e não sobre o próprio crime ou as suas circunstâncias – incluíam o interesse; a perpetração anterior de crime idêntico; a intempestiva iniciativa de investigar o crime; a afetação de surdez ou amnésia; o silêncio durante o interrogatório; o estado de perturbação; a má reputação, o nome vilão ou até a fisionomia, aspetos em que André Laingui e Arlette Lebigre vêem uma "premonição do *homem criminoso*" dos positivistas italianos[196]. Quanto a nós, um procedimento de "rotulagem" (*labeling*) *avant la lettre*.

Se os indícios constituíam um dos territórios por excelência da discricionariedade judicial ou *arbitrium judicis*, a casuística sedimentada pela doutrina pretende orientar os juízes. Assim procede Vouglans, que expressamente tenta prevenir os "abusos perigosos" através do recenseamento de exemplos extraídos de Autores como Farinacius ou Mascardus, embora seja sobretudo a "famosa Carolina" que segue e o inspira. Os indícios manifestos ou necessários são tão evidentes que a lei não permite duvidar da verdade dos factos que revelam, rejeitando toda a prova contrária. São comparáveis às presunções *iuris et de juris* em matéria civil. Os indícios próximos (*praesumptiones juris*) são considerados pela lei verdadeiros e o acusado não os destrói através de prova contrária. Aqui se incluem a comparação de escritos por peritos e a prova testemunhal ou documental imperfeita. Nunca podem operar a condenação capital do acusado, mas autorizam a tortura, assim como penas aflitivas, pecuniárias e infamantes. Os indícios afastados incidem sobre circunstâncias gerais que não têm uma relação imediata com o crime. Consistem na "opinião dos homens" (*praesumptiones hominis*). Previne Vouglans: podem variar até ao infinito e é impossível dar deles uma "ideia bem precisa" ou fixar "regras absolutamente certas"[197]. Não permitem qualquer tipo de condenação e menos ainda a tortura. A menos que se juntem a semiprovas ou indícios próximos, que os fazem considerar "adminículos", ou se encontrem em grande número... *quae singula non prosunt, simul collecta juvant.*

f. A imensa variedade dos indícios conduziu, com efeito, a uma complexa casuística e a numerosas listagens, mais ou menos dilatados, separando, por exemplo, aqueles que eram comuns daqueles que eram próprios ou específicos de alguns crimes. Vouglans apresenta longos elencos de indícios comuns próximos (dezanove) e afastados (quinze). Jousse reproduz múltiplas listas, em função das várias classificações de que faz uso, e analisa detidamente um grande número de indícios em especial[198]. Os indícios e adminículos podem dizer respeito à pessoa (*v.g.* idade, reputação); à causa do crime (*v.g.* ódio, interesse); ao que o precedeu, acompanhou ou se lhe seguiu (*v.g.* ameaças, gritos, súbito aumento do

[196] Laingui e Lebigre, 1979: II, 113.
[197] Vouglans, 1757: 346.
[198] Jousse, 1771: I, 761-765.

património); ao que se disse ou omitiu (*v.g.* mentira, silêncio); ao local e tempo; à facilidade em cometer o crime; ao que se omitiu ou negligenciou fazer (*v.g.* o doméstico ou familiar que não defende a vítima ou a mulher que guarda silêncio quando encontra o marido morto).

Constituem indícios comuns geralmente reconhecidos: (i) a confissão extrajudicial do acusado, que era, portanto, colocada abaixo da prova semiplena[199]; (ii) a inimizade capital com a vítima; (iii) as ameaças; (iv) a fuga; (v) a fama ou rumor público; (vi) os costumes do acusado (vii) a má reputação; (viii) o hábito de cometer crimes idênticos; (ix) a mentira; (x) a emoção, o tremor, a variação e a inconstância das respostas do acusado; (xi) o silêncio e a recusa em responder; (xii) a transação com a vítima; (xiii) o interesse do acusado na perpetração do crime; (xiv) a acusação pelo cúmplice ou sócio do crime; (xv) a ajuda, o favorecimento ou a ocultação do autor do crime; (xvi) a não revelação do crime; (xvii) o silêncio do acusado quando teve conhecimento de que o crime iria ser cometido; (xviii) a aprovação do crime; (xix) a preparação de tudo o que era necessário para o cometer; (xx) a presença em locais suspeitos e próprios à prática do crime; (xxi) a presença no local do crime ao tempo em que foi cometido; (xxii) a existência de objetos do acusado no local do crime; (xxiii) o *comércio* ou contato com pessoas que praticam crimes idênticos; (xxiv) a perseveração da vítima na acusação; (xxv) o não obstar à prática do crime, quando era possível fazê-lo; (xxvi) a facilidade em cometer o crime (*v.g.* pela coabitação ou pela vizinhança); (xxvii) a posse de bens provenientes do crime; (xxviii) o arrombamento da prisão.

g. Relativamente aos indícios particulares, a doutrina fixa-se nos crimes puníveis com a morte, já que para aqueles em que a lei cominava penas corporais e infamantes os indícios apenas autorizavam pronunciar penas pecuniárias. Vouglans e Jousse providenciam quadros muito completos e sistemáticos. No furto constituía indício o achamento da coisa roubada em poder do acusado, mas também a difusa convicção, resultante da sua conduta, de que era capaz de praticar o crime. No homicídio, encabeça a lista a presença do réu, atestada por um depoimento irrepreensível, no local do delito, com armas e vestuário ensanguentado. As *Ordenações* não deixam de aludir à forma como podia ser realizada a prova de alguns crimes. Assim sucede com os ferimentos de homens e forças de mulheres, em que a lei retira a prova de ameaças ou da presença no local do crime (O.F.5.134).

h. Pereira e Sousa inclui entre os indícios remotos, afastados ou adminículos, muitas vezes falíveis e tocando somente "os acidentes do crime": (i) a queixa imediata do ofendido; (ii) a fuga; (iii) a declaração do sócio do crime; (iv) a semelhança do gesto ou do traje; (v) a fama pública, que procede de pessoas de autoridade, sendo que o mero rumor não constitui sequer indício remoto;

[199] Lévy, 1939: 80.

(vi) a companhia de homens "facinorosos" ou as ligações a pessoas que praticaram crimes semelhantes; (vii) a inimizade capital; (viii) as ameaças; (ix) a confissão extrajudicial; (x) o dito de uma só testemunha "de vista"; (xi) o achamento de instrumento suspeito como a gazua; (xii) a simulação da loucura, a afetação de ser surdo ou de ter perdido a memória; (xiii) a variação, a vacilação e a inconstância do discurso do acusado (*v.g.* tremor da voz); (xiv) a perturbação do ânimo; (xv) a comparação de letras; (xvi) o interesse do acusado; (xvii) o hábito de praticar crimes idênticos; (xviii) a "má fisionomia"; (xix) a má reputação (*v.g.* passar por ser "inclinado para o crime"). Eram considerados indícios próximos: (i) o depoimento de uma testemunha sobre o próprio crime (o depoimento sobre as meras circunstâncias constituía um indício afastado); (ii) o depoimento de peritos; (iii) a "qualidade" do acusador (*v.g.* se é juiz); (iv) a "qualidade" do acusado, se é vagabundo e não domiciliado; (v) as ameaças; (vi) a inimizade capital; (vii) o "clamor do povo"; (viii) e a confissão extrajudicial. Entre os indícios próximos, que ordinariamente acompanhavam o crime e que com este tinham uma relação íntima e necessária, incluíam-se ainda: (ix) o achamento de coisa pertencente ao réu e do seu uso no lugar do delito, onde o réu fora visto pouco tempo antes; (x) e o achamento da coisa furtada em poder do réu, não mostrando este título legítimo da sua aquisição[200]. Os indícios afastados deviam ser provados através de duas testemunhas, enquanto para os indícios próximos uma só bastava.

i. As considerações tecidas pela doutrina a propósito do número de indícios são as que decididamente mais nos aproximam da mitologia setecentista de uma aritmética da prova. Como observa Foucault, o sistema de provas legais faz da verdade no domínio penal uma arte complexa[201]. Daniel Jousse enuncia a propósito nove regras que, a serem seguidas nos tribunais, conferem verosimilhança a este entendimento. (i) A soma de vários indícios leves forma um indício grave. (ii) Dois indícios graves formam um indício violento e equivalem a uma presunção de direito. (iii) Vários indícios graves formam um indício violento que pode ser considerado indubitável. (iv) Os indícios duvidosos não constituem em si mesmos uma prova, mas podem ser usados para a fortificar. (v) O número de indícios suficientes para formar uma prova depende do arbítrio do juiz e das circunstâncias. Alguns Autores pretenderam que bastavam três indícios graves, mas Jousse considera que não é possível definir uma regra certa, dependendo da força dos indícios e da sua ligação com o facto principal. (vi) Dois indícios, ainda que indubitáveis e constituindo uma meia prova, não formam uma prova completa, mas somente uma prova presuntiva e portanto não são suficientes para condenar, pelo menos na pena ordinária. (vii) O número de indícios supre a violência,

[200] Pereira e Sousa, 1820: 56 e 57, notas.

[201] Foucault, 2013: 47.

mesmo que provados através de testemunhas singulares. (viii) A soma de indícios leves pode dar lugar a um indício grave, ainda que provados por testemunhas singulares. (ix) Seis testemunhas singulares de indícios leves e tendentes ao mesmo fim formam uma prova presuntiva completa. O juiz devia ter em consideração o concurso de indícios e proceder ao respetivo exame e comparação. A concordância dos indícios entre si fortalecia a prova. Os indícios podiam, ao invés, ser destruídos ou, pelo menos, debilitados quando se contradiziam. O indício mais forte destruía o mais fraco; e mesmo um indício leve enfraquecia outro mais forte. Se os indícios eram combatidos por outros de igual força e sentido contrário, prevalecia a presunção de inocência. A presunção mais forte prevalecia sobre a mais fraca; a presunção especial prevalecia sobre a presunção geral; a presunção de direito prevalecia sobre a presunção do homem; assim como a mais favorável ao acusado e a afirmativa sobre a negativa. A enunciação de regras por parte da doutrina não obstava a que esta estivesse plenamente consciente de que o concurso de presunções, em particular de presunções contrárias, dependia do exame do juiz, que as comparava e "pesava"[202].

Manuel Lopes Ferreira tece na sua *Prática Criminal* alguns conselhos que permitiam ao réu equilibrar, na sua defesa, a contabilidade probatória a seu favor, fazendo alusão à sua pessoa, ao seu modo de vida, às suas relações com a vítima, à ausência de antecedentes criminais e à causa do crime[203]. (i) Deveria o seu advogado articular, "contra os indícios opostos", "indícios equivalentes e maiores", para "ilidir e debilitar a culpa que resulta deles", aludindo à sua bondade, louvável vida, costumes honestos, procedimento exemplar, boa fama e opinião, "sem nunca ter cometido culpa ou crime algum". (ii) Deveria ainda articular que nunca cometera "tal qualidade de delito, antes sempre obrara bem e muito em contrário a ele", "desfazendo" as presunções que contra si se arguiam; (iii) que o réu era "homem nobre, bem criado" e que dele não se presumia semelhante crime porque o direito sempre presume o melhor da nobreza e boa criação dos homens; (iv) e que ofensor e ofendido eram amigos ou parentes porque entre estes não se presumem tão facilmente discórdias ou injúrias. (v) Finalmente, deveria ser referida a causa do crime, uma vez que se entendia ser a gravidade da causa conforme à gravidade do delito.

VII. A força das provas

1. A prova plena

Do ponto de vista da sua força ou dos seus efeitos, a prova do antigo regime encontrava-se repartida em três categorias: a prova plena ou completa, que per-

[202] Jousse, 1771: I, 810.
[203] Lopes Ferreira, 1767: 312.

mitia condenar na pena ordinária; a prova semiplena ou incompleta, que autorizava a tortura e uma punição extraordinária; e a prova leve ou imperfeita, que devia conduzir à absolvição. Somente a prova plena – completa, perfeita, manifesta, jurídica – admitia a condenação à morte. No rigor dos seus princípios, aliás, esta prova é pensada para a pena capital. Nas acusações menos graves, o rigor subjacente cedia e as exigências probatórias eram mitigadas[204]. Não resulta claro, porque as fontes são omissas quanto a esse aspeto, se o juiz estava vinculado a condenar nos casos em que a prova era completa[205].

A prova plena resultava de quatro hipóteses. (i) O depoimento, concordante e *de visu* (não *de auditu*), de duas testemunhas íntegras e dignas de fé definia a prova completa por excelência. Os doutores consideram contudo estes depoimentos *rarae aves.* (ii) Um documento autêntico ou assinado pelo acusado e não contestado garantia igualmente uma prova perfeita, desde que dele resultasse com precisão o crime; caso contrário, ter-se-ia como mera prova documental conjetural ou imperfeita. Os simples documentos do acusado, ainda que por ele reconhecidos, não passavam de confissões extrajudiciárias. (iii) A força probatória das presunções veementes, invencíveis ou indubitáveis foi longamente discutida e, a partir do século XVI, admitiu-se finalmente a sua inclusão entre a prova plena, capaz de condenar à morte. As presunções, também designadas indícios manifestos ou necessários, eram comparadas às presunções *iuris et de jure* do direito civil. No exemplo de escola, duas testemunhas irrepreensíveis que depõem ter visto o acusado com uma espada ensanguentada na mão, a sair do local onde é encontrado um cadáver, configuram essa *probatio vere, plena, perfecta.* Os factos a partir dos quais se retiravam as consequências probatórias deveriam eles próprios ser provados de forma completa, ou seja, através de duas testemunhas oculares ou de documentos. Jean Papon (1505-1590) sintetizou esta evolução: perante indícios veementes e indubitáveis, alguns recusavam a condenação, outros defendiam submeter o acusado a tortura e a maior parte admitia a condenação, sendo os indícios concludentes e sem suspeita ou presunção contrária[206]. A prova indiciária era sobretudo admitida nos *grandes crimes* ou crimes graves e nos crimes de prova difícil. Beccaria reprovaria que os delitos mais atrozes e "mais obscuros e quiméricos, isto é, aqueles cuja improbabilidade é maior", se provassem através de conjeturas e "as provas mais débeis e equívocas"[207]. O número e a "qualidade" dos indícios necessários para formar uma prova completa permanecerão de difícil determinação e dependentes da

[204] Esmein, 1882: 266.

[205] Laingui e Lebigre, 1979: 114.

[206] Papon, 1621: 1322; T. VIII.

[207] Beccaria, 1998: 132.

"prudência e das luzes do juiz"[208]. Persistirá sempre a tensão entre a segurança a que se aspira com a *legalidade* da prova e a necessidade de depender do arbítrio dos juízes. Warville não deixará de apontar certeiramente essa contradição na monumental obra de Jousse: apesar de se manifestar contra a quimérica estimação moral das provas, acaba por pretender atribuir-lhe um "método"[209]. (iv) Finalmente, podia atuar a "prova mista"[210] que resultava da conjugação da prova testemunhal ou da confissão com indícios. A propósito da "prova mista" – que podia produzir uma prova completa ou uma semiprova – Daniel Jousse enuncia várias regras[211]. (i) Constituía uma máxima constante e adotada por todos os criminalistas que o depoimento de uma testemunha íntegra *de visu*, suportado por presunções, formava uma prova completa que permitia a condenação na pena ordinária, sem necessidade de indícios. (ii) O rumor público a que se juntava um depoimento e alguns adminículos eram suficientes para a condenação. (iii) O depoimento de duas testemunhas *non omni exceptione majores* junto a algum indício eram suficientes para a condenação. O mesmo se entendia no caso de uma testemunha não suspeita a que se juntava o cúmplice, sobretudo quando se tratava de "grandes crimes". (iv) A confissão extrajudicial ou realizada perante um juiz incompetente, fortificada por algum indício, permitia condenar, pelo menos numa pena que não a ordinária. (v) Uma testemunha *de visu* e uma testemunha da confissão extrajudicária autorizavam aplicar uma pena pecuniária ou uma pena corporal, existindo outros indícios. A confissão extrajudicial juntamente com a confissão sob tortura formavam uma prova completa. Um só indício, muito grave e constituindo por si uma meia prova, com uma testemunha eram suficientes para aplicar uma pena que não a ordinária. Se o indício fosse mais fraco, apenas fortalecia o depoimento, formando uma prova não completa, mas "considerável".

2. A prova semiplena e a prova imperfeita

a. No direito do antigo regime, "a demonstração em matéria penal não obedecia a uma lógica dualista" – verdade *versus* falsidade – mas a "um princípio de graduação contínua"[212]. No seu ocaso, o ímpeto reformista da ciência da legislação e do humanitarismo junta-se a uma crítica virulenta do sistema de provas, para que contribui uma opinião pública nascente através do comentário de casos concretos e notórios. Para Voltaire, a expressão "meia-prova" (*demi-preuve*),

[208] Jousse, 1771: I, 829.
[209] Warville, 1836: II, 90, em nota.
[210] Jousse, 1771: I, 825.
[211] Jousse, 1771: I, 826 e 827.
[212] Foucault, 2013: 52.

em rigor uma "dúvida", era tão compreensível quanto uma "meia-verdade"[213]. Beccaria criticou também as expressões "quasi-provas" e "semiprovas": "como se um homem pudesse ser semi-inocente ou semi-réu, isto é, semi-punível ou semi-absolvível"[214]. Entre nós, Mello Freire ensina que as provas semiplenas "não fazem fé plena nas causas crimes, e nunca, à falta de verdadeiras provas, bastam para a condenação do réu"[215]. Cita a propósito o humanista Jacques Cujas (1522--1590) que nas *Recitationes solemnes*[216] declarara que "tal como a verdade, a prova não pode ser cindida; a verdade que não é plena, é claramente falsidade, e não semiverdade"[217]. No mesmo sentido, Pereira e Sousa afirma que não bastam para a imposição da pena a prova semiplena ou os indícios[218]. Ambos retiram a inadmissibilidade da prova semiplena para obter uma condenação na pena ordinária ou total do texto das *Ordenações*, que permite a transformação da "meia prova" em "prova inteira" através do juramento da parte somente nos "feitos cíveis" e nos "crimes civilmente intentados" (O.F.3.52.pr.). Aí, o legislador identifica os casos mais frequentes de meia prova – (i) o depoimento isolado de uma testemunha fidedigna; (ii) a confissão extrajudicial; (iii) e a "escritura privada, justificada por comparação de letra" – sem deixar de remeter para "qualquer outro modo, por que Direito é feita meia prova". Mello Freire acrescentaria, nas suas *Instituições de direito civil português*: as presunções *juris* (do direito) e *hominis* (do homem); e duas testemunhas que não estivessem acima de toda a dúvida[219]. Pereira e Sousa, que, além o depoimento de uma testemunha, também autonomiza a escritura particular da comparação de letras, adiciona à lista "um indício" e "uma presunção"[220]. As *Ordenações* afastam expressamente a possibilidade de se obter uma "prova inteira" nas causas de maior valor. Mello Freire não deixa de afirmar que as provas semiplenas são "admitidas nas causas cíveis, por assim dizer, contra a vontade da jurisprudência"[221]. Ou que a "doutrina da prova semiplena", "muito embora não tenha fundamento nenhum no direito civil", "todavia foi recebida no foro e aprovada na citada Ordenação"[222], dando, portanto, conta de uma extensão judicial da prova semiplena que parece justificar a reputação que lhe é atribuída na literatura crítica reformista.

[213] Voltaire, 1767: 63 e 64.
[214] Beccaria, 1998: 132 e 133.
[215] Mello Freire, *BMJ*, 156, 136.
[216] Cujas, 1597: 1086 e 1087.
[217] Mello Freire, *BMJ*, 156, 136.
[218] Pereira e Sousa, 1820: 130.
[219] Mello Freire, *BMJ*, 170, 128.
[220] Pereira e Sousa, 1827: voz *Semi-prova*.
[221] Mello Freire, *BMJ*, 156, 136.
[222] Mello Freire, *BMJ*, 170, 128.

b. A prova semiplena não permitia a condenação à pena capital, mas não era, ainda assim, destituída de consequências penais: autorizava a submissão a tortura (referem-se então os indícios *ad torturam*) e a condenação a uma punição inferior à legal ou ordinária (pena extraordinária). Na expressão da época, a prova semiplena podia não fazer fé "plena", mas fazia "alguma fé"[223]. Deste modo, a teoria das provas legais, na aparência favorável ao acusado, tornava a tortura quase inevitável ou um verdadeiro complemento deste sistema de prova[224]. O problema mais delicado que a propósito se colocava era o da possibilidade – geralmente recusada – de uma terrível aritmética que, pela adição de indícios, permitisse atingir uma prova inteira e portanto uma condenação capital. Outro território sensível era o dos crimes atrozes – verdadeiro antepassado do *direito penal do inimigo* de Jakobs – tradicionalmente dotados de um regime excecional. A análise da doutrina permite perceber que se equacionou nestes casos o afrouxamento das exigências probatórias, aparentemente autorizado pelo brocardo *in atrocissimis leviores conjecturae sufficiunt et licet judici jura transgredi.* A mesma literatura afasta, contudo, a possibilidade de condenar à morte e sobretudo o humanitarismo setecentista é inequívoco na sua rejeição, tendo-a como própria dos despotismos. Se, no plano dos princípios, a afirmação é clara, a análise em detalhe do regime da prova permite, em suma, perceber frequentes cedências em relação aos crimes atrozes. Por exemplo, admitindo o depoimento de testemunhas em regra afastadas.

Em relação ao direito francês, Jousse é claro ao afirmar que, nos crimes capitais em que não existia "prova completa", mas somente uma "prova considerável", se punia *pro modo probationum*, de acordo com a doutrina maioritária e a *Ordonnance* de 1670 (T.XIX, arts. 1 e 2), o que incluía a tortura, em sim mesma qualificada como pena, e toda a sorte de punições pecuniárias e aflitivas, à exceção da morte[225]. Serpillon (1695-1772) recusa entender a referência à "prova considerável" como correspondendo à semiprova, que absolutamente rejeita em matéria criminal[226].

c. A prova semiplena resultava de uma prova "inartificial" incompleta – depoimentos insuficientes como o depoimento isolado e prova documental imperfeita como o escrito privado verificado por peritos – ou de indícios graves ou próximos (prova "artificial"). É a propósito dos pressupostos da tortura que a lei nacional melhor esclarece em matéria criminal os casos de que resultava uma prova semiplena, correspondentes a indícios "grandes" e "evidentes": (i) confissão extraju-

[223] Mello Freire, *BMJ*, 170, 127.

[224] Esmein, 1882: 276.

[225] Jousse, 1775: II, 603 e 604.

[226] Serpillon, 1767: III, 911 e 1074.

dicial, verificada por duas testemunhas contestes; juramento de uma testemunha presencial e fidedigna; "fama pública"; e fuga (O.F.5.133.pr.). No mesmo sentido, podiam somar-se "muitos indícios", "leves e fracos", avaliados segundo o "arbítrio" do juiz (*idem*).

d. A prova imperfeita – que decorria de indícios leves – não permitia, por si mesma, condenar ou torturar. No século XVIII, encontra-se disseminado o entendimento segundo o qual uma aritmética perversa admitia somar indícios e assim atingir a condenação. Voltaire foi particularmente responsável por este retrato do direito do antigo regime, na realidade pouco fiel, mas que Foucault fez ecoar no seu *Vigiar e punir*. Não obstante, existe um fundo de verdade neste retrato, uma vez que a incerteza não era destituída de efeitos. Como expressamente admite Muyart de Vouglans, uma prova considerada imperfeita e insuficiente para operar uma condenação capital permitia pronunciar uma punição menor[227]. O próprio *caput scholae* do humanitarismo distingue as provas "perfeitas" das provas "imperfeitas". Se aquelas excluíam a possibilidade de que alguém não fosse culpado e uma só bastava para a condenação, destas eram necessárias tantas quantas bastassem para formar uma prova perfeita, de tal modo que pela sua "concordância" decorria ser impossível que o réu fosse inocente[228].

VIII. Feridas mortais, perícia médica e presunção dos quarenta dias

a. Perante a necessidade de enunciar "regras certas" para os casos em que subsistiam dúvidas quanto a saber se uma morte havia sido ou não provocada por ferimentos infligidos, Daniel Jousse, a quem pertence o tratamento mais desenvolvido do problema, distingue três casos. A construção faz depender as várias soluções da natureza mortal ou não mortal dos ferimentos. Caracteriza-se sobretudo por, como é característico da época, conferir sistematicidade ao direito sedimentado ao longo do antigo regime[229], recorrendo em especial a Julius Clarus[230] e a Prosperus Farinaccius[231].

(i) Sendo o ferimento mortal, devia ser aplicada a pena ordinária do homicídio, ainda que a morte não fosse imediata e ainda que tivesse havido negligência no tratamento. Também entre nós, a ferida considerada mortal pelo "juízo indeclinável dos médicos", a que se seguia a morte da vítima, era punida com a pena

[227] Vouglans, 1757: 307.

[228] Beccaria, 1998: 88 e 89.

[229] Jousse, 1771: III, 495-498.

[230] Clarus, 1661: 339; *Liber V, §. Homicidium, maxime* 42.

[231] Farinaccius, 1631: 295-317; *Quaestio* CXXVII.

do homicídio[232]. Pereira e Sousa clarifica que as feridas mortais eram punidas com a pena ordinária do homicídio somente quando a vítima morria[233].

(ii) Não sendo o ferimento mortal, presumia-se que a morte tinha outra causa que não o ferimento – como a negligência no tratamento ou o comportamento da vítima – e não se aplicava a pena ordinária do homicídio, mesmo que a morte tivesse ocorrido pouco tempo depois. Por maioria de razão, o afastamento da pena legal devia ocorrer quando se provava que a vítima negligenciara o tratamento ou em geral não adotara o comportamento adequado (*il a été mal gouverné*).

Em ambos os casos, a solução – a aplicação da pena ordinária do homicídio ou o seu afastamento – é alicerçada na certeza ou na prova segura (*il est certain et constaté*) do caráter mortal ou não mortal dos ferimentos.

(iii) Existindo dúvida quanto à natureza letal do ferimento, duas hipóteses se colocavam. Não havendo prova de negligência da vítima e do médico, presumia-se que a morte tinha ocorrido por causa dos ferimentos. Provando-se o comportamento negligente da vítima (*négligence* ou *mauvais regime*), não se aplicava a pena ordinária, respondendo o agressor pelos ferimentos causados. Assim aconteceria, por exemplo, com o agricultor que, depois de ser ferido na cabeça, saía para trabalhar, como habitualmente, sob o sol. Nestes casos de penumbra, era, portanto, necessário examinar o tratamento a que a vítima havia sido submetida e o seu comportamento.

Na *Teoria do código penal*, Adolphe Chauveau (1802-1868) e Faustin Hélie (1799-1884) entendem ainda útil "recordar" as regras estabelecidas pelos antigos criminalistas e, quando o fazem, é o texto de Jousse e as suas referências bibliográficas que reconstroem, não hesitando afirmar que essas "sábias distinções" podiam ainda ser invocadas[234]. Em Portugal, ao comentar a disposição do código penal de 1852, que, tendo como fonte o código francês, reformado em 1832 (art. 309º), punia os ferimentos, espancamentos ou ofensas voluntários que, sem intenção de matar, tinham não obstante ocasionado a morte da vítima (art. 361º, §2), Levy Maria Jordão (1831-1875) começa por reproduzir o mesmo *iter* argumentativo e as distinções dos "antigos jurisconsultos"[235].

Duas conclusões emergem. A solução dos casos em que a morte da vítima se segue a ferimentos causados pelo acusado depende, em primeiro lugar, do caráter mortal ou não mortal desses ferimentos. A aplicação da pena do homicídio ao autor dos ferimentos depende assim de se entender provado o nexo de cau-

232 Mello Freire, *BMJ*, 156: 172; T. VIII, §XII; e 1844: 82; T. XXXIV, §1.

233 Pereira e Sousa, 1803: 283 e 284.

234 Chauveau e Hélie, 1852: IV, 34.

235 Jordão, 1854: IV, 77-79.

salidade entre os ferimentos e a morte, o que não ocorria, nomeadamente, nos casos de negligência, de harmonia com a regra do *Digesto* (D.9.2.30.4). Segundo Mello Freire, que segue Carpzov (1595-1666), devia indagar-se em juízo se a morte resultara ou não da ferida em si, afastando-se a pena ordinária se o ferido morrera "por culpa do médico ou por qualquer outra circunstância extrínseca", decorrente nomeadamente da conduta da vítima[236]. Os casos mais complexos e geradores de maiores perplexidades dizem respeito às situações de incerteza quanto à natureza dos ferimentos. No caso português, a lei não contribui para o esclarecimento do problema, uma vez que, como observa Mello Freire, nas suas *Instituições*, onde inclui uma rubrica sobre as "feridas mortais", e no *Código criminal intentado*, as *Ordenações* não contemplam um título especial sobre as injúrias físicas, apesar de mencionadas em vários passos, deixando-se em regra a sua punição ao arbítrio do juiz[237].

b. A *Carolina* (art. 147º) ocupa-se das situações em que existia dúvida quanto a concluir se os ferimentos sofridos pela vítima ocasionaram a sua morte, ocorrida algum tempo depois. Sem fixar um prazo que permita desenhar uma presunção, ordena que sejam ouvidas pessoas experimentadas em cirurgia e testemunhas que nomeadamente determinem o tempo que mediou entre o ferimento e a morte. Os juízes deveriam nestes casos recorrer a um conselho de doutores.

A inspeção ocular, que incumbia ao juiz e se dirigia a constatar o corpo de delito quando estavam em causa crimes de facto permanente ou crimes de que existiam vestígios[238], era necessária nos casos de ferimentos. Esclarece Pereira e Sousa que, como "aqui se supõe instrução da arte, devem ser chamados peritos a quem se defere o juramento"[239]. Em relação às feridas mortais, as *Ordenações* portuguesas ordenam a prisão do agressor até que a vítima se encontrasse segura, de acordo com o parecer dos dois melhores cirurgiões da terra ou, no caso de estes não existirem, do médico que a acompanhava[240].

Os médicos e cirurgiões eram os peritos comummente escolhidos, como observa Warville. O seu relatório devia ser (i) realizado tão rapidamente quanto possível; (ii) de forma imparcial; (iii) e com referência a todas as circunstâncias relevantes[241]. No caso de ferimentos ou de homicídio, devia nomeadamente mencionar o número e tipo de ferimentos e o instrumento provavelmente utilizado[242].

236 Mello Freire, *BMJ*, 156: 172; T. VIII, §XII; Carpzov, 1670: 134; *Quaestio* XXVI, pr.

237 Mello Freire, 1966: 171; T. VIII, §X, nota; e 1844: 110; *Provas* ao T. XXXIV.

238 Jousse, 1771: I, 657; Pereira e Sousa, 1820: 53.

239 Pereira e Sousa, 1820: 53; §L, em nota.

240 O.F.1.65.38; Costa, 1895: 23.

241 Warville, 1836: II, 137.

242 Warville, 1836: II, 138.

A prova pericial é encarada como uma "probabilidade", mas não como verdadeira prova[243].

A avaliação dos ferimentos dependia, com efeito, de parecer médico (*rapport ou jugement des médecins et chirurgiens*) e era por isso importante esclarecer a sua força ou até que ponto vinculava ou não o juiz. Para Jousse, que considera a prova por peritos uma espécie de prova testemunhal[244] e se detém nos requisitos de elaboração dos relatórios[245], a "verdadeira regra"[246] ditava que o juiz não se encontrava obrigado a seguir o juízo de médicos e cirurgiões[247]. Uma vez mais, entra-se no domínio do poder arbitrário dos juízes e, portanto, da sua "convicção" (*le plus sûr est de laisser la chose à l'arbitraire du juge*). Será seguido e citado por Chauveau e Hélie, que atribuem ao relatório do médico e perito o valor de um depoimento[248]. Ao juiz incumbe avaliar a ferida, o próprio parecer, o tratamento seguido, o comportamento da vítima e, em geral, o seu "regime de vida", o tempo de sobrevivência e demais circunstâncias. O parecer médico podia mesmo ser totalmente ignorado, sobretudo considerando fundada a suspeita, aliás frequente, de que havia sido motivado pela intenção de favorecer o acusado ou de escusar um tratamento deficiente. Jousse regista a opinião minoritária de Farinacius, que havia defendido a natureza vinculativa do parecer, num domínio que entende pertencer à arte médica, confiando que o suborno podia ser prevenido através da escolha de "pessoas não suspeitas"[249]. De modo idêntico, segundo Mello Freire, que remete para Samuel Stryk (1640-1710), o valor atribuído ao "juízo" dos médicos e cirurgiões que, sob juramento, afirmavam que uma ferida era mortal não obstava à admissibilidade de prova em contrário[250].

c. No silêncio da lei, a opinião comum definiu a presunção segundo a qual os ferimentos não eram mortais quando o ferido sobrevivia por mais de quarenta dias, uma vez que a ciência médica coeva entendia que uma pessoa ferida mortalmente não podia sobreviver para além desse tempo[251]. Sobrevivendo a vítima para além dos quarenta dias, a "regra" (*assez générale*) não permitia considerar o agressor como homicida. Não obstante, esta regra podia ceder, no caso de a vítima ter permanecido doente por causa dos ferimentos, o que seria atestado

243 Warville, 1836: II, 142.

244 Jousse, 1771: I, 746.

245 Jousse, 1771: I, 747-750.

246 Jousse, 1771: III, 496.

247 Jousse, 1771: I, 748.

248 Chauveau e Hélie, 1852: 36.

249 Jousse, 1771: III, 497.

250 Mello Freire, *BMJ*, 156, 172; T. VIII, §XII; 1844: 83 e 111; T. XXXIV, §3; e *Provas* ao T. XXXIV.

251 V.g. Farinaccius, 1631: 302; Q. CXXVII, 46.

por relatório médico e pela autópsia, punindo-se então o agressor "extraordinariamente".

A solução dos casos em que a vítima se tinha encontrado fora de perigo após os ferimentos – por exemplo, passeando-se pela localidade durante vários dias – e morria antes dos quarenta dias decorridos, não obedecia, segundo Jousse, a "regra fixa", dependendo da ponderação das circunstâncias pelo juiz[252]. Já a opinião comum fazia ceder a presunção, de acordo com a qual a morte decorria dos ferimentos.

Em conclusão, nos casos de dúvida quanto à natureza mortal do ferimento ou nos casos em que a prova era estabelecida por presunção, o acusado não era punido com a pena ordinária do homicídio, sobretudo quando a vítima morria muito depois dos ferimentos, mas com uma pena menor arbitrária[253].

Em França, o *Dicionário* de Ferrière (1680-1748) regista ainda a presunção dos quarenta dias, sem a questionar[254]. As *Institutas* de Muyart de Vouglans, que também fazem radicar a presunção no princípio estabelecido pela medicina, segundo o qual ninguém poderia viver para além desse tempo se atingido por um golpe mortal[255], esclarece, quanto aos respetivos efeitos, referenciando Julius Clarus, que somente permite afastar a pena de morte fixada para o homicídio, mas não as punições dos ferimentos, nomeadamente as aflitivas. Explica ainda que a presunção dos quarenta dias podia ser afastada, aplicando-se a punição do homicídio, em dois casos, considerados excecionais. Quando a vítima morria depois desse prazo, tendo permanecido doente, sem que lhe pudesse ser imputada qualquer falta no seu comportamento. E quando o relatório médico assegurava que a morte tinha sido provocada pelos ferimentos[256]. Nas *Leis criminais de França*, ao tratar da prova conjetural, Vouglans elenca a morte ocorrida dentro dos quarenta dias entre os indícios próximos particulares do homicídio[257] e, a propósito das circunstâncias do crime ou das causas que podiam "servir para o agravar ou diminuir", identifica-a, relativamente ao crime de ferimentos (*blessures*), como circunstância "tirada do tempo"[258]. Chauveau e Hélie lembram que o código penal francês de 1810 acolhe ainda a velha e "sábia" regra quanto às violências praticadas contra funcionários (art. 231º) e defendem a sua aplicação aos ferimentos em geral de que resultava doença ou incapacidade de trabalho (art. 309º), entendendo que o decurso do prazo aumentava as dúvidas quanto

[252] Jousse, 1771: III, 498.
[253] Jousse: 1771, III, 498.
[254] Ferrière, 1769: I, 193, voz *Blessé*.
[255] Vouglans, 1757: 85.
[256] Vouglans, 1757: 85.
[257] Vouglans, 1780: 808.
[258] Vouglans, 1780: 23.

à causa da morte, diluindo a conexão entre os ferimentos e a morte e formando uma presunção a favor do agente[259].

Mello Freire, contudo, apresenta já uma imagem desgastada da presunção dos quarenta dias, face aos conhecimentos contemporâneos da medicina forense: "agora a opinião reinante no foro de que a ferida não é mortal, quando o ferido vive 40 dias após o ferimento, não assenta em razão médica"[260]. É, portanto, um caminho racionalizador e de aproximação à ciência que produz a erosão da velha presunção.

Pereira e Sousa reflete idêntico desgaste: "o que vulgarmente se diz a respeito dos dias críticos das feridas", "sendo bastantemente incerto, não pode servir de regra"[261]. Reconhece, citando Brissot de Warville, que várias circunstâncias – a estação, uma doença superveniente ou a imperícia do cirurgião – podiam tornar mortal uma ferida que na origem o não era. Com efeito, Warville explica que, como os médicos se dividiam quanto à identificação dos sinais de uma ferida mortal, os jurisconsultos haviam fixado um prazo – uns, de nove dias; outros, de quarenta dias – até ao qual, morrendo o ferido, se considerava ser a ferida mortal. Vivendo mais um dia, não o seria. Conclui: o absurdo desta solução salta aos olhos[262]. Acolhe a tese de um médico que entendia ser o estado da ferida no momento imediatamente seguinte à luta que deveria decidir "o cirurgião e o juiz". Além de recomendar que os peritos não se pronunciassem sem que a verdade se lhes apresentasse mais clara que o dia.

d. As situações de penumbra conduzem, no direito antigo, à aplicação de uma pena menor extraordinária. O *Código intentado* de Mello Freire pune a ferida perigosa ("não mortal de sua natureza") quando morria a vítima e ainda, menos gravemente, a ferida não perigosa nem mortal, quando a vítima morria em consequência do seu "mau regimento", da "imperícia dos médicos" ou por "outros sintomas", nos casos em que não se havia registado convalescença[263]. Segundo Pereira e Sousa, não sendo as feridas mortais ou havendo sobre isso dúvidas entre os peritos, o réu era punido extraordinariamente[264].

Chauveau e Hélie conferem continuidade à aplicação de uma pena extraordinária (menor) às situações de penumbra. Nos casos em que os ferimentos não haviam diretamente determinado a morte, mas, de certo modo, a tinham "ocasionado" porque haviam atuado como oportunidade para uma doença "aciden-

[259] Chauveau e Hélie, 1852: IV, 37 e 38.

[260] Mello Freire, *BMJ*, 156, 172; T. VIII, §XII, em nota; e 1844: 111; *Provas* ao T. XXXIV.

[261] Pereira e Sousa, 1804: 284.

[262] Warville, 1836: II, 36.

[263] Mello Freire, 1844: 83; T. XXXIV, §§6 e 7.

[264] Pereira e Sousa, 1804: 284.

talmente superveniente" ou nos casos em que precipitaram o desaparecimento da vítima, já doente, a "consequência" devia "pesar sobre o seu autor"[265].

IX. Nota final

A sentença de António Vanguerve Cabral documenta a efetiva aplicação do sistema de provas legais e, em particular, da sua dimensão doutrinária. Se, a favor da condenação na pena legal do homicídio, militavam a confissão do réu, que admitira ter ferido a escrava Isabel, assim como o "termo de vistoria dos ferimentos" e a "certidão do cirurgião" (prova pericial), que consideravam os ferimentos mortais, o reconhecimento da sobrevivência da vítima, para além do tempo que permitia presumir que a morte fora causada pelos ferimentos, coloca a decisão no território da incerteza, que o direito do antigo regime faz corresponder a uma punição menor e ao exercício do poder arbitrário do juiz.

[265] Chauveau e Hélie, 1852: IV, 35.

tabelece supervenientemente" nos casos em que [illegible] da vítima, já doente, a "consequência" devia "pesar sobre o seu autor"[76].

IX. Nota final

A sentença de António Vanguerve Cabral documenta a efetiva aplicação do sistema de provas legais e, em particular, da sua dimensão doutrinária. Será fator da condenação na pena legal do homicídio [illegible] confissão do [illegible] admitida [illegible] "tempo de [illegible]" [illegible] e a "certeza do [illegible]" (provavelmente [illegible]), que [illegible] conhecimento [illegible] objetivo [illegible] morte [illegible] incerteza [illegible] o direito [illegible] punição maior e [illegible] poder [illegible].

ÍNDICE